OEUVRES COMPLÈTES

DE

SHAKESPEARE

TRADUITES

PAR ÉMILE MONTÉGUT

TOME SIXIÈME

LE ROI HENRI VI
(IIIe PARTIE)
LE ROI RICHARD III
LE ROI HENRI VIII

PARIS

LIBRAIRIE DE L. HACHETTE ET Cie

BOULEVARD SAINT-GERMAIN, N° 77

1869

OEUVRES COMPLÈTES

DE

SHAKESPEARE

IMPRIMERIE GÉNÉRALE DE CH. LAHURE
Rue de Fleurus, 9, à Paris

OEUVRES COMPLÈTES

DE

SHAKESPEARE

TRADUITES

PAR ÉMILE MONTÉGUT

TOME SIXIÈME

LE ROI HENRI VI
(IIIe PARTIE)
LE ROI RICHARD III
LE ROI HENRI VIII

PARIS
LIBRAIRIE DE L. HACHETTE ET Cie
BOULEVARD SAINT-GERMAIN, N° 77
—
1869
Tous droits réservés

LE
ROI HENRI VI

IMPRIMÉ POUR LA PREMIÈRE FOIS SOUS SA FORME DÉFINITIVE
DANS L'ÉDITION DE 1623.
DATE PROBABLE DE LA REPRÉSENTATION, 1592-93.

AVERTISSEMENT.

Nous ne pouvons que répéter pour la troisième partie de *Henri VI* ce que nous avons écrit en tête de la seconde partie de cette trilogie historique. Le drame définitif fut imprimé pour la première fois sous la forme où nous le lisons dans l'édition de 1623 : mais auparavant il en avait paru deux éditions, l'une en 1595, l'autre en 1619. Celle de 1595, dans laquelle quelques critiques se sont obstinés à voir, comme pour la seconde partie de cette trilogie, non la première forme du drame de Shakespeare, mais un drame particulier appartenant à un autre auteur et refait par notre poëte, porte pour titre *la Vraie tragédie du duc d'York*. Dans l'édition de 1619, ce drame forme la seconde partie du volume intitulé *la Dissension en entier* (*the whole Dissention*), publié par le libraire Pavier. Les mêmes raisons qui doivent faire restituer à Shakespeare la paternité de la seconde partie de cette trilogie, obligent à lui restituer également celle de cette troisième partie.

Cependant il s'en faut de beaucoup que ce drame ait la valeur du précédent; il est même à notre avis la plus faible des productions de notre auteur. Il a du mouvement et de l'action, mais ce mouvement est stérile et cette action sans intérêt. Trop d'événements s'y entassent, trop de personnages s'y agitent, et l'imagination, surtout pendant les derniers actes, n'étant même pas amusée par le va-et-vient des acteurs dont pas un seul n'est sympathique, est obligée, faute de mieux, de se raccrocher aux personnages criminels ou monstrueux, Marguerite et Richard de Glocester. D'ordinaire les coups de théâtre de la destinée réveillent l'attention, quelque assoupie qu'elle soit ; mais ici la destinée est transformée pour ainsi dire en modeste tisseuse, et la curiosité s'endort au bruit de sa navette poussant l'un après l'autre les fils de sa toile historique. Il y a cependant dans ce drame des beautés de premier ordre, mais où n'y en a-t-il pas dans cet univers infini créé par Shakespeare ? Nous signalerons trois passages tout particulièrement. Le premier est la scène d'invectives entre Marguerite et York, au moment où la reine va faire égorger le duc, et où elle couronne de papier avant de la placer sur les remparts d'York sa tête *effarouchée*, selon la belle expression de Montesquieu. La frénésie de cette scène n'a été égalée, je crois, dans aucune langue, et n'a pas été dépassée même par Shakespeare, qui est, comme on le sait, incomparable dans l'expression des sentiments à outrance. Le second passage, est l'épisode de cette furieuse bataille de Towton, où le roi Henri, assis à l'écart sur une colline, après avoir regretté de ne pas être un simple berger, dans un des plus beaux monologues que Shakespeare ait écrits, écoute tour à tour les plaintes d'un père qui a tué son fils et d'un fils qui a tué son père. Toute l'horreur des guerres civiles respire dans ce bel épisode, d'une invention si originale et d'un sentiment si pathétique. Dans le monde entier de la poésie nous ne connaissons que deux tableaux analogues, et encore est-il vrai de dire que l'épisode de Shakespeare leur est supérieur, parce qu'il exprime un sentiment d'humanité générale et de moralité sociale qui leur manque, et que d'ailleurs ils ne comportaient pas. Le premier de ces tableaux est le combat de Rustem et de son fils dans le *Schah Nameh* (Livre des rois) du poëte persan Firdousi ; le second est le célèbre chant germanique du combat entre Hildebrand et Harebrand. Or Shakespeare ne connaissait ni le poëme de Firdousi, ni le vieux poëme barbare, et c'est par la force unique de son génie qu'il a rencontré la même conception pathétique. Le troisième passage, ou, pour parler plus exactement, les passages à citer en troisième ligne, ce sont les deux monologues de Richard de Glocester, monologues doublement remarquables, et parce qu'ils sont la forte expression d'un caractère, et parce qu'ils servent, pour ainsi dire de préface à *Richard-III*. Bien des choses seraient à dire sur ces monologues fondés sur l'interprétation que Shakespeare s'est créée de l'âme de Glocester; nous les retrouverons en parlant de *Richard III*.

Il y a encore çà et là dans ce drame quelques autres morceaux remarquables. Le monologue de Warwick mourant n'est pas sans beauté; mais Shakespeare a refait souvent ce monologue, et par la bouche d'Hotspur, et par celle de Macbeth, ce qui empêche de remarquer celui de Warwick autant qu'il pourrait l'être. Le discours de Marguerite à son armée avant la bataille de Tewkesbury est un morceau d'une rare éloquence. Nous avons à peu près épuisé maintenant la liste des passages qui font exception, mais cependant, nous serions encore fort injuste si nous n'ajoutions pas qu'en dehors de ces épisodes, la pièce renferme un nombre considérable de vers délicieux qui se déroulent comme autant d'oasis dans ce Sahara trop fréquent.

En dehors de Marguerite et de Richard de Glocester, avons nous dit, l'imagination du lecteur ne sait à quel personnage s'accrocher. Richard, duc d'York, paye dès le premier acte le prix de son ambition, et nous abandonne ainsi, non sans nous laisser un certain sentiment de satisfaction à nous qui, dans cette querelle des deux roses, sommes Lancastrien déterminé. Édouard IV, son fils, devait être, et est, en effet, le personnage central du drame; mais Shakespeare, qui est un peintre si habile et si varié de la nature humaine, a manqué complétement ce personnage, soit que son caractère ne lui fût pas sympathique, soit qu'il n'ait pas rencontré en lui de qualités ou de défauts capables de le mettre en saillie et de le rendre dramatique. On ne saurait dire quel fut le caractère d'Édouard IV, si on voulait le juger seulement d'après le drame de Shakespeare ; car la seule particularité de sa nature que le poëte ait accusée, c'est son penchant excessif à la volupté, et encore l'a-t-il indiqué sans le revêtir de sa couleur propre. Mais où est ce gentil chevalier, d'âme gaie, de grasse humeur, de parler libre, qui disait si crûment, tout à fait à la manière italienne, en parlant de ses trois maîtresses : « Je possède la catin la plus gaie, la catin la plus rusée, et la catin la plus dévote de mon royaume? » La catin la plus gaie était cette gentille femme légère dont le seul défaut, au dire du bon Sir Thomas More, était d'être un peu petite, Mistress Shore, qui fait sous son costume du quinzième siècle l'exact pendant de notre Dubarry. Édouard aimait à rire, et les ballades anglaises ont chanté cette heureuse disposition de caractère, notamment dans la ballade du *Tanneur de Tamworth*, histoire plaisante d'un *lapsus linguæ* populaire. Un tanneur de Tamworth fit route un jour avec le roi Édouard sans le connaître, et lorsqu'enfin il apprit que c'était avec le roi qu'il avait conversé comme avec un compère, la langue lui fourcha dans sa confusion, et la singulière phrase que voici sortit de sa bouche : « Ah bien, puisque vous êtes le roi, *j'espère* que je serai pendu demain. » Sur ce mot le roi rit de si bon cœur qu'en récompense il fit le tanneur *Squire* et lui donna un beau domaine en toute propriété. L'Édouard IV de Shakespeare est, on le voit, plus insignifiant que celui de l'histoire.

Il y a un autre Édouard dans cette pièce, le jeune prince de Galles, fils de Marguerite et de Henri VI. Ce personnage est tout épisodique, mais Shakespeare l'a crayonné d'un dessin pur et avec amour. Dans les quelques occasions où Édouard se présente, il parle le plus noble langage, et exprime les sentiments les plus dignes du jeune prince pour lequel l'illustre jurisconsulte Sir John Fortescue écrivit son traité latin *de Laudibus legum Angliæ*.

Disons encore un mot d'un personnage bien célèbre qui figure dans ce drame à titre épisodique, notre Louis XI. La silhouette qu'en a tracée Shakespeare est fort sèche, mais n'est pas sans ressemblance. Shakespeare ne nous a point montré le profond politique que nos historiens nous ont habitués à admirer, et qu'ils ont, je le crains un peu, refait d'après leurs propres systèmes; il ne nous a pas montré davantage le dévot hypocrite de Walter Scott et de Victor Hugo : son Louis XI est un prince d'âme passablement basse, d'humeur versatile et changeante, incertain dans ses décisions et facilement influencé. Cette dernière particularité est à noter, car il a dû y avoir quelque chose de tel dans le caractère de Louis XI, celui peut-être de tous les princes qui a le plus aimé à prendre conseil, à s'enquérir, à écouter les avis divers, à s'entourer de discoureurs. On s'étonne d'abord lorsqu'on voit dans Shakespeare le roi Henri VI redouter que Louis XI soit influencé par l'éloquence de Warwick, mais on se rappelle tout aussitôt l'extrême plaisir que le roi prenait à causer avec d'éloquents compères, un Philippe de Comines, un Philippe Pot, et l'on admire encore une fois l'extraordinaire sagacité, ou l'intuition plus extraordinaire encore de Shakespeare qui savait aller droit aux plus secrets ressorts des âmes les plus compliquées.

PERSONNAGES DU DRAME.

Le roi HENRI VI.
ÉDOUARD, prince de Galles, son fils.
LOUIS XI, roi de France.
Le duc de SOMERSET,
Le duc d'EXETER,
Le comte d'OXFORD,   } Lords du parti du
Le comte de NORTHUMBERLAND,   roi HENRI.
Le comte de WESTMORELAND,
Lord CLIFFORD,
RICHARD PLANTAGENET, duc d'York.
ÉDOUARD, comte des Marches, par la
  suite le roi Édouard IV,
GEORGES, par la suite duc de Clarence, } fils du duc
RICHARD, par la suite duc de Glocester,   d'YORK.
EDMOND, comte de Rutland,
Le duc de NORFOLK,
Le marquis de MONTAGUE,
Le comte de WARWICK,   } Lords du parti du duc
Le comte de PEMBROKE,   d'YORK.
Lord HASTINGS,
Lord STAFFORD,
Sir JOHN MORTIMER,   } oncles du duc d'YORK.
Sir HUGH MORTIMER,
HENRI, comte de Richmond, jeune homme, par la suite le
  roi Henri VII.
Lord RIVERS, frère de Lady GREY.
Sir WILLIAM STANLEY, par la suite comte de Derby.
Sir JOHN MONTGOMMERY.
Sir JOHN SOMERVILLE.
Le précepteur de Rutland.
Le maire d'York.
Le lieutenant de la Tour.
Un noble.
Deux gardes-chasse.
Un chasseur.
Un père qui a tué son fils.
Un fils qui a tué son père.
La reine MARGUERITE.
Lady GREY, par la suite femme d'ÉDOUARD IV.
BONNE, sœur de la reine de France.

Soldats et autres gens des suites du roi Henri et du roi Édouard, Messagers, Veilleurs de nuit, etc.

Scène. — L'Angleterre, et pendant une partie du troisième acte la France.

LE ROI HENRI VI.

(TROISIÈME PARTIE.)

ACTE I.

SCÈNE PREMIÈRE.

Londres. — La salle du Parlement.

Bruit de tambours. Un certain nombre de soldats du parti d'York font invasion dans la salle. Entrent alors LE DUC D'YORK, ÉDOUARD, RICHARD, NORFOLK, MONTAGUE, WARWICK, *et autres, avec des roses blanches à leurs chapeaux.*

WARWICK. — Je me demande comment le Roi a pu s'échapper de nos mains.

YORK. — Pendant que nous poursuivions les cavaliers du nord, il s'est dérobé furtivement en abandonnant ses hommes : sur quoi le puissant Lord de Northumberland, dont les oreilles guerrières n'ont jamais pu supporter le son de la retraite, a relevé le courage chancelant de l'armée; et alors lui-même, Lord Clifford et Lord Stafford, tous de front, ont chargé notre principal corps de bataille, et y ayant pénétré, ont été tués par les épées de simples soldats.

Édouard. — Le père de Lord Stafford, le duc de Buckingham, est ou tué, ou dangereusement blessé; j'ai fendu sa visière d'un coup porté droit : c'est très-vrai, père, regardez son sang. (*Il montre son épée sanglante.*)

Montague. — Et frère, voici le sang du comte de Wiltshire que j'ai rencontré lorsque les armées se joignaient. (*Il montre son épée à York.*)

Richard. — Parle pour moi, toi, et dis-leur ce que j'ai fait. (*Il jette à terre la tête du duc de Somerset*[1].)

York. — Richard est celui de tous mes fils qui a le mieux travaillé. — Mais est-ce que Votre Grâce est mort, Milord de Somerset?

Norfolk. — Puisse toute la ligne de Jean de Gand avoir un sort pareil!

Richard. — J'espère bien secouer ainsi la tête du roi Henri.

Warwick. — Et moi pareillement. Victorieux prince d'York, je jure par le ciel que ces yeux ne se fermeront pas avant de te voir assis sur ce trône que la maison de Lancastre usurpe présentement. Nous voilà dans le palais du roi timide, et voici le trône royal : prends-en possession; car il est à toi et non aux héritiers du roi Henri.

York. — Prête-moi ton aide, alors, mon cher Warwick, et je vais m'y asseoir; car nous ne sommes entrés ici que par la force.

Norfolk. — Nous vous prêterons tous aide; que celui qui fuira meure.

York. — Merci, gentil Norfolk. — Restez avec moi, Milords; et vous, soldats, restez aussi, et passez cette nuit près de moi.

Warwick. — Et lorsque le roi viendra, ne lui faites aucune violence, à moins qu'il ne cherche à vous chasser par la force. (*Les soldats se retirent.*)

York. — La Reine aujourd'hui doit tenir ici son Parlement, mais elle soupçonne peu que nous ferons partie de

ACTE I, SCÈNE I.

son conseil : conquérons ici notre droit par la parole ou par la force.

Richard. — Armés comme nous le sommes, restons ici dans ce palais.

Warwick. — Ce Parlement sera nommé le Parlement sanglant, à moins que Plantagenet, duc d'York, ne soit roi, et que Henri le poltron, dont la couardise nous a fait passer en proverbes parmi nos ennemis, ne soit déposé.

York. — Donc, ne me quittez pas, Lords; soyez résolus : j'ai la volonté ferme de prendre possession de mon droit.

Warwick. — Ni le roi, ni le plus chaud de ses partisans, le plus fier de ceux qui tiennent pour Lancastre, n'oseront battre une aile, si Warwick agite ses clochettes[2]. Je planterai Plantagenet, le déracine qui osera : sois résolu, Richard; réclame la couronne d'Angleterre. (*Warwick conduit York au trône; ce dernier s'y assied.*)

Fanfares. Entrent le roi HENRI, CLIFFORD, NORTHUMBERLAND, WESTMORELAND, EXETER *et autres, avec des roses rouges à leurs chapeaux.*

Le roi Henri. — Milords, voyez où l'audacieux rebelle est assis, sur le trône même de l'État! Sans doute qu'il entend, secondé par le pouvoir de Warwick, ce pair déloyal, aspirer à la couronne et régner comme roi. Comte de Northumberland, il a tué ton père; il a tué le tien aussi, Lord Clifford; et tous deux vous avez juré de vous venger sur lui, ses fils, ses favoris, et ses amis.

Northumberland. — Et si je ne le fais pas, cieux, que votre vengeance tombe sur moi!

Clifford. — C'est dans cet espoir que Clifford porte en deuil son armure.

Westmoreland. — Quoi! allons-nous souffrir cela? Précipitons-le du trône : mon cœur brûle de colère; je ne puis tolérer cela.

Le roi Henri. — Sois patient, gentil comte de Westmoreland.

Clifford. — La patience est bonne pour les poltrons

tels que lui³; il n'aurait pas osé s'asseoir sur ce trône, si votre père avait vécu. Mon gracieux Lord, assaillons ici, dans le Parlement, la famille d'York.

Northumberland. — Tu as bien parlé, cousin; c'est ce qu'il faut faire.

Le roi Henri. — Ah! ne savez-vous pas que la cité les favorise, et qu'ils ont des bandes de soldats à leur disposition?

Exeter. — Mais lorsque le duc sera tué, ils s'enfuiront bien vite.

Le roi Henri. — Loin du cœur de Henri la pensée de transformer en boucherie la Chambre du Parlement! Cousin d'Exeter, froncements de sourcils, paroles et menaces seront les armes dont Henri se propose d'user. (*Il s'avance vers le duc.*) Factieux duc d'York, descends de mon trône et agenouille-toi à mes pieds pour demander grâce et merci; je suis ton Souverain.

York. — C'est moi qui suis le tien.

Exeter. — Par pudeur, descends; il t'a fait duc d'York.

York. — C'était mon héritage, comme l'était déjà le comté.

Exeter. — Ton père fut traître à la couronne.

Warwick. — Exeter, c'est toi qui es un traître en suivant cet usurpateur de Henri.

Clifford. — Qui suivrait-il, si ce n'est son roi légitime?

Warwick. — C'est vrai, Clifford; et ce roi, c'est Richard, duc d'York.

Le roi Henri. — Dois-je me tenir debout tandis que tu seras assis sur mon trône?

York. — Il en doit être, et il en sera ainsi : résigne-toi.

Warwick. — Sois duc de Lancastre, et que lui soit roi.

Westmoreland. — Il est à la fois roi et duc de Lancastre, et cela Lord de Westmoreland le soutiendra.

Warwick. — Et Warwick le niera. Vous oubliez que nous vous avons chassés du champ de bataille, que nous avons tué vos pères, et qu'étendards déployés, nous avons marché à travers la cité jusqu'aux portes du palais.

Northumberland. — Oui, Warwick, je m'en souviens,

à ma grande douleur ; et par l'âme de mon père, toi et ta maison, vous vous en repentirez.

Westmoreland. — Plantagenet, toi, tes fils, tes parents, tes amis, vous me remettrez plus d'existences qu'il n'y eut de gouttes de sang dans les veines de mon père.

Clifford. — Ne reviens pas là-dessus davantage, Warwick, si tu ne veux pas qu'en place de paroles, je t'envoie un messager qui vengera sa mort avant que je sorte d'ici.

Warwick. — Pauvre Clifford ! comme je méprise ses impuissantes menaces !

York. — Voulez-vous que nous vous montrions nos titres à la couronne? sinon, nos épées plaideront pour eux sur le champ de bataille.

Le roi Henri. — Quel titre as-tu à la couronne, traître ? ton père était, comme toi, duc d'York[b] ; ton grand-père, Roger Mortimer, était comte des Marches : je suis le fils de Henri le cinquième, qui fit courber la tête au Dauphin et à la France, et qui s'empara de leurs villes et de leurs provinces.

Warwick. — Ne parle pas de la France, puisque tu l'as perdue tout entière.

Le roi Henri. — C'est le Lord protecteur qui l'a perdue et non pas moi : lorsque je fus couronné, je n'avais que neuf mois.

Richard. — Vous êtes d'un âge assez avancé maintenant, et il me semble cependant que vous perdez encore. Mon père, arrachez la couronne de la tête de l'usurpateur.

Édouard. — Faites cela, mon gracieux père; placez-la sur votre tête.

Montague, *à York*. — Mon bon frère, si tu m'aimes et si tu honores les armes, terminons cette querelle par le combat, et ne restons pas à chicaner ainsi.

Richard. — Faites retentir tambours et trompettes, et le roi s'enfuira.

York. — Paix, mes fils!

Le roi Henri. — Paix, toi-même! et donne au roi Henri permission de parler.

Warwick. — Plantagenet parlera le premier : Lords, écoutez-le, et soyez silencieux et attentifs aussi, car celui-là qui l'interrompra mourra.

Le roi Henri. — Penses-tu que je vais abandonner le trône royal où se sont assis mon grand-père et mon père? Non, auparavant la guerre dépeuplera mon royaume, et ces drapeaux, si souvent portés en France, et déployés maintenant en Angleterre à la grande douleur de notre cœur, nous serviront de linceul. — Pourquoi semblez-vous abattus, Lords? Mon titre est bon et vaut mieux que le sien.

Warwick. — Prouve cela, Henri, et tu seras roi.

Le roi Henri. — Henri le quatrième prit la couronne par conquête.

York. — Il la prit par rébellion contre son roi.

Le roi Henri, *à part*. — Je ne sais que dire; mon titre est faible. (*Haut.*) Dis-moi, un roi ne peut-il pas adopter un héritier?

York. — Quoi, en ce cas?

Le roi Henri. — S'il le peut, je suis alors roi légitime: car Richard, sous les yeux de nombreux Lords, résigna la couronne à Henri le quatrième, dont mon père fut l'héritier, comme je suis le sien.

York. — Il s'éleva contre Richard, son souverain, et il lui fit résigner sa couronne par force.

Warwick. — Et supposez, Milords, que cette résignation eût été faite sans contrainte : aurait-elle pu, selon votre opinion, changer l'ordre de succession à la couronne?

Exeter. — Non, car il ne pouvait résigner sa couronne qu'au plus proche héritier, qui avait seul droit de succéder et de régner.

Le roi Henri. — Es-tu contre nous, duc d'Exeter?

Exeter. — C'est lui qui a le bon droit, veuillez me pardonner.

York. — Pourquoi chuchotez-vous, Milords, et ne répondez-vous pas?

Exeter. — Ma conscience me dit qu'il est le roi légitime.

Le roi Henri, à part. — Tous vont se révolter contre moi et passer de son côté.

Northumberland. — Plantagenet, malgré tous les droits que tu exposes, ne crois pas que Henri va être ainsi déposé.

Warwick. — Il sera déposé en dépit de tous

Northumberland. — Tu te trompes : ce n'est pas le pouvoir que tu possèdes dans les comtés du sud, dans l'Essex, le Norfolk, le Suffolk et le Kent, — ce pouvoir qui te rend à ce point présomptueux et orgueilleux, — qui peut élever le duc, en dépit de moi.

Clifford. — Roi Henri, que ton titre soit légitime ou non, Lord Clifford jure de combattre pour ta défense : puisse cette terre s'entr'ouvrir et m'engloutir vivant, le jour où je m'agenouillerai devant celui qui a tué mon père !

Le roi Henri. — O Clifford, comme tes paroles font revivre mon cœur !

York. — Henri de Lancastre, résigne ta couronne. — Que murmurez-vous, ou que conspirez-vous, Lords ?

Warwick. — Faites droit à ce prince, le duc d'York, ou bien je vais remplir la chambre de gens armés, et écrire son titre avec le sang de l'usurpateur sur le trône royal où le duc est maintenant assis. (*Il frappe du pied et des soldats entrent.*)

Le roi Henri. — Milord de Warwick, écoutez un mot seulement : laissez-moi régner ma vie durant.

York. — Assure-moi la couronne, à moi et à mes héritiers, et tu régneras en paix tant que tu vivras.

Le roi Henri. — J'y consens : Richard Plantagenet, possède le royaume après mon décès.

Clifford. — Quel tort ne faites-vous pas au prince, votre fils !

Warwick. — Quel bien ne fait-il pas à l'Angleterre et à lui-même !

Westmoreland. — Vil, timide Henri, si prompt à désespérer !

Clifford. — Quel outrage tu t'es fait et quel outrage tu nous fais!

Westmoreland. — Je ne puis rester pour entendre ces conditions.

Northumberland. — Ni moi.

Clifford. — Venez, cousin; allons apprendre ces nouvelles à la reine.

Westmoreland. — Adieu, roi dégénéré, roi au lâche cœur, dont le sang refroidi n'obéit pas à la moindre étincelle d'honneur!

Northumberland. — Sois une proie pour la maison d'York, et meurs dans les fers pour cet acte sans virilité!

Clifford. — Puisses-tu être vaincu dans une guerre terrible, ou vivre dans la paix, abandonné et méprisé! (*Sortent Northumberland, Clifford et Westmoreland.*)

Warwick. — Tourne-toi de ce côté, Henri, et ne fais pas attention à eux.

Exeter. — Ils cherchent à se venger, et par conséquent ils ne céderont pas.

Le roi Henri. — Ah, Exeter!

Warwick. — Pourquoi soupirez-vous, Monseigneur?

Le roi Henri. — Ce n'est pas pour moi, Lord Warwick, mais pour mon fils que je vais déshériter contre la nature. Mais qu'il en soit ce qu'il pourra! (*A York.*) Je te cède ici pour toujours la couronne, à toi et à tes descendants, à condition que tu prêteras le serment de faire cesser cette guerre civile, et pendant que je vivrai, de m'honorer comme ton roi et ton souverain, et de ne jamais chercher à me renverser par trahison, ou par rébellion armée, pour régner toi-même.

York. — Je prête volontiers ce serment et je le tiendrai. (*Il descend du trône.*)

Warwick. — Longtemps vive le roi Henri! Plantagenet, embrasse-le.

Le roi Henri. — Et puissiez-vous longtemps vivre, toi et tes fils audacieux!

York. — Maintenant York et Lancastre sont réconciliés.

Exeter. — Maudit soit qui cherche à les rendre ennemis ! (*Fanfare. Les Lords s'avancent.*)

York. — Adieu, mon gracieux Lord ; je vais me rendre à mon château.

Warwick. — Moi, je garderai Londres avec mes soldats.

Norfolk. — Moi, je retourne dans le Norfolk avec mes compagnons.

Montague. — Et moi à la mer, d'où je suis venu (*Sortent York et ses fils, Warwick, Norfolk, Montague, soldats et gens de la suite des Lords.*)

Le roi Henri. — Et moi, je m'en retourne à la cour, avec chagrin et douleur.

Exeter. — Voici venir la reine dont les regards trahissent la colère : je vais me dérober. (*Il fait un mouvement pour partir.*)

Le roi Henri. — Exeter, j'en vais faire autant. (*Il fait un mouvement pour partir.*)

Entrent LA REINE MARGUERITE *et* LE PRINCE DE GALLES.

La reine Marguerite. — Non, ne me fuis pas ; je te suivrai.

Le roi Henri. — Sois patiente, ma gentille reine, et je resterai.

La reine Marguerite. — Qui pourrait être patiente dans de telles extrémités ? Ah misérable homme ! que je voudrais être morte vierge, et ne t'avoir jamais vu, et ne t'avoir jamais donné de fils, puisqu'il m'a fallu connaître que tu étais capable de te montrer un père aussi dénaturé ! A-t-il mérité de perdre ainsi les droits de sa naissance ? Si tu avais eu seulement pour lui la moitié de mon amour, si tu avais ressenti les souffrances que j'ai ressenties pour lui un certain jour, si tu l'avais nourri, comme je l'ai nourri de mon sang, tu aurais laissé ici le plus précieux sang de ton cœur, avant de faire ton héritier de ce sauvage duc et de déshériter ton fils unique.

Le prince Édouard. — Père, vous ne pouvez pas me

déshériter : si vous êtes roi, pourquoi ne vous succéderais-je pas?

Le roi Henri. — Pardonne-moi, Marguerite; pardonne-moi, mon doux fils; le comte de Warwick et le duc m'y ont forcé.

La reine Marguerite. — Ils t'y ont forcé! tu es roi et tu te laisses forcer? j'ai honte de t'entendre parler. Ah misérable timoré! tu t'es ruiné toi-même, tu as ruiné ton fils et moi, et tu as cédé à la maison d'York un tel terrain que tu ne régneras que par sa permission. Les substituer à la couronne, lui et ses héritiers, qu'est-ce sinon construire ton sépulcre et t'y glisser doucement bien avant ton heure? Warwick est chancelier et gouverneur de Calais; l'énergique Falconbridge[5] commande le détroit, le duc est créé protecteur du royaume, et cependant tu crois être en sûreté? c'est la sûreté que trouve le tremblant agneau lorsqu'il est environné des loups. Si j'avais été là, moi qui suis une faible femme, les soldats m'auraient fait sauter sur leurs piques avant que j'eusse consenti à cet acte. Mais tu as fait passer ta vie avant ton honneur, et puisque tu as fait ce choix, je me sépare de ta table, Henri, et de ton lit, jusqu'à ce que soit rappelé cet acte du Parlement par lequel mon fils est déshérité. Les Lords des comtés du nord qui ont abjuré tes couleurs, suivront les miennes s'ils les voient une fois déployées, et elles seront déployées à ta plus humiliante honte et à la complète ruine de la maison d'York. Je te laisse sur ces paroles. Viens, mon fils, partons; notre armée est prête; viens, nous allons la rejoindre.

Le roi Henri. — Arrête, gentille Marguerite, et écoute-moi parler.

La reine Marguerite. — Tu n'as déjà que trop parlé; va-t'en.

Le roi Henri. — Mon gentil fils Édouard, veux-tu rester avec moi?

La reine Marguerite. — Oui, pour être assassiné par ses ennemis.

Le prince Édouard. — Lorsque je reviendrai victorieux du champ de bataille, je verrai Votre Grâce : jusque-là je suivrai ma mère.

La reine Marguerite. — Viens, mon fils, partons! nous ne pouvons nous attarder ainsi. (*Sortent la reine Marguerite et le prince de Galles.*)

Le roi Henri. — Pauvre reine! Comme son amour pour moi et son fils l'ont fait éclater en termes de rage! Puisse-t-elle tirer vengeance de ce duc haïssable dont l'âme hautaine, ailée d'ambition, veut me ravir ma couronne, et comme un aigle à jeun, se gorger de ma chair et de celle de mon fils! L'abandon de ces trois Lords tourmente mon cœur : je vais leur écrire et leur adresser de belles prières; venez, cousin[6], vous serez mon messager.

Exeter. — Et je l'espère, je parviendrai à les réconcilier tous. (*Ils sortent.*)

SCÈNE II.

Un appartement dans le château de Sandal, près de Wakefield, dans le Yorkshire.

Entrent ÉDOUARD, RICHARD *et* MONTAGUE.

Richard. — Frère, quoique je sois le plus jeune, cédez-moi la parole.

Édouard. — Non, je puis mieux faire l'orateur.

Montague. — Mais j'ai des raisons solides et convaincantes.

Entre YORK.

York. — Eh bien, qu'est-ce donc, mes fils et mon frère? vous voilà en dispute! quelle est votre querelle? comment a-t-elle commencé?

Édouard. — Ce n'est pas une querelle, mais un léger différend.

York. — Sur quel sujet?

Richard. — Sur un sujet qui concerne Votre Grâce et

nous, — la couronne d'Angleterre qui vous appartient, père.

York. — Qui m'appartient, enfant? non, pas avant la mort du roi Henri.

Richard. — Votre droit ne dépend pas de sa vie ou de sa mort.

Édouard. — Vous êtes maintenant héritier de la couronne, prenez-en donc possession maintenant : en donnant à la maison de Lancastre permission de respirer, la couronne vous échappera à la fin, mon père.

York. — J'ai prêté serment de le laisser tranquillement régner.

Édouard. — Mais pour un royaume, on peut briser tout serment : je briserais mille serments pour régner une année.

Richard. — Non; Dieu défende que Votre Grâce soit parjure.

York. — Je le serai, si je réclame mon droit par guerre ouverte.

Richard. — Je prouverai le contraire, si vous voulez m'écouter.

York. — Tu ne le peux pas, mon fils ; c'est impossible.

Richard. — Un serment n'est d'aucune importance, s'il n'est prêté devant un véritable et légal magistrat, ayant autorité sur celui qui jure : Henri n'avait aucune autorité, au contraire il usurpait sa place; donc, puisque c'est lui qui vous a fait prêter serment, ce serment est vain et frivole, Milord : par conséquent, aux armes ! Songez seulement, père, quelle douce chose cela est que de porter une couronne dont le cercle contient un Élysée plein de tout ce que les poëtes ont pu imaginer de bonheur et de joie. Pourquoi tardons-nous ainsi ? je n'aurai pas de repos jusqu'à ce que la rose blanche que je porte soit teinte dans le tiède sang du cœur de Henri lui même.

York. — Assez, Richard ; je serai roi ou je mourrai. Frère, tu vas aller à Londres immédiatement et tu aiguiseras pour cette entreprise la résolution de Warwick. Toi, Richard, tu iras trouver le duc de Norfolk, et tu l'informeras en secret de notre projet. Vous, Édouard, vous vous rendrez auprès de Milord Cobham, au signal duquel les hommes du Kent se soulèveront volontiers : je compte sur eux, car ce sont des soldats rusés, courtois, francs du collier, et pleins de courage. Pendant que vous serez ainsi employés, il ne me restera qu'à chercher le prétexte de me soulever, sans que le roi, ni aucune personne de la maison de Lancastre, aient vent de mon intention.

Entre un messager.

York. — Mais arrêtez ; quelles nouvelles nous arrivent ? — Pourquoi viens-tu en telle hâte ?

Le messager. — La reine avec tous les Lords et comtes du nord se dispose à vous assiéger dans votre château : elle s'approche avec vingt mille hommes ; il vous faut donc fortifier votre manoir, Milord.

York. — Oui, avec mon épée. Comment ! crois-tu que nous les craignons ? — Édouard et Richard, vous resterez avec moi ; mon frère Montague partira en poste pour Londres : que le noble Warwick, Cobham, et les autres que nous avons laissés comme protecteurs du roi, prennent de solides mesures pour se fortifier et ne se fient plus à l'innocent Henri et à ses serments.

Montague. — Je pars, frère ; je les persuaderai, soyez sans crainte : et sur ces paroles je prends très-humblement congé. (*Il sort.*)

Entrent Sir JOHN *et* Sir HUGH MORTIMER.

York. — Sir John et Sir Hugh Mortimer, mes oncles ! Vous êtes venus à Sandal à un heureux moment ; l'armée de la reine a l'intention de nous assiéger.

Sir John. — Elle n'aura pas à prendre cette peine ; nous irons à sa rencontre en rase campagne.

York. — Comment ! avec cinq mille hommes ?

Richard. — Oui, père, et avec cinq cents même, s'il le faut. Une femme pour général ! qu'avons-nous à craindre ? (*On entend une marche dans le lointain.*)

Édouard. — J'entends leurs tambours : mettons nos

hommes en ordre, et puis sortons, et offrons-leur immédiatement la bataille.

YORK. — Cinq mille hommes contre vingt mille ! Quoique la disproportion soit grande, je ne doute pas de notre victoire, mon oncle. J'ai gagné plus d'une bataille en France, alors que j'avais un ennemi dix fois plus fort que mes troupes : pourquoi n'aurais-je pas aujourd'hui le même succès ? (*Ils sortent.*)

SCÈNE III.

Plaines près du château de SANDAL.

Alarmes, escarmouches. Entrent RUTLAND *et son* PRÉCEPTEUR.

RUTLAND. — Ah ! où fuirai-je pour échapper à leurs mains ? Ah, maître ! voyez le sanguinaire Clifford qui vient !

Entrent CLIFFORD *et des soldats.*

CLIFFORD. — Arrière, chapelain ! ta prêtrise te sauve la vie. Quant au marmot de ce duc maudit, de ce père qui tua mon père, il mourra.

LE PRÉCEPTEUR. — Et moi, Milord, je lui tiendrai compagnie.

CLIFFORD. — Soldats, qu'on l'entraîne !

LE PRÉCEPTEUR. — Ah Clifford ! n'assassine pas cet enfant innocent, de crainte d'être haï à la fois de Dieu et des hommes ! (*Il sort, entraîné par les soldats.*)

CLIFFORD. — Comment donc ! est-il mort déjà, ou est-ce la crainte qui lui fait fermer les yeux ? je vais les ouvrir.

RUTLAND. — C'est ainsi que le lion en arrêt regarde le malheureux qui tremble sous ses griffes meurtrières : c'est ainsi qu'il marche, insultant à sa proie, ainsi qu'il s'avance pour déchirer ses membres. — Ah, noble Clifford, tue-moi avec ton épée, et non avec ces regards menaçants et cruels ! Mon bon Clifford, écoute-moi avant de me

ACTE I, SCÈNE III.

faire mourir : je suis un trop petit objet pour ta colère ; venge-toi sur des hommes et laisse-moi vivre.

CLIFFORD. — Tu parles en vain, pauvre enfant ; le sang de mon père a bouché le passage par où tes paroles pourraient entrer.

RUTLAND. — Alors que le sang de mon père le rouvre : c'est un homme, mesure-toi avec lui, Clifford.

CLIFFORD. — Si je tenais ici tes frères, leurs vies et la tienne ne seraient pas une vengeance suffisante pour moi. Non, quand bien même j'ouvrirais les tombeaux de tes ancêtres, et que je suspendrais à des chaînes leurs cercueils pourris, cela n'apaiserait pas ma colère et ne soulagerait pas mon cœur. Quand je vois une personne de la maison d'York, c'est comme si une furie tourmentait mon âme, et je vivrai en enfer, tant que je n'aurai pas déraciné leur race maudite et que j'en aurai laissé un vivant. Par conséquent.... (*Il lève la main.*)

RUTLAND. — Oh! laisse-moi prier avant de recevoir la mort! C'est toi que je prie ; bon Clifford, aie pitié de moi!

CLIFFORD. — J'aurai la pitié que pourra te donner la pointe de ma rapière.

RUTLAND. — Je ne t'ai jamais fait de mal : pourquoi veux-tu m'assassiner?

CLIFFORD. — Ton père m'en a fait.

RUTLAND. — Mais c'était avant que je fusse né[7]. Tu as un fils[8] ; prends pitié de moi, à sa considération, de crainte, — car Dieu est juste, — qu'il ne soit misérablement tué comme moi par vengeance de ma mort. Ah! laisse-moi vivre en prison toute mon existence, et lorsque je te donnerai occasion d'offense, tue-moi alors, car maintenant tu n'as aucun motif pour le faire.

CLIFFORD. — Aucun motif! ton père a tué mon père ; meurs donc. (*Il le poignarde.*)

RUTLAND. — *Di faciant, laudis summa sit ista tuæ*[9] ! (*Il meurt.*)

CLIFFORD. — Plantagenet! j'arrive, Plantagenet! Le sang de ton fils, collé à ma lame, rouillera mon épée, jusqu'à ce que ton sang caillé par-dessus le sien, me force à les essuyer tous les deux. (*Il sort*.)

SCÈNE IV.

Une autre partie des plaines près du château de SANDAL.

Alarmes. Entre YORK.

YORK. — L'armée de la Reine a conquis le champ de bataille : mes deux oncles sont morts en me secourant ; et devant l'ardent ennemi, tous mes hommes tournent le dos et fuient comme des vaisseaux chassés par le vent, ou des moutons poursuivis par des loups affamés. Mes fils, Dieu sait ce qu'ils sont devenus! mais ce que je sais bien, c'est qu'ils se sont comportés comme des hommes nés pour s'illustrer par leur vie ou leur mort. Trois fois Richard m'a ouvert un passage, et trois fois il m'a crié : « Courage, père ! emportons le combat! » et trois fois aussi, Édouard est venu à mes côtés avec son glaive teint jusqu'à la garde du sang de ceux qu'il avait combattus : et alors que les plus intrépides guerriers se retiraient, Richard a crié : « Chargez et ne cédez pas un pouce de terrain! » et il a crié encore : « Une couronne, ou bien une glorieuse tombe! Un sceptre, ou bien un sépulcre en terre! » Là-dessus, nous avons encore chargé : mais en vain, hélas! il nous a fallu reculer encore. C'est ainsi que j'ai vu souvent un cygne nager contre le courant avec un labeur inutile, et dépenser sa force contre des vagues plus fortes que lui. (*Courte alarme.*) Ah écoutez! les maudits vainqueurs nous poursuivent, et je suis affaibli et ne puis fuir leur fureur : mais quand je serais robuste, je ne l'éviterais pas, leur fureur : les heures dont se composait ma vie sont épuisées : ici il faut que je reste, et ici je dois mourir.

Entrent LA REINE MARGUERITE, CLIFFORD, NORTHUMBERLAND *et des soldats.*

YORK. — Viens, sanguinaire Clifford, viens, féroce Northumberland! J'invite votre fureur implacable à plus de rage encore; je suis votre cible et j'attends vos coups.

Northumberland. — Rends-toi à notre merci, orgueilleux Plantagenet.

Clifford. — Oui, à la même merci que son bras sans pitié paya strictement et d'un seul coup à mon père. Maintenant Phaéton est tombé de son char et a trouvé son soir dans son plein midi.

York. — Mes cendres, comme le Phénix, engendreront un oiseau qui me vengera de vous tous : dans cette espérance je tourne mes yeux vers le ciel, méprisant toutes les tortures que vous pouvez m'infliger. Pourquoi n'approchez-vous pas? Comment! vous êtes une foule et vous avez peur?

Clifford. — C'est ainsi que combattent les lâches quand il leur est impossible de fuir; c'est ainsi que les colombes donnent du bec contre les talons meurtriers du faucon; c'est ainsi que les voleurs désespérés, ne comptant plus sur leurs vies, lancent leurs invectives contre les officiers de justice.

York. — O Clifford, rappelle-toi seulement une fois qui tu es, et repasse dans ta pensée ma condition première; si cette pensée peut te ramener à la pudeur, contemple mon visage, et puis mords-toi la langue pour avoir taxé de couardise celui dont le sourcil froncé t'a fait pâlir et fuir jusqu'à ce jour.

Clifford. — Je ne veux pas lutter avec toi de paroles, mais je veux échanger des coups avec toi, quatre pour un. (*Il dégaine.*)

La reine Marguerite. — Arrête, vaillant Clifford! Pour mille causes, je désire prolonger un peu la vie du traître. — La colère le rend sourd : parle-lui, toi, Northumberland.

Northumberland. — Arrête, Clifford! ne lui fais pas l'honneur de te piquer le doigt, quand bien même tu devrais en échange lui percer le cœur. Lorsqu'un chien grogne, quelle valeur y a-t-il à fourrer sa main entre ses dents, quand on peut le chasser avec le pied? C'est le privilége de la guerre de conférer tous droits, et ce n'est pas faire brèche à la valeur que de se mettre alors dix contre un. (*Ils posent la main sur York qui se débat.*)

CLIFFORD. — Oui, oui, ainsi se débat le coq de bruyère pris au piége.

NORTHUMBERLAND. — Ainsi se débat le lapin dans le lacet. (*York est fait prisonnier.*)

YORK. — Ainsi triomphent les voleurs sur la proie qu'ils ont conquise; ainsi cèdent les honnêtes gens vaincus par les larrons.

NORTHUMBERLAND. — Qu'est-ce que Votre Grâce veut qu'on fasse de lui maintenant?

LA REINE MARGUERITE. — Braves guerriers, Clifford et Northumberland, faites-le tenir debout sur cette taupinière, lui qui cherchait à étreindre les montagnes avec ses bras ouverts, et qui cependant n'a fait qu'en couper l'ombre avec sa main. Quoi! est-ce donc vous qui avez voulu être roi d'Angleterre? Était-ce vous qui avez fait dans notre Parlement une telle scène de tumulte et qui y avez prêché sur votre illustre naissance? Où est maintenant pour venir à votre secours la bande de vos fils? où sont le folâtre Édouard, et le vigoureux Georges, et ce vaillant prodige parmi les bossus, Dicky, votre garçon, qui de sa voix grondeuse avait coutume d'encourager son papa à la révolte? où est aussi, avec les autres, votre bien-aimé Rutland? Regarde, York; j'ai teint ce mouchoir dans le sang que le vaillant Clifford, de la pointe de sa rapière, a fait jaillir du sein de l'enfant: si tes yeux ont envie de pleurer sa mort, je te donne ce mouchoir pour essuyer tes joues. Hélas! pauvre York; si je ne te haïssais mortellement, je me lamenterais sur ton misérable état. Je t'en prie, pleure pour m'amuser, York. Comment, la fierté de ton cœur a desséché à ce point tes entrailles, que tu ne peux verser une larme sur la mort de Rutland? Pourquoi te montres-tu patient, l'ami? tu devrais être pris de folie, et moi, c'est pour te rendre fou que je te raille ainsi. Bats du pied la terre, agite-toi, délire, afin que je puisse chanter et danser. Tu voudrais, je le vois, recevoir un salaire pour m'amuser : York ne peut parler, à moins qu'il ne porte une couronne. Une couronne pour York! Lords, courbez-vous bien bas devant lui! Tenez-lui les mains, pendant que je vais lui poser sa couronne. (*Elle lui pose une couronne de papier sur la tête.*) Et oui, ma foi, Monsieur, il a l'air maintenant d'un roi! Oui, c'est là celui qui s'était assis sur le trône du roi Henri, c'est là celui qui était son héritier adoptif. Mais comment se fait-il que le grand Plantagenet ait été couronné si vite, et qu'il ait brisé son serment solennel? Si je me rappelle bien, vous ne deviez pas être roi avant que notre roi Henri eût échangé la poignée de main avec la mort. Et vous voulez embellir votre tête de l'auréole de Henri, dérober le diadème à son front, pendant qu'il est vivant, contre votre serment sacré? Oh, c'est là une faute par trop, par trop impardonnable! enlevez-lui sa couronne, et avec sa couronne la tête; et pendant que nous nous reposons, employons notre temps à le mettre à mort.

CLIFFORD. — Cet office m'appartient, en mémoire de mon père.

LA REINE MARGUERITE. — Arrête, cependant; écoutons un peu les oraisons qu'il a à faire.

YORK. — Louve de France, mais pire que les loups de France, dont la langue distille plus de poisons que la dent de la vipère, combien il est malséant à ton sexe de triompher à la manière d'une gourgandine amazone, sur les malheurs de ceux qu'enchaîne la fortune! N'était que ton visage, marqué du sceau de l'impudence par l'habitude des actions criminelles, ne peut pas plus changer qu'un masque, j'essayerais de te faire rougir, reine orgueilleuse : te dire d'où tu es venue, de qui tu sors, serait une assez grande injure pour te remplir de honte, si tu n'étais pas incapable de honte. Ton père porte le simulacre de la royauté de Naples, des deux Siciles et de Jérusalem; cependant il n'est pas aussi riche qu'un fermier anglais. Est-ce que c'est ce pauvre monarque qui t'a appris à insulter? cela ne t'est pas utile, et ne te sied pas non plus, reine orgueilleuse, à moins que ce ne soit pour vérifier cet adage : « les mendiants une fois à cheval, poussent à mort leur monture. » Ce qui rend souvent les femmes orgueilleuses, c'est la beauté ; mais Dieu sait si ta part a été petite à cet égard : c'est la vertu qui les fait surtout admirer, et c'est son contraire qui étonne en toi. C'est la contrainte personnelle qui les fait paraître divines ; mais l'absence de toute contrainte chez toi te rend abominable : tu es aussi opposée à tout ce qui est bon, que les antipodes nous sont opposés, ou que le sud est opposé au septentrion. O cœur de tigre, enveloppé dans une peau de femme [10]! Comment est-il possible que tu portes encore un visage de femme, après avoir teint ce mouchoir du sang chaud de l'enfant, et invité le père à s'en servir pour s'essuyer les yeux ? Les femmes sont douces, tendres, compatissantes, flexibles ; toi, tu es cruelle, implacable, dure comme la pierre, féroce sans remords. Tu m'as ordonné d'être furieux? eh bien, ton souhait est exaucé maintenant : tu voulais me voir pleurer? eh bien, ton désir est satisfait maintenant : car un vent furieux souffle des averses imminentes, et lorsque sa rage s'abat, la pluie commence. Ces larmes sont les obsèques de mon doux Rutland, et chacune d'elles crie vengeance pour sa mort, contre toi, cruel Clifford, et contre toi, déloyale Française.

NORTHUMBERLAND. — Je veux bien être maudit, si sa douleur ne m'émeut pas à ce point que j'ai peine à retenir mes larmes de mes yeux.

YORK. — Des cannibales affamés n'auraient pas osé toucher à un visage comme le sien, n'auraient pas osé le tacher de sang : mais vous êtes plus inhumains, plus inexorables, — oh ! dix fois plus, — que les tigres d'Hyrcanie. Contemple, reine impitoyable, les larmes d'un père malheureux : tu as trempé ce mouchoir dans le sang de mon doux enfant, et je lave ce sang avec mes larmes. Garde ce mouchoir, et tires-en vanité (*il lui rend le mouchoir*), et si tu racontes véridiquement cette triste histoire, sur mon âme, tes auditeurs verseront des larmes ; oui, mes ennemis eux-mêmes répandront des larmes abondantes, et diront : Hélas, cela fut un acte épouvantable ! Allons, reprends ta couronne, et avec la couronne, ma malédiction (*il lui rend la couronne de papier*), et puisses-tu, dans le malheur, trouver la même pitié que celle qui m'est offerte par ta main trop cruelle ! Clifford au cœur de pierre, enlève-moi de ce monde ; que mon âme aille au ciel, que mon sang retombe sur vos têtes !

Northumberland. — Il aurait été le meurtrier de toute ma famille, que je ne pourrais, au prix même de ma vie, m'empêcher de pleurer avec lui, en voyant comment le chagrin étouffe intérieurement son âme.

La reine Marguerite. — Comment, vous voilà prêt à pleurer, Milord Northumberland ? Pense seulement au mal qu'il nous a fait à tous, et cette pensée séchera bien vite tes larmes qui débordent.

Clifford. — Voici pour tenir mon serment, voici pour la mort de mon père. (*Il le poignarde.*)

La reine Marguerite. — Et voilà pour faire droit à notre roi au doux cœur. (*Elle le poignarde.*)

York. — Ouvre la porte de ta clémence, ô Dieu de miséricorde ! Mon âme s'envole par ces blessures pour aller te trouver. (*Il meurt.*)

La reine Marguerite. — Tranchez-lui la tête, et placez-la au-dessus des portes d'York, afin qu'York puisse contempler d'en haut la ville d'York. (*Fanfares. Ils sortent*[11].)

ACTE II.

SCÈNE PREMIÈRE.

Une plaine près de LA CROIX DE MORTIMER dans le HEREFORDSHIRE.

Tambours. Entrent ÉDOUARD *et* RICHARD
avec leurs troupes.

ÉDOUARD. — Je me demande comment le prince, notre père, aura fait pour s'échapper, ou même s'il aura pu ou non échapper à la poursuite de Clifford et de Northumberland. S'il avait été pris, nous en aurions reçu la nouvelle ; s'il avait été tué, nous en aurions reçu la nouvelle ; s'il s'était échappé, il me semble que nous aurions appris la bonne nouvelle de son heureuse fuite. Comment se trouve mon frère ? pourquoi est-il si triste ?

RICHARD. — Je ne puis être joyeux, jusqu'à ce que je sache ce qu'est devenu notre très-vaillant père. Je l'ai vu dans la bataille errer çà et là, et j'ai remarqué comment il cherchait à rencontrer Clifford seul. En le voyant se battre au plus épais des rangs, il me semblait voir un lion dans un troupeau de veaux, ou bien un ours qui, entouré de chiens, en mord quelques-uns, les fait crier, et tient ainsi les autres à distance, aboyant après lui. C'est ainsi que notre père s'est comporté avec ses ennemis ; c'est ainsi que ses ennemis ont fui mon vaillant père : il me semble qu'être son fils est le plus beau des priviléges. Voyez, comme le matin ouvre ses portes d'or et prend congé du glorieux soleil ! comme il ressemble bien à la jeunesse dans son printemps, orné qu'il est comme un jeune homme qui caracole auprès de sa bien-aimée !

Édouard. — Mes yeux sont-ils éblouis, ou vois-je réellement trois soleils[1] ?

Richard. — Trois glorieux soleils, chacun d'eux un soleil parfait, non pas coupés par les traînées de nuage, mais brillant séparément dans un ciel pâle et clair. Voyez, voyez ! ils se réunissent, s'embrassent, et paraissent se baiser comme s'ils se juraient une alliance inviolable : maintenant ils ne forment plus qu'un seul flambeau, une seule lumière, un seul soleil ! Le ciel veut par là figurer quelque événement.

Édouard. — C'est merveilleusement étrange ; on n'a jamais entendu parler de rien de pareil. Je pense que ce prodige nous appelle au champ de bataille, afin que nous, les fils du brave Plantagenet, dont chacun brille isolément déjà par ses exploits, nous unissions nos lumières ensemble et que nous éblouissions la terre de notre splendeur, comme il éblouit l'univers de la sienne. Quelque chose que cela présage, je veux porter désormais trois beaux soleils brillants sur mon écu.

Richard. — Non, portez plutôt trois lunes[2] : permettez-moi de vous dire cela, vous aimez mieux les femelles que les mâles.

Entre un messager.

Richard. — Mais qui es-tu, toi dont les sombres regards racontent d'avance une histoire terrible que ta langue retient encore ?

Le messager. — Ah ! je suis un homme qui étais au nombre des spectateurs atterrés, alors que le noble duc d'York, votre royal père et mon bon Seigneur, a été mis à mort !

Édouard. — Oh ! ne parle pas davantage ! car j'en ai trop entendu.

Richard. — Dis comment il est mort ; car, moi, je veux tout entendre.

Le messager. — Il était environné de nombreux ennemis, et il leur faisait face dans l'attitude du héros, espoir de Troie, contre les Grecs qui voulaient entrer à Troie. Mais Hercule lui-même devrait céder à la supériorité du nombre, et des coups répétés, bien que frappés avec une petite hache, couperont et feront tomber le chêne le plus robuste. Votre père fut abattu par les bras de nombreux ennemis, mais il a été mis à mort par les seules mains violentes de l'impitoyable Clifford et de la reine. Celle-ci a couronné le gracieux duc par une moquerie sans égale ; elle lui a ri au visage, et lorsqu'il a pleuré de douleur, l'implacable reine lui a donné, pour essuyer ses joues, un mouchoir trempé dans le sang innocent du doux jeune Rutland, assassiné par le barbare Clifford : puis après bien des mépris, après bien des insultes indignes, ils ont coupé sa tête, et ils l'ont posée sur les murs d'York ; c'est là qu'elle reste, offrant le plus triste spectacle que j'aie jamais vu.

Édouard. — Cher duc d'York, soutien qui nous appuyais, maintenant que te voilà parti, nous sommes sans bâton, sans étai ! O Clifford, furieux Clifford, tu as tué la fleur de la chevalerie de l'Europe, et tu l'auras vaincu traîtreusement, car tous deux face à face, c'est lui qui t'aurait vaincu ! Maintenant le palais de mon âme est devenu une prison : ah ! que n'en sort-elle, afin que mon corps puisse être enfermé en repos dans la terre ! car jamais plus désormais je ne connaîtrai la joie ! jamais, oh jamais plus, je ne saurai ce qu'est la joie !

Richard. — Je ne puis pleurer, car toute l'eau de mon corps suffit à peine pour éteindre la fournaise brûlante de mon cœur : pas davantage ma langue ne peut débarrasser mon cœur de son lourd fardeau, car le même souffle qui me servirait à exhaler mes paroles, avive les charbons qui embrasent tout mon sein et me brûlent de flammes que les larmes éteindraient. Pleurer c'est diminuer l'énergie de la douleur : que les enfants donc aient recours aux larmes; pour moi le combat et la vengeance ! Richard, je porte ton nom ; je vengerai ta mort, ou je mourrai glorieusement en essayant de la venger.

ÉDOUARD. — Ce vaillant duc t'a laissé son nom ; c'est à moi qu'il laisse son duché et sa place.

RICHARD. — Allons, si tu es l'oiseau de cet aigle princier, montre ta descendance en regardant le soleil en face[3] : au lieu de place et de duché, dis trône et royaume ; dis que c'est là ce qui t'appartient, ou bien tu ne sors pas de lui.

Marche. Entrent WARWICK *et* MONTAGUE
avec leurs forces.

WARWICK. — Eh bien, mes beaux Lords, comment allez-vous ? qu'y a-t-il ? quelles nouvelles ?

RICHARD. — Grand Lord de Warwick, s'il fallait raconter nos tristes nouvelles, et nous donner un coup de poignard par chaque mot prononcé, jusqu'à la fin de notre récit, la douleur des paroles serait encore plus grande que celle des blessures. O vaillant Lord, le duc d'York est assassiné !

ÉDOUARD. — O Warwick! Warwick! ce Plantagenet qui t'aimait à l'égal du salut de son âme, a été mis à mort par le cruel Lord Clifford.

WARWICK. — Il y a dix jours, j'ai noyé ces nouvelles dans les larmes, et aujourd'hui, pour ajouter encore à vos douleurs, je viens vous apprendre ce qui s'est passé depuis. Après la sanglante mêlée de Wakefield, où votre brave père rendit son dernier souffle, on m'apporta la nouvelle de votre défaite et de sa mort, avec toute la diligence dont des courriers sont capables. Moi qui étais à Londres gardien du roi, je rassemblai alors mes soldats, je réunis de nouvelles bandes d'amis, et lorsque je me crus suffisamment en force, emmenant avec moi le roi comme gage de ma sécurité, je marchai vers Saint-Albans pour intercepter la reine ; car j'avais été averti par mes espions qu'elle venait avec l'intention bien arrêtée de déchirer notre dernier décret du Parlement touchant le serment du roi Henri et votre succession. Pour abréger, nous nous sommes rencontrés à Saint-Albans ; nos armées en sont venues aux mains et ont vaillamment combattu des deux côtés ; mais si ce fut l'attitude froide du roi

Henri qui contemplait avec tendresse sa reine guerrière, qui éteignit chez mes soldats toute ardeur, ou si ce fut la nouvelle de son précédent succès, ou si ce fut une crainte extraordinaire de la dureté de Clifford, qui fait tonner à l'oreille de ses prisonniers les mots de sang et de mort, je ne puis en juger : mais pour conclure avec vérité, les armes de l'ennemi s'abattaient et se relevaient comme l'éclair, et nos soldats, pareils à des hiboux à l'aile paresseuse, ou à des batteurs qui agitent leurs fléaux avec indolence, combattaient mollement comme s'ils frappaient leurs amis. J'essayai de relever leur courage en leur parlant de la justice de notre cause, en leur promettant une haute paye et de grandes récompenses : mais tout cela en vain ; ils n'avaient pas de cœur au combat, et leurs dispositions ne nous permettant plus d'espérer la victoire, nous prîmes la fuite : le roi alla retrouver la reine, et Lord Georges votre frère, Norfolk, et moi, nous sommes venus en hâte, en grande hâte, pour vous rejoindre ; car nous avons appris que vous étiez ici, dans les Marches, levant une autre armée pour continuer la lutte.

Édouard. — Où est le duc de Norfolk, gentil Warwick ? et depuis quand Georges est-il venu de Bourgogne en Angleterre⁴ ?

Warwick. — Le duc est avec ses soldats à quelques six milles d'ici ; et quant à votre frère, il a été récemment envoyé ici par votre bonne tante, la duchesse de Bourgogne, avec un renfort de soldats, bien nécessaire dans cette guerre.

Richard. — Les forces étaient sans doute bien inégales lorsque le vaillant Warwick a fui : je l'ai souvent entendu louer pour l'ardeur de ses poursuites, mais jamais je n'avais jusqu'à ce jour entendu parler du scandale de sa retraite.

Warwick. — Et tu n'entendras pas non plus parler d'un tel scandale aujourd'hui, Richard ; car tu reconnaîtras que cette robuste main droite est capable d'arracher le diadème de la tête du faible Henri, et d'enlever à son poing le sceptre auguste, fût-il aussi fameux et aussi hardi dans la guerre, qu'il est renommé pour sa douceur, son esprit de paix et sa piété.

Richard. — Je le sais fort bien, Lord Warwick; ne me blâme pas : c'est l'amour que je porte à ta gloire qui me fait parler. Mais que pouvons-nous faire en ce moment critique? Allons-nous dépouiller nos cottes de mailles, revêtir nos corps de lugubres robes noires, et compter nos *Ave Maria* sur nos chapelets? Ou bien allons-nous faire nos dévotions sur les heaumes de nos ennemis avec des armes vengeresses? Si vous êtes pour ce dernier parti, dites oui, et marchons, Lords.

Warwick. — Mais, c'est pour cela même que Warwick est venu vous chercher; c'est pour cela qu'est venu mon frère Montague. Suivez-moi, Lords. L'orgueilleuse et insolente reine, assistée de Clifford, du hautain Northumberland, et de beaucoup d'autres fiers oiseaux de même plumage, ont pétri à leur gré le roi pliant comme cire. Il avait consenti par serment à votre succession, et son serment est enregistré au Parlement; mais maintenant toute la bande s'en est allée à Londres pour annuler son serment, et en même temps frapper de nullité tout ce qu'il pourrait faire contre la maison de Lancastre. Leur force est, je crois, de trente mille hommes; maintenant si, avec l'aide de Norfolk et le mien, avec tous les partisans que tu peux recruter parmi les affectionnés Gallois, brave comte des Marches, nous arrivons seulement à réunir une force de vingt-cinq mille hommes, alors, *Via!* nous marcherons droit sur Londres; et une fois encore nous enfourcherons nos chevaux, et une fois encore nous crierons : *chargez!* en face de nos ennemis; mais jamais plus on ne nous verra tourner le dos et fuir.

Richard. — Oui, c'est bien incontestablement le grand Warwick que j'entends parler maintenant : que jamais celui-là ne vive pour voir un beau jour, qui criera: *retraite*, alors que Warwick lui avait ordonné de rester.

Edouard. — Lord Warwick, je m'appuierai sur ton épaule, et si tu tombes (que Dieu éloigne cette heure-là!), puisse Édouard tomber en même temps, malheur qu'il plaise au ciel d'écarter!

Warwick. — O toi qui n'es pas plus longtemps comte des Marches, mais duc d'York, le degré qui vient ensuite est le trône d'Angleterre : roi d'Angleterre tu seras proclamé dans chaque bourg où nous passerons, et celui qui ne lancera pas son bonnet en l'air de joie, payera sa faute de sa tête. Roi Édouard, vaillant Richard, Montague, ne nous attardons pas plus longtemps à rêver de renommée, mais faisons sonner les trompettes et mettons-nous à notre tâche.

Richard. — Alors, Clifford, ton cœur fût-il aussi dur que l'acier — et tes actes ont montré qu'il était de pierre — je viens pour le percer ou pour te donner le mien.

Édouard. — Alors, battez, tambours; Dieu et saint Georges soient avec nous!

Entre un messager.

Warwick. — Qu'est-ce? quelles nouvelles?

Le messager. — Le duc de Norfolk vous envoie dire par moi que la reine s'avance avec une armée puissante, et il sollicite votre compagnie pour prendre rapidement conseil.

Warwick. — Parbleu, cela tombe à merveille : braves guerriers, partons. (*Ils sortent.*)

SCÈNE II.

Devant York.

Fanfares. Entrent le roi HENRI, la reine MARGUERITE, le prince de GALLES, CLIFFORD, NORTHUMBERLAND, *avec leurs forces.*

La reine Marguerite. — Souhaitez la bienvenue, Monseigneur, à cette brave ville d'York. Là-bas est la tête de cet archi-ennemi qui cherchait à ceindre votre couronne : est-ce que cette vue ne réjouit pas votre cœur, Monseigneur?

ACTE II, SCÈNE II.

Le roi Henri. — Oui, comme les rochers réjouissent celui qui craint le naufrage : contempler ce spectacle déchire mon âme. Retenez votre vengeance, bon Dieu! ce ne fut pas ma faute, et ce n'est pas de mon consentement que j'ai violé mon serment.

Clifford. — Mon gracieux Souverain, il faut mettre de côté cette trop grande mansuétude et cette nuisible pitié. A qui les lions adressent-ils leurs regards de tendresse? ce n'est pas à la bête qui voulait usurper leur tanière. Quelle est la main que lèche l'ours des forêts? ce n'est pas celle qui dépouille son petit sous ses yeux. Quel est celui qui échappe au dard mortel du serpent aux aguets? ce n'est pas celui qui pose son pied sur sa queue. Le plus petit reptile se redressera, si on le foule aux pieds, et les colombes elles-mêmes frapperont du bec pour défendre leur couvée. L'ambitieux York aspirait à ta couronne, et toi tu souriais, tandis qu'il fronçait le sourcil de courroux : n'étant qu'un duc, il voulait faire son fils roi, et comme un bon père élever sa progéniture en dignité : toi, qui es un roi, et qui es assez heureux pour posséder un excellent fils, tu as consenti à le déshériter, ce qui t'a fait passer pour un père très-dénaturé. Les créatures sans raison nourrissent leurs petits; et quoique la face humaine apparaisse terrible à leurs yeux, s'il s'agit de protéger leurs bien-aimés, qui ne les a vues, dans leur sollicitude maternelle, exposant leur vie pour la défense de leur couvée, entrer en guerre contre celui qui grimpait jusqu'à leur nid, fût-ce avec la seule arme de ces ailes qu'elles avaient maintes fois employées pour leurs fuites timides? Par pudeur, mon Suzerain, prenez-les pour exemple! Ne serait-ce pas pitié que cet excellent enfant perdît les droits de sa naissance par la faute de son père, et que longtemps après il pût dire à son fils : « Ce que mon arrière-grand-père et mon grand père avaient acquis, l'insouciance de mon père le donna follement? » Oh! quelle honte ce serait là! Regarde cet enfant, et que sa face virile qui promet une heureuse fortune, donne à ton cœur qui mollit l'énergie de conserver ce qui est à toi, et de lui laisser ce qui est à toi.

Le roi Henri. — Clifford a parfaitement joué l'orateur, et il a mis en avant des arguments de grande force. Mais, dis-moi, Clifford, est-ce que tu n'as jamais entendu dire que les choses mal acquises prospéraient toujours mal? Le fils a-t-il toujours eu à se réjouir que son père fût damné pour avoir thésaurisé[5]? Je laisserai après moi à mon fils mes actions vertueuses, et plût au ciel que mon père ne m'eût pas laissé davantage, car tout le reste est tenu à un tel prix que sa conservation coûte mille fois plus de soucis que sa possession ne rend de joie. Ah, cousin York! je voudrais que tes meilleurs amis sussent combien cela m'afflige que ta tête soit ici!

La reine Marguerite. — Monseigneur, rappelez tout votre courage : vos ennemis sont proches, et ces dispositions à l'attendrissement attiédissent vos partisans. Vous avez promis de faire chevalier notre fils courageux : dégainez votre épée et frappez-l'en immédiatement sur l'épaule. Édouard, agenouille-toi.

Le roi Henri. — Édouard Plantagenet, relève-toi chevalier, et retiens cette leçon : tire toujours ton épée pour le bon droit.

Le prince Édouard. — Mon gracieux père, avec votre royale permission, je la tirerai comme héritier présomptif de la couronne, et je m'en servirai jusqu'à la mort dans cette querelle.

Clifford. — Parbleu! c'est parler comme un vrai prince.

Entre un messager.

Le messager. — Tenez-vous prêts, royaux commandants ; car Warwick, appuyé du duc d'York, s'avance avec une armée de trente mille hommes. A mesure qu'ils marchent, il proclame dans chaque ville le duc comme roi, et beaucoup viennent le rejoindre. Faites vos préparatifs de combat, car ils sont tout proches.

Clifford. — Je voudrais que Votre Altesse quittât

le champ de bataille; la reine réussit mieux lorsque vous êtes absent.

La reine Marguerite. — Oui, mon bon Seigneur, laissez-nous à notre fortune[6].

Le roi Henri. — Mais votre fortune est aussi la mienne; par conséquent je resterai.

Northumberland. — Que ce soit alors avec la résolution de combattre.

Le prince Édouard. — Mon royal père, donnez joie à ces nobles Lords, et rendez cœur à ceux qui combattent pour votre défense : dégainez votre épée, mon bon père, et criez : *Saint Georges!*

Marche. Entrent ÉDOUARD, GEORGES, RICHARD, WARWICK, NORFOLK, MONTAGUE, *et leurs troupes.*

Édouard. — Eh bien, parjure Henri, te voilà ! veux-tu t'agenouiller pour demander grâce, et placer ton diadème sur ma tête, ou bien veux-tu t'en remettre à la fortune mortelle du champ de bataille?

La reine Marguerite. — Va-t'en gourmander tes mignons, enfant orgueilleux et insolent! te convient-il de te servir de termes aussi hardis devant ton Souverain et ton roi légitime?

Édouard. — Je suis son roi, et il devrait courber le genou; je fus de son consentement adopté comme son héritier : depuis lors, il a brisé son serment, car à ce que j'apprends, vous qui êtes le vrai roi, quoique ce soit lui qui porte la couronne, vous l'avez forcé, par un nouvel acte du Parlement, à annuler mon droit et à me substituer son fils.

Clifford. — Et avec raison : qui peut succéder au père, si ce n'est le fils?

Richard. — Êtes-vous ici, boucher?—Oh! je ne puis parler!

Clifford. — Oui, contrefait; je suis ici pour te répondre, à toi, ou au plus fier de ton parti.

Richard. — C'est vous qui avez tué le jeune Rutland, n'est-ce pas?

Clifford. — Oui, et le vieux York, et je ne suis pas encore satisfait.

Richard. — Au nom de Dieu, Lords, donnez le signal de la bataille.

Warwick. — Que réponds-tu, Henri? Veux-tu céder la couronne?

La reine Marguerite. — Eh bien, qu'est-ce à dire, Warwick à la trop longue langue? vous osez parler? La dernière fois que nous nous sommes rencontrés à Saint-Albans, vos jambes vous ont rendu de meilleurs services que vos mains.

Warwick. — C'était alors mon tour de fuir, aujourd'hui c'est le tien.

Clifford. — Vous en aviez dit autant avant la bataille, et cependant vous avez fui.

Warwick. — Ce n'est pas votre valeur, Clifford, qui m'entraîna hors du champ de bataille.

Northumberland. — Non, et votre énergie ne vous donna pas non plus le courage de rester.

Richard. — Northumberland, je te tiens en grande estime; — terminons ce pourparler, car je puis à peine me retenir de satisfaire la haine dont mon cœur est plein, sur ce Clifford, ce cruel tueur d'enfants.

Clifford. — J'ai tué ton père; est-ce que tu l'appelles un enfant?

Richard. — Oui, tu l'as tué comme un traître lâche et poltron, comme tu as tué notre tendre frère Rutland : mais avant le coucher du soleil, je t'aurai fait maudire cette action.

Le roi Henri. — Finissez cette guerre de mots, Milords, et écoutez-moi parler.

La reine Marguerite. — Défiez-les alors, ou sinon tenez vos lèvres closes.

Le roi Henri. — Je t'en prie, n'essaye pas de fixer des limites à ma parole : je suis roi, et j'ai le privilége de parler.

Clifford. — Mon Suzerain, la blessure d'où est sortie cette présente réunion ne peut être guérie par des paroles; en conséquence, gardez le silence.

Richard. — Dégaine alors ton épée, bourreau : par celui qui nous créa tous, je suis convaincu que la virilité de Clifford est tout entière dans sa langue.

Édouard. — Dis, Henri, aurai-je ou non mon droit? Mille hommes ont déjeuné aujourd'hui qui ne dîneront pas, à moins que tu ne cèdes la couronne.

Warwick. — Si tu refuses, que le sang retombe sur ta tête ; car York a revêtu son armure pour se faire justice.

Le prince Édouard. — Si ce que dit Warwick est juste, alors il n'y a pas d'injustice, tout est juste.

Richard. — Quel que soit celui qui t'engendra, c'est bien ta mère qui est ici : car je m'en aperçois, tu as bien la langue de ta mère.

La reine Marguerite. — Mais toi, tu ne ressembles ni à ton père ni à ta mère; mais tu es un réprouvé odieux et contrefait[7], marqué par la destinée pour être évité comme les crapauds venimeux et les lézards à la morsure terrible.

Richard. — Fer de Naples, recouvert d'or anglais, dont le père porte le titre de roi, absolument comme un canal serait appelé mer, oses-tu, sachant quelle est ton extraction, permettre à ta langue de dévoiler ton cœur bassement né ?

Édouard. — Une coiffe de paille qui obligerait cette impudente mégère à se connaître vaudrait un prix de mille couronnes[8]. Quoique ton époux puisse passer pour Ménélas, Hélène de Troie était d'une bien autre beauté que toi, et jamais le frère d'Agamemnon ne fut outragé par cette femme déloyale, comme ce roi l'est par toi. Son père porta la victoire jusqu'au cœur de la France, en dompta le roi, força le Dauphin à se courber. Si lui s'était marié selon son rang, il aurait pu conserver cette gloire jusqu'à ce jour; mais lorsqu'il fit entrer une mendiante dans son lit et honora ton pauvre père de son mariage, ce jour de soleil engendra pour lui une tempête qui balaya de France les victoires de son père, et souleva dans son pays la sédition contre sa couronne. En effet, quelle cause a soulevé ce tumulte, si ce n'est ton orgueil ? Si tu avais été douce, nos titres auraient tranquillement sommeillé, et par pitié pour le bon roi, nous aurions différé nos prétentions jusqu'à une autre époque.

Georges. — Mais lorsque nous vîmes que notre soleil faisait ton printemps, et que ce printemps ne nous portait pas de moisson, nous appliquâmes la hache à tes racines usurpatrices, et quoique son tranchant soit revenu contre nous plus d'une fois, sache cependant que puisque nous avons commencé à frapper, nous ne discontinuerons pas avant de t'avoir abattu, ou bien nous arroserons ta croissance de nos sangs fumants.

Édouard. — Et sur cette résolution, je te défie, ne voulant pas prolonger plus longtemps cette conférence, puisque tu refuses au bon roi la permission de parler. Sonnez, trompettes! que nos étendards sanglants se déploient! Ou bien la victoire, ou bien une tombe.

La reine Marguerite. — Arrête, Édouard....

Édouard. — Non, femme de dissensions, nous ne resterons pas davantage; ces paroles coûteront aujourd'hui la vie à dix mille hommes. (*Ils sortent.*)

SCÈNE III.

Un champ de bataille entre Towton et Saxton dans le Yorkshire.

Alarmes. Escarmouches. Entre WARWICK.

Warwick. — Épuisé du combat comme les coureurs de leur course, je vais m'étendre un peu ici pour respirer, car les coups que j'ai reçus et que j'ai rendus en grand nombre, ont dérobé leur force à mes membres robustes, et malgré tout, je suis obligé de me reposer un instant.

Entre ÉDOUARD *en courant.*

Édouard. — Souris, ciel béni! ou bien frappe, mort maudite! car ce monde me regarde de travers, et le soleil d'Édouard est recouvert d'un nuage.

ACTE II, SCÈNE III.

Warwick. — Qu'est-ce donc, Monseigneur ? qu'est-ce qui arrive ? où en sont vos espérances ?

Entre GEORGES.

Georges. — Notre chance est perdue, notre espoir s'est changé en triste désespoir ; nos rangs sont brisés et la ruine nous poursuit : quel conseil donnez-vous ? où fuirons-nous ?

Édouard. — Inutile est la fuite, ils nous suivent avec des ailes ; et nous sommes faibles et ne pouvons éviter la poursuite.

Entre RICHARD.

Richard. — Ah Warwick ! pourquoi t'es-tu retiré ? la terre altérée a bu le sang de ton frère, percé par la pointe d'acier de la lance de Clifford, et dans les souffrances de l'agonie, il a crié ces paroles pareilles à un glas funèbre que l'on entend au loin : « Warwick, venge-moi ! frère, venge ma mort ! » et avec ces paroles le noble gentilhomme a rendu l'âme sous le ventre de leurs coursiers qui trempaient leurs fanons dans son sang fumant.

Warwick. — Eh bien, alors, que la terre se soûle de notre sang ! je tuerai mon cheval, car je ne veux pas fuir[9]. Pourquoi restons-nous là, comme des femmes au faible cœur, à déplorer nos pertes tandis que les ennemis font rage, et à regarder, comme si cette tragédie était jouée pour rire par des acteurs qui contreferaient des personnages réels ? Ici, à genoux, je jure devant le Dieu du ciel, de ne jamais me reposer, de ne jamais me tenir en paix, jusqu'à ce que la mort ait fermé mes yeux, ou que la fortune m'ait donné vengeance avec bonne mesure !

Édouard. — O Warwick, je courbe mon genou avec toi, et j'enchaîne dans ce serment mon âme à la tienne ! O toi qui élèves et abats les rois, grand Dieu, avant que mes genoux se relèvent de la froide surface de la terre, je lève vers toi mes mains, mes yeux, mon cœur, en te conjurant, si telle est ta volonté, de donner ce corps comme une proie à mes ennemis, mais d'ouvrir cependant les portes de bronze de ton ciel, et de livrer un doux passage à mon âme pécheresse! Maintenant, Lords, prenons congé mutuellement jusqu'à notre prochaine réunion, où qu'elle se fasse, au ciel ou en enfer.

Richard. — Frère, donne-moi ta main, et toi, gentil Warwick, laisse-moi t'étreindre dans mes bras fatigués : moi qui ne pleurai jamais, je me fonds maintenant de douleur, de ce que l'hiver de la défaite ait pu ainsi couper court au printemps de notre fortune.

Warwick. — Partons, partons! Une fois encore, adieu, mes chers Lords.

Georges. — Allons cependant tous ensemble retrouver nos troupes, et donnons permission de fuir à ceux qui ne voudront pas rester; appelons ceux qui tiendront avec nous nos colonnes, et promettons-leur, si nous triomphons, les récompenses que les vainqueurs portent aux jeux olympiques. Cela pourra replanter le courage dans leurs cœurs ébranlés; car il y a encore espérance de vie et de victoire. Ne tardons pas davantage, partons d'ici immédiatement. (*Ils sortent.*)

SCÈNE IV.

Une autre partie du champ de bataille.

Escarmouches. Entrent RICHARD *et* CLIFFORD.

Richard. — Maintenant, Clifford, je suis parvenu à te rencontrer seul : suppose que ce bras est pour le duc d'York, et celui-là pour Rutland : tous deux sont voués à leur vengeance, fusses-tu entouré d'un mur d'airain.

Clifford. — Maintenant, je suis seul avec toi, Richard : voici la main qui a poignardé ton père York, et voilà la main qui a tué ton frère Rutland, et ici bat le cœur qui triomphe de leur mort, et qui encourage les mains qui ont tué ton père et ton frère à t'en faire autant. Là-dessus, en garde! (*Ils combattent. Warwick entre; Clifford s'enfuit.*)

Richard. — Parbleu, Warwick, traque quelque autre

gibier; car moi je veux donner à ce loup une chasse à mort. (*Ils sortent.*)

SCÈNE V.

Une autre partie du champ de bataille.

Alarme. Entre LE ROI HENRI.

LE ROI HENRI. — Cette bataille ressemble à la guerre qui se passe au matin, lorsque les ténèbres mourantes luttent avec la lumière grandissante, à cette heure que le berger soufflant sur ses ongles, ne peut appeler ni jour parfait, ni parfaite nuit. Tantôt, l'action se porte ici, comme une mer puissante forcée par le flux de combattre avec le vent; tantôt, elle se porte là, comme cette même mer que la furie du vent forcerait à se retirer : quelquefois le flot l'emporte, d'autres fois c'est le vent : maintenant c'est ce parti-ci qui a l'avantage, maintenant c'est celui-là ; tous deux luttent pour la victoire, poitrines contre poitrines, sans qu'aucun des deux soit vainqueur ou vaincu : tel est l'égal équilibre de cette guerre cruelle. Je vais m'asseoir ici sur ce tertre. Que la victoire soit à qui Dieu voudra! car ma reine Marguerite, et Clifford aussi, m'ont chassé du combat en me grondant, et en jurant tous deux qu'ils avaient plus de chances lorsque je n'étais pas avec eux. Que je voudrais être mort ! Ah! si le bon Dieu voulait que cela fût! car qu'y a-t-il dans ce monde, si ce n'est la douleur et le deuil? O Dieu! il me semble qu'on serait heureux de mener la vie d'un simple berger ; de s'asseoir sur la colline, comme j'y suis assis maintenant, de tracer des cadrans avec précision, ligne par ligne, de regarder comment courent les minutes, puis de compter combien il en faut pour compléter une heure, en combien d'heures s'achève le jour, en combien de jours l'année arrive à son terme, combien d'années un homme mortel peut vivre : puis, cela une fois connu, de diviser ainsi le temps : j'ai tant d'heures à garder mon troupeau; j'ai tant d'heures pour prendre mon repos; j'ai tant d'heures à donner à la contemplation; j'ai tant d'heures à donner à mes récréations; il y a tant de jours que mes brebis sont allées au bélier; dans tant de semaines les pauvres innocentes mettront bas; dans tant d'années je couperai leur toison : ainsi les minutes, les heures, les jours, les mois et les années, iraient vers la fin qui leur fut assignée et mèneraient une tête blanche à une tombe paisible. Ah! quelle vie serait celle-là! comme elle serait douce! comme elle serait aimable! Est-ce que le buisson d'aubépine ne donne pas aux bergers qui surveillent leurs sots moutons une ombre plus douce que le dais aux riches broderies n'en donne aux rois qui craignent la trahison de leurs sujets? Oh oui, plus douce, mille fois plus douce! Et pour conclure, combien les simples fromages du berger, le breuvage froid et léger qu'il tire de sa bouteille de cuir, le sommeil qu'il a coutume de goûter sous l'ombre fraîche d'un arbre, toutes choses dont il jouit avec douceur et sécurité, l'emportent sur les délicatesses qui entourent un prince, sur les mets beaux à voir dans leurs plats d'or, sur le lit somptueux où il repose son corps, lorsque l'inquiétude, la méfiance, et la trahison l'enveloppent.

Alarme. Entre UN FILS *qui a tué son père, en portant son cadavre.*

LE FILS. — C'est un mauvais vent, celui qui souffle sans profiter à personne. Cet homme, que j'ai tué dans un combat corps à corps, est peut-être muni d'une provision d'écus, et moi qui par heureuse aventure suis à même de les lui enlever, il se peut qu'avant la nuit je sois obligé de les céder avec ma vie à quelque autre, comme cet homme mort me les cède. — Quel est cet homme? Oh! Dieu, c'est la figure de mon père que j'ai tué sans le connaître dans ce combat. Oh! quels temps malheureux que ceux qui engendrent de tels événements! La presse du roi m'a conduit de Londres ici; mon père, qui était un homme du comte de Warwick, pressé par son maître, a marché pour le parti d'York; et moi qui ai reçu de lui ma vie, avec les mains qu'il m'avait données, je l'ai privé de la vie. Pardonnez-moi, mon Dieu, je ne savais pas ce que je faisais ! et pardonne-moi, mon père, car je ne t'ai pas reconnu ! mes pleurs vont laver tes blessures saignantes ; plus une parole jusqu'à ce qu'elles aient coulé jusqu'à la dernière.

Le roi Henri. — O lamentable spectacle ! ô jours sanglants ! Tandis que les lions se disputent et se battent pour la possession de leurs antres, les pauvres agneaux innocents pâtissent de leur inimitié. Pleure, malheureux homme, je te donnerai larme pour larme ; que nos cœurs et nos yeux, semblables à la guerre civile, soient obscurcis par le nuage des larmes, et éclatent sous la charge trop forte de la douleur.

Entre un père *qui a tué son fils, en traînant le corps.*

Le père. — Toi qui m'as si vigoureusement résisté, donne-moi ton or, si tu as de l'or ; car je l'ai acheté au prix de cent coups. — Mais voyons : — est-ce là le visage de notre adversaire ? Oh non, non, non, c'est mon fils unique ! O mon enfant, s'il te reste un peu de vie, lève sur moi ton œil ! Vois, vois, quelles ondées de larmes soulevées par le vent de la tempête de mon cœur tombent sur tes blessures qui tuent mes yeux et mon cœur ! O Dieu, ayez pitié de ce siècle misérable ! Quels événements cruels, sanguinaires, anarchiques, quelles méprises contre nature, cette querelle meurtrière engendre chaque jour ! O mon enfant, ton père te donna la vie trop tôt, et il s'est aperçu trop tard qu'il te privait de la vie !

Le roi Henri. — Malheur sur malheur ! Douleur qui excède la douleur ordinaire ! Oh ! si ma mort pouvait mettre fin à ces accidents lamentables ! Oh ! pitié, pitié, ciel clément, pitié ! Sur son visage sont la rose rouge et la rose blanche, fatales couleurs de nos maisons en lutte : son sang pourpre ressemble bien à l'une, et il me semble que ses pâles joues présentent l'image de l'autre : se flétrisse une de vous, et que l'autre fleurisse ! si vous luttez, des milliers d'existences doivent se flétrir.

Le fils. — Comme ma mère va m'accabler de reproches pour la mort de mon père, m'accabler sans pouvoir jamais s'apaiser!

Le père. — Quelles mers de larmes va répandre ma femme sur la mort de son fils, sans pouvoir jamais s'apaiser!

Le roi Henri. — Comme la patrie pour ces douloureux événements va maudire son roi, sans en être soulagée!

Le fils. — Jamais fils regretta-t-il autant la mort d'un père?

Le père. — Jamais père pleura-t-il autant un fils?

Le roi Henri. — Jamais roi fut-il autant affligé des douleurs de ses sujets? Grand est votre chagrin, le mien l'est dix fois davantage.

Le fils. — Je vais t'emporter d'ici en un endroit où je pourrai pleurer à mon aise. (*Il sort avec le corps.*)

Le père. — Ces bras seront ton linceul, et mon cœur, mon doux enfant, sera ton sépulcre, car ton visage ne s'effacera jamais de mon cœur; les soupirs de ma poitrine seront ton glas de mort, et ton père se montrera aussi prodigue de rites funèbres pour toi seul, son unique enfant, que Priam le fut pour tous ses vaillants fils. Je vais t'emporter d'ici : combatte qui voudra, car j'ai tué celui dont la vie m'était sacrée. (*Il sort avec le corps.*)

Le roi Henri. — Hommes au cœur triste, accablés par la douleur, ici est assis un roi plus à plaindre que vous ne l'êtes.

Alarmes. Escarmouches. Entrent LA REINE MARGUERITE, LE PRINCE DE GALLES *et* EXETER.

Le prince Édouard. — Fuyez, mon père, fuyez! car tous vos amis sont en fuite, et Warwick fait rage comme un taureau furieux : fuyons! car la mort nous donne la chasse.

La reine Marguerite. — Montez à cheval, Monseigneur; à Berwick, en toute hâte : Édouard et Richard, comme un couple de lévriers qui tiennent l'œil sur le lièvre timide qui s'enfuit, sont à nos talons, les yeux enflammés et étincelants de colère, l'acier sanglant dans leurs mains crispées de fureur : par conséquent, fuyons.

Exeter. — Fuyez! car la vengeance accourt avec eux : ne vous attardez pas à demander des explications, faites hâte, ou bien suivez-moi ; je passe devant.

Le roi Henri. — Allons, prends moi avec toi, mon bien cher Exeter : ce n'est pas que je craigne de rester, mais je me fais un bonheur d'aller où le veut la reine. En avant! partons! (*Ils sortent*[10].)

SCÈNE VI.

Une autre partie du champ de bataille.

Alarme prolongée. Entre CLIFFORD, *blessé*[11].

Clifford. — Voici que finit mon flambeau, — oui, voici qu'il finit, ce flambeau qui, tant qu'il dura, donna sa lumière au roi Henri. O Lancastre, je crains ton renversement plus que je ne crains la séparation de mon corps et de mon âme! Mon affection et la crainte que j'inspirais t'attachaient beaucoup de partisans; mais maintenant que je tombe, ton parti aux pièces grossièrement soudées va se fondre, et affaiblissant Henri, il ira fortifier York l'arrogant sans droits. Le commun peuple s'attroupe comme le font les mouches en été : et où volent les moucherons sinon vers le soleil? et qui brille maintenant sinon les ennemis de Henri? O Phœbus, si tu n'avais jamais consenti à laisser Phaéton diriger tes coursiers de feu, ton char de flamme n'aurait jamais brûlé la terre! et toi, Henri, si tu avais gouverné comme les rois doivent le faire, ou comme ton père et ton grand-père l'avaient fait, sans céder de terrain à la maison d'York, ils n'auraient jamais pullulé comme des mouches en été; moi, et dix mille autres dans ce malheureux royaume, nous n'aurions pas laissé de veuves pour pleurer nos morts, et tu serais resté paisiblement assis sur ton trône en cette journée-ci. En effet, qu'est-ce qui favorise les mauvaises herbes sinon la douceur de l'air? et qu'est-ce qui enhardit les voleurs sinon une trop grande mansuétude? Inutiles sont les plaintes, et sans remède mes blessures; je ne puis fuir d'aucun côté et je n'ai pas de force pour m'enfuir; l'ennemi est sans merci et n'aura pas pitié; car je n'ai mérité de sa part aucune pitié. L'air a pénétré dans mes blessures mortelles, et une trop grande effusion de sang me fait évanouir. Venez, York et Richard, Warwick et les autres, j'ai poignardé les seins de vos pères, fendez ma poitrine. (*Il s'évanouit.*)

Alarme et retraite. Entrent ÉDOUARD, GEORGES, RICHARD, MONTAGUE, WARWICK, *et des soldats.*

ÉDOUARD. — Respirons, maintenant, Lords: une heureuse fortune nous invite à nous reposer, et adoucit par des regards de paix le visage irrité de la guerre. Un détachement poursuit la reine à l'âme sanguinaire qui a entraîné le calme Henri tout roi qu'il est, comme une voile gonflée par une brise turbulente pousse de force un gros navire à fendre les vagues. Mais pensez-vous, Lords, que Clifford se soit enfui avec eux?

WARWICK. — Non, il est impossible qu'il ait pu s'échapper; car quoique je dise ces paroles en sa présence, votre frère Richard l'a rendu bon pour la tombe, et en quelque lieu qu'il soit, à coup sûr, il est mort. (*Clifford gémit et meurt.*)

ÉDOUARD. — Quel est celui dont l'âme prend ce déchirant congé?

RICHARD. — C'est un gémissement sinistre, comme l'adieu de la vie au moment où la mort la saisit.

ÉDOUARD. — Voyez quel il est; et qu'il soit ami ou ennemi, maintenant que la bataille est finie, traitez-le avec humanité.

RICHARD. — Révoque cette sentence de clémence, car c'est Clifford, qui, non content de mutiler la branche en coupant le jeune Rutland lorsqu'il commençait à pousser ses feuilles, a frappé de son couteau meurtrier la racine

ACTE II, SCÈNE VI.

d'où ce tendre rejeton avait doucement jailli, je veux dire le duc d'York, notre royal père.

WARWICK. — Faites enlever des portes d'York, la tête de votre père que Clifford y avait posée, et que la sienne y prenne sa place : il faut rendre outrage pour outrage.

ÉDOUARD. — Apportez ici ce fatal oiseau de malheur de notre maison, qui ne chantait rien que mort pour nous et les nôtres[12] : maintenant la mort arrêtera ses cris sinistres et menaçants, et sa langue aux prophéties de malheur ne parlera plus. (*Des soldats enlèvent le corps.*)

WARWICK. — Je crois qu'il a perdu toute connaissance. Réponds, Clifford, sais-tu qui te parle? La mort aux noires ténèbres obscurcit les rayons de sa vie; et il ne nous voit pas, et n'entend pas ce que nous disons.

RICHARD. — Oh, s'il le pouvait! et peut-être qu'il le peut : peut-être dissimule-t-il par politique, pour éviter des invectives amères comme celles dont il accabla notre père au moment de sa mort.

GEORGES. — Si tu le crois, tourmente-le par des paroles insultantes.

RICHARD. — Clifford, demande merci et n'obtiens pas de grâce!

ÉDOUARD. — Clifford, repens-toi dans une pénitence inutile!

WARWICK. — Clifford, invente des excuses pour tes crimes!

GEORGES. — Pendant que nous inventerons de cruelles tortures pour tes crimes.

RICHARD. — Tu aimas York, et je suis le fils d'York.

ÉDOUARD. — Tu as eu pitié de Rutland, j'aurai pitié de toi.

GEORGES. — Où est le capitaine Marguerite pour vous défendre maintenant?

WARWICK. — Ils se moquent de toi, Clifford! jure comme c'était ta coutume.

RICHARD. — Comment! pas un juron! En ce cas le monde va bien mal, puisque Clifford n'a pas un juron au service de ses amis. Je reconnais à cela qu'il est mort ; et sur mon âme, si cette main droite pouvait lui acheter deux heures de vie, et me permettre ainsi de le railler à toute outrance, cette autre main la couperait, et avec le sang qui en jaillirait j'étoufferais le scélérat dont les sangs d'York et du jeune Rutland n'ont pu étancher la soif inextinguible.

Warwick. — Oui, mais il est mort : coupez la tête du traître, et élevez-la à la place où est fixée celle de votre père. Et maintenant marchons triomphalement sur Londres pour t'y faire couronner roi souverain d'Angleterre. De là, Warwick traversera la mer pour se rendre en France, et demandera Madame Bonne pour en faire ta reine. Tu seras ainsi solidement assis sur les deux pays, et une fois que tu auras la France pour amie, tu ne craindras plus l'ennemi dispersé qui cherche à se relever ; car bien que leur aiguillon ne puisse plus guère blesser, attends-toi à les entendre bourdonner pour importuner tes oreilles. J'assisterai d'abord à ton couronnement, et puis, s'il plaît à mon Seigneur, je traverserai la mer pour me rendre en Bretagne et arranger ce mariage.

Édouard. — Qu'il en soit comme il te plaira, mon cher Warwick, car j'appuie mon trône à ton épaule, et jamais je n'exécuterai aucune chose, sans avoir d'abord obtenu tes conseils et ton consentement. Richard, je te créerai duc de Glocester, et toi, Georges, duc de Clarence ; toi, Warwick, tu feras et déferas à ton gré, comme nous-même.

Richard. — Fais-moi duc de Clarence, et fais Georges duc de Glocester ; car le duché de Glocester est trop fatal [13].

Warwick. — Ta, ta, c'est une remarque puérile ; Richard, sois duc de Glocester. Maintenant, à Londres, pour prendre possession de ces honneurs ! (*Ils sortent.*)

ACTE III.

SCÈNE PREMIÈRE.

Une chasse dans le nord de l'ANGLETERRE.

Entrent DEUX GARDES-CHASSE *avec des arbalètes à la main.*

PREMIER GARDE-CHASSE. — Nous allons nous blottir dans cet épais fourré, car les daims vont venir tout à l'heure dans cette clairière; nous prendrons notre poste d'observation sous ce couvert, et nous pourrons abattre ainsi le plus beau de tous les daims.

SECOND GARDE-CHASSE. — Je me tiendrai au-dessus de la colline, en sorte que nous pourrons tirer tous deux.

PREMIER GARDE-CHASSE. — Cela ne se peut pas, le bruit de ton arbalète fera fuir le troupeau, et alors mon coup est perdu. Tenons-nous ici, et visons le plus beau : pour que le temps ne nous paraisse pas long, je te raconterai ce qui m'arriva un jour à cette même place où nous nous proposons maintenant de nous tenir.

SECOND GARDE-CHASSE. — Voici venir un homme; attendons qu'il ait passé.

Entre LE ROI HENRI *déguisé, avec un livre de prières.*

LE ROI HENRI. — Je me suis échappé d'Écosse, par pur amour, pour saluer ma patrie de mes regards désireux de la revoir[1]. Non, Harry, Harry, cette terre n'est pas tienne; ta place est remplie, ton sceptre t'a été arraché, le baume dont tu avais été oint a été essuyé de ta tête; nul genou courbé ne t'appellera maintenant César; nuls humbles solliciteurs ne s'empresseront pour te parler de leurs droits ; non, pas un homme ne viendra chercher redressement auprès de toi, car comment pourrais-je les aider, moi qui ne peux pas m'aider moi-même.

Premier garde-chasse. — Parbleu, voici un daim dont la peau vaut les gages d'un garde-chasse, car c'est le *quondam* roi : saisissons-le.

Le roi Henri. — Résignons-nous à ces amères infortunes, car les sages disent que c'est le plus sage parti.

Second garde-chasse. — Pourquoi tardons-nous ? mettons les mains sur lui.

Premier garde-chasse. — Attends quelques minutes; écoutons encore un peu.

Le roi Henri. — Ma reine et mon fils sont allés en France demander du secours, et à ce que j'apprends, Warwick, le grand chef, y est allé aussi pour demander la sœur du roi de France, comme femme pour Édouard : si cette nouvelle est vraie, vos peines sont bien perdues, ma pauvre reine et mon pauvre fils; car Warwick est un orateur insinuant, et Louis est un prince qu'on gagne trop facilement avec des paroles émouvantes. Mais à ce compte, Marguerite, il est vrai, pourrait le gagner, car c'est une femme très à plaindre : ses soupirs battront en brèche sa poitrine ; ses pleurs pénétreraient un cœur de marbre, le tigre s'adoucirait lorsqu'elle se lamente, et Néron se sentirait saisi de remords en entendant ses plaintes, en voyant la pluie de ses larmes. Oui, mais elle est venue pour demander ; Warwick pour donner : elle, du côté gauche, implore des secours pour Henri; lui, du côté droit, demande une femme pour Édouard. Elle pleure, et dit que son Henri est déposé; lui sourit, et dit que son Édouard est installé; si bien, qu'elle, la pauvre malheureuse, ne peut plus parler à force de douleur, tandis que Warwick décline son titre, atténue l'injustice, produit des arguments d'une grande force, et pour conclusion l'emportant sur elle, obtient du roi la promesse de sa sœur, et tout ce qui sera capable de fortifier et de soutenir le trône du roi Édouard. O Marguerite ! c'est ainsi que les choses se pas-

ACTE III, SCÈNE I.

seront, et toi, pauvre âme, de même que tu seras venue seule, tu seras alors abandonnée!

SECOND GARDE-CHASSE. — Qui es-tu, dis-moi, toi qui parles des rois et des reines?

LE ROI HENRI. — Plus grand que je ne parais, et moins grand que je ne suis né : mais en tout cas je suis un homme, car je ne pourrais être moins; les hommes parlent des rois, pourquoi ne parlerais-je pas d'eux, moi aussi?

SECOND GARDE-CHASSE. — Oui, mais tu parles comme si tu étais un roi.

LE ROI HENRI. — Je suis en effet un roi, en esprit, et c'est assez.

SECOND GARDE-CHASSE. — Mais si tu es un roi, où est ta couronne?

LE ROI HENRI. — Ma couronne est dans mon cœur, non sur ma tête; elle n'est pas ornée de diamants et de pierres de l'Inde, elle n'est pas faite pour être vue; ma couronne s'appelle contentement, et c'est une couronne dont les rois jouissent rarement.

SECOND GARDE-CHASSE. — Bon, si vous êtes un roi couronné de contentement, vous, votre couronne et votre contentement, vous devez être contents de venir avec nous; car nous vous croyons le roi qu'a déposé le roi Édouard, et comme nous sommes sous serment ses très-fidèles sujets, nous vous arrêtons comme son ennemi.

LE ROI HENRI. — Mais n'avez vous encore jamais violé de serment juré?

SECOND GARDE-CHASSE. — Non, jamais un serment pareil, et nous ne voulons pas commencer aujourd'hui.

LE ROI HENRI. — Où demeuriez-vous, lorsque j'étais roi d'Angleterre?

SECOND GARDE-CHASSE. — Ici, dans ce pays, où nous résidons maintenant.

LE ROI HENRI. — Je fus sacré roi à neuf mois, mon père et mon grand-père étaient rois, et vous aviez juré d'être pour moi des sujets fidèles; dites-moi donc si vous n'avez pas violé vos serments?

Premier garde-chasse. — Non, car nous n'avons eu à être vos sujets que le temps où vous avez été roi.

Le roi Henri. — Comment ! suis-je mort ? est-ce que je n'ai plus le souffle de la vie ? Ah, hommes simples, vous ne savez pas ce que vous jurez ! Voyez, je souffle cette plume loin de mon visage, et l'air me la renvoie; elle obéit à mon haleine lorsque je souffle; elle cède à un autre vent lorsqu'il souffle, toujours commandée par la brise la plus forte; telle est l'image de votre légèreté, hommes vulgaires. Mais ne violez pas vos serments; car ma douce intercession ne cherchera pas à vous rendre coupables de ce péché. Allons où vous voudrez, le roi consent à être commandé; soyez des rois, vous; commandez et j'obéirai.

Premier garde-chasse. — Nous sommes les fidèles sujets du roi, du roi Édouard.

Le roi Henri. — Vous redeviendriez aussi de fidèles sujets pour Henri, s'il était assis sur le trône comme le roi Édouard.

Premier garde-chasse. — Nous vous sommons, au nom de Dieu et du roi, de venir avec nous devant les officiers.

Le roi Henri. — Au nom de Dieu, ouvrez la marche ; que le nom de votre roi soit obéi ; ce que Dieu voudra, que votre roi l'accomplisse, et moi je céderai humblement à ce qu'il voudra. (*Ils sortent.*)

SCÈNE II.

Londres — Un appartement dans le palais.

Entrent le roi ÉDOUARD, GLOCESTER, CLARENCE, *et* Lady GREY.

Le roi Édouard. — Frère de Glocester, le mari de cette Dame, Sir John Grey, fut tué à la bataille de Saint-Albans, et ses terres furent alors saisies par le vainqueur[2] : elle demande aujourd'hui à rentrer en possession de ces terres, et nous ne pouvons avec justice repousser sa requête, puisque le digne gentilhomme a perdu la vie dans la querelle de la maison d'York.

Glocester. — Votre Altesse fera bien de lui accorder sa requête ; ce serait un déshonneur que de la refuser.

Le roi Édouard. — En effet, ce ne serait pas moins que le déshonneur ; cependant j'attendrai encore un peu.

Glocester, *à part à Clarence.* — Oui dà, en est-il ainsi ? Je vois que la Dame aura une chose à accorder, avant que le roi lui accorde son humble requête.

Clarence, *à part à Glocester.* — Il connaît le gibier : comme il observe bien le vent !

Glocester, *à part à Clarence.* — Silence !

Le roi Édouard. — Veuve, nous examinerons votre requête ; venez à un autre moment pour connaître notre décision.

Lady Grey. — Très-gracieux Seigneur, je ne puis attendre : plairait-il à Votre Altesse de me donner une réponse maintenant : quel que soit votre bon plaisir, je m'y soumettrai.

Glocester, *à part.* — Oui dà, veuve ? en ce cas, je vous garantis toutes vos terres, si vous pouvez faire votre plaisir du sien. Combattez plus serré, ou sur ma foi, vous allez attraper un coup.

Clarence, *à part à Glocester.* — Je ne crains pas pour elle, à moins qu'elle ne tombe.

Glocester. — Dieu le défende ! en ce cas il aurait sur elle l'avantage de la position.

Le roi Édouard. — Combien as-tu d'enfants, veuve, dis-moi ?

Clarence, *à part à Glocester.* — Je crois qu'il a l'intention de lui demander un enfant.

Glocester, *à part à Clarence.* — Parbleu, je veux être fouetté, s'il ne lui en donnait pas plutôt deux.

Lady Grey. — Trois, mon très-gracieux Seigneur.

Glocester, *à part.* — Vous en aurez quatre, si vous voulez vous laisser diriger par lui.

Le roi Édouard. — Ce serait pitié qu'ils perdissent les biens de leur père.

Lady Grey. — Ayez pitié alors, redouté Seigneur, et accordez-moi ma demande.

Le roi Édouard. — Lords, laissez-nous seuls en liberté; je veux mettre à l'épreuve l'esprit de cette veuve.

Glocester, *à part*. — Oui, donnez-vous du bon temps en liberté, car vous garderez cette liberté, jusqu'au jour seulement où la jeunesse vous demandera la liberté de s'en aller et vous laissera en liberté avec vos béquilles. (*Glocester et Clarence se tiennent à l'écart.*)

Le roi Édouard. — Dites-moi maintenant, Madame, vous aimez vos enfants?

Lady Grey. — Oui, aussi tendrement que moi-même.

Le roi Édouard. — Et ne feriez-vous pas beaucoup pour les rendre heureux?

Lady Grey. — Pour les rendre heureux, je supporterais tout malheur.

Le roi Édouard. — Eh bien alors, obtenez les terres de votre mari pour les rendre heureux.

Lady Grey. — C'est pour cela que je suis venue auprès de Votre Majesté.

Le roi Édouard. — Je vais vous dire comment ces terres peuvent être obtenues.

Lady Grey. — En le faisant, vous m'enchaînerez au service de Votre Majesté.

Le roi Édouard. — Quel service me rendrez-vous, si je les leur donne?

Lady Grey. — N'importe lequel de ceux que je puis vous rendre qu'il vous plaira de me commander.

Le roi Édouard. — Mais vous opposerez des exceptions à mon souhait.

Lady Grey. — Non, mon gracieux Seigneur, à moins que je ne puisse l'accomplir.

Le roi Édouard. — Oui, mais tu peux faire ce que j'ai l'intention de te demander.

Lady Grey. — En ce cas je ferai ce que Votre Grâce me commandera.

Glocester, *à part à Clarence*. — Il la travaille dur, et à force de pluie le marbre s'use.

ACTE III, SCÈNE II.

CLARENCE, *à part à Glocester*. — Elle est rouge comme le feu : parbleu, sa cire ne peut manquer de fondre bientôt.

LADY GREY. — Pourquoi Monseigneur s'arrête-t-il ? n'apprendrai-je pas ce que je dois faire ?

LE ROI ÉDOUARD. — C'est une tâche aisée ; il ne s'agit que d'aimer un roi.

LADY GREY. — C'est une tâche accomplie déjà, car je suis une sujette.

LE ROI ÉDOUARD. — Eh bien alors, je te rends volontiers les terres de ton mari.

LADY GREY. — Je prends mon congé avec mille et mille remercîments.

GLOCESTER, *à part*. — Le marché est fait ; elle le scelle par une révérence.

LE ROI ÉDOUARD. — Mais arrête ; ce sont les fruits de l'amour dont j'entends parler.

LADY GREY. — Ce sont aussi les fruits de l'amour dont j'entends parler, mon affectionné Souverain.

LE ROI ÉDOUARD. — Oui, mais dans un autre sens, je le crains. Quel genre d'amour crois-tu que je sollicite si vivement ?

LADY GREY. — Mon amour jusqu'à la mort, mes humbles remercîments, mes prières, ce genre d'amour que sollicite la vertu, et qu'accorde la vertu.

LE ROI ÉDOUARD. — Non, sur ma foi, ce n'est pas ce genre d'amour que j'entends.

LADY GREY. — Alors votre pensée n'est pas celle que je vous prêtais.

LE ROI ÉDOUARD. — Mais maintenant il vous est facile de découvrir en partie ma pensée.

LADY GREY. — Mon âme n'accordera jamais la chose à laquelle il me semble que Votre Altesse aspire, si je la devine bien.

LE ROI ÉDOUARD. — Pour te parler nettement, j'aspire à coucher avec toi.

LADY GREY. — Pour vous parler nettement, j'aimerais mieux coucher en prison.

Le roi Édouard. — En ce cas, tu n'auras pas les terres de ton mari.

Lady Grey. — Eh bien alors, mon honneur sera mon douaire, car je ne les achèterai pas à ce prix.

Le roi Édouard. — Vous faites par là un très-grand tort à vos enfants.

Lady Grey. — Par là, Votre Altesse fait tort à la fois à eux et à moi. Mais, puissant Seigneur, vos dispositions joyeuses s'accordent mal avec le sérieux de ma requête; qu'il vous plaise de me congédier par un oui ou un non.

Le roi Édouard. — Oui, si tu dis oui à ma requête; non, si tu dis non à ma demande.

Lady Grey. — Non, en ce cas, Monseigneur. Ma sollicitation est finie.

Glocester, *à part à Clarence*. — La veuve ne l'aime pas, elle fronce le sourcil.

Clarence, *à part à Glocester*. — C'est le galant le plus gauche de toute la chrétienté.

Le roi Édouard, *à part*. — Ses regards attestent qu'elle est pleine de pudeur; ses paroles montrent que son esprit est incomparable; toutes ses perfections réclament la souveraineté : d'une manière ou d'une autre, elle est faite pour un roi; et elle sera ma maîtresse ou mon épouse. (*Haut.*) Que dirais-tu si le roi Édouard te prenait pour sa reine?

Lady Grey. — Il vaut mieux dire cela que le faire, mon gracieux Seigneur. Je suis une sujette, bonne à servir de but à vos plaisanteries, mais je suis très-indigne d'être une souveraine.

Le roi Édouard. — Douce veuve, je te le jure par mon pouvoir, je n'en dis pas plus que mon âme n'en désire; et ce que je désire, c'est de jouir de ton amour.

Lady Grey. — Et c'est plus que je ne peux en accorder : je sais que je suis trop petite pour être votre épouse, et cependant je suis de trop bon lieu pour être votre concubine.

Le roi Édouard. — Vous chicanez, veuve; j'entends dire ma reine.

Lady Grey. — Cela affligerait Votre Grâce d'entendre mes fils vous appeler père.

Le roi Édouard. — Pas plus que d'entendre mes filles t'appeler mère. Tu es une veuve et tu as des enfants, et par Notre-Dame, moi qui suis un garçon, j'en ai quelques-uns de mon côté. Parbleu! c'est une heureuse chose que d'être le père de nombreux fils. Ne me réponds pas davantage, car tu seras ma reine.

Glocester, *à part à Clarence*. — Le révérend père a maintenant donné son absolution.

Clarence, *à part à Glocester*. — Lorsqu'il a commencé à confesser, il était d'avance décidé à absoudre.

Le roi Édouard. — Frères, vous vous demandez ce que nous avons pu nous dire.

Glocester. — La veuve n'aime pas cela, car elle a l'air fort triste.

Le roi Édouard. — Cela vous semblerait étrange si je la mariais?

Clarence. — A qui, Monseigneur?

Le roi Édouard. — Parbleu, Clarence, à moi-même.

Glocester. — Ce serait le sujet d'un étonnement long au moins de dix jours.

Clarence. — C'est-à-dire un jour de plus que ne dure un étonnement.

Glocester. — Avec justice, car le sujet d'étonnement serait grand!

Le roi Édouard. — Bien, plaisantez, mes frères : je puis vous annoncer à tous deux que sa requête pour les biens de son mari lui est accordée.

Entre un noble.

Le noble. — Mon gracieux Seigneur, Henri, votre ennemi est pris, et il a été conduit en prisonnier aux portes de votre palais.

Le roi Édouard. — Voyez à le faire conduire à la Tour : nous, mes frères, allons trouver l'homme qui l'a pris, afin de savoir les circonstances de sa capture. Veuve, venez avec nous ; Lords, traitez-la avec honneur. (*Sortent le roi Édouard, Lady Grey, Clarence et le noble.*)

Glocester. — Oui, Édouard traitera les femmes *avec honneur*. Plût au ciel qu'il fût épuisé, os, moelle et tout, afin que de ses reins il ne pût sortir aucune branche donnant des espérances pour me frustrer des jours heureux auxquels j'aspire ! Et cependant entre les désirs de mon âme et moi, il y a, — outre le titre du robuste Édouard qu'il faudrait enterrer, — Clarence, Henri, son jeune fils Édouard, et toute leur postérité imprévue qui viendra prendre leur place, avant que je puisse me placer moi-même ! Voilà une perspective qui refroidit fort mes desseins ! Quoi donc alors, tout ce que je puis, c'est de rêver de souveraineté, comme un homme debout sur un promontoire qui, épiant de loin un rivage qu'il voudrait fouler, souhaiterait que son pied fût au niveau de son œil, gronderait la mer qui le sépare de ce rivage, et dirait qu'il veut la mettre à sec pour s'ouvrir son chemin : c'est de **cette** manière que je convoite la couronne dont je suis si éloigné, c'est ainsi que je gronde les obstacles qui m'en séparent, c'est ainsi que je dis que je me débarrasserai de ces obstacles en me flattant d'une chose impossible. Mes yeux ont la vue trop longue, mon cœur porte trop loin, si ma main et ma puissance ne peuvent pas les égaler. En ce cas, disons qu'il n'y a pas de royaume pour Richard ; mais quels autres plaisirs le monde peut-il lui fournir ? Je chercherai mon paradis sur le sein d'une Dame, je parerai mon corps de gais ornements, j'ensorcellerai les douces Dames par mes paroles et par mes regards. O pensée misérable, et plus difficile à réaliser que la conquête de vingt couronnes d'or ! Parbleu, l'amour m'a renié dans le sein même de ma mère, et pour que je n'eusse rien à démêler avec ses douces lois, il corrompit la fragile nature par quelque présent, pour qu'elle raccourcit mon bras comme un buisson desséché, pour qu'elle élevât sur mon dos une envieuse montagne où la difformité pût s'asseoir pour railler ma personne physique, pour qu'elle taillât mes jambes de longueur inégale, pour qu'elle fît de moi dans chaque partie de mon être un chaos difforme, ou un ourson non léché qui ne porte pas l'empreinte de sa mère. Est-ce que je suis, dans ces conditions-là, un homme fait pour être aimé ! Oh ! quelle faute monstrueuse ce serait que de caresser une telle pensée ! Eh bien ! puisque cette terre ne me fournit pas d'autre joie que de commander, de contrarier, de dominer ceux qui sont plus beaux que moi, je chercherai mon paradis dans ce rêve d'une couronne, et tant que je vivrai, je considérerai ce monde comme un enfer, jusqu'à ce que cette tête qui est portée par ce corps mal formé soit ceinte d'une glorieuse couronne. Et cependant je ne sais comment prendre possession de la couronne, car de nombreuses existences s'interposent entre moi et l'accomplissement de mes désirs : et je suis comme un homme perdu dans un bois épineux, qui arrache les épines et qui est déchiré par les épines, qui cherche un chemin et s'égare loin de la véritable route, et ne sachant plus comment retrouver l'espace découvert, lutte en désespéré pour le rejoindre. C'est ainsi que je me tourmente pour saisir la couronne d'Angleterre, et je me débarrasserai de ce tourment, ou bien je m'ouvrirai passage avec une hache sanglante. Parbleu, je puis sourire et assassiner tout en souriant; je puis protester que je suis heureux de ce qui désole mon cœur, je puis mouiller mes joues de larmes hypocrites, et arranger mon visage selon toutes les circonstances. Je noierai plus de marins que la Sirène, je tuerai plus de spectateurs que le basilic; je jouerai l'orateur aussi bien que Nestor, je tromperai plus finement qu'Ulysse, et je prendrai une autre Troie, comme un Sinon : je suis capable de donner des couleurs au caméléon, de lutter de métamorphoses avec Protée, de renvoyer à l'école le sanguinaire Machiavel[3]. Je puis faire cela, et je ne pourrais pas conquérir une couronne ? Bah ! je la saisirai, fût-elle encore plus loin. *(Il sort.)*

SCÈNE III.

FRANCE. — Un appartement dans le palais du ROI.

Fanfares. Entrent LE ROI LOUIS XI *et* MADAME BONNE *avec leurs suites.* LE ROI *s'assied sur son trône. Entrent ensuite* LA REINE MARGUERITE, LE PRINCE ÉDOUARD, *et* LE COMTE D'OXFORD.

LE ROI LOUIS, *se levant*. — Belle reine d'Angleterre, noble Marguerite, assieds-toi avec nous; il convient mal à ton rang et à ta naissance que tu sois debout, tandis que Louis est assis.

LA REINE MARGUERITE. — Non, puissant roi de France; maintenant Marguerite doit replier ses voiles, et apprendre à servir tandis que les rois commandent. Je fus, cela est vrai, la reine de la grande Albion dans mes heureux jours précédents; mais maintenant le malheur a foulé mon titre aux pieds et m'a renversée avec déshonneur sur la terre, où je dois m'asseoir selon ma fortune, en conformant ma conduite à mon humble siége.

LE ROI LOUIS. — Eh bien, dis-nous, belle reine, d'où sort ce profond désespoir?

LA REINE MARGUERITE. — D'une cause telle qu'elle remplit mes yeux de larmes et qu'elle paralyse ma langue, tandis que mon cœur est noyé dans les soucis.

LE ROI LOUIS. — Quelle que soit cette cause, reste égale à toi-même, et assieds-toi à nos côtés. (*Elle s'assied à côté de lui.*) Ne cède pas ton cou au joug de la fortune, mais que ton indomptable esprit chevauche triomphalement au-dessus de tout malheur possible. Sois franche, reine Marguerite, et dis-nous tes chagrins; ils seront soulagés si la France peut te prêter aide.

LA REINE MARGUERITE. — Ces gracieuses paroles font revivre mes pensées défaillantes et donnent à mes chagrins à la langue nouée liberté de s'exprimer. Ainsi donc, qu'il soit maintenant connu du noble Louis, que Henri, seul possesseur de mon amour, est de roi devenu proscrit, et qu'il est forcé de vivre délaissé de tous en Écosse, tandis que l'orgueilleux et ambitieux Édouard, duc d'York, usurpe le titre royal et le trône du souverain légitimement consacré d'Angleterre. Voilà la cause pour laquelle moi, la pauvre Marguerite, je suis venue avec mon fils que voici, le prince Édouard, l'héritier de Henri, pour solliciter ta juste et légitime assistance. Si tu nous manques, tout notre espoir s'évanouit : l'Écosse a bonne volonté de nous aider, mais elle ne peut nous aider; notre peuple et nos pairs ont fait à la fois défection, notre trésor est saisi, nos soldats sont en fuite, et nous-mêmes, comme tu le vois, nous sommes en piteux état.

Le roi Louis. — Illustre reine, calme la tempête par ta patience, tandis que nous méditerons un moyen d'y mettre fin.

La reine Marguerite. — Plus nous tardons, plus les forces de notre ennemi s'accroissent.

Le roi Louis. — Plus je tarderai, mieux je te viendrai en aide.

La reine Marguerite. — Oh oui, mais l'impatience accompagne le chagrin profond! et voyez, voici venir celui qui donne pâture à mes chagrins.

Entre WARWICK avec sa suite.

Le roi Louis. — Quel est-il celui qui entre si audacieusement en notre présence?

La reine Marguerite. — Notre comte de Warwick, le plus grand ami d'Édouard.

Le roi Louis. — Sois le bienvenu, brave Warwick! Qu'est-ce qui t'amène en France? (*Il descend de son trône; la reine Marguerite se lève.*)

La reine Marguerite. — Oui, voilà qu'une nouvelle tempête commence à s'élever, car c'est là celui qui commande à la fois aux vents et à la marée.

Warwick. — Je viens en toute amitié et en toute sincère affection, de la part de mon Seigneur et Souverain, ton ami dévoué, le noble Édouard, roi d'Albion, d'abord pour présenter ses compliments à ta royale personne, ensuite pour solliciter de toi une ligue d'amitié, et enfin pour confirmer cette amitié par un nœud nuptial, s'il te plait d'accorder cette vertueuse Madame Bonne, ta jolie sœur, au roi d'Angleterre en légitime mariage'.

La reine Marguerite, *à part*. — Si cela va plus loin, les espérances de Henri sont perdues.

Warwick, *à Bonne*. — Et gracieuse Madame, je suis chargé pour le compte du roi, avec votre permission et votre faveur, de baiser humblement votre main et de vous exprimer de vive voix la passion profonde de mon Souverain; car ta renommée, qui a pénétré par ses oreilles attentives, a placé dans son cœur l'image de ta beauté et de ta vertu.

La reine Marguerite. — Roi Louis, et vous, Madame Bonne, écoutez-moi parler avant de répondre à Warwick. Le principe de sa demande ne sort pas chez Édouard d'un amour honnête et bien intentionné, mais d'une fourberie engendrée par la nécessité; car comment les tyrans peuvent-ils gouverner chez eux en sécurité, s'ils n'achètent de grandes alliances à l'étranger? Pour prouver qu'il est un tyran, il suffit de cette raison que Henri vit toujours; mais fût-il mort, il reste encore le prince Édouard que voilà, fils du roi Henri. Prends donc bien garde, Louis, de ne pas attirer sur toi le danger et le déshonneur par cette ligue et ce mariage; car bien que les usurpateurs puissent gouverner un temps, cependant les cieux sont justes et le temps détruit les iniquités.

Warwick. — Injurieuse Marguerite!

Le prince Édouard. — Et pourquoi ne pas dire reine?

Warwick. — Parce que ton père Henri fut un usurpateur, et que tu n'es pas plus prince qu'elle n'est reine.

Oxford. — Alors, Warwick, annule le grand Jean de Gand qui subjugua la plus grande partie de l'Espagne, et après Jean de Gand, Henri le quatrième dont la sagesse fut un miroir pour les plus sages, et après ce sage prince, Henri le cinquième qui, par sa vaillance, conquit toute la

France : c'est de tous ces princes que notre Henri descend en ligne directe.

WARWICK. — Oxford, comment se fait-il que dans ce discours doucereux, vous ne nous disiez pas comment Henri le sixième a perdu tout ce que Henri le cinquième avait acquis? Il me semble que ces pairs de France ici présents pourraient sourire à vos paroles. Pour le reste, vous récapitulez un arbre généalogique qui a soixante-deux ans de date, un temps insignifiant pour prescrire des droits à un trône.

OXFORD. — Eh quoi, Warwick, tu oses parler contre ton Suzerain, auquel tu as obéi trente-six ans, et pas une rougeur ne dénonce ta trahison?

WARWICK. — Oxford, qui de tout temps a défendu le droit, peut-il aujourd'hui protéger le mensonge avec un arbre généalogique? Fi donc! laisse là Henri, et appelle Édouard ton roi.

OXFORD. — L'appeler mon roi, lui dont l'outrageante sentence conduisit à la mort mon frère aîné, Lord Aubrey de Vere, et pis encore, mon père, alors dans le déclin de ses mûres années, et lorsque la nature le conduisait elle-même aux portes du trépas? Non, Warwick, non; tant que la vie soulèvera ce bras-ci, ce bras défendra la maison de Lancastre.

WARWICK. — Et moi la maison d'York.

LE ROI LOUIS. — Reine Marguerite, prince Édouard, et vous, Oxford, veuillez à notre requête vous éloigner, tandis que je vais plus amplement conférer avec Warwick.

LA REINE MARGUERITE, *à part*. — Les cieux veuillent que les paroles de Warwick ne l'ensorcèlent pas! (*Elle se retire avec le prince Édouard et Oxford.*)

LE ROI LOUIS. — Maintenant, Warwick, dis-moi en toute sincérité de conscience, Édouard est-il votre Souverain légitime? car il me répugnerait de m'allier à celui qui n'a pas été légalement choisi.

WARWICK. — J'engage pour sa légitimité mon crédit et mon honneur.

Le roi Louis. — Mais est-il vu d'un bon œil par le peuple?

Warwick. — Il est aussi favorablement vu que Henri était vu à regret.

Le roi Louis. — Eh bien, pour continuer, — toute dissimulation à part, — dis-nous en toute vérité quelle est la mesure de son amour pour notre sœur Bonne.

Warwick. — Son affection est telle, semble-t-il, qu'il convient à un monarque comme lui. Moi-même, je l'ai souvent entendu dire et jurer que cet amour était une plante éternelle, dont la racine était fixée dans le terrain de la vertu, et dont les feuilles et les fruits étaient conservés par le soleil de la beauté, un amour à l'épreuve de toute haine, mais non pourtant du dédain, si Madame Bonne ne récompense pas sa peine.

Le roi Louis. — Maintenant, ma sœur, faites-nous connaître votre sérieuse résolution.

Bonne. — Mon acceptation ou mon refus seront dictés par votre acceptation ou votre refus. (*A Warwick.*) Je confesse cependant, qu'avant ce jour-ci, lorsque j'entendais célébrer les mérites de votre roi, mon oreille a souvent sollicité mon cœur à la tentation du désir.

Le roi Louis. — Eh bien, Warwick, voici ce qui en est; notre sœur sera l'épouse d'Édouard, et nous allons immédiatement rédiger des articles fixant le douaire que votre roi donne pour contre-balancer son douaire à elle. Approchez, reine Marguerite, et soyez témoin que Bonne sera l'épouse du roi d'Angleterre.

Le prince Édouard. — D'Édouard, mais non du roi d'Angleterre.

La reine Marguerite. — Trompeur de Warwick! c'était ton plan de rendre inutile ma requête par cette alliance; avant ton arrivée, Louis était l'ami de Henri.

Le roi Louis. — Et il lui est encore ami ainsi qu'à Marguerite: mais si votre titre à la couronne est faible, comme il paraît l'être, à en juger par l'heureux succès d'Édouard, ce n'est que raison à moi, de suspendre l'assistance que je vous avais récemment promise : cependant vous recevrez de ma part tous les tendres soins que votre condition réclame et que la mienne peut vous donner.

Warwick. — Henri vit maintenant à l'aise en Écosse, où, ne possédant rien, il ne peut plus rien perdre ; et quant à vous-même, notre *quondam* reine, vous avez un père capable de subvenir à vos besoins, et vous feriez mieux de l'importuner que le roi de France.

La reine Marguerite. — Paix, impudent, effronté Warwick ! paix, orgueilleux faiseur et défaiseur de rois ! Je ne partirai pas d'ici avant d'avoir, par mes paroles et mes larmes, les unes et les autres pleines de vérité, montré au roi Louis la ruse de ton ambassade et la fausseté de l'amour de ton maître ; car vous êtes tous deux des oiseaux de même plumage. (*Le cor retentit à l'extérieur.*)

Le roi Louis. — Warwick, c'est quelque courrier pour nous ou pour toi.

Entre un messager.

Le messager. — Milord ambassadeur, voici des lettres pour vous, envoyées par votre frère le marquis de Montague. — Celles-là sont pour Votre Majesté de la part de notre roi. (*A Marguerite.*) Et ces autres envoyées je ne sais par qui sont pour vous, Madame. (*Ils lisent tous leurs lettres.*)

Oxford. — Je suis charmé que notre belle reine et maîtresse sourie en lisant ses nouvelles, tandis que Warwick fronce le sourcil à la lecture des siennes.

Le prince Édouard. — Voyez comme Louis frappe du pied ; on dirait qu'il est piqué : j'espère que tout va pour le mieux.

Le roi Louis. — Warwick, quelles sont vos nouvelles ? et les vôtres, belle reine ?

La reine Marguerite. — Les miennes sont telles qu'elles remplissent mon cœur de joies inespérées.

Warwick. — Les miennes sont douloureuses à l'excès et faites pour décourager.

Le roi Louis. — Comment ! est-ce que votre roi a épousé Lady Grey ? Et maintenant pour amender son mensonge et le vôtre, il m'envoie une lettre pour m'engager à la patience? Est-ce là l'alliance qu'il cherche avec France? ose-t-il être assez présomptueux pour nous mépriser de cette façon?

La reine Marguerite. — J'avais prévenu de tout cela Votre Majesté; cela montre l'amour d'Édouard et l'honnêteté de Warwick.

Warwick. — Roi Louis, je proteste ici à la face du ciel et sur mes espérances du bonheur céleste, que je n'ai rien à voir dans cette mauvaise action d'Édouard. Il n'est plus mon Roi, car il me déshonore; mais il se déshonore surtout lui-même, s'il pouvait voir sa honte. Aurai-je donc oublié que c'est grâce à la maison d'York que mon père trouva un trépas prématuré? aurai-je donc laissé passer l'outrage fait à ma nièce? l'aurai-je ceint de la couronne royale? aurai-je expulsé Henri des droits de sa naissance, pour être récompensé à la fin par un affront? Honte sur lui! car ce que je mérite, c'est l'honneur : or afin de réparer l'honneur que j'ai perdu pour lui, je renonce ici à lui et je reviens à Henri. Ma noble reine, oublions nos précédentes querelles, et désormais je suis ton fidèle serviteur; je vengerai l'outrage qu'il fait à Madame Bonne et je rétablirai Henri dans son premier état.

La reine Marguérite. — Warwick, ces paroles ont changé ma haine en amour : je pardonne et j'oublie tout à fait les vieilles fautes, et je me réjouis que tu sois devenu l'ami du roi Henri.

Warwick. — Tellement son ami, oui, son ami sincère, que si le roi Louis veut bien nous fournir quelques bandes, en très-petit nombre, de soldats choisis, je me fais fort de les débarquer sur notre côte, et de renverser par la guerre le tyran de son trône. Ce n'est pas sa nouvelle épousée qui lui donnera secours, et quant à Clarence, ainsi que mes lettres m'en informent, il est très-probablement sur le point de se détacher de lui, pour s'être marié par capricieuse luxure plutôt que par honneur, ou par considération de la puissance et de la sécurité de notre pays.

ACTE III, SCENE III.

Bonne. — Mon cher frère, comment Bonne pourrait-elle mieux être vengée que par l'appui que tu prêteras à cette reine malheureuse?

La reine Marguerite. — Prince illustre, comment le pauvre Henri pourra-t-il vivre, si tu ne l'arraches pas à l'odieux désespoir?

Bonne. — Mon grief et celui de cette reine d'Angleterre n'en font qu'un.

Warwick. — Et le mien se joint au vôtre, belle Madame Bonne.

Le roi Louis. — Et le mien se joint au tien, au sien et à celui de Marguerite; c'est pourquoi je suis fermement résolu à vous prêter assistance.

La reine Marguerite. — Laissez-moi vous donner à tous à la fois d'humbles remercîments.

Le roi Louis. — Ainsi donc, messager d'Angleterre, retourne-t'en en toute hâte, et dis au menteur Édouard, ton roi supposé, que Louis de France lui envoie des masques pour le divertir lui et sa nouvelle fiancée : tu vois ce qui s'est passé; cours en effrayer ton roi.

Bonne. — Dis-lui que dans l'espérance qu'il sera bientôt veuf, je porterai en son honneur la guirlande de saule.

La reine Marguerite. — Dis-lui que j'ai mis de côté mes robes de deuil et que je suis prête à revêtir une armure[5].

Warwick. — Dis-lui de ma part qu'il m'a fait outrage, et qu'en retour je le découronnerai avant qu'il soit longtemps. Voici ta récompense; pars. (*Sort le messager.*)

Le roi Louis. — Warwick, toi et Oxford, vous passerez la mer à la tête de cinq mille hommes et vous offrirez la bataille au menteur Édouard, et aussitôt que l'occasion le permettra, cette noble reine et le prince vous suivront avec un nouveau renfort. Cependant, avant de partir, délivre-moi d'un doute : quelle garantie avons-nous de ta ferme loyauté?

Warwick. — Ce qui assurera ma loyauté constante, le voici : c'est que si notre reine et ce jeune prince y consentent, je suis prêt à unir ma fille aînée, qui est ma suprême joie, au prince par les liens bénis du mariage.

La reine Marguerite. — Oui, j'y consens, et je vous remercie pour cette proposition. Mon fils Édouard, elle est belle et vertueuse; par conséquent n'hésite pas, donne ta main à Warwick, et avec ta main, ta promesse irrévocable d'épouser seulement la fille de Warwick[6].

Le prince Édouard. — Oui, je l'accepte, car elle le mérite, et ici pour engager ma parole, je vous donne ma main. (*Il donne la main à Warwick.*)

Le roi Louis. — Pourquoi tardons-nous maintenant? Ces soldats vont être levés, et toi, Seigneur de Bourbon, notre grand amiral, tu les transporteras sur notre flotte royale. Je suis impatient de voir Édouard tomber sous la mauvaise chance de la guerre pour s'être joué d'une Dame de France par une moquerie de mariage. (*Tous sortent, sauf Warwick.*)

Warwick. — Je vins ici comme ambassadeur d'Édouard, mais je m'en retourne son ennemi mortel et juré : le message qu'il m'avait confié portait sur une affaire de mariage, mais une guerre terrible sera la réponse qu'obtiendra sa demande. N'avait-il donc personne d'autre que moi pour en faire son jouet? en ce cas, il n'y aura que moi pour tourner sa plaisanterie en chagrin. Je fus le chef qui l'élevai à la couronne, et je serai le chef qui le renversera : ce n'est pas que je plaigne la misère de Henri, mais je cherche à me venger de la moquerie d'Édouard. (*Il sort.*)

ACTE IV.

SCÈNE PREMIÈRE.

Londres. — Un appartement dans le palais.

Entrent GLOCESTER, CLARENCE, SOMERSET, MONTAGUE, *et autres.*

Glocester. — Dites-moi maintenant, mon frère Clarence, que pensez-vous de ce récent mariage avec Lady Grey? Notre frère n'a-t-il pas fait un digne choix?
Clarence. — Hélas! vous le savez, il y a bien loin d'ici en France; comment aurait-il eu la patience d'attendre le retour de Warwick?
Somerset. — Milords, cessez cette conversation; voici venir le roi.
Glocester. — Et sa fiancée si bien choisie.
Clarence. — J'ai l'intention de lui dire clairement ce que j'en pense.

Fanfares. Entrent le roi ÉDOUARD *avec sa suite*, Lady GREY *avec les insignes royaux*, PEMBROKE, STAFFORD, HASTINGS, *et autres.*

Le roi Édouard. — Eh bien, mon frère Clarence, est-ce que vous ne goûtez pas notre choix, que vous restez pensif, comme si vous étiez à demi mécontent?
Clarence. — Je le goûte autant que Louis de France, ou le comte de Warwick, qui sont si faibles de courage et de jugement qu'ils ne s'offenseront pas de notre injure.
Le roi Édouard. — Supposez qu'ils s'offensent sans

motifs, ils ne sont que Louis et Warwick; moi, je suis Édouard, votre roi et celui de Warwick, et je veux faire ma volonté.

GLOCESTER. — Et vous ferez votre volonté, puisque vous êtes notre roi; cependant les mariages hâtés tournent rarement à bien.

LE ROI ÉDOUARD. — Oui-dà, frère Richard, êtes-vous offensé aussi?

GLOCESTER. — Moi, non : non, à Dieu ne plaise que je désire voir séparés ceux que Dieu a unis; certes, ce serait pitié de séparer ceux qui sont si bien accouplés ensemble.

LE ROI ÉDOUARD. — Mettez de côté vos mépris et vos mécontentements, et dites-nous pour quelles raisons Lady Grey ne serait pas devenue ma femme et la reine d'Angleterre : et vous, Somerset et Montague, dites librement aussi ce que vous pensez?

CLARENCE. — Alors, voici mon opinion, — c'est que le roi Louis devient votre ennemi, parce que vous vous êtes moqué de lui par la proposition d'un mariage avec Madame Bonne.

GLOCESTER. — Et Warwick, pour avoir accompli ce dont vous l'aviez chargé, se trouve déshonoré par ce nouveau mariage.

LE ROI ÉDOUARD. — Quoi cependant, si Louis et Warwick sont tous deux apaisés, par l'explication que je leur inventerai?

MONTAGUE. — Cependant une alliance de ce genre avec la France aurait plus fortifié notre État contre les tempêtes étrangères que tout mariage conclu dans notre pays.

HASTINGS. — Comment! Montague ne sait-il pas que l'Angleterre est en sécurité par elle-même, si elle est loyale à elle-même[1]?

MONTAGUE. — Mais elle serait encore davantage en sécurité si elle était appuyée à la France.

HASTINGS. — Il vaut mieux se servir de la France que se fier à la France. Appuyons-nous sur Dieu, et sur les mers qu'il nous a données comme un rempart inexpugnable; c'est avec ces secours seuls qu'il faut nous défendre; en eux et en nous-mêmes se trouve notre sûreté.

CLARENCE. — Pour ce seul discours, Lord Hastings mérite bien d'avoir l'héritière de Lord Hungerford.

LE ROI ÉDOUARD. — Oui, qu'y voyez-vous à dire? ma volonté la lui a donnée, et pour cette fois ma volonté fera loi.

GLOCESTER. — Et cependant il me semble que Votre Grâce n'a pas bien fait de donner l'héritière et la fille de Lord Scales au frère de votre aimable fiancée; elle aurait beaucoup mieux convenu à Clarence ou à moi: mais votre amour fraternel est enterré aujourd'hui sous l'amour que vous portez à votre fiancée.

CLARENCE. — Sans cela, vous n'auriez pas accordé l'héritière de Lord Bonville au fils de votre nouvelle épousée, en laissant vos frères se pourvoir comme ils pourront.

LE ROI ÉDOUARD. — Hélas, pauvre Clarence! est-ce pour une femme que tu es si mécontent? je t'en trouverai une.

CLARENCE. — En choisissant pour vous-même, vous avez montré votre jugement; or, comme il est léger, vous me donnerez la permission de me servir d'intermédiaire à moi-même, et à cette fin, j'ai l'intention de vous quitter sous peu.

LE ROI ÉDOUARD. — Reste ou pars, Édouard sera roi, et ne sera pas lié à la volonté d'un frère.

LA REINE ÉLISABETH. — Milords, vous me rendrez tous cette justice et vous devrez reconnaître qu'avant qu'il plût à Sa Majesté de m'élever jusqu'au titre de reine, je n'étais pas d'ignoble descendance; de plus humbles que moi ont eu pareille fortune[2]. Mais de même que ce titre honore moi et les miens, ainsi vos mécontentements, à vous à qui j'aurais voulu plaire, assombrissent mes joies par la crainte et le chagrin qu'ils m'inspirent.

LE ROI ÉDOUARD. — Mon amour, cesse de caresser leur mauvaise humeur: quelle crainte, ou quel chagrin peut t'assaillir, aussi longtemps qu'Édouard sera ton ami constant, et le légitime souverain à qui ils doivent obéissance? et ils m'obéiront certes, et ils t'aimeront aussi, à moins qu'ils ne recherchent ma haine, et s'ils la recherchent, je saurai encore te tenir en sécurité, et ils sentiront la vengeance de ma colère.

Glocester, *à part*. — J'entends; cependant je n'en dis pas beaucoup, mais j'en pense plus que je n'en dis.

Entre un messager.

Le roi Édouard. — Eh bien, messager, quelles lettres ou quelles nouvelles de France?

Le messager. — Nulles lettres, mon Souverain lige, quelques paroles seulement, et telles que, sans votre pardon spécial, je n'oserai pas les prononcer.

Le roi Édouard. — Va, nous te pardonnons: par conséquent rapporte-moi en substance leurs paroles, aussi exactement que tu as pu les comprendre. Quelle réponse fait le roi Louis à nos lettres?

Le messager. — A mon départ, il a prononcé ces propres paroles : « Va dire au menteur Édouard, ton roi supposé, que Louis de France est en train de lui envoyer des masques pour les divertir, lui et sa nouvelle épousée. »

Le roi Édouard. — Louis est-il donc si brave? je crois qu'il me prend pour Henri. Mais qu'a dit Madame Bonne de mon mariage?

Le messager. — Voici quelles ont été ses paroles exprimées avec un tranquille dédain : « Dites-lui que dans l'espoir qu'il sera bientôt veuf, je porterai à sa considération la guirlande de saule. »

Le roi Édouard. — Je ne puis la blâmer, elle ne pouvait guère dire moins; elle a été offensée. Mais qu'a dit la reine de Henri? car j'ai appris qu'elle était alors présente.

Le messager. — « Rapporte-lui, a-t-elle dit, que j'ai quitté mes robes de deuil et que je suis prête à revêtir une armure. »

Le roi Édouard. — Sans doute elle a l'intention de

ACTE IV, SCÈNE I.

jouer l'Amazone. Mais qu'a répondu Warwick à ces insultes ?

LE MESSAGER. — Plus irrité contre Votre Majesté que tous les autres, il m'a chargé de vous porter ces paroles : « Dis-lui de ma part qu'il m'a fait outrage, et que pour cela je le découronnerai avant qu'il soit longtemps. »

LE ROI ÉDOUARD. — Ah ! le traître a osé prononcer de si orgueilleuses paroles ? C'est bien, je vais m'armer, puisque je suis ainsi averti : ils auront la guerre et payeront leur présomption. Mais, dis-moi, est-ce que Warwick est ami avec Marguerite ?

LE MESSAGER. — Oui, mon gracieux Souverain, ils sont tellement liés par l'amitié que le jeune prince Édouard épouse la fille de Warwick.

CLARENCE. — L'aînée sans doute ; Clarence aura la cadette. Maintenant, frère roi, adieu, et tenez-vous ferme sur votre trône, car je m'en vais de ce pas trouver l'autre fille de Warwick ; si je n'ai pas de royaume, je ne veux pas au moins me marier au-dessous de moi-même. Suivez-moi, vous qui m'aimez et qui aimez Warwick. (*Il sort et Somerset le suit.*)

GLOCESTER, *à part*. — Je ne te suivrai pas, moi : mes pensées ont un tout autre but ; ce n'est pas pour l'amour d'Édouard que je reste, mais pour l'amour de la couronne.

LE ROI ÉDOUARD. — Clarence et Somerset sont allés rejoindre Warwick ! Je suis armé contre ce qui peut m'arriver de pire : néanmoins la diligence est nécessaire dans cette situation extrême. Pembroke et Stafford, allez en notre nom lever des hommes et faites les préparatifs d'une guerre ; ils sont déjà, ou ils seront bientôt débarqués : je vais moi-même vous suivre en personne immédiatement. (*Sortent Pembroke et Stafford.*) Avant que je parte cependant, Hastings et Montague, délivrez-moi d'un doute. Vous deux, plus que tous les autres, vous êtes rapprochés de Warwick par le sang et les alliances : dites-moi si vous aimez Warwick plus que moi ? S'il en est ainsi, allez tous les deux le rejoindre ; je vous aime mieux pour ennemis que pour amis douteux; mais si vous avez l'intention de me rester fidèlement soumis, donnez-moi par quelque serment d'amitié, l'assurance que je n'aurai jamais à vous tenir en suspicion.

Montague. — Que Dieu protége Montague, comme il vous prouvera sa fidélité!

Hastings. — Que Dieu protége Hastings, comme il a l'intention de soutenir la cause du roi Édouard!

Le roi Édouard. — Et vous, mon frère Richard, tiendrez-vous avec nous?

Glocester. — Oui, en dépit de tous ceux qui s'élèveront contre vous.

Le roi Édouard. — Eh bien, alors, je suis sûr de la victoire. Maintenant partons d'ici, et ne perdons pas une heure jusqu'à ce que nous ayons rencontré Warwick et ses troupes étrangères. (*Ils sortent.*)

SCÈNE II.

Une plaine dans le Warwickshire.

Entrent WARWICK *et* OXFORD *avec des troupes françaises et autres.*

Warwick. — Croyez-moi, Milord, tout va bien jusqu'à présent; les gens des communes se rendent par masses autour de nous. Mais voyez, voici venir Somerset et Clarence!

Entrent CLARENCE *et* SOMERSET.

Warwick. — Parlez sur-le-champ, Milords, sommes-nous tous amis?

Clarence. — N'en doutez pas, Milord.

Warwick. — En ce cas, gentil Clarence, soyez le bienvenu auprès de Warwick, et soyez le bienvenu, vous aussi, Somerset : je tiens pour couardise de garder de la défiance lorsqu'un noble cœur offre une main ouverte comme garantie de son amitié; sans cela, je croirais que

Clarence, le frère d'Édouard, n'est qu'un feint partisan de nos projets : mais sois le bienvenu, mon doux Clarence ; ma fille t'appartiendra. Maintenant qu'avons-nous à faire, sinon, pendant que ton frère est campé sans penser à rien, que ses soldats rôdent dans les villes à proximité du camp et qu'il n'est protégé que par une faible garde, de le surprendre et de le saisir à notre plaisir, à la faveur de la nuit? Nos espions ont découvert que cette aventure était très-facile. De même qu'Ulysse et le robuste Diomède se glissèrent avec silence et audace dans les tentes de Rhésus, et en enlevèrent les coursiers fées de Thrace, ainsi nous, bien couverts par le noir manteau de la nuit, nous pouvons à l'improviste battre la garde d'Édouard et nous emparer de lui; je ne dis pas le tuer, car ma seule intention est de le surprendre. Vous qui consentez à me suivre dans cette entreprise, acclamez le nom de Henri comme celui de votre chef. (*Tous crient* Henri !) Maintenant, marchons en troupe silencieuse. Dieu et saint Georges pour Warwick et ses amis! (*Ils sortent.*)

SCÈNE III.

Le camp d'Édouard, près de Warwick.

Entrent des sentinelles *qui gardent la tente du roi.*

Première sentinelle. — Venez, mes maîtres, que chacun prenne son poste : le roi est là à côté, et s'est endormi.

Seconde sentinelle. — Comment, il n'est pas allé au lit?

Première sentinelle. — Parbleu non, car il a fait le vœu solennel de ne pas se coucher et de ne pas goûter son repos d'une manière naturelle, jusqu'à ce que lui ou Warwick soient entièrement détruits.

Seconde sentinelle. — En ce cas, ce jour sera sans doute demain, si Warwick est aussi près qu'on le rapporte.

Troisième sentinelle. — Mais dis-moi, je te prie, quel est le noble qui est resté avec le roi sous sa tente?

Première sentinelle. — C'est Lord Hastings, le plus grand ami du roi.

Troisième sentinelle. — Oh! en est-il ainsi? Mais pourquoi le roi commande-t-il que ses principaux partisans logent dans les villes des environs, tandis que lui-même reste dans cette froide campagne?

Seconde sentinelle. — Il y a plus d'honneur à cela, parce qu'il y a plus de danger.

Troisième sentinelle. — Fort bien, mais donnez-moi l'honneur avec la sécurité; j'aime mieux cela que l'honneur avec le danger. Si Warwick savait dans quelle situation il se trouve, il n'est pas douteux qu'il le réveillerait.

Première sentinelle. — A moins que nos hallebardes ne lui fermassent le passage.

Seconde sentinelle. — Oui, car autrement pourquoi garderions-nous sa tente royale, si ce n'est pour le protéger contre les tentatives nocturnes de ses ennemis?

Entrent en silence WARWICK, CLARENCE, OXFORD, SOMERSET, *et leurs forces.*

Warwick. — Voici sa tente, et voyez, voici sa garde. Courage, mes maîtres! succès maintenant, ou jamais! Suivez-moi seulement, et Édouard est à nous.

Première sentinelle. — Qui va là?

Seconde sentinelle. — Halte, ou tu es mort!

(WARWICK, *et les autres, crient tous,* Warwick, Warwick! *et se jettent sur les sentinelles qui s'enfuient en criant* aux armes! aux armes! WARWICK, *et les autres, les poursuivent. — Ensuite, au bruit du tambour et des trompettes,* WARWICK, *et les autres, rentrent, apportant* le roi ÉDOUARD *en robe de chambre, et assis sur un fauteuil. On aperçoit* GLOCESTER *et* HASTINGS *qui s'enfuient.*

Somerset. — Quels sont ceux qui s'enfuient?

Warwick. — Richard et Hastings : laissez-les fuir; voici le duc.

Le roi Édouard. — Le duc! Qu'est-ce à dire, Warwick! la dernière fois que nous nous sommes séparés, tu m'as appelé roi!

Warwick. — Oui, mais les choses ont changé. Lorsque vous m'avez outragé dans mon ambassade, je vous ai dégradé de votre royauté, et je viens maintenant pour vous créer duc d'York. Hélas! comment pourriez-vous gouverner un royaume, vous qui ne savez pas vous conduire avec vos ambassadeurs, qui ne savez pas vous contenter d'une seule femme, qui ne savez pas agir fraternellement avec vos frères, qui ne savez pas vous appliquer au bonheur de votre peuple, qui ne savez pas vous protéger contre vos ennemis?

Le roi Édouard. — Oui-dà, mon frère de Clarence, es-tu ici, toi aussi? Je vois bien en ce cas qu'Edouard doit nécessairement tomber. Cependant, Warwick, en dépit de toute mauvaise chance, en dépit de toi et de tous tes complices, Édouard se comportera toujours comme un roi: quoique la malice de la Fortune renverse mon trône, mon âme est plus grande que la circonférence de sa roue.

Warwick. — Eh bien, qu'Édouard soit d'âme le roi d'Angleterre; mais c'est Henri qui portera maintenant la couronne d'Angleterre et qui sera le vrai roi; toi, tu n'es que l'ombre d'un roi. Milord de Somerset, veillez à ce que le duc Édouard soit, sur mes ordres formels, conduit à mon frère, l'archevêque d'York[3]. Lorsque j'aurai combattu Pembroke et ses compagnons, j'irai vous rejoindre, et je vous rapporterai la réponse que lui envoient Louis et Madame Bonne. Maintenant, adieu pour quelque temps, mon bon duc d'York.

Le roi Édouard. — Les hommes doivent nécessairement céder à ce qu'impose la destinée: il est inutile de vouloir résister à la fois au vent et à la marée. (*Il sort sous garde; Somerset l'accompagne.*)

Oxford. — Que nous reste-t-il à faire, Milords, sinon de marcher maintenant sur Londres avec nos soldats?

Warwick. — Oui, c'est la première chose que nous avons à faire, afin de délivrer le roi Henri de sa prison, et de l'asseoir sur le trône royal. (*Ils sortent.*)

SCÈNE IV.

Londres. — Un appartement dans le palais.

Entrent la reine ÉLISABETH *et* RIVERS.

Rivers. — Madame, qu'est-ce donc qui a produit en vous ce changement subit?

La reine Élisabeth. — Eh quoi, mon frère Rivers, en êtes-vous encore à apprendre le malheur qui est arrivé au roi Édouard?

Rivers. — Qu'est-ce? la perte de quelque bataille rangée contre Warwick?

La reine Élisabeth. — Non, mais la perte de sa personne royale elle-même.

Rivers. — Alors, mon Souverain est tué.

La reine Élisabeth. — Oui, presque tué, car il est fait prisonnier, soit qu'il ait été trahi par la fourberie de ses gardes, soit qu'il ait été surpris à l'improviste par ses ennemis : et autant que j'ai pu comprendre, il a été remis entre les mains de l'archevêque d'York, le frère du cruel Warwick, et par conséquent notre ennemi.

Rivers. — Ces nouvelles, je le confesse, sont extrêmement douloureuses : supportez-les cependant de votre mieux, gracieuse Madame : Warwick qui a maintenant l'avantage peut le perdre.

La reine Élisabeth. — Jusqu'à ce jour-là, une belle espérance doit empêcher ma vie de s'éteindre. Je me défends du désespoir autant que je le puis, par amour du rejeton d'Édouard que je porte dans mon sein : c'est lui qui me fait tenir en bride ma douleur, et supporter avec douceur la croix de mon infortune ; oui, oui, c'est pour lui que je retiens plus d'une larme, et que j'étouffe à leur naissance les soupirs qui sucent le sang, de crainte de flétrir par mes soupirs, ou de noyer sous mes larmes, le fruit du roi Edouard, le légitime héritier de la couronne d'Angleterre.

Rivers. — Mais, Madame, qu'est-ce que Warwick est devenu ?

La reine Élisabeth. — Je suis informée qu'il marche sur Londres pour replacer la couronne sur la tête de Henri : devinez le reste ; les amis du roi Édouard devront tomber. Mais pour prévenir la violence du tyran, — car il n'y a pas à se fier à qui a violé une fois sa parole, — je vais me réfugier dans le sanctuaire pour sauver au moins l'héritier des droits d'Édouard : là je vivrai assurée contre la force et la fraude. Par conséquent venez, fuyons pendant que nous pouvons fuir : si Warwick nous prend, nous sommes sûrs de mourir. (*Ils sortent.*)

SCÈNE V.

Un parc près de Middleham Castle, dans le Yorkshire.

Entrent GLOCESTER, HASTINGS, Sir WILLIAM STANLEY, *et autres*.

Glocester. — Maintenant, Milord Hastings, et vous Sir William Stanley, cessez de vous étonner que je vous aie conduits dans le plus épais fourré de ce bois. Voici le cas : vous savez que notre roi, mon frère, est prisonnier de l'évêque, qui le traite avec grande déférence et lui laisse grande liberté. Souvent, suivi seulement d'une faible garde, il vient se divertir ici en chassant. Je l'ai averti par des moyens secrets que si, sous prétexte de son divertissement accoutumé, il se rend à cet endroit à peu près à cette heure-ci, il y trouvera ses amis, avec des hommes et des chevaux, pour le délivrer de sa captivité!

Entrent le roi ÉDOUARD *et un chasseur*.

Le chasseur. — De ce côté, Milord, car c'est par là que se trouve le gibier.

Le roi Édouard. — Non, de ce côté, l'ami : vois où se trouvent les gardes-chasse. — Eh bien, mon frère de Glocester, Lord Hastings et les autres, est-ce que vous vous tenez embusqués ici pour voler le daim de l'évêque?

Glocester. — Frère, le moment et les circonstances demandent promptitude; votre cheval est tout prêt au coin du parc.

Le roi Édouard. — Mais où irons-nous alors?

Hastings. — A Lynn, Monseigneur, et de là embarquez-vous pour les Flandres.

Glocester. — Bien conseillé, je vous assure, car c'était là ma pensée.

Le roi Édouard. — Stanley, je récompenserai ton courage.

Glocester. — Mais pourquoi tardons-nous? Ce n'est pas l'heure de parler.

Le roi Édouard. — Chasseur, que dis-tu? Veux-tu venir avec moi?

Le chasseur. — Mieux vaut agir ainsi, que de rester et d'être pendu.

Glocester. — Eh bien, alors, en route! ne nous amusons pas davantage.

Le roi Édouard. — Adieu, évêque; prends tes précautions contre la colère de Warwick, et prie que je puisse reprendre possession de la couronne. (*Ils sortent.*)

SCÈNE VI.

Un appartement dans LA TOUR.

Entrent LE ROI HENRI, CLARENCE, WARWICK, SOMERSET, LE JEUNE RICHMOND, OXFORD, MONTAGUE, LE LIEUTENANT DE LA TOUR, *et des gens de leur suite.*

Le roi Henri. — Monsieur le lieutenant, maintenant que Dieu et mes amis ont renversé Édouard du trône royal, changé ma captivité en liberté, mes craintes en espérances, mes chagrins en joies, maintenant que nous voilà affranchi, quels honoraires vous sont dus?

Le lieutenant de la Tour. — Les sujets ne peuvent rien réclamer de leurs Souverains; mais si ma faible prière peut être agréée, je solliciterai mon pardon de Votre Majesté.

Le roi Henri. — Pourquoi, lieutenant? pour m'avoir bien traité? Certes, tu peux être sûr que je récompenserai ta bonté, car elle a fait de mon emprisonnement un plaisir, oui, ce même plaisir que ressentent les oiseaux en cage, lorsqu'après bien des rêveries tristes, ils oublient avec les notes de leur harmonie prisonnière la perte de leur liberté. Mais Warwick, c'est toi après Dieu, qui m'as délivré, et je vous remercie surtout, Dieu et toi; il a été l'auteur, et toi l'instrument. C'est pourquoi, afin de pouvoir conjurer la rigueur de la fortune, et de vivre humblement là où la fortune ne pourra me blesser, et aussi afin que le peuple de cet heureux pays ne soit pas puni pour mes mauvaises étoiles, — Warwick, quoique ma tête porte encore la couronne, je résigne ici mon gouvernement entre tes mains, car tu es heureux dans toutes tes entreprises.

Warwick. — Votre Grâce a toujours été renommée pour ses vertus, et maintenant vous paraîtrez aussi sage que vertueux, en reconnaissant et en évitant la malice de la fortune; car peu d'hommes savent se gouverner sagement selon leurs étoiles: cependant laissez-moi blâmer Votre Grâce sur ce seul point, le choix qu'elle fait de moi, lorsque Clarence est ici présent.

Clarence. — Non, Warwick, tu es digne du commandement, toi à qui les cieux, au jour de ta nativité, firent présent d'une branche d'olivier et d'une couronne de laurier, parce que tu étais destiné à être également heureux dans la paix et dans la guerre, et par conséquent je te cède librement la place.

Warwick. — Et moi je choisis le seul Clarence pour protecteur.

Le roi Henri. — Warwick et Clarence, donnez-moi tous deux vos mains : joignez vos mains et avec vos mains vos cœurs, afin que nulle dissension ne trouble le gouvernement. Je vous fais tous deux protecteurs de ce pays, tandis que moi je mènerai une vie privée, et que je passerai mes derniers jours dans la dévotion, à la honte du péché et à la louange de mon Créateur.

Warwick. — Que répond Clarence à la volonté de son souverain?

Clarence. — Qu'il consent, si Warwick donne son consentement, car je m'appuie sur ta fortune.

Warwick. — Eh bien alors, j'y consens, quoique avec répugnance : nous serons accouplés ensemble, comme une ombre double du corps de Henri, et nous tiendrons sa place; j'entends que nous porterons le poids du gouvernement, tandis qu'il jouira de sa dignité et de son repos. Clarence, il est maintenant plus que nécessaire qu'Édouard soit sans délai déclaré traître, et que toutes ses terres et tous ses biens soient confisqués.

Clarence. — Et puis quoi encore? et que sa succession soit réglée.

Warwick. — Oui, et Clarence ne manquera pas d'y prendre sa part.

Le roi Henri. — Mais, laissez-moi vous recommander (car ordonner je ne le puis plus), comme la première et la plus importante de toutes vos affaires, d'envoyer chercher votre reine Marguerite et mon fils Édouard, pour qu'ils reviennent de France en toute hâte; car jusqu'à ce que je les voie ici, la joie que me fait éprouver ma liberté sera à demi éclipsée par l'ombre de mes craintes.

Clarence. — Cela sera fait, sans aucun retard, mon Souverain.

Le roi Henri. — Milord de Somerset, quel est ce jeune homme dont vous semblez prendre un si tendre soin?

Somerset. — Mon Suzerain, c'est le jeune Henri, comte de Richmond.

Le roi Henri. — Venez ici, espérance de l'Angleterre. (*Il pose sa main sur sa tête.*) Si les puissances secrètes suggèrent la vérité à mes pensées divinatrices, ce gentil garçon sera la bénédiction de notre pays. Ses regards sont pleins d'une majesté paisible; sa tête a été formée par la nature pour porter une couronne, sa main pour tenir un sceptre, et lui-même est venu en bon temps pour remplir un trône royal. Faites grand cas de lui, Milords, car c'est là celui qui peut vous soulager plus que vous n'avez été blessés par moi[4].

Entre UN MESSAGER.

WARWICK. — Quelles nouvelles, mon ami?

LE MESSAGER. — La nouvelle qu'Édouard s'est échappé des mains de votre frère, et, d'après ses informations ultérieures, s'est enfui en Bourgogne.

WARWICK. — Désagréables nouvelles ! Mais comment s'est-il échappé?

LE MESSAGER. — Il a été enlevé par Richard duc de Glocester et le Lord Hastings, qui l'ont attendu dans une embuscade secrète au coin de la forêt, et qui l'ont arraché aux chasseurs de l'évêque; car la chasse était son exercice journalier.

WARWICK. — Mon frère a été trop insouciant de sa charge. Mais partons d'ici, mon Souverain, pour chercher un remède aux maux qui peuvent advenir. (*Sortent le roi Henri, Warwick, Clarence, le lieutenant de la Tour et les gens de leur suite.*)

SOMERSET. — Milord, je n'aime pas cette fuite d'Édouard, car sans doute la Bourgogne lui prêtera secours, et nous aurons de nouvelles guerres avant qu'il soit long-temps. Autant les prédictions que Henri prononçait tout à l'heure ont réjoui mon cœur d'espérance à cause de ce jeune Richmond, autant mon cœur est agité d'inquiétudes pour les accidents qui pourraient lui arriver dans ces conflits, à son dommage et au nôtre : c'est pourquoi, Lord Oxford, afin de prévenir le pire, nous l'enverrons sans délai en Bretagne, jusqu'à ce que les tempêtes des discordes civiles soient passées.

OXFORD. — Oui, car si Edouard reprend possession de

la couronne, il est probable que Richmond périra avec les autres.

Somerset. — C'est ce qui arriverait : il ira donc en Bretagne. Ainsi venez, allons en hâte tout préparer pour son départ. (*Ils sortent.*)

SCÈNE VII.

Devant York.

Fanfares. Entrent le roi ÉDOUARD, GLOCESTER, HASTINGS, *et leurs forces.*

Le roi Édouard. — C'est ainsi, mon frère Richard, Lord Hastings et vous tous, qu'aujourd'hui la fortune nous fait réparation, et dit qu'une fois encore j'échangerai ma situation éclipsée contre la couronne royale de Henri. Nous venons de repasser les mers avec autant de bonheur que nous les avions passées d'abord, et nous amenons de Bourgogne les secours désirés. Maintenant que du port de Ravenspurg nous voici venus devant les portes d'York, que nous reste-t-il à faire, sinon d'y entrer comme dans notre duché ?

Glocester. — Les portes étroitement fermées ! Frère, je n'aime pas cela ; car bien des gens qui ont trébuché au seuil, ont été avertis par là que le danger se cachait dans la maison.

Le roi Édouard. — Bah, mon homme ! les présages ne doivent pas nous effrayer aujourd'hui : il nous faut entrer dans la ville par douceur ou violence, car c'est ici que nos amis viendront nous rejoindre.

Hastings. — Mon Suzerain, je vais frapper une fois encore pour les sommer d'ouvrir.

Entrent sur les remparts, le maire d'York *et ses* aldermen.

Le maire d'York. — Milords, nous étions avertis de votre arrivée, et nous avons fermé les portes pour notre propre sécurité; car maintenant nous devons allégeance à Henri.

Le roi Édouard. — Mais, Monsieur le maire, si Henri est votre roi, Édouard est encore au moins le duc d'York.

Le maire d'York. — C'est vrai, mon bon Lord, je reconnais que vous n'êtes pas moins.

Le roi Édouard. — Certes, et je ne réclame rien que mon duché, me trouvant satisfait de cela seul.

Glocester, *à part*. — Mais lorsque le renard aura seulement passé le nez, il trouvera bientôt les moyens de faire passer le corps tout entier.

Hastings. — Eh bien, Monsieur le maire, pourquoi restez-vous incertain? Ouvrez les portes; nous sommes les amis du roi Henri.

Le maire d'York. — Dites-vous vrai? en ce cas les portes vont être ouvertes. (*Il se retire des remparts avec les aldermen.*)

Glocester. — Un sage et vaillant capitaine, et vite persuadé!

Hastings. — Le bon vieillard serait heureux que tout se passât bien, sans y être mêlé en aucune façon; mais une fois entrés, je ne doute pas que nous ne lui fassions bien vite entendre raison à lui et à tous ses frères.

Entrent le maire *et* les aldermen *au pied des remparts.*

Le roi Édouard. — C'est cela, Monsieur le maire : ces portes ne doivent être fermées que pendant la nuit, ou en temps de guerre : voyons, ne crains rien, l'ami, mais donne-moi les clefs (*il prend les clefs*); car Édouard défendra la ville, et toi, et tous ces amis qui daignent me suivre.

Bruit de tambours. Entrent MONTGOMMERY *et des troupes.*

Glocester. — Frère, c'est Sir John Montgommery, notre fidèle ami, si je ne me trompe.

Le roi Édouard. — Soyez le bienvenu, Sir John! mais pourquoi venez-vous en armes?

Montgommery. — Pour aider le roi Édouard dans ses jours de tempête, comme doit le faire tout fidèle sujet.

Le roi Édouard. — Merci, mon bon Montgommery ; mais nous oublions aujourd'hui nos droits à la couronne, et nous réclamons seulement notre duché, jusqu'à ce qu'il plaise à Dieu de nous envoyer le reste.

Montgommery. — En ce cas, portez-vous bien, car je m'en vais d'ici ; j'étais venu pour servir un roi et non pas un duc. Tambours, battez, et mettons-nous en marche. (*Une marche commence.*)

Le roi Édouard. — Voyons, arrêtez un instant, Sir John, et nous débattrons par quels moyens nous pouvons recouvrer la couronne avec succès.

Montgommery. — Que parlez-vous de débattre ? En deux mots, si vous ne vous proclamez pas ici notre roi, je vous abandonne à votre fortune, et je pars pour ramener ces hommes qui étaient venus vous secourir. Pourquoi combattrions-nous, si vous ne prétendez à aucun titre ?

Glocester. — Parbleu, mon frère, pourquoi êtes-vous là à épiloguer ?

Le roi Édouard. — Lorsque nous serons devenus plus forts, nous réclamerons nos droits : jusque-là c'est sagesse de cacher nos desseins.

Hastings. — Arrière la logique scrupuleuse ! Ce sont les armes qui doivent parler maintenant.

Glocester. — Et ce sont les âmes sans craintes qui décrochent le plus vite les couronnes. Mon frère, nous allons vous proclamer immédiatement, et le bruit qui s'en répandra vous amènera de nombreux amis.

Le roi Édouard. — Alors qu'il en soit selon votre volonté ; car c'est mon droit, et Henri ne fait qu'usurper le diadème.

Montgommery. — Oui, à cette heure c'est vraiment mon Souverain qui parle, et maintenant je serai le champion d'Édouard.

Hastings. — Sonnez, trompettes ; Édouard sera proclamé ici. Avance, soldat ; compagnon d'armes, fais cette proclamation. (*Il lui donne un papier. Fanfares.*)

Le soldat, *lisant*. — « Édouard IV, par la grâce de Dieu, roi d'Angleterre et de France, et Seigneur d'Irlande, etc., etc. »

Montgommery. — Et quiconque nie le droit du roi Édouard, je le provoque en combat singulier avec ceci. (*Il jette à terre son gantelet.*)

Tous. — Longtemps vive Édouard le quatrième !

Le roi Édouard. — Merci, brave Montgommery, et merci à vous tous : si la fortune me favorise, je récompenserai cette affection. Maintenant, reposons-nous cette nuit dans York, et lorsque le soleil du matin fera surgir son char au-dessus de la frontière de cet horizon, nous marcherons contre Warwick et ses compagnons, car je sais parfaitement que Henri n'est pas un soldat. Ô téméraire Clarence, comme il te sied mal de flatter Henri et d'abandonner ton frère ! cependant, nous vous tiendrons tête de notre mieux, à toi et à Warwick. Venez, braves soldats ; ne doutez pas de la victoire, et une fois la victoire obtenue, comptez sur une large paye. (*Ils sortent.*)

SCÈNE VIII.

Londres. — Un appartement dans le palais.

Fanfares. Entrent le roi HENRI, WARWICK, CLARENCE, MONTAGUE, EXETER, *et* OXFORD.

Warwick. — Lords, que conseillez-vous ? Édouard parti de Belgique, avec un corps d'agiles Allemands et de solides Hollandais, a passé en sûreté le détroit ; il marche droit sur Londres avec ses troupes, et une multitude changeante s'attroupe autour de lui.

Oxford. — Levons des hommes, et faisons-lui rebrousser chemin encore une fois.

Clarence. — Un incendie à sa naissance est bien vite étouffé, tandis que si on le laisse grandir, des rivières ne suffiraient pas à l'éteindre.

Warwick. — J'ai dans le Warwickshire des amis d'un

dévouement à toute épreuve, qui, bien qu'ils ne soient pas mutins dans la paix, sont cependant intrépides dans la guerre; je m'en vais les rassembler : toi, mon fils Clarence, tu iras remuer le Suffolk, le Norfolk et le Kent pour inviter les gentilshommes et les chevaliers à se joindre à nous : toi, mon frère Montague, tu trouveras dans les comtés de Buckingham, de Northampton, de Leicester, des gens tout disposés à écouter ce que tu leur commanderas; et toi, brave Oxford, si étonnamment aimé, tu soulèveras tes amis dans l'Oxfordshire. Mon Souverain, pareil à son île ceinte par l'Océan, ou à la modeste Diane environnée de ses nymphes, restera dans Londres avec les dévoués citoyens de la ville, jusqu'à ce que nous revenions vers lui. Mes nobles Lords, prenez congé et ne perdez pas de temps à répondre. Adieu, mon Souverain.

Le roi Henri. — Adieu, mon Hector, véritable espoir de ma Troie.

Clarence. — En signe de fidélité, je baise la main de Votre Altesse.

Le roi Henri. — Clarence, à la belle âme, sois heureux!

Montague. — Courage, Monseigneur; et sur ces mots je prends congé de vous.

Oxford, *baisant la main de Henri*. — C'est ainsi que je scelle ma fidélité et que je vous dis adieu.

Le roi Henri. — Mon doux Oxford, mon dévoué Montague, et vous tous ensemble, une fois encore, heureux adieu.

Warwick. — Adieu, mes chers Lords : retrouvons-nous à Coventry. (*Sortent Warwick, Clarence, Oxford, et Montague.*)

Le roi Henri. — Je vais me reposer quelque temps, ici, dans le palais. Cousin d'Exeter, qu'en pense Votre Seigneurie? Il me semble que les forces qu'Édouard a mises sur pied ne devraient pas être en état de se mesurer avec les miennes?

Exeter. — Ce qui est à craindre, c'est qu'il ne séduise les autres.

Le roi Henri. — Ce n'est pas ma crainte ; mes bienfaits sont renommés. Je n'ai pas fermé mes oreilles à leurs demandes, je n'ai pas différé leurs requêtes par de lents délais ; ma pitié a été un baume pour guérir leurs blessures, ma douceur a su apaiser la tempête de leurs douleurs, ma clémence a séché leurs larmes ; je n'ai pas été désireux de leur fortune, je ne les ai pas beaucoup écrasés de lourds subsides, je n'ai pas recherché la vengeance, quoiqu'ils eussent beaucoup erré : pourquoi donc aimeraient-ils mieux Édouard que moi? Non, Exeter, le bien engendre le bien, et si le lion caresse l'agneau, l'agneau ne cessera jamais de le suivre. (*On entend au dehors le cri de* Lancastre! Lancastre!)

Exeter. — Écoutez, écoutez, Monseigneur! quels sont ces cris?

Entrent le roi ÉDOUARD, GLOCESTER, *et des* soldats.

Le roi Édouard. — Saisissez-vous de cet effronté de Henri, emmenez-le d'ici et proclamez-nous une fois encore roi d'Angleterre! Vous êtes la fontaine d'où découlent de petits ruisseaux : mais j'arrête ta source, mon Océan va boire à sec tous tes ruisseaux, et il n'en montera que plus haut, grâce à leurs ondes. Emmenez-le à la Tour; ne le laissez pas parler. (*Des soldats sortent avec le roi Henri.*) Et maintenant, Lords, dirigeons notre course vers Coventry, où, pour l'heure, se trouve l'arrogant Warwick. Le soleil est brillant et chaud, et si nous tardons, un froid et piquant mars d'hiver viendra détruire les espérances de nos foins.

Glocester. — En route avant que ses forces se réunissent, et surprenons à l'improviste ce traître devenu si puissant. Braves guerriers, marchons tout droit sur Coventry. (*Ils sortent.*)

ACTE V.

SCÈNE PREMIÈRE.

Coventry.

Entrent sur les remparts, WARWICK, LE MAIRE DE COVENTRY, DEUX MESSAGERS, *et autres*.

Warwick. — Où est le courrier qui est venu de la part du vaillant Oxford? A quelle distance ton Seigneur est-il d'ici, mon honnête garçon?

Premier messager. — Il est à cette heure à Dunsmore, en route pour se rendre ici.

Warwick. — A quelle distance est notre frère Montague? Où est le courrier qui est venu de la part de Montague?

Second messager. — Il est à cette heure à Daintry avec une troupe imposante.

Entre Sir JOHN SOMERVILLE.

Warwick. — Eh bien, Somerville, que dit mon affectionné fils? A quelle proximité supposes-tu que Clarence soit maintenant?

Somerville. — Je l'ai laissé à Southam avec ses forces, et je l'attends d'ici à deux heures environ. (*On entend des tambours.*)

Warwick. — Alors Clarence est proche : j'entends ses tambours.

Somerville. — Ce ne sont pas les siens, Milord; Southam est de ce côté : le tambour que Votre Honneur entend vient du côté de Warwick.

WARWICK. — Qui cela peut-il être ? Peut-être des amis imprévus.

SOMERVILLE. — Ils sont tout près, et vous le saurez bientôt.

Marche. Fanfares. Entrent LE ROI ÉDOUARD, GLOCESTER, *et leurs troupes.*

LE ROI ÉDOUARD. — Dirigez-vous vers les remparts, trompette, et demandez un pourparler.

GLOCESTER. — Voyez comme le morose Warwick couvre d'hommes les remparts !

WARWICK. — O guignon inattendu ! Est-ce que le gai Édouard est venu ? Où dormaient nos espions, ou comment les a-t-on corrompus, pour que nous n'ayons pas appris la nouvelle de son arrivée ?

LE ROI ÉDOUARD. — Eh bien ! Warwick, veux-tu ouvrir les portes de la ville, t'exprimer en termes d'obéissance, et courber humblement ton genou ? Appelle Édouard roi, demande-lui pardon, et il te pardonnera ces outrages.

WARWICK. — Mais, de ton côté, ne vaudrait-il pas mieux retirer tes troupes d'ici, reconnaître celui qui t'éleva et qui te renversa, appeler Warwick ton patron, et te repentir ? en ce faisant, tu resteras encore duc d'York.

GLOCESTER. — J'aurais pensé qu'au moins il aurait dit — roi ; peut-être aussi a-t-il fait cette plaisanterie contre sa volonté ?

WARWICK. — Est-ce qu'un duché n'est pas un beau cadeau, Messire ?

GLOCESTER. — Oui, sur ma foi, quand il est donné par un pauvre comte : je te servirai pour ce beau cadeau.

WARWICK. — C'est moi qui donnai le royaume à ton frère.

LE ROI ÉDOUARD. — En ce cas, il est à moi, ne serait-ce que comme don de Warwick.

WARWICK. — Tu n'es pas un Atlas qui puisse porter un si grand poids : aussi, avorton que tu es, Warwick reprend son cadeau. Henri est mon roi, et Warwick est son sujet.

Le roi Édouard. — Mais le roi de Warwick est le prisonnier d'Édouard : brave Warwick, réponds seulement à ceci : qu'est-ce que le corps lorsque la tête est coupée ?

Glocester. — Hélas ! pourquoi Warwick n'a-t-il pas eu plus de prévoyance ! mais tandis qu'il cherchait à voler le simple dix, le roi a été dextrement enlevé du jeu ! Vous avez laissé le pauvre Henri au palais de l'évêque, et il y a dix à parier contre un que vous le retrouverez à la Tour.

Le roi Édouard. — La chose est ainsi en effet ; cependant vous êtes encore Warwick.

Glocester. — Allons, Warwick, saisis ce moment favorable ; agenouille-toi, agenouille-toi. Eh bien ! te décideras-tu ? bats le fer maintenant, ou bien il refroidira.

Warwick. — J'aimerais mieux couper cette main d'un seul coup et avec l'autre te la lancer au visage, que de porter si bas mon pavillon en te cédant.

Le roi Édouard. — Navigue comme tu pourras, aie pour amis vents et marée ; cette main solidement serrée sur ta chevelure noire comme charbon, pendant que ta tête nouvellement coupée sera chaude encore, écrira dans la poussière cette sentence avec ton sang : « Warwick qui changeait avec le vent ne peut plus changer maintenant. »

Entre OXFORD *avec troupes, tambours et drapeaux.*

Warwick. — O les joyeuses couleurs ! Voyez Oxford qui vient de ce côté !

Oxford. — Oxford, Oxford pour Lancastre ! (*Il entre avec ses troupes dans la ville.*)

Glocester. — Les portes sont ouvertes, entrons aussi.

Le roi Édouard. — Mais en faisant cela, d'autres ennemis pourraient tomber sur nos derrières. Restons donc ici en bon ordre, car, sans aucun doute, ils vont sortir et nous offrir la bataille : sinon, la ville ne pouvant résister longtemps, nous y aurons bientôt déniché les traîtres.

Warwick. — O sois le bienvenu, Oxford ! car nous avons besoin de ton aide.

Entre MONTAGUE *avec troupes, tambours et drapeaux.*

Montague. — Montague, Montague pour Lancastre! (*Il entre avec ses troupes dans la ville.*)

Glocester. — Toi et ton frère vous payerez tous deux cette trahison du sang le plus précieux que contiennent vos corps.

Le roi Édouard. — Plus rude elle est à remporter, plus grande est la victoire : mon âme me présage heureux succès et triomphe.

Entre SOMERSET *avec troupes, tambours et drapeaux.*

Somerset. — Somerset, Somerset pour Lancastre! (*Il entre avec ses troupes dans la ville.*)

Glocester. — Deux de ton nom, tous deux ducs de Somerset, ont perdu leur vie par la maison d'York, et tu feras le troisième, si cette épée tient ses promesses.

Entre CLARENCE *avec troupes, tambours et drapeaux.*

Warwick. — Voyez de ce côté, Georges de Clarence qui balaye la route avec une force suffisante pour offrir la bataille à son frère; Clarence, chez qui le zèle loyal du droit l'emporte sur la nature et l'amour fraternel. (*Clarence et Glocester chuchotent.*) Viens, Clarence, viens; tu viendras si Warwick t'appelle.

Clarence. — Mon père de Warwick, savez-vous ce que cela veut dire? (*Il enlève la rose rouge de son chapeau.*) Regarde, je te jette ici mon infamie! je ne veux pas ruiner la maison de mon père qui donna son sang pour en cimenter les pierres, et élever Lancastre à sa place. Pouvais-tu croire, Warwick, que Clarence est assez atroce, assez absurde, assez dénaturé pour diriger les armes fatales de la guerre contre son frère et son roi légitime? Peut-être m'objecteras-tu mon serment sacré : tenir ce serment serait une plus grande impiété que celle que commit Jephté lorsqu'il sacrifia sa fille. Je suis tellement affligé de la faute que j'ai commise, que pour bien mériter de mon frère, je me proclame ton mortel ennemi, avec la résolution, partout où je te rencontrerai, — et je te rencontrerai si tu sors dans la campagne, — de te châtier pour m'avoir si odieusement induit en trahison. Et maintenant, Warwick au cœur hautain, je te défie, et je tourne vers mon frère mes joues rouges de honte. Pardonne-moi, Édouard; je te ferai réparation, et toi, Richard, ne regarde pas mes fautes avec colère; car désormais je ne serai plus inconstant.

Le roi Édouard. — Sois à cette heure encore davantage le bienvenu, sois dix fois plus aimé que si tu n'avais jamais mérité notre haine.

Glocester. — Sois le bienvenu, bon Clarence; c'est là agir en frère.

Warwick. — Ah fieffé traître! parjure et inique!

Le roi Édouard. — Eh bien, Warwick, veux-tu sortir de la ville et combattre? Ou bien va-t-il falloir faire pleuvoir sur tes oreilles les pierres de ces remparts?

Warwick. — Hélas, je ne suis pas ici fortifié pour la défense! je vais me diriger sur Barnet immédiatement, et là je t'offrirai la bataille, Édouard, si tu oses l'accepter.

Le roi Édouard. — Oui, Warwick, Édouard osera l'accepter, et il ouvre la marche. Lords, au champ de bataille! saint Georges et victoire! (*Marche. Ils sortent.*)

SCÈNE II.

Un champ de bataille près de Barnet.

Alarmes et escarmouches. Entre le roi ÉDOUARD, *apportant* WARWICK, *blessé.*

Le roi Édouard. — Là, gis ici; meurs, et que meure avec toi notre crainte, car Warwick était un croquemitaine qui nous effrayait tous. — Maintenant, Montague, cache-toi bien, car je te cherche, afin que les os de Warwick fassent compagnie aux tiens. (*Il sort.*)

Warwick. — Ah! y a-t-il quelqu'un tout près? qu'il s'approche de moi, ami ou ennemi, et qu'il me dise qui est vainqueur, d'York ou de Warwick? Pourquoi est-ce que je demande cela? mon corps mutilé répond à cette question; mon sang, ma faiblesse, mon cœur malade me disent qu'il me faut céder mon corps à la terre, et par ma mort, la victoire à mon ennemi. Ainsi cède le cèdre au tranchant de la hache, le cèdre dont les rameaux abritaient l'aigle royal, sous l'ombre duquel dormait le lion rampant, dont la cime dépassait celle de l'arbre élevé de Jupiter et protégeait les bas arbrisseaux contre les morsures du vent d'hiver. Ces yeux qui sont à cette heure recouverts par le voile noir de la mort, ont été aussi perçants que le soleil de midi pour pénétrer les secrètes trahisons du monde: ces rides de mon front, où coule maintenant le sang, furent souvent comparées aux sépulcres royaux; car qui vivait roi dont je ne pusse creuser la tombe? Qui osait sourire lorsque Warwick fronçait le sourcil? Hélas! voilà maintenant ma gloire barbouillée de boue et de sang! Les parcs, les promenades, les manoirs que je possédais m'abandonnent à cette heure, et de toutes mes terres, tout ce qui me reste, c'est ce qu'il en faut pour mesurer la longueur de mon corps! Ah! que sont la pompe, le commandement, l'autorité, sinon terre et cendre? Vivons comme nous pourrons, il faudra toujours mourir.

Entrent OXFORD *et* SOMERSET.

SOMERSET. — Ah Warwick, Warwick! si tu étais dans le même état que nous, nous pourrions nous relever de toutes nos pertes! La reine a mené de France une force considérable : nous venons d'en apprendre la nouvelle à l'instant. Ah! que ne peux-tu fuir!

WARWICK. — En ce cas, je ne fuirais pas. Ah Montague, doux frère, si tu es là, prends-moi la main, et retiens quelques instants mon âme avec tes lèvres! Tu ne m'aimes pas; car frère, si tu m'aimais, tes larmes auraient lavé ce sang froid et congelé qui colle mes lèvres et m'empêche de parler. Viens promptement, Montague, ou je suis mort.

SOMERSET. — Ah Warwick ! Montague a rendu son dernier souffle, et jusqu'au suprême soupir, il a appelé Warwick, en disant : « Recommandez-moi à mon vaillant frère. » Il aurait voulu en dire davantage, et il en a dit en effet davantage, mais ses paroles rendaient le son du canon dans un souterrain et ne pouvaient plus être distinguées : à la fin cependant, j'ai pu surprendre ces mots exhalés avec un gémissement : « Oh adieu, Warwick! »

WARWICK. — Doux repos à son âme ! Fuyez, Lords, et sauvez-vous vous-mêmes; car Warwick vous dit adieu, jusqu'au revoir dans le ciel. (*Il meurt.*)

OXFORD. — Partons, partons; marchons à la rencontre de la grande armée de la reine! (*Ils sortent emportant le corps de Warwick.*)

SCÈNE III.

Une autre partie du champ de bataille

Fanfares. Entre LE ROI ÉDOUARD *en triomphe, avec* CLARENCE, GLOCESTER *et autres.*

LE ROI ÉDOUARD. — C'est ainsi que notre fortune s'est à ce point relevée, et que nous voilà parés des lauriers de la victoire. Mais au sein de la brillante lumière de cette journée, j'aperçois un nuage noir, menaçant, et dont il faut se défier, un nuage qui rencontrera notre glorieux soleil, avant que celui-ci atteigne à l'occident son lit de repos. J'entends par là, Milords, que les forces levées en France par la reine ont débarqué sur nos côtes, et d'après ce qu'on m'apprend, marchent pour nous combattre.

CLARENCE. — Une petite brise dispersera bientôt ce nuage et le renverra à la source d'où il est venu : les seuls rayons de ton soleil suffiront pour sécher ces vapeurs; car tout nuage n'engendre pas une tempête.

GLOCESTER. — Les forces de la reine sont évaluées à trente mille hommes, et Somerset et Oxford se sont enfuis pour aller la rejoindre. Si elle a le temps de souffler, tenez pour bien assuré que sa faction sera bientôt aussi forte que la nôtre.

LE ROI ÉDOUARD. — Nous sommes avertis par nos amis dévoués, que les ennemis dirigent leur course vers Tewkesbury. Puisque nous avons l'avantage sur ce champ de bataille de Barnet, nous allons marcher tout droit sur Tewkesbury, car l'énergie de la volonté débarrasse le chemin de tout obstacle, et à mesure que nous marcherons, notre force s'accroîtra dans tous les comtés que nous traverserons. Battez les tambours, criez *Courage!* et en avant! (*Fanfares. Ils sortent.*)

SCÈNE IV.

Les plaines près de TEWKESBURY.

Marche. Entrent LA REINE MARGUERITE, LE PRINCE ÉDOUARD, SOMERSET, OXFORD, *et des soldats*.

LA REINE MARGUERITE. — Grands Lords, les hommes sages ne s'attardent jamais à déplorer leurs pertes, mais ils cherchent d'un cœur joyeux à réparer les coups de la mauvaise fortune. Qu'importe que le vent ait renversé par-dessus bord notre grand mât, que notre câble soit brisé, que notre ancre protectrice soit perdue, et que la moitié de nos soldats soient engloutis sous les flots? Notre pilote vit encore : est-il convenable qu'il abandonne le gouvernail, que pareil à un enfant timide, ses yeux en pleurs ajoutent de l'eau à la mer, et qu'il augmente la force de celui qui en a déjà trop, tandis que le vaisseau qu'il aurait pu sauver par son courage et son industrie ira se briser sur le rocher au milieu de ses lamentations? Ah! quelle honte! ah! quelle faute ce serait là! Accordons que Warwick était notre ancre, eh bien, qu'importe? Accordons que Montague était notre grand mât, qu'importe encore? que nos amis qui ont été massacrés étaient nos cordages, qu'importe toujours? Est-ce qu'Oxford que voici n'est pas une autre ancre? Est-ce que

Somerset n'est pas un autre robuste grand mât? Est-ce que nos amis de France ne sont pas nos voiles et nos cordages? et quoique nous y soyons inhabiles, ne pouvons-nous pour une fois, Édouard et moi, nous charger de l'office du pilote expérimenté? Nous ne quitterons pas le gouvernail pour aller nous asseoir et pleurer; mais nous continuerons notre course, quand bien même le vent brutal dirait non, et nous protégerons notre vaisseau contre les écueils et les rochers qui nous menacent du naufrage. Il vaut autant gronder les vagues que leur adresser de bonnes paroles. Et qu'est-ce qu'Edouard, sinon une mer impitoyable? Qu'est-ce que Clarence, sinon un banc de sable décevant? Qu'est-ce que Richard, sinon un rocher fatal et difforme? Tous ceux-là sont ennemis de notre pauvre barque. Dites que vous pouvez nager; hélas! ce ne sera que pour un temps : que vous pouvez marcher sur le sable; mais vous enfoncerez bien vite : que vous pouvez éviter le rocher; la marée viendra vous balayer, ou bien vous mourrez de faim, et voilà une triple mort. Je vous parle ainsi, Lords, pour vous faire comprendre que, dans le cas où quelqu'un de vous voudrait fuir nos rangs, il n'y a pas plus à attendre de merci de ces trois frères que des vagues impitoyables, des bancs de sable et des rochers. Courage donc alors! ce serait une faiblesse enfantine que de déplorer ou de craindre ce qu'on ne peut éviter.

Le prince Édouard. — Il me semble qu'une femme de ce vaillant esprit serait capable de faire entrer la magnanimité dans le cœur d'un lâche, s'il entendait ces paroles, et de le faire combattre nu un homme en armes. Si je parle de la sorte, ce n'est pas que je doute de personne ici; car si je soupçonnais qu'il y eût dans nos rangs un timide, il obtiendrait permission de se retirer incontinent, de crainte que dans notre péril il n'infectât quelque autre, et ne lui donnât la même âme que la sienne. S'il en est un de ce genre ici, ce qu'à Dieu ne plaise! qu'il parte avant que nous ayons besoin de son appui.

Oxford. — Des femmes et des enfants auraient un si

ACTE V, SCÈNE IV.

haut courage, et des guerriers faibliraient? mais ce serait une honte éternelle! O brave jeune prince! ton fameux grand-père revit en toi : puisses-tu longtemps vivre pour représenter son visage et renouveler sa gloire!

Somerset. — Et que celui qui ne voudra pas combattre pour une telle espérance, retourne se coucher chez lui, et soit moqué et montré au doigt comme le hibou pendant le jour, s'il ose se relever.

La reine Marguerite. — Merci, noble Somerset; merci, mon cher Oxford.

Le prince Édouard. — Acceptez les remercîments de celui qui ne peut encore donner autre chose.

Entre un messager.

Le messager. — Lords, préparez-vous, car Édouard est proche et tout prêt à combattre; ainsi, prenez vos dispositions.

Oxford. — Je me doutais de la chose : le but de sa tactique, en faisant si grande diligence, est de nous surprendre sans préparatifs.

Somerset. — Mais il s'est trompé en cela; nous sommes prêts.

La reine Marguerite. — Mon cœur se réjouit en voyant votre intrépidité.

Oxford. — Rangeons-nous ici en bataille; nous ne bougerons pas d'ici.

Fanfares et marche. Entrent à distance le roi ÉDOUARD, CLARENCE, GLOCESTER, *et leurs forces.*

Le roi Édouard. — Braves compagnons, voici là-bas le bois épineux qu'avec l'assistance du ciel et votre vaillance, nous aurons déraciné avant ce soir. Je n'ai pas besoin de jeter de nouvelle huile sur votre feu, car je sais fort bien que vous petillez d'impatience de les consumer : donnez le signal du combat, et en avant, Milords!

La reine Marguerite. — Lords, chevaliers, gentilshommes, mes larmes me refusent la permission de prononcer ce que j'avais à vous dire, car vous le voyez, à chaque mot que je prononce, je bois l'eau de mes yeux. Par conséquent, je n'ajouterai que ceci : Henri, votre Souverain, est prisonnier de l'ennemi; son trône est usurpé, son royaume est transformé en boucherie, ses sujets sont massacrés, ses statuts lacérés, son trésor est dépensé, et là-bas se tient le loup qui fait tous ces ravages. Vous combattez pour la justice; au nom de Dieu, Lords, montrez-vous vaillants et donnez le signal du combat. (*Les deux armées se retirent.*)

SCÈNE V.

Une autre partie des plaines.

Alarmes, combats, puis retraite. Entrent LE ROI ÉDOUARD, CLARENCE, GLOCESTER, *et leurs troupes, avec* LA REINE MARGUERITE, OXFORD *et* SOMERSET, *prisonniers.*

Le roi Édouard. — Voici donc la fin de ces querelles tumultueuses. Emmenez tout droit Oxford au château de Ham[1] : quant à Somerset, qu'on tranche sa coupable tête. Allez, emmenez-les d'ici; je ne veux pas les entendre parler.

Oxford. — Pour ce qui est de moi, je ne t'importunerai pas de mes paroles.

Somerset. — Ni moi, mais je me résigne avec patience à ma mauvaise fortune. (*Sortent Oxford et Somerset sous escorte.*)

La reine Marguerite. — C'est ainsi que nous nous séparons tristement dans ce monde de misères, pour nous retrouver au sein de la joie dans l'heureuse Jérusalem.

Le roi Édouard. — A-t-on fait la proclamation pour annoncer que quiconque découvrira Édouard obtiendra une haute récompense, et que lui aura la vie sauve?

Glocester. — Oui, et voyez, voici venir le jeune Édouard!

Entrent DES SOLDATS *avec* LE PRINCE ÉDOUARD.

LE ROI ÉDOUARD. — Faites avancer le brave, que nous l'entendions parler. Eh quoi ! une si jeune épine peut-elle déjà commencer à piquer ? Édouard, quelle satisfaction peux-tu me donner pour avoir pris les armes, pour avoir soulevé mes sujets, et pour tous les ennuis que tu m'as causés ?

LE PRINCE ÉDOUARD. — Parle comme un sujet, orgueilleux et ambitieux York ! Suppose que je suis à cette heure la voix de mon père ; abandonne le siége que tu occupes ici, agenouille-toi là devant moi, tandis que je vais te répéter ces mêmes paroles, auxquelles, traître, tu voudrais me faire répondre.

LA REINE MARGUERITE. — Ah ! si ton père avait été aussi résolu !

GLOCESTER. — En ce cas, tu te serais contentée de porter tes jupons et tu n'aurais pas volé les culottes de Lancastre.

LE PRINCE ÉDOUARD. — Qu'Ésope se contente de faire des fables dans les veillées d'hiver ; ses énigmes cyniques ne conviennent pas en ce lieu-ci.

GLOCESTER. — Par le ciel, marmouset, je te châtierai pour cette parole.

LA REINE MARGUERITE. — Oui, tu naquis pour le châtiment des hommes.

GLOCESTER. — Au nom du ciel, emmenez d'ici cette insulteuse captive.

LE PRINCE ÉDOUARD. — Non, emmenez plutôt ce difforme insulteur.

LE ROI ÉDOUARD. — Paix, enfant mutin, ou je vais ensorceler votre langue.

CLARENCE. — Enfant mal appris, tu es trop insolent.

LE PRINCE ÉDOUARD. — Je connais mon devoir, et vous êtes tous en dehors du vôtre. Lascif Édouard, et toi Georges le parjure, et toi Dick le difforme, je vous dis à tous que je suis votre supérieur, traîtres que vous êtes, et que tu usurpes, toi, le droit de mon père et le mien.

Le roi Édouard. — Reçois ceci, portrait vivant de la railleuse ici présente. (*Il le poignarde.*)

Glocester. — Tu t'agites? reçois cela pour finir ton agonie. (*Il le poignarde.*)

Clarence. — Et voilà pour m'avoir jeté le reproche de parjure. (*Il le poignarde.*)

La reine Marguerite. — Oh, tuez-moi aussi!

Glocester. — Oui, parbleu! et c'est ce qui va être fait.

Le roi Édouard. — Arrête, Richard, arrête; car nous en avons trop fait.

Glocester. — Pourquoi la laisser vivre pour remplir le monde de ses clameurs?

Le roi Édouard. — Comment! est-ce qu'elle s'évanouit? employez des moyens pour la faire revenir à elle.

Glocester. — Clarence, excusez-moi auprès du roi mon frère; je vais à Londres pour des affaires sérieuses : avant que vous y arriviez, soyez sûrs que vous apprendrez des nouvelles.

Clarence. — Quelles? quelles?

Glocester. — La Tour! la Tour! (*Il sort.*)

La reine Marguerite. — O Ned, mon doux Ned! parle a ta mère, enfant! Est-ce que tu ne peux pas parler? Ah traîtres! meurtriers! Ceux qui poignardèrent César ne répandirent pas de sang, ne commirent pas de crime, ne furent pas dignes de blâme, si on compare à leur action cet odieux forfait. César était un homme, celui-ci relativement était un enfant, et les hommes n'assouvissent jamais leur colère sur un enfant. Qu'y a-t-il de pis qu'un meurtrier, afin que je le nomme? Non, non, mon cœur va se briser, si je parle; et je parlerai, pour qu'il puisse se briser. Bouchers et scélérats! cannibales sanguinaires! quelle douce plante vous avez moissonnée dans sa fleur! Vous n'avez pas d'enfants, bouchers! Si vous en aviez, leur souvenir vous aiguillonnerait de remords : mais si vous avez jamais chance d'avoir un enfant, puissiez-vous le voir ainsi fauché dans sa jeunesse, comme vous, bourreaux, vous avez fauché ce doux jeune prince!

Le roi Édouard. — Qu'on l'emmène! allez, emportez-la d'ici par force.

La reine Marguerite. — Non, ne m'emportez pas d'ici, tuez-moi ici; dégaine ton épée, je te pardonnerai ma mort. Quoi! tu ne veux pas? alors, Clarence, fais-le, toi.

Clarence. — Par le ciel, je ne te donnerai pas une telle satisfaction.

La reine Marguerite. — Fais cela, mon bon Clarence; mon bon Clarence, fais cela.

Clarence. — Ne m'as-tu pas entendu jurer que je ne voulais pas le faire?

La reine Marguerite. — Oui, mais tu avais coutume de te parjurer : c'était péché autrefois, mais aujourd'hui ce serait charité. Quoi! tu ne veux pas? où est ce boucher du diable, Richard aux traits hideux? Richard, où es-tu? tu n'es pas ici sans doute, car le meurtre est ta manière de faire l'aumône et tu n'as jamais repoussé les pétitionnaires qui demandaient du sang.

Le roi Édouard. — Emmenez-la! dis-je; je vous l'ordonne, emportez-la d'ici.

La reine Marguerite. — Qu'il vous en arrive à vous et aux vôtres, comme à ce prince! (*Elle sort entraînée.*)

Le roi Édouard. — Où est allé Richard?

Clarence. — A Londres en toute hâte, et à ce que je devine, pour faire un souper sanglant à la Tour.

Le roi Édouard. — Il est soudain, quand une chose vient à lui traverser l'esprit. Maintenant partons d'ici : licenciez les gens des communes en leur donnant paye et remercîments, et en route pour Londres. Allons voir en quel état de santé est notre gentille reine; j'espère qu'à l'heure qu'il est, elle a un fils de moi. (*Ils sortent.*)

SCÈNE VI.

Londres. — Un appartement à la Tour.

LE ROI HENRI *est assis, un livre à la main;* LE LIEUTENANT DE LA TOUR *lui tient compagnie. Entre* GLOCESTER.

Glocester. — Bonjour, Monseigneur. Comment! si acharné à la lecture?

Le roi Henri. — Oui, mon bon Seigneur : Monseigneur, devrais-je dire plutôt; c'est péché de flatter, *bon* n'était rien autre qu'une flatterie : dire bon Glocester ou bon diable, ce serait la même chose; cette épithète serait aussi mal placée dans un cas que dans l'autre; par conséquent, ne disons pas bon Seigneur.

Glocester. — Maraud, laisse-nous seuls : nous avons besoin de causer. (*Sort le lieutenant.*)

Le roi Henri. — C'est ainsi que le berger négligent fuit devant le loup; c'est ainsi que le mouton inoffensif cède d'abord sa toison, et puis sa gorge au couteau du boucher. Quelle scène de mort Roscius a-t-il à jouer maintenant [2]?

Glocester. — Le soupçon hante toujours l'âme coupable; le voleur redoute un sergent derrière chaque buisson.

Le roi Henri. — Quand l'oiseau a été englué sur un buisson, ses ailes tremblantes se défient de tout buisson; et moi, père malheureux d'un doux oiseau, j'ai maintenant devant les yeux le fatal objet où mon pauvre oiselet fut englué, pris et tué.

Glocester. — Pardi, ce fut un fou bien téméraire, ce Crétois qui enseigna à son fils les fonctions de l'oiseau; et cependant, malgré toutes ses ailes, le pauvre fou se noya.

Le roi Henri. — Je suis Dédale; mon pauvre enfant est Icare; ton père qui mit obstacle à notre libre carrière fut Minos; le soleil qui fondit les ailes de mon doux enfant, c'est ton frère Édouard ; et toi, tu es la mer dont le gouffre envieux a dévoré la vie de mon fils. Oh! tue-moi avec ton épée, non avec tes paroles! mon cœur peut plus aisément souffrir la pointe de ton poignard que mes oreilles ne peuvent souffrir cette tragique histoire. Mais pourquoi viens-tu? est-ce pour ma vie?

GLOCESTER. — Penses-tu que je sois un bourreau?

LE ROI HENRI. — Ce dont je suis sûr, c'est que tu es un persécuteur : mais si tuer des enfants, c'est faire office de bourreau, eh bien alors, tu es un bourreau.

GLOCESTER. — J'ai tué ton fils pour sa présomption.

LE ROI HENRI. — Si tu avais été tué la première fois que tu as été présomptueux, tu n'aurais pas vécu pour tuer mon fils. Et voici ce que je prophétise, c'est que des milliers d'êtres vivants qui ne ressentent pas à cette heure le plus petit des tressaillements de ma crainte, c'est que bien des vieillards et des veuves par leurs soupirs, bien des orphelins par leurs larmes, bien des hommes pour le sort de leurs fils, bien des femmes pour le sort de leurs maris, bien des enfants sans père pour la mort prématurée de leurs parents, maudiront l'heure où tu naquis. Le hibou criait à ta naissance, signe de malheur ; la chouette gémissait, prédisant des temps mauvais ; les chiens hurlaient, et une tempête affreuse secouait les arbres ; le corbeau croassait au sommet de la cheminée, et les pies babillardes chantaient en désaccord sinistre[3]. Ta mère ressentit plus que la souffrance d'une mère, et cependant elle enfanta moins que l'espérance d'une mère, c'est-à-dire une boule indigeste et difforme, bien différente du fruit qu'on pouvait attendre d'un arbre si beau. Tu avais des dents dans la bouche lorsque tu naquis, pour signifier que tu venais pour mordre le monde, et si ce que l'on m'a dit encore est vrai, tu vins....

GLOCESTER. — Je ne veux pas en écouter davantage; meurs, prophète, au beau milieu de ton discours! (*Il le poignarde.*) C'est pour cela, entre autres choses, que j'ai été envoyé au monde.

Le roi Henri. — Oui, et pour beaucoup d'autres massacres après celui-là. Oh! que Dieu me pardonne mes péchés et te pardonne! (*Il meurt.*)

Glocester. — Quoi donc! le sang audacieux de Lancastre retombe-t-il à terre? j'aurais pensé qu'il jaillirait en haut. Voyez comme mon épée pleure la mort de ce pauvre roi! Oh! puissent de telles larmes de pourpre être toujours tirées de ceux qui souhaiteront la chute de notre maison! S'il te reste encore une étincelle de vie, descends, descends en enfer, et dis que c'est moi qui t'y ai envoyé, moi qui n'ai ni pitié, ni amour, ni crainte. (*Il le poignarde de nouveau.*) C'est parfaitement exact ce que disait de moi Henri, car j'ai souvent entendu ma mère raconter que j'étais venu au monde, les jambes les premières : croyez-vous, en effet, que je n'avais pas raison de faire hâte, afin de poursuivre la ruine de ceux qui usurpaient notre droit? L'accoucheuse resta confondue, et les femmes crièrent : « O Jésus nous bénisse, il est né avec des dents[4]! » ce qui était vrai, et ce qui signifiait clairement que je grognerais, que je mordrais, que je ferais le personnage d'un dogue. Eh bien! puisque les cieux ont ainsi façonné mon corps, que l'enfer déforme mon âme pour la mettre en harmonie avec son enveloppe. Je n'ai pas de frère, je ne ressemble à aucun frère, et ce mot *amour* que les barbes grises appellent divin peut résider chez les hommes qui ressemblent à tout le monde, mais non chez moi; je suis seul avec moi-même. Prends garde, Clarence; tu me sépares de la lumière, mais je t'arrangerai un jour ténébreux, à toi; car je répandrai sourdement des prophéties d'un tel genre qu'Édouard craindra pour sa vie, et comme il voudra se délivrer de ses craintes, je serai la cause de ta mort. Le roi Henri, et le prince son fils, ne sont plus : c'est à ton tour, Clarence, et puis aux autres, car je me regarderai comme en mauvaise situation jusqu'à ce que je sois le premier de tous. Je vais jeter ton corps dans une autre chambre; le jour de ta mort, Henri, est pour moi un jour de triomphe[5]. (*Il sort emportant le corps.*)

SCÈNE VII.

Londres. — Un appartement dans le palais.

Fanfares. LE ROI ÉDOUARD *assis sur son trône. A ses côtés,* LA REINE ÉLISABETH *avec* LE PRINCE *enfant porté par une nourrice;* CLARENCE, GLOCESTER, HASTINGS, *et autres, l'entourent.*

LE ROI ÉDOUARD. — Une fois encore, nous nous asseyons sur le trône royal d'Angleterre acheté pour la seconde fois par le sang des ennemis. Que de vaillants adversaires n'avons-nous pas fauchés dans tout l'épanouissement de leur orgueil, comme on fauche le blé d'automne ! Trois ducs de Somerset, trois fois renommés comme des champions redoutables et d'une valeur indiscutable, deux Clifford, le père et le fils, et deux Northumberland; deux hommes plus braves que ces derniers n'éperonnèrent jamais leur coursier au signal de la trompette : avec eux, les deux braves ours, Warwick et Montague, qui tenaient dans leurs chaînes le lion royal, et faisaient trembler la forêt lorsqu'ils rugissaient. C'est ainsi que nous avons balayé loin de notre trône tout sujet de crainte, et que nous nous sommes donné la sécurité pour marchepied. Venez ici, Bess, et laissez-moi baiser mon enfant. Jeune Ned, c'est pour toi que tes oncles et moi-même nous avons veillé sous nos armures durant les nuits d'hiver, marché à pied sous les brûlantes chaleurs de l'été; tout cela pour que tu puisses jouir en paix de la couronne, et recueillir la moisson de nos labeurs.

GLOCESTER, *à part.* — Si vos yeux étaient fermés pour toujours, je saurais bien flétrir sa moisson sur pied, car on ne se doute pas encore dans le monde de ce que je suis. C'est pour soulever que cette épaule a été formée si épaisse, et elle soulèvera certain poids, ou je me romprai les reins. Ouvre les voies, ma tête, et ce bras exécutera.

Le roi Édouard. — Clarence et Glocester, aimez ma bien-aimée reine, et embrassez votre royal neveu, mes deux frères.

Clarence. — Je scelle sur les lèvres de ce doux enfant la fidélité que je dois à Votre Majesté.

Le roi Édouard. — Merci, noble Clarence, merci, mon digne frère.

Glocester. — Et moi, pour témoigner de l'amour que je porte à l'arbre d'où tu es sorti, je donne à son fruit cet affectueux baiser. (*A part.*) Pour dire la vérité, c'est ainsi que Judas baisa son maître, et qu'il cria : *tout bien soit avec vous!* lorsqu'en pensée il disait : *tout mal soit avec vous!*

Le roi Édouard. — Maintenant je suis assis sur mon trône, comme le désirait mon âme, en possession de la paix de ma patrie et de l'affection de mes frères.

Clarence. — Qu'est-ce que Votre Grâce veut qu'on fasse de Marguerite? René, son père, a engagé au roi de France les Siciles et Jérusalem, et il envoie le produit de cette cession pour la rançon de sa fille[6].

Le roi Édouard. — Qu'on la fasse partir et qu'on la transporte en France. Et maintenant que nous reste-t-il à faire, sinon à passer le temps en somptueux triomphes, en gaies représentations de comédies, et dans les plaisirs qui conviennent à une cour? Résonnez, tambours et trompettes! adieu, amer souci! car aujourd'hui, je l'espère, commence pour nous une ère de joie qui ne finira plus. (*Ils sortent.*)

COMMENTAIRE.

ACTE I.

1. Il semble difficile que Richard ait pu se vanter de ce bel exploit, car à l'époque de cette première bataille de Saint-Albans, l'affreux bossu était à peine né. La première bataille de Saint-Albans est de 1455 ; la naissance de Richard est de 1454 selon Malone, et de 1452 selon d'autres. Il y a donc ici un anachronisme.

2. Allusion à une coutume de la fauconnerie. On plaçait des clochettes au cou des faucons, soit pour leur donner du courage, soit pour obtenir le résultat opposé, c'est-à-dire les effrayer et les empêcher de prendre leur vol.

3. Il y a un vieux proverbe italien qui parle exactement comme Clifford : « *Patienza e pasto di poltrini.* » (Édition STAUNTON.)

4. Le père de Richard n'était pas duc d'York, mais comte de Cambridge. Lorsqu'il fut décapité sous Henri V, son frère aîné Edmond, précédemment duc d'Aumerle, puis comte de Rutland, portait ce titre. Nous avons vu ce dernier dans *Henri V* mourir à Azincourt.

5. Le personnage dont il s'agit ici était Thomas Nevil, fils bâtard de Lord Faulconbridge. C'était, dit Hall, un homme d'autant de courage que d'audace, et dont on n'aurait pu trouver le pareil pour mettre le monde en querelle et l'Angleterre en péril. Il avait été nommé par Warwick vice-amiral de la mer, et avait charge de garder le passage entre Douvres et Calais, afin que nul de ceux qui favorisaient le roi Henri ou ses partisans n'échappât à la capture ou à la noyade ; et telles furent aussi ses instructions, à l'égard du roi Édouard IV, après la rupture de ce dernier avec Warwick. A la mort de Warwick, il tomba dans la pauvreté, et se mit à voler amis et ennemis, sur terre et sur mer. Il remonta une fois la Tamise avec ses vaisseaux, et donna un assaut très-vif à la Cité dans le but de la piller, avec un corps considérable de gens du Kent et de l'Essex ; cet assaut fut repoussé, mais après un très-rude combat et des morts fort nombreux, et si cette entreprise avait eu lieu à une période plus critique, elle aurait pu avoir les plus graves conséquences pour Édouard IV.

Il rôda encore sur la mer quelque temps ; puis s'étant hasardé à débarquer à Southampton, il fut pris et décapité. (RITSON.)

6. Henri Holland, duc d'Exeter, était cousin du roi Henri VI, son grand-père, Jean, ayant épousé Élisabeth Plantagenêt, fille de Jean de Gand par sa première femme.

7. Encore un anachronisme. Rutland, selon Hall, était né en 1448 ; en tout cas il était né avant 1455, date de la première bataille de Saint-Albans où le vieux Clifford fut tué. Pour tout le reste, ce tableau de la mort de Rutland est à peu près conforme à l'histoire.

8. Dans une des dernières éditions de Shakespeare (PETER et GALPIN) nous trouvons une note fort intéressante sur le fils de Clifford dont la destinée fut des plus étranges. Il se cacha presque toute sa vie sous des habits de berger, de crainte d'être reconnu et de tomber victime des vengeances des York, jusqu'au jour où Henri VII monta sur le trône. Il fut alors rétabli dans ses titres et dignités. Le grand poëte Wordsworth l'a pris pour héros d'une de ses poésies : « *Chant à la fête de Brougham Castle.* » Voici la conclusion de ce poëme. « Joyeuses étaient les vallées, joyeux le foyer de chaque cottage ; le Lord berger fut honoré de plus en plus, et bien des années après il fut mis en terre : le bon Lord Clifford était le nom qu'il portait. »

9. « Les dieux fassent que ce soit là toute la somme des louanges qui te seront données. » (Vers extrait d'Ovide, *Épître de Philis à Démophon.*)

10. C'est le vers que nous avons vu parodié par Greene dans la citation que nous avons faite de son pamphlet.

11. Malone donne sur la destinée des restes de cet infortuné prince une note intéressante. « Lui, sa femme Cécile (fille du comte de Westmoreland), et son fils Edmond, comte de Rutland, furent enterrés dans le sanctuaire de l'église de Fotheringay ; mais lorsque le sanctuaire fut renversé (ainsi que nous l'apprend Peacham dans son *Complet gentleman*, 1627), par suite de la furie qui s'attaquait aux églises et aux monuments sacrés, leurs restes furent transportés dans le cimetière, puis ils furent enfermés dans des cercueils de plomb et ensevelis dans l'église par l'ordre d'Élisabeth. On éleva sur leurs corps un mesquin monument de plâtre, fait avec la truelle, bien grossier, et bien indigne de si nobles princes. Je me rappelle, ajoute le même auteur (Peacham), que maître Creuse, un gentilhomme, et mon digne ami, qui résidait à cette époque au collège, me dit que leurs cercueils ayant été ouverts, leurs corps furent faciles à distinguer, et qu'en outre la duchesse Cécile avait au cou, pendu à un cordon de soie, un pardon de Rome, lequel pardon était écrit d'une belle écriture romaine, et aussi facile à lire que s'il eût été écrit de la veille. » (MALONE.)

ACTE II.

Ce miracle des trois soleils est une sorte de calembour céleste.

Sun, soleil, se prononce presque comme *son*, fils, et Édouard y voit la figure des trois fils de son père York.

2. *Non, portez trois filles*, dit littéralement Richard qui joue sur la prononciation des deux mots *sun*, soleil, et *son*, fils.

3. L'aigle, d'après la tradition, avait le privilége de regarder le soleil, et selon Pline, cet oiseau aristocratique exposait ses petits au soleil dès leur naissance, afin de reconnaître s'ils étaient de sa race, à la manière dont ils supportaient la lumière.

4. Georges par la suite, duc de Clarence, avait alors à peine douze ans. Il avait été envoyé en Flandres avec son frère Richard immédiatement après la bataille de Wakefield, et les deux princes ne revinrent en Angleterre qu'après l'avénement d'Édouard IV. La duchesse de Bourgogne dont il s'agit ici était Isabelle, fille de Jean I roi de Portugal, par Philippe de Lancastre, fille aînée de Jean de Gand. Elle était cousine des princes seulement au troisième degré.

5. Allusion à ce proverbe peu moral, mais de fort antique date, « bienheureux les fils dont les pères sont damnés. »

6. Les historiens parlent tous de cette déplorable faculté de *jettatore* que possédait contre lui-même le roi Henri VI. La Reine triompha souvent en son absence, jamais en sa compagnie. Le poëte Drayton a fait mention de cette circonstance fatale, dans son poëme des *Misères de la reine Marguerite*.

7. *Misshapen stigmatic*, dit le texte. Cette expression est également appliquée à Richard par le poëte Drayton.

8. Il paraît que c'était une coutume populaire de coiffer d'une botte de paille les femmes insolentes ou méchantes. « Rien, dit un vieil auteur, ne fait plus enrager les commères que de leur nommer la botte de paille, ou de chanter et de siffler pendant qu'elles grondent. » (*Microcosmography*, 1650. — HALLIWELL. *Notes à la Vraie tragédie du duc d'York*.) Malone cite encore un fragment d'une vieille ballade : *Dialogue entre Jean et Jeanne pour savoir à qui portera les culottes* qui a trait à cette circonstance. « Et promets de ne jamais plus avoir la fantaisie de me battre, sinon gare la botte de paille, ma bonne femme. »

9. D'autres auteurs parlent de cette circonstance du cheval tué par Warwick à Towton. Quant à ce frère de Warwick tué dans la bataille et nommé par Richard, c'était un fils naturel de Salisbury.

10. Cette bataille de Towton fut celle qui décida la chute de la maison de Lancastre et qui porta au trône la maison d'York. Les historiens prétendent que dans cette bataille qui dura quatorze heures, et dans les actions des deux jours qui suivirent, il périt près de quarante mille hommes.

11. Clifford s'étant découvert la gorge, soit parce qu'il avait chaud, soit parce que son armure le gênait, fut atteint d'une flèche qui lui traversa le cou.

12. C'était une superstition populaire que lorsque le hibou frappait les vitres d'une chambre de malade de ses ailes, ou lorsqu'il se perchait en gémissant sur le toit d'une maison, c'était signe qu'une personne de la

famille mourrait bientôt. Nous verrons à la fin du drame, Richard faire encore allusion à cette croyance. Un vieux poète, Rowland, dans un poëme intitulé : « *Encore plus de drôles,* » fait plaisamment mention de cette circonstance. « L'avisé Gosling entendit le hibou crier, il le dit à sa femme, et sur-le-champ un cochon mourut. » (HALLIWELL. *Notes à la Vraie tragédie du duc d'York.*)

13. Les personnes qui avaient porté ce titre depuis trois générations étaient en effet toutes trois mortes de mort violente. Hugh Spenser, le favori d'Édouard II, Thomas Woodstock, le sixième fils d'Édouard III, et Humphroy de Laucastre, oncle de Henri VI. Richard a donc raison de dire que ce titre de Glocester était fatal ; il devait le rendre de renommée plus sinistre encore.

ACTE III.

1. Il est très-difficile de savoir quelle est la raison qui fit sortir ce pauvre innocent de Henri VI de sa retraite d'Écosse pour venir se jeter dans les mains de ses ennemis, tant cet acte est inepte. Il est probable que ce fut pure imbécillité de la part de ce roi inoffensif. A peine fut-il débarqué qu'il fut reconnu et arrêté par un certain Cantlowe, conduit à Édouard IV, et encagé à la Tour, comme le rapporte Shakespeare.

2. Sir John Grey était bien mort à la seconde bataille de Saint-Albans, mais en combattant pour les Lancastre, et c'était Édouard IV lui-même qui avait confisqué ses biens plus tard. Dans *Richard III*, Shakespeare a corrigé lui-même l'erreur qu'il commet ici. Édouard ne fit pas tout à fait la connaissance de Lady Grey, comme le poëte le rapporte. La première fois qu'il la vit ce fut au retour d'une chasse aux environs de Stony Stratford, au manoir de Grafton, où il était entré pour se reposer. Ce manoir appartenait à la duchesse de Bedford, alors femme de Sir Richard Woodville, par la suite Lord Rivers. Cette duchesse était la mère de Lady Grey.

3. Nous avons déjà rencontré ce même anachronisme dans le premier *Henri VI*. Machiavel et sa renommée sont postérieurs à cette époque.

4. Madame Bonne était non la sœur de Louis XI, mais celle de sa femme, princesse de Savoie. Les historiens révoquent en doute cette négociation de Warwick, et nient que la cause de la rupture du faiseur de rois et d'Édouard ait été celle que Shakespeare présente ici. Ils parlent obscurément d'une femme de la famille de Warwick que le trop galant Édouard aurait tenté de déshonorer, circonstance à laquelle Warwick fait du reste allusion dans cette même scène. La rupture aurait d'ailleurs été postérieure de longtemps à ce projet de mariage, et en outre Warwick avait connaissance de son mariage secret avec Lady Grey, car il fut parrain de leur premier enfant, la princesse Élisabeth, née en 1465.

5. Lorsque les reines se montraient en tête de leurs troupes, sur le champ de bataille, il n'était pas rare qu'elles fussent revêtues de l'ar-

mure. On voit encore à l'arsenal de Madrid celle que portait Isabelle la Catholique au siége de Grenade, et à la Tour de Londres, celle que portait la reine Élisabeth lorsqu'elle passa ses troupes en revue, à Tilbury, aux approches de la terrible Armada.

6. Ce ne fut pas la fille aînée de Warwick, mais sa fille cadette, Anne, qui devint l'épouse d'Édouard, fils de Henri VI. L'aînée, Isabelle, fut mariée à Georges, duc de Clarence. Ce ne fut pas non plus avec autant de spontanéité que le dit Shakespeare, que Marguerite consentit à ce mariage. Elle résista pendant plus de quinze jours; mais à la fin, elle céda sur les instances et les conseils du roi René d'Anjou, son père, et le mariage fut célébré en présence du roi Louis XI, et de son frère, le duc de Guyenne.

ACTE IV.

1. Il semble que cette parole d'Hastings ait été une manière de proverbe en Angleterre, et que la nation ait eu dès l'origine le sentiment que si elle restait unie, nul ennemi ne pouvait prévaloir contre elle. Nous avons déjà vu dans le *Roi Jean*, Shakespeare placer cette parole dans la bouche du bâtard de Faulconbridge. M. Halliwell (*Notes à la Vraie tragédie du duc d'York*) cite quelques lignes très-curieuses d'un vieil auteur, très-antérieur à Shakespeare, Borde, *Premier livre de l'introduction à la science*, 1542. « Ils vivent somptueusement, Dieu est servi dévotement dans leurs églises, mais la trahison et la fourberie sont passées chez eux en habitude, et ils s'en servent habilement, ce qui est d'autant plus à regretter que s'ils étaient vrais envers eux-mêmes, ils n'auraient à redouter aucun ennemi, quand bien même toutes les nations seraient unies contre eux. »

2. Le père de Lady Grey était Sir Richard Woodville, par la suite comte de Rivers; sa mère était Jacqueline, duchesse douairière de Bedford, fille de Pierre de Luxembourg, comte de Saint-Paul, et veuve de Jean, duc de Bedford, frère du roi Henri V.

3. Cet archevêque d'York, frère de Warwick, était alors célèbre entre tous les membres du clergé d'Angleterre par sa magnificence qui le cédait à peine à celle du faiseur de rois.

4. Henri, comte de Richmond, qui devait jouer dans l'histoire d'Angleterre le rôle important que lui prophétise Henri VI, était petit-fils de la reine Catherine, veuve de Henri V, et d'Owen Tudor, son second mari. Son père Edmond Tudor épousa Marguerite, fille de Jean Beaufort, premier duc de Somerset, et membre de la famille des Lancastre. Henri, comte de Richmond, tenait donc de fort près au sang royal, puisque son père Edmond était le fils de la mère de Henri VI, et que sa mère appartenait à une des branches de la maison de Lancastre. La prophétie rapportée par Shakespeare semble historique, et c'est peut-être à ce fait qu'il faut attribuer l'espèce de culte singulier que le premier Tudor avait voué à la mémoire de Henri VI. Ce culte alla si loin, que lorsqu'il

fut roi, il négocia longtemps auprès de la cour de Rome pour obtenir que le dernier des Lancastre fût canonisé. Mais la cour de Rome qui a l'habitude d'instruire longuement ces sortes d'affaires de canonisation, — cela doit être dit à sa très-grande louange, — et qui prononce difficilement ce nom de saint, refusa de reconnaître dans l'imbécile Henri les signes de l'élection divine, et de déconsidérer le plus glorieux des titres qu'elle confère en le décernant à un bonhomme fatal qui n'avait su défendre ni ses droits, ni les intérêts de sa famille, ni le bonheur de ses sujets.

ACTE V.

1. Le château de Ham, en Picardie.

2. Roscius, le célèbre acteur romain, dont le nom nous a été transmis par l'admiration de Cicéron.

3. La corneille, le corbeau et le chien partageaient avec le hibou et la chouette le privilége d'être des animaux de sinistre augure. Nos paysans de la Marche et du Limousin considèrent encore aujourd'hui les cris prolongés des chiens pendant la nuit comme un présage de mort prochaine.

4. Cette particularité est attestée par divers auteurs et notamment par un certain Ross de Warwick, auteur d'une histoire écrite en latin : *Histoire des rois d'Angleterre*, qui y ajoute cette autre particularité que Richard était resté deux ans dans le ventre de sa mère. Ce n'était pas trop en effet pour mener à point un pareil méchant. Ross de Warwick s'exprime ainsi sur le compte de Richard : « *Tyrannius rex Ricardus, qui natus est apud Fodringlay, in comitatu Northamptoniæ, biennio matris utero tentus, exiens cum dentibus et capillis ad humeros.* » « Le tyrannique roi Richard, né à Fotheringay, dans le comté de Northampton, qui fut retenu deux ans dans le sein de sa mère, et en sortit avec des dents et des cheveux aux épaules. » J'extrais ce détail très-curieux d'une des notes instructives de M. Halliwell à *La tragédie du duc d'York*.

5. Une certaine obscurité règne sur la mort de Henri VI. Selon quelques-uns, il serait mort de douleur et de colère en apprenant la défaite définitive de Tewkesbury et la mort de son fils. Mais selon toute probabilité, il est mort à peu près comme le rapporte Shakespeare, et sa fin fut bien le fait d'Édouard et de Glocester qui étaient alors à Londres. Une particularité fort curieuse, et que Shakespeare mentionne dans *Richard III*, est que lors de l'exposition et de l'enterrement, le cadavre du roi saigna abondamment, comme s'il avait voulu déclarer qu'il était bien mort de mort violente.

6. La somme empruntée pour cette occasion par René, fut, disent les chroniqueurs, de cinquante mille écus.

LE
ROI RICHARD III

IMPRIMÉ POUR LA PREMIÈRE FOIS EN 1597. — DATE PROBABLE
DE LA REPRÉSENTATION, 1593; DATE ADMISE, 1597.

AVERTISSEMENT.

Le Roi Richard III est le drame de Shakespeare qui a été le plus souvent imprimé de son vivant. La première édition connue est de 1597; d'autres éditions suivirent en 1598, 1602, 1605, 1617. Ce succès ne s'arrêta même pas lorsqu'eut paru l'in-folio de 1623, et des éditions particulières de cette pièce suivirent encore l'édition générale, en 1624, 1629 et 1634. Des différences assez notables de texte, dues peut-être à cette multiplicité d'éditions, se remarquent entre les premiers in-quartos et l'in-folio de 1623. D'autre part l'in-folio contient des passages entiers qui n'existent pas dans les in-quartos, soit que Shakespeare ait ajouté ces passages après les premières éditions, soit que les premiers in-quartos aient imprimé la pièce non telle qu'elle fut écrite, mais telle qu'elle fut représentée. Dans ce dernier cas, ces passages auraient été retranchés, soit pour donner plus de rapidité à la représentation, soit pour tout autre motif tiré des nécessités du théâtre. Le discours par lequel Richard, à la fin de son admirable dialogue avec Élisabeth, porte le dernier coup aux répugnances de la mère outragée, en lui vantant le bonheur dont elle jouira quand sa fille sera reine, manque entre autres dans les éditions in-quarto. Nous avons, sauf dans quelques passages sans grande importance, suivi de préférence le texte de 1623.

Malone pensait que la pièce avait été écrite et représentée vers 1593, et son opinion a été longtemps admise. Aujourd'hui, au contraire, on pense que la date de la représentation de cette pièce fut voisine de celle de sa publication, et on tient pour l'année 1597. Pour nous, comme nous ne voyons aucune raison convaincante qui plaide pour l'année 1597, et comme nous voyons au contraire plusieurs bonnes raisons qui plaident en faveur de l'opinion de Malone, nous continuons à la partager. Après examen attentif, il nous semble impossible que cette pièce, tout admirable qu'elle soit dans plusieurs de ses parties, ait été écrite à une époque très-éloignée de celle où Shakespeare écrivit les *Henri VI*. En effet, la pièce est construite exactement d'après le même système. Dans cette pièce Shakespeare n'a encore transformé qu'à demi ce genre dramatique original que le théâtre de son temps livra à son génie, et *Richard III* apparaît comme une œuvre intermédiaire entre le drame historique tel qu'il l'a accepté dans les *Henri VI*, et le même genre de drame tel qu'il l'a transformé dans les *Henri IV*; c'est une œuvre de transition et qui porte tous les caractères de la transition. La pièce reste donc comme les *Henri VI* une chronique dialoguée, malgré l'incroyable profondeur psychologique dont Shakespeare a fait preuve dans la peinture de l'âme de Richard, et, malgré la grandeur de certaines scènes, grandeur qui n'a été égalée dans aucun théâtre moderne, pas même par Shakespeare lui-même. Sans doute tous les événements s'enchaînent bien logiquement, de manière à respecter la grande loi de l'unité dramatique, et cependant le poëte, — semblable en cela aux chroniqueurs, — semble s'être plus inquiété de la *succession* des faits que de leur *génération*. Une certaine sécheresse de style distingue aussi ce drame, exactement la même sécheresse qui est le caractère propre du style des *Henri VI*, notamment de celui des première et troisième parties, lequel fait un contraste si marqué avec le style fleuri, exubérant, compliqué, des pièces qui parurent dans les années 1594, 1595, 1596, *le Songe d'une nuit d'été*, *le Roi Jean*, *Roméo et Juliette*, *le Roi Richard II*. Enfin, *Richard III* se présente presque comme une continuation de la troisième partie de *Henri VI*. En effet, lorsque nous lisons dans ce dernier drame les admirables monologues de Glocester, ne nous semble-t-il pas que ces monologues sont comme une introduction et une préface à la tragédie du règne de Richard? Et le monologue par lequel ce même Glocester ouvre le présent drame, ne répète-t-il pas exactement les monologues de la pièce précédente? Richard ne s'y peint-il pas exactement dans le même langage et sous le même aspect? Shakespeare était donc plus que préoccupé du caractère de Richard en écrivant le troisième *Henri VI*; il préludait dans cette pièce à cette peinture mémorable dont l'intention était déjà arrêtée dans son esprit, non pas à l'état de projet vague et lointain, mais à l'état de projet prochain et dont la réalisation était déjà commencée. Je ne mets donc nullement en doute que l'opinion de Malone ne fût mieux fondée que celle qui a prévalu depuis.

Il existe cependant un fait qui pourrait, sur examen superficiel, donner raison aux partisans de l'année 1597; c'est qu'en l'année 1594, il parut un drame historique sans nom d'auteur avec ce titre : « *La vraie tragédie de Richard III, où sont montrés la mort d'Édouard IV, l'étouffement des deux jeunes princes dans la Tour, la fin lamentable de la femme de Shore, exemple pour toutes les femmes de mauvaise vie, et enfin l'union et la conjonction des deux nobles maisons d'York et de Lancastre.* » Un érudit, M. Field, a réimprimé ce drame pour la *Société de Shakespeare* en 1844. Shakespeare a lu ce drame et il en a profité, comme il a profité des *Fameuses victoires de Henri V*, pour les drames de *Henri IV* et de *Henri V*. Si donc ce drame n'existait pas avant 1594 et si Shakespeare en a profité, *Richard III* ne peut pas logiquement être de 1593. Mais n'avons-nous pas vu déjà que le succès du premier *Henri IV* avait fait revenir à la lumière la vieille rhapsodie populaire des *Fameuses victoires de Henri V*? Il est plus que probable qu'il en fut ainsi pour cette autre rhapsodie de *la Vraie tragédie de Richard III*, et qu'elle profita pour revoir le jour du succès de la pièce de Shakespeare ; car ce drame est, à n'en pas douter, antérieur de nombreuses années à la date de *Richard III*, et il faut très-probablement le ranger parmi les tâtonnements du premier théâtre anglais dont il a la marche embarrassée, pénible et précipitée à la fois comme la marche des enfants.

Quelques érudits, notamment M. Collier, ont, il est vrai, nié que Shakespeare eût jamais lu cette pièce; en ce cas la rencontre des deux drames serait purement accidentelle, et rien n'empêcherait que *Richard III* eût vu le jour avant l'apparition de cet autre drame. Mais cette opinion est inadmissible. Quiconque lira ce drame avec attention, ne pourra nier qu'il n'ait été connu de Shakespeare, car le grand poëte n'a pas craint de lui dérober çà et là quelques bribes de dialogues et quelques indications de scènes. Ainsi l'entrée de Richard au conseil où Hastings fut arrêté comme complice des prétendues trames de sorcellerie de la reine et de mistress Shore, est à peu près la même dans les deux drames. Il y a là environ trois lignes qui ont été empruntées par Shakespeare au vieux dramaturge, lignes qui forment la réplique de Richard à Hastings : « *Si*, dis-tu, vas-tu maintenant me donner des *si*, etc. » La scène des fantômes est indiquée dans le vieux drame, et elle y est même contenue, mais à peu près comme une statue est contenue dans un bloc de marbre non encore touché par le ciseau du sculpteur. Dans un monologue qui se place comme la célèbre scène de Shakespeare avant la bataille de Bosworth, Richard raconte les terreurs dont son âme est obsédée, et les cris de vengeance que font retentir à ses oreilles tous les objets de

AVERTISSEMENT.

la nature, même les plus doux. Ce sont ces terreurs que Shakespeare a incarnées dans les fantômes qui passent à travers le sommeil inquiet de Richard. Le monologue de cette vieille pièce est du reste beau et se distingue par une inspiration d'un souffle assez fort pour se soutenir vingt-cinq vers; circonstance rare, car d'ordinaire, l'inspiration de ce poëte anonyme n'a pas de souffle pour plus de trois ou quatre vers, ou de cinq ou six lignes de prose. Cependant cette rhapsodie n'est pas sans mérite, et elle est d'un ordre bien supérieur aux *Fameuses victoires de Henri V*, qui ont comme elle servi de grossier canevas à Shakespeare. L'histoire de la pauvreté et de l'abandon de Mistress Shore après l'indigne persécution de Richard a été traitée surtout avec ce sentiment de la réalité et cette connaissance du brutal cœur des goujats, qui distinguent très-particulièrement les poëtes anglais de cette époque, surtout ceux qui ont précédé immédiatement Shakespeare. Mais cette justice une fois rendue, nous conseillons à tous ceux qui sont ménagers de leur temps, de ne pas lire, même en considération de Shakespeare, ce vieux drame; les trois heures qu'on passe à le lire ayant plus de valeur que les quelques traits d'énergie et les quelques peintures de brutalité populaire qui s'y rencontrent.

Nous devons mentionner encore un autre *Richard III*, mais celui-là en latin, écrit par un certain docteur Thomas Legge, et représenté par les élèves du collége de Saint-John, université de Cambridge, probablement en présence de la reine, vers 1579. C'est un de ces exercices de collége dont les anciens corps enseignants avaient le goût, et dont les jésuites notamment ont donné plusieurs exemples.

Quoi qu'on en dise, et malgré une opinion trop générale, *Richard III* n'est pas un des grands chefs-d'œuvre de Shakespeare. Le succès prodigieux que cette pièce obtint, semble-t-il, du vivant de Shakespeare, et celui qu'elle obtient et obtiendra toujours auprès des lecteurs de tous les temps, tiennent encore plus peut-être à l'intérêt du sujet qu'au génie du poëte; ils tiennent aussi à un goût pervers de la nature humaine, probablement indéracinable, pour ce qui est monstrueux et criminel. Si, comme nous le pensons avec Malone, la pièce est de 1593, cette date suffit pour expliquer cette infériorité, qui du reste n'est que relative. C'est le premier coup de maître d'un grand génie, ce n'est pas le chef-d'œuvre d'un génie en pleine possession de ses forces. Mais les scènes où Shakespeare a été égal à lui-même se distinguent par une grandeur qui n'a pas d'analogue dans le théâtre moderne. Pour trouver quelque chose de l'impression que laissent ces scènes, notamment celles des malédictions de Marguerite et des lamentations des trois reines assises à terre au pied de la Tour, c'est au théâtre grec qu'il faut remonter. Jamais depuis les princesses héroïques de la scène athénienne, la douleur humaine n'a fourni un spectacle plus pathétique. A cette grandeur tout antique, Shakespeare joint un mérite que les anciens, simples dans leur morale comme dans leur art, ne connaissaient pas, — la science des ressorts innombrables de cette âme humaine si compliquée dans le bien et dans le mal. Jamais par exemple a-t-on mieux exprimé la force de fascination qui est inhérente au pouvoir politique, fascination qui est telle que l'expérience la plus douloureuse est inutile contre elle, que l'âme la plus meurtrie par la grandeur n'en peut être désillusionnée? Voici la princesse Anne, fille du grand Warwick, qui mène le deuil de Henri VI. Passe Richard; il a tué son mari et son beau-père; son père a péri dans une des batailles où Richard combattait contre lui. Elle commence par le couvrir de tous les anathèmes, mais voilà que le spirituel Richard joue une comédie de passion, vante sa beauté, lui tend sa main sanglante en lui offrant de la remettre à la hauteur d'où la mort de son époux l'a fait descendre; le charme opère, et la haine ne tient pas contre la flatterie et la perspective de la grandeur. Voici la reine Élisabeth assise au pied de la Tour où ses deux enfants ont été assassinés ; passe encore Richard, et la scène d'Anne se renouvelle. Richard essuie sans plier les invectives de la mère outragée, puis il offre de réparer ses torts. Cette réparation consiste à offrir à la fille de la reine la main homicide mais royale qui a fait périr ses frères et ses oncles, et la reine qui a expié si chèrement sa grandeur, ne résiste pas plus à ce piége aux alouettes, que si elle était novice dans le malheur et si elle ne connaissait pas le prix dont se paye la puissance

Quelques critiques suivant un peu trop l'exemple que Walpole donna au dernier siècle par son ingénieux mais malencontreux plaidoyer en faveur de Richard III, ont avancé que la pièce n'était pas fondée historiquement. Comment donc! Shakespeare aurait-il calomnié l'affreux bossu? L'histoire nous apprend que Richard fut aussi brave que son père, et plus brave que ses frères, peut-être parce qu'il était plus implacable : mais tel l'a représenté Shakespeare. L'histoire nous apprend qu'il fut un des princes les plus lettrés, les plus instruits, les plus spirituels de son temps; mais j'imagine que le Richard de Shakespeare ne manque ni d'esprit, ni d'éloquence, ni de profondeur politique. Cependant il y a bien dans son drame quelques entorses données à l'histoire. Les scènes où Marguerite paraît pour maudire, et repaître ses yeux de louve vengée des désastres de ses ennemis, sont un pur anachronisme, Marguerite ayant à cette époque quitté l'Angleterre où elle ne revint plus. Qui se plaindrait d'un tel anachronisme, et qui ne voit que Shakespeare l'a commis volontairement ? L'apparition de Marguerite, dans ce drame, au milieu de ces heureux triomphateurs, c'est l'apparition de Banquo à la table de Macbeth, et certes si la personne vivante de la reine déchue ne hanta pas le palais d'Édouard, il est permis de croire qu'il fut bien souvent visité par son ombre importune. Marguerite dans ce drame c'est la Némésis antique sous une des formes où le drame moderne peut la comprendre, depuis que les hommes ne vivent plus avec les Dieux, et que ce sont les hommes seuls qui vengent sur eux-mêmes les crimes qu'ils ont commis les uns contre les autres. Elle est implacable comme la Némésis antique, mais elle n'est pas impassible comme elle; elle partage les passions de ceux qu'elle frappe et qu'elle maudit; elle est dramatique pour son compte personnel, elle se venge en faisant justice, et si elle en est moins solennelle, elle en est plus pathétique. La plus sérieuse entorse que Shakespeare ait donnée à l'histoire dans ce drame, c'est la manière dont il a présenté la mort de Clarence. La mémoire de Richard est assez chargée de crimes pour qu'on ne lui fasse pas porter encore la responsabilité d'une action détestable dont il ne fut pas coupable. Les véritables auteurs de la mort de Clarence furent le roi Édouard lui-même, et les parents de la reine, notamment Rivers, avec qui le prince s'était trouvé en rivalité pour la main de Marie de Bourgogne que ni l'un ni l'autre n'obtinrent. La mort de Clarence ne fut pas exécutée clandestinement, comme le raconte Shakespeare, elle fut accordée officiellement, publiquement par les pairs sur la demande d'Édouard. N'y a-t-il pas cependant des circonstances atténuantes en faveur de l'accusation que Shakespeare a fait peser sur Glocester? Oui, car il est permis de croire que si Richard ne fut pas directement l'auteur de la mort de Clarence, il vit d'assez bon œil le crime politique qui le débarrassait d'un concurrent au trône d'Angleterre, et, circonstance plus immédiate, d'un cohéritier des biens de Warwick. Les deux frères étaient en même temps beaux-frères, ayant épousé les deux filles de Warwick, et maints démêlés s'étaient élevés entre eux relativement à l'héritage du faiseur de rois. D'où sortaient d'autre part ces prophéties mystérieuses relatives à la lettre G qui jetèrent la terreur dans l'âme affaiblie d'Édouard et furent la suprême goutte d'eau qui fit déborder sa rancune? Shakespeare n'hésite pas à charger Glocester de cette manœuvre, quoique avec peu de vraisemblance, puisque celui-ci en invitant Édouard à se défier d'un personnage dont le nom commençait par G, aurait travaillé contre lui-même, G étant également la première lettre de son nom. Mais il est à remarquer que dans sa peinture du caractère de Richard, Shakespeare avec un rare bon sens a suivi la tradition populaire, l'histoire non écrite, plutôt que l'histoire écrite; il a partagé en cela l'avis qu'émet Glocester lui-même lorsqu'il répond au jeune prince de Galles qui l'interroge sur la créance que mérite la tradition orale : « Oui, sans le secours de caractères, la renommée peut vivre longtemps. » Et, en effet, je crois que tout critique sérieux ne peut hésiter un instant à admettre, que lorsqu'il s'agit de juger un mauvais prince, la tradition orale et populaire doit être regardée comme le témoignage le plus authentique; d'abord parce qu'il est le plus général, ensuite parce qu'il est anonyme et qu'il a eu ainsi chance d'échapper aux terreurs et aux mensonges dictés par la peur ou l'esprit de parti, parce qu'il est évident encore que ce qui ne peut être écrit on le raconte à voix basse, et enfin parce que les actes d'un mauvais prince échappent à toute publicité et à tout contrôle à cause des instruments sans nombre dont il dispose et qu'il peut toujours désavouer. En restant fidèle pour la peinture du caractère de Richard à la tradition populaire, Shakespeare a donc suivi avec l'instinct du génie la méthode à laquelle doit avoir recours en pareil cas l'historien vraiment sérieux. Ajoutons que s'il avait suivi une autre méthode, il courait risque de pécher contre les lois de son art, et de détruire l'intérêt de sa pièce, car alors le caractère de Richard n'aurait plus eu cette unité souveraine qui fait de ce personnage le type accompli du scélérat politique.

Et puis Shakespeare en sait plus long sur la nature humaine que tous les historiens de la terre. Il sait par exemple quelle est la puissance de sorcellerie de certains caractères, chose que la plupart des historiens ignoreront toujours. Il sait qu'il est des personnages qui ont le pouvoir d'assassiner, sans employer fer ni poison, sans prononcer un mot, sans faire un geste, des personnages qui conspirent contre leurs semblables par le fait seul de leur existence. Richard est un de ces redoutables sorciers. Sa présence seule crée une atmosphère de terreur. Dès le début du drame, tous les personnages se sentent mal à l'aise comme s'ils étaient sous l'influence d'un orage invisible. Chacun se trouve en disposition d'inquiétude, s'agite à tâtons dans la nuit, cherche et nomme au hasard, à la manière des somnambules, l'ennemi caché qui le frappe, le poursuit ou le menace. C'est Hastings, a dit la reine; c'est la reine, a dit Hastings; c'est Buckingham, a dit Dorset; c'est Rivers, a dit Clarence. Un accident n'est pas plutôt arrivé qu'on se sent à la veille d'un nouveau malheur qui va fondre on ne sait de quel côté. Un ébranlement nerveux extraordinaire résulte de cette singulière situation; l'obsession à laquelle les personnages sont en proie les poursuit jusque dans le sommeil, engendre les pressentiments et les rêves. Quelques heures avant le coup d'état qui doit tuer Hastings, Stanley a vu en songe le danger qui le menaçait; par contraste, Hastings, ainsi qu'il arrive d'ordinaire, est précisément à ce moment-là l'homme le plus rassuré du monde. L'art avec lequel Shakespeare a fait circuler à travers sa pièce les courants de cette électricité malfaisante qui engendre la terreur nerveuse, peut compter au nombre des plus singuliers miracles de son génie qui en a pourtant accompli de si difficiles.

L'explication que Shakespeare a donnée du caractère de Richard est d'une audace morale telle, que c'est à peine si on peut l'aborder franchement dans une société chrétienne. Nous nous bornerons à mentionner sommairement cette explication, car la développer ou la justifier serait

absolument contraire aux devoirs de la charité, même à
ceux de la simple humanité, et donner un démenti cruel
aux doctrines que nous devons tenir pour vraies dans
notre civilisation. En effet, nous devons rejeter l'existence
des monstres sur le compte de la nature, et non pas admettre que l'âme peut les créer. Ce que fut Richard, dit
Shakespeare, il le fut non par nature, mais par vengeance
contre la nature. Elle ne le créa point pervers, elle le créa
bossu et boiteux, et c'est parce qu'il était boiteux et bossu
qu'il fut le scélérat ambitieux dont la Providence se servit pour châtier les fautes des York : la cause de sa scélératesse fut sa difformité. Grave explication, et qui revient à dire que toute personne affligée d'une difformité
est nécessairement l'ennemie de quiconque n'est pas
marqué de cette difformité. N'insistons pas sur cette
pensée, le christianisme nous le défend. Depuis le christianisme on ne jette plus les enfants difformes dans les
fleuves, pour cette raison que le christianisme a porté
dans le monde un remède qui permet aux difformes d'échapper à la fatalité de la haine et des passions infernales.
Un être difforme, muni du remède du christianisme, peut
supporter son mal au point de devenir un exemple de
ertu et de noblesse à faire envie aux favoris les plus
rivilégiés de la nature et de la fortune; mais si l'être
ifforme n'est pas chrétien par hasard, comment supporera-t-il son mal? Ici le terrible point d'interrogation
osé par Shakespeare reparaît, et ce n'est pas nous qui
ssayerons de lui donner une réponse.

PERSONNAGES DU DRAME.

LE ROI ÉDOUARD IV.
ÉDOUARD, PRINCE DE GALLES, par la suite LE ROI ÉDOUARD V,
RICHARD, DUC D'YORK,
} fils du ROI ÉDOUARD IV

GEORGES, DUC DE CLARENCE,
RICHARD, DUC DE GLOCESTER, par la suite LE ROI RICHARD III,
} frères du ROI ÉDOUARD IV.

UN JEUNE FILS DE CLARENCE.
HENRI, COMTE DE RICHMOND, par la suite LE ROI HENRI VII.
LE CARDINAL BOURCHIER, ARCHEVÊQUE DE CANTORBÉRY.
THOMAS ROTHERAM, ARCHEVÊQUE D'YORK.
JOHN MORTON, ÉVÊQUE D'ÉLY.
LE DUC DE BUCKINGHAM.
LE DUC DE NORFOLK.
LE COMTE DE SURREY, fils du DUC DE NORFOLK.
LE COMTE DE RIVERS, frère de LA REINE ÉLISABETH.
LE MARQUIS DE DORSET,
LORD GREY,
} fils de LA REINE ÉLISABETH.
LE COMTE D'OXFORD.
LORD HASTINGS.
LORD LOVEL.
LORD STANLEY, par la suite COMTE DE DERBY.
SIR THOMAS VAUGHAN.
SIR RICHARD RATCLIFF.
SIR WILLIAM CATESBY.
SIR JAMES TYRREL.
SIR JAMES BLOUNT.
SIR WILLIAM HERBERT.
SIR WILLIAM BRANDON.
SIR ROBERT BRAKENBURY, LIEUTENANT DE LA TOUR.
CHRISTOPHER URSWICK, PRÊTRE.
UN AUTRE PRÊTRE.
LE LORD MAIRE DE LONDRES.
UN SHÉRIFF DU WILTSHIRE.

ÉLISABETH, femme du ROI ÉDOUARD IV.
MARGUERITE, veuve du ROI HENRI VI.
LA DUCHESSE D'YORK, mère du ROI ÉDOUARD IV, de CLARENCE et de GLOCESTER.
LADY ANNE, veuve d'ÉDOUARD, PRINCE DE GALLES, fils du ROI HENRI VI, par la suite mariée au DUC DE GLOCESTER.
LADY MARGUERITE PLANTAGENET, jeune fille de CLARENCE.

LORDS *et autres comparses :* DEUX GENTILSHOMMES, UN POURSUIVANT D'ARMES, UN CLERC, CITOYENS, MEURTRIERS, MESSAGERS, SOLDATS, FANTÔMES, etc., etc.

SCÈNE. — Angleterre

LE ROI RICHARD III.

ACTE I.

SCÈNE PREMIÈRE.

Londres. — Une rue.

Entre GLOCESTER.

Glocester. — Maintenant l'hiver de notre disgrâce s'est fondu en un radieux été sous ce soleil d'York[1], et tous les nuages qui s'étaient abaissés sur notre maison sont engloutis dans le sein profond de l'Océan. Maintenant nos fronts sont ceints de couronnes de victoire, nos armes ébréchées sont suspendues en trophées, nos sinistres alertes se sont changées en joyeuses réunions, et nos marches lugubres en airs de danse voluptueux. Le dieu de la guerre au visage sévère a déplissé son front ridé, et maintenant, au lieu de monter des coursiers caparaçonnés pour effrayer les âmes de timides ennemis, il cabriole d'un pied leste dans une chambre de dame, au son délicieux d'un luth lascif. Mais moi, qui ne suis pas formé pour les gais badinages, ni pour me regarder avec une complaisance flatteuse dans un amoureux miroir; moi, si grossièrement façonné, qui manque de la majesté de l'amour pour faire la roue devant une nymphe à la démarche folâtre ; moi que la fourbe nature a frustré des harmonieuses proportions du corps, et filouté de la beauté du visage ; moi qu'elle a envoyé, avant le temps voulu, dans ce monde des vivants, difforme, incomplet, fait à peine à moitié, si contrefait, si laid à voir, que les chiens aboient après moi, lorsque je passe en boitant près d'eux, je n'ai à ma disposition aucun plaisir pour passer mes heures durant cette période de paix langoureuse aux chansons aimables, à moins que je n'épie mon ombre se mouvant au soleil, ou que je ne fasse des commentaires sur ma propre difformité. Puisque donc je ne puis être amant pour prendre ma part de ces jours de délices, je suis décidé à être un scélérat et à détester les frivoles plaisirs des heures où nous sommes. J'ai ourdi des complots, et semé des insinuations dangereuses, par d'absurdes prophéties, des libelles, des rêves, afin d'engendrer une haine mortelle entre mon frère Clarence et le roi : et si le roi Édouard est aussi franc et loyal, que je suis moi, subtil, faux et traître, aujourd'hui, Clarence sera étroitement encagé à propos d'une prophétie qui dit que G sera le meurtrier des héritiers d'Édouard[2]. Plongez au fond de mon âme, mes pensées ! voici Clarence qui vient.

Entrent CLARENCE *sous garde, et* BRAKENBURY.

GLOCESTER. — Bonjour, mon frère : que signifie cette garde armée qui escorte Votre Grâce ?

CLARENCE. — Sa Majesté, ayant souci de la sûreté de ma personne, a désigné cette escorte pour me conduire à la Tour.

GLOCESTER. — Pour quelle cause ?

CLARENCE. — Parce que mon nom est Georges.

GLOCESTER. — Hélas ! Monseigneur, ce n'est en rien votre faute : ce sont vos parrains qu'il devrait faire arrêter pour cela : peut-être Sa Majesté a-t-elle quelque intention de vous faire rebaptiser à la Tour. Mais quelle en est la raison, Clarence ? puis-je la connaître ?

Clarence. — Certainement, Richard, lorsque je la connaitrai moi-même ; car je déclare que j'en suis ignorant encore. Mais autant que je sache, il prête l'oreille à des prophéties et à des rêves ; il efface des *Croix de Dieu* la lettre G, et dit qu'un sorcier lui a prédit que sa postérité serait déshéritée par G ; or comme mon nom de Georges commence par un G, il s'est mis dans la tête que je suis cet homme-là. Voilà les raisons qui, avec d'autres enfantillages tout aussi sérieux, ont poussé Son Altesse à me faire emprisonner.

Glocester. — Parbleu, voilà ce qui arrive, lorsque les hommes sont gouvernés par les femmes : ce n'est pas le roi qui vous envoie à la Tour, c'est Milady Grey, sa femme, Clarence, c'est elle qui l'excite à cette mesure excessive. N'était-ce pas elle, en compagnie de cet homme si honorable, Anthony Woodville, son frère, qui lui a fait envoyer Lord Hastings à la Tour, d'où il a été élargi aujourd'hui même ? Nous ne sommes pas en sûreté, Clarence ; nous ne sommes pas en sûreté.

Clarence. — Par le ciel, je crois que personne n'est en sûreté, si ce n'est les parents de la reine, et les messagers de nuit qui font service de courriers entre le roi et Mistress Shore [3]. N'avez-vous pas appris quel rôle d'humble suppliant Lord Hastings a joué auprès d'elle pour obtenir sa délivrance ?

Glocester. — Milord le chambellan a reconquis sa liberté en suppliant humblement Sa Divinité. Je vous dirai, que dans mon opinion, si nous voulons nous garder en faveur auprès du roi, notre plus sûr moyen est d'être ses hommes et de porter sa livrée : la jalouse veuve surannée et Mistress Shore, depuis que le roi les a bombardées grandes dames, sont de puissantes commères dans cette monarchie.

Brakenbury. — Je conjure Vos Grâces de me pardonner ; Sa Majesté m'a strictement ordonné d'empêcher que personne, de n'importe quel rang, eût une conférence particulière avec votre frère.

Glocester. — Fort bien ; mais s'il plaît à Votre Honneur, Brakenbury, vous pouvez prendre part à tout ce que nous disons : nous ne parlons pas de trahisons, l'ami; nous disons que le roi est sage et vertueux, que sa noble reine est d'un bon âge, belle, et exempte de jalousie; nous disons que la femme de Shore a un joli pied, une lèvre de cerise, un œil appétissant, une langue singulièrement agréable, et que les parents de la reine ont été faits gens de haute condition : qu'en dites-vous, Monsieur? pouvez-vous nier tout cela?

BRAKENBURY. — Je n'ai rien à faire avec tout cela, Milord.

GLOCESTER. — Rien à faire avec Mistress Shore! je te le dis, camarade, celui qui fait quelque chose avec elle, un seul excepté, fera bien de le faire secrètement, et quand il n'y aura personne.

BRAKENBURY. — Quel est celui que vous exceptez, Milord?

GLOCESTER. — Son mari, maraud : voudrais-tu me trahir?

BRAKENBURY. — Je conjure Votre Grâce de me pardonner, et de vouloir bien ensuite mettre fin à votre conférence avec le noble duc.

CLARENCE. — Nous connaissons ta charge, Brakenbury, et nous obéirons.

GLOCESTER. — Nous sommes les valets de la reine [4] et nous devons obéir. Adieu, frère : je vais aller trouver le roi, et en quelque chose que vous veuilliez m'employer, fallût-il appeler sœur, la veuve, femme du roi Édouard, je m'en chargerai pour vous affranchir. En attendant, cette profonde disgrâce d'un frère me touche plus profondément que vous ne pouvez l'imaginer.

CLARENCE. — Je sais que cela ne plaît à aucun de nous deux.

GLOCESTER. — Bon, votre emprisonnement ne sera pas long; je vous délivrerai, ou j'irai prendre votre place. En attendant, ayez patience.

CLARENCE. — Il le faut bien, par force [5]. Adieu. (*Sortent Clarence, Brakenbury, et la garde.*)

GLOCESTER. — Va, foule le chemin par lequel tu ne

reviendras pas, simple, naïf Clarence! je t'aime tant que je veux envoyer sous peu ton âme en paradis, si le ciel consent à recevoir ce présent de nos mains. Mais qui vient ici? Hastings, le nouveau libéré!

Entre HASTINGS.

HASTINGS. — Bonne heure de ce jour-ci à mon gracieux Lord!

GLOCESTER. — Je rends son souhait à mon bon Lord le chambellan: vous êtes le très-bien venu en cet air libre. Comment Votre Seigneurie a-t-elle supporté la prison?

HASTINGS. — Avec patience, mon noble Lord, comme le doivent faire les prisonniers: mais je vivrai, Milord, pour donner des remercîments à ceux qui furent la cause de mon emprisonnement.

GLOCESTER. — Sans doute, sans doute, et Clarence aussi; car ceux qui étaient vos ennemis sont les siens, et ont réussi contre lui aussi bien que contre vous.

HASTINGS. — C'est bien grande pitié que les aigles soient mis en mue, tandis que les milans et les buzards cherchent leur proie en liberté.

GLOCESTER. — Quelles nouvelles du dehors?

HASTINGS. — Il n'y a du dehors aucunes nouvelles aussi mauvaises que celle que voici de l'intérieur; le roi est maladif, faible, mélancolique, et ses médecins craignent extrêmement pour lui.

GLOCESTER. — Par saint Paul, ce sont en effet de mauvaises nouvelles. Oh! il a trop longtemps suivi un mauvais régime, et a trop consumé, en ce faisant, sa royale personne. C'est vraiment douloureux à penser. Comment donc! est-il au lit?

HASTINGS. — Oui.

GLOCESTER. — Précédez-moi, je vais vous suivre. (*Sort Hastings.*) Il ne pourra vivre, j'espère; mais il ne faut pas qu'il meure avant que Clarence ait été envoyé en poste au ciel. Je m'en vais, pour presser sa haine contre Clarence, l'aiguillonner de mensonges bien affilés et qui aient pour pointe des arguments d'importance; et si je n'échoue pas dans mon profond complot, Clarence n'a pas un autre jour à vivre. Cela fait, que Dieu reçoive le roi Édouard au sein de sa miséricorde, et me laisse le monde pour y prendre mes ébats! Alors j'épouserai la fille cadette de Warwick : qu'est-ce que cela fait que j'aie tué son mari et son père? le meilleur moyen de faire réparation à la fillette est de devenir son mari et son père; ce que je ferai, non tant par amour que pour un autre projet secret que je pourrai exécuter en l'épousant. Mais voilà que je vais au marché avant mon cheval : Clarence respire encore; Édouard vit et règne encore; c'est lorsqu'ils seront partis, que je devrai compter mes gains. (*Il sort.*)

SCÈNE II.

Londres. — Une autre rue.

Entre le convoi du ROI HENRI VI; *son cadavre est porté sur un cercueil découvert, des* GENTILSHOMMES *armés de hallebardes l'entourent pour le garder;* LADY ANNE *les suit.*

ANNE. — Déposez, déposez votre fardeau d'honneur, — si l'honneur peut être enseveli dans un cercueil, — tandis que je vais un moment déplorer religieusement la fin prématurée du vertueux Lancastre. Pauvre forme glacée d'un saint roi[6]! pâles cendres de la maison de Lancastre! reste sanglant de cette race royale! qu'il me soit permis de prier ton fantôme d'écouter les lamentations de la pauvre Anne, femme de ton Édouard, de ton fils massacré, assassiné par la même main qui te fit ces blessures! Hélas! dans ces ouvertures par où s'échappa ta vie, je verse le baume sans vertu de mes pauvres yeux. Oh! maudite soit la main qui fit ces ouvertures fatales! maudit soit le cœur qui eut le cœur de faire cela! maudit soit le sang qui répandit ce sang hors de ce corps! Puisse tomber sur cet odieux misérable, qui nous rend misérables par ta mort, un mal plus terrible que je n'en pourrais souhaiter aux serpents, aux araignées, aux crapauds, ou à toute autre chose rampante et venimeuse qui ait vie! S'il a jamais un enfant, qu'il soit avorté, monstrueux, qu'il vienne au monde avant terme, que son aspect hideux et contraire à la nature épouvante sa mère pleine d'espérance, et qu'il hérite de la perversité de son père! S'il a jamais une femme, qu'il la rende aussi misérable par sa mort, que je le suis par celle de mon jeune Seigneur et par la tienne! Allons, dirigeons-nous maintenant vers Chertsey avec le saint fardeau que vous avez pris à Saint-Paul, pour être enterré là-bas; et lorsque vous serez fatigués de le porter, reposez-vous, pendant que je gémirai sur le cadavre du roi Henri. (*Les porteurs enlèvent le cercueil et s'avancent.*)

Entre GLOCESTER.

GLOCESTER. — Arrêtez, vous qui portez ce cercueil, et déposez-le à terre.

ANNE. — Quel noir magicien fait surgir ce démon pour arrêter dans leur exécution les actes d'une pieuse charité?

GLOCESTER. — Coquins, déposez ce cadavre, ou par saint Paul, je ferai un cadavre de celui qui me désobéira!

PREMIER GENTILHOMME. — Milord, reculez-vous, et laissez passer le cercueil.

GLOCESTER. — Chien mal appris! arrête quand je le commande, et veuille élever ta hallebarde un peu plus haut que ma poitrine, ou par saint Paul, je vais te jeter à mes pieds, et te fouler pour ton audace, mendiant. (*Les porteurs déposent le cercueil.*)

ANNE. — Quoi! vous tremblez? est-ce que vous avez tous peur? Hélas! je ne vous blâme pas, car vous êtes mortels, et des yeux mortels ne peuvent supporter le diable. Arrière, épouvantable ministre de l'enfer! tu n'avais pouvoir que sur son corps mortel, mais tu n'as pas pouvoir sur son âme; en conséquence, éloigne-toi.

GLOCESTER. — Douce sainte, par charité, ne sois pas si méchante.

Anne. — Odieux démon, pour l'amour de Dieu, pars et ne nous trouble pas; car tu as établi ton enfer sur cette heureuse terre que tu as remplie de cris de malédictions et d'exclamations désespérées. Si tu prends plaisir à contempler tes hideux forfaits, regarde cet échantillon suprême de tes crimes. O gentilshommes, voyez, voyez ! les blessures de Henri défunt ouvrent leurs lèvres congelées et saignent à nouveau ! Rougis, rougis, boule de chair odieusement difforme, car c'est ta présence qui fait jaillir ce sang de ces veines froides et vides où le sang ne circule plus [7]. Ton crime inhumain et contre nature, provoque cet écoulement si contraire à la nature ! O Dieu qui fis ce sang, venge sa mort ! O terre qui bois ce sang, venge sa mort ! Ciel, frappe à mort ce meurtrier de ton tonnerre ! ou bien, ouvre-toi toute grande, ô terre, et dévore-le vivant, comme tu bois le sang de ce bon roi assassiné par ce bras dirigé par l'enfer !

Glocester. — Madame, vous ne connaissez pas les lois de cette charité qui rend le bien pour le mal, les bénédictions pour les malédictions.

Anne. — Scélérat, tu ne connais ni la loi de Dieu ni celle de l'homme ; il n'est pas de bête si cruelle qui ne connaisse quelque instinct de pitié.

Glocester. — Mais je n'en connais aucun, aussi ne suis-je pas une bête.

Anne. — O quel miracle de voir les diables dire la vérité !

Glocester. — C'est un plus grand miracle de voir des anges dans une telle colère. Accordez-moi, femme divinement parfaite, la permission de vous donner la raison qui me justifie de ces crimes supposés.

Anne. — Accorde-moi, peste parfaite d'homme, la permission de maudire ta personne maudite pour la raison de tes crimes bien connus.

Glocester. — O toi qui es plus belle qu'aucune parole ne peut l'exprimer, aie la patience de me donner le loisir de m'excuser.

Anne. — O toi qui es plus hideux que le cœur ne peut

le supposer, la seule excuse acceptable que tu puisses offrir, c'est de te pendre.

Glocester. — Je m'accuserais moi-même par un tel acte de désespoir.

Anne. — Et dans ce désespoir tu trouverais ton excuse, car ainsi tu tirerais digne vengeance de toi-même pour avoir commis sur d'autres d'indignes meurtres.

Glocester. — Dites, si je ne les avais pas tués?

Anne. — Dis, s'ils n'étaient pas morts? mais morts ils sont, et par le fait de ta main, esclave du diable.

Glocester. — Je n'ai pas tué votre mari.

Anne. — Eh bien alors, il est vivant.

Glocester. — Non, il est mort, et tué par la main d'Édouard.

Anne. — Tu mens par ton infâme gorge; la reine Marguerite a vu ton glaive meurtrier fumer de son sang; et ce glaive, tu le dirigeais déjà contre sa poitrine à elle, si tes frères n'en avaient pas détourné la pointe.

Glocester. — J'avais été provoqué par sa langue calomniatrice qui jetait sur mes innocentes épaules la responsabilité de leur faute.

Anne. — Tu fus provoqué par ton âme sanguinaire qui n'a jamais rêvé que boucheries : n'as-tu pas tué ce roi?

Glocester. — Je vous l'accorde.

Anne. — Tu me l'accordes, hérisson! En ce cas, Dieu m'accorde aussi de te voir damné pour cet acte infâme! Oh! il était noble, doux, et vertueux!

Glocester. — Il n'en était que mieux fait pour le roi du ciel qui le possède maintenant.

Anne. — Il est au ciel, où tu n'iras jamais.

Glocester. — Qu'il me remercie de l'avoir aidé à s'y rendre, car il était plus fait pour ce séjour que pour la terre.

Anne. — Mais toi, tu n'es fait pour d'autre place que l'enfer.

Glocester. — Pardon, pour une autre place encore, si vous voulez bien me permettre de la nommer.

Anne. — Quelque prison?

GLOCESTER. — Votre chambre à coucher.

ANNE. — Que l'insomnie habite la chambre où tu couches !

GLOCESTER. — Elle y habitera, Madame, jusqu'à ce que j'y couche avec vous.

ANNE. — Je l'espère bien.

GLOCESTER. — J'en suis sûr. Mais, gentille Dame Anne, laissons là cette joute trop vive de nos deux esprits, et entamons une conversation plus modérée. Celui qui a causé les morts prématurées de ces Plantagenets, Édouard et Henri, n'est-il pas, dites-moi, aussi blâmable que celui qui les a exécutées ?

ANNE. — Tu fus à la fois, et la cause, et le très-maudit effet.

GLOCESTER. — De cet effet la cause fut votre beauté, votre beauté qui me hantait durant mon sommeil, et qui m'aurait poussé à tuer l'univers entier, si cela avait dû me permettre de vivre une heure sur votre doux sein.

ANNE. — Si je le croyais, je te le déclare, homicide, ces ongles arracheraient ma beauté de mes joues.

GLOCESTER. — Mes yeux à moi ne pourraient pas supporter la destruction de cette beauté. Je ne vous permettrais pas d'attenter à elle, si j'étais alors présent : de même que l'univers est réjoui par le soleil, ainsi moi je suis réjoui par votre beauté ; c'est ma lumière, ma vie.

ANNE. — Qu'une nuit noire couvre ta lumière, et que la mort obscurcisse ta vie !

GLOCESTER. — Ne te maudis pas toi-même, douce créature ; car tu es ma lumière et ma vie.

ANNE. — Je le voudrais pour me venger de toi.

GLOCESTER. — Voilà une guerre bien contre nature que de chercher à te venger de qui t'aime.

ANNE. — C'est une guerre juste et raisonnable que de chercher à me venger de celui qui tua mon époux.

GLOCESTER. — Celui qui te priva de ton époux, Dame, fit cela pour t'en procurer un meilleur.

ANNE. — Un meilleur que lui ne respire pas en ce monde.

Glocester. — Il vit celui qui t'aime plus que lui ne l'aurait pu.

Anne. — Nomme-le.

Glocester. — Plantagenet.

Anne. — Eh bien, c'était lui.

Glocester. — C'est quelqu'un du même nom, mais d'une nature plus haute.

Anne. — Où est-il?

Glocester. — Ici! (*Elle crache sur lui.*) Pourquoi craches-tu sur moi?

Anne. — Que je voudrais que cela fût pour toi un poison mortel!

Glocester. — Jamais poison ne jaillit d'une si belle bouche.

Anne. — Jamais poison ne tomba sur un plus hideux crapaud. Hors de ma vue! tu empoisonnes mes yeux.

Glocester. — Tes yeux, douce Dame, ont empoisonné les miens.

Anne. — Je voudrais qu'ils fussent des basilics pour te frapper à mort!

Glocester. — Je voudrais qu'ils le fussent pour que je pusse mourir d'un seul coup, car maintenant ils me tuent à petit feu. Tes yeux ont tiré des miens des larmes amères, et voilé honteusement leurs orbites sous une averse de pleurs puérils : non, jamais ces yeux n'avaient versé une larme d'attendrissement, ni alors que pleuraient mon père York et Édouard en apprenant les lamentables gémissements qu'avait exhalés Rutland, lorsque Clifford au noir visage brandissait sur lui son épée; ni alors que ton valeureux père fit le triste récit de la mort de mon père, en s'arrêtant vingt fois pour soupirer et pleurer comme un enfant, si bien que tous les assistants avaient leurs joues mouillées, comme des arbres trempés par la pluie; à ce triste moment, mes yeux virils dédaignèrent de laisser tomber une humble larme, et ce que ces douleurs ne purent alors en arracher, ta beauté l'a obtenu, et elle les a rendus aveugles à force de pleurer. Je n'ai jamais supplié ni ami, ni ennemi ; ma langue ne sut jamais apprendre les mots doux et caressants ; mais aujourd'hui que ta beauté est le bien que je me propose, mon cœur orgueilleux supplie et invite ma langue à parler. (*Elle le regarde avec mépris.*) N'enseigne pas le mépris à de telles lèvres, car elles furent faites pour les baisers, Dame, et non pour le dédain. Si ton cœur affamé de vengeance ne peut pardonner, eh bien, je te prête cette épée à la pointe aiguë ; s'il te plaît de l'enfoncer dans cette poitrine loyale et d'en chasser l'âme qui t'adorait, je la présente nue à ton coup mortel, et j'implore humblement la mort à genoux. (*Il découvre sa poitrine.*) Allons, n'hésite pas, car j'ai tué le roi Henri (*elle fait un mouvement pour le frapper*) ; mais c'était ta beauté qui m'y avait poussé. Allons, dépêche-toi ; ce fut moi qui poignardai le jeune Edouard (*elle fait un mouvement pour le frapper*) ; mais ce fut ta face céleste qui poussa ma main. (*Elle laisse tomber l'épée.*) Relève cette épée, ou bien relève-moi.

ANNE. — Relève-toi, fourbe ; bien que je souhaite ta mort, je ne veux pas être ton bourreau.

GLOCESTER. — Alors, ordonnez-moi de me tuer moi-même, et j'obéirai.

ANNE. — Je te l'ai déjà ordonné.

GLOCESTER. — Mais alors, c'était dans ta colère : dis-le encore, et sur ce mot, cette main qui pour ton amour tua ton amour, pour ton amour tuera un bien plus véritable amour : tu auras été le principe de leurs morts à tous deux.

ANNE. — Je voudrais connaître ton cœur.

GLOCESTER. — Ma voix vous présente son image.

ANNE. — Je crains fort que tous deux ne soient faux.

GLOCESTER. — En ce cas, jamais homme ne fut vrai.

ANNE. — Bon, bon, rengainez votre épée.

GLOCESTER. — Dites-moi alors que ma paix est faite.

ANNE. — Tu le sauras plus tard.

GLOCESTER. — Mais, vivrai-je dans l'espérance ?

ANNE. — Tous les hommes vivent ainsi, j'espère.

GLOCESTER. — Accordez-moi de porter cet anneau.

Anne. — Prendre n'est pas donner. (*Elle prend l'anneau.*)

Glocester. — Vois, ainsi que mon anneau entoure ton doigt, ainsi ton sein enchâsse mon pauvre cœur ; porte-les tous deux, car tous deux sont à toi, et si ton pauvre serviteur dévoué peut seulement obtenir de ta gracieuse personne une faveur, tu confirmeras pour toujours son bonheur.

Anne. — Quelle est cette faveur ?

Glocester. — Qu'il vous plaise de laisser ces tristes cérémonies aux soins de celui qui a plus que vous le devoir de faire fonction de pleureur à ces funérailles, et de vous rendre immédiatement à Crosby-Place [8] : après que j'aurai enterré solennellement ce noble roi au monastère de Chertsey, et mouillé son tombeau des larmes de mon repentir, j'irai vous faire visite en toute affectueuse diligence. Pour diverses raisons qui vous sont inconnues, je vous conjure de m'octroyer cette faveur.

Anne. — De tout mon cœur, et je suis extrêmement joyeuse de vous voir devenu si repentant. Tressel et Berkley, venez avec moi.

Glocester. — Dites-moi adieu.

Anne. — C'est plus que vous ne méritez ; mais puisque vous m'apprenez comment je pourrais vous flatter, eh bien, imaginez que je vous ai dit adieu déjà. (*Sortent Lady Anne, Tressel et Berkley.*)

Glocester. — Messieurs, enlevez le corps.

Un gentilhomme. — Nous allons à Chertsey, noble Lord ?

Glocester. — Non, à White Friars ; attendez-y mon arrivée. (*Sortent les personnes du cortége avec le corps.*) Jamais femme fut-elle courtisée de cette façon ? Jamais femme fut-elle conquise de cette façon ? Je l'aurai, mais je ne la garderai pas longtemps. Comment ! moi qui ai tué son mari et le père de son mari, l'enlever au moment où son cœur brûlait de la plus extrême haine, où sa bouche était pleine de malédictions, où ses yeux étaient pleins de larmes, alors qu'elle avait à ses côtés le témoignage sanglant qui justifiait sa haine! Elle a contre moi Dieu, sa conscience, et tous ces obstacles; moi, je n'ai d'autres amis pour appuyer ma requête que le diable lui-même et mes regards hypocrites, et cependant je la conquiers! c'est gagner la partie contre le monde entier avec rien! Ah! a-t-elle oublié déjà ce brave prince, Édouard, son Seigneur, que je tuai il y a trois mois à Tewkesbury dans mon accès de colère? Le vaste monde ne pourrait montrer un autre exemplaire d'un plus doux et plus aimable gentilhomme, plus prodigalement doué par la nature; c'était un prince jeune, vaillant, sage, et incontestablement fait pour régner, et cependant elle abaisse ses yeux sur moi qui ai cueilli ce doux prince dans la fleur de son printemps, et qui l'ai condamnée à la triste couche d'une veuve; sur moi, dont le tout n'égale pas la moitié d'Édouard; sur moi, qui boite et suis aussi mal bâti que voilà. Je parie mon duché contre un misérable denier que je me suis trompé jusques à aujourd'hui sur ma personne : sur ma vie, je parie qu'elle trouve, quoique je ne puisse en faire autant, que je suis un homme merveilleusement beau. Je m'en vais faire la dépense d'un miroir, et convoquer une assemblée d'une vingtaine ou deux de tailleurs, afin d'étudier les modes qui pourront orner mon corps : puisque me voilà parvenu à être en faveur avec moi-même, je veux faire quelques frais pour me maintenir mes bonnes grâces. Mais je vais d'abord accompagner ce camarade à son tombeau, et puis je reviendrai gémir auprès de mon amour. Brille, ô beau soleil, jusqu'à ce que j'aie acheté un miroir, afin que je puisse voir mon ombre quand elle passe. (*Il sort.*)

SCÈNE III.

LONDRES. — Un appartement dans le palais.

Entrent LA REINE ÉLISABETH, RIVERS *et* GREY.

RIVERS. — Prenez patience, Madame ; il n'est pas douteux que Sa Majesté ne recouvre bientôt sa santé habituelle.

Grey. — Par cela même que vous prenez sa maladie avec inquiétude, son état empire; ainsi au nom de Dieu, conservez bonne espérance, et égayez Sa Grâce par des propos vifs et enjoués.

La reine Élisabeth. — S'il mourait, que m'arriverait-il ?

Grey. — Pas d'autre malheur que la perte d'un tel Seigneur.

La reine Élisabeth. — La perte d'un tel Seigneur enferme tous les malheurs.

Grey. — Les cieux vous ont accordé la bénédiction d'un aimable fils, pour vous consoler quand il ne sera plus.

La reine Élisabeth. — Ah! il est jeune, et sa minorité est confiée à la garde de Richard de Glocester, un homme qui n'aime ni moi, ni aucun de vous.

Rivers. — Est-ce qu'il est décidé qu'il sera protecteur ?

La reine Élisabeth. — La chose est arrêtée, sinon encore décidée; mais elle le sera si le roi continue à aller plus mal.

Grey. — Voici venir les Lords de Buckingham et de Stanley.

Entrent BUCKINGHAM *et* STANLEY.

Buckingham. — Bonjour à votre royale Grâce!

Stanley. — Dieu fasse Votre Majesté joyeuse comme autrefois!

La reine Élisabeth. — La Comtesse de Richmond[9], mon bon Lord de Stanley, dirait difficilement *Amen* à votre bonne prière; cependant, Stanley, quoiqu'elle soit votre femme et qu'elle ne m'aime pas, soyez assuré, mon bon Lord, que je ne vous hais pas pour son orgueilleuse arrogance.

Stanley. — Je vous conjure de ne pas croire aux audacieuses calomnies de ses hypocrites accusateurs; et si elle est accusée sur des rapports fidèles, veuillez pardonner sa faute qui provient, je le crois, des égarements d'un état maladif et non d'une malice déterminée.

La reine Élisabeth. — Avez-vous vu le roi aujourd'hui, Milord de Stanley?

Stanley. — A l'instant même nous venons de rendre visite à Sa Majesté, le duc de Buckingham et moi.

La reine Élisabeth. — Y a-t-il apparence que son état s'améliore, Milords?

Buckingham. — Bon espoir, Madame; Sa Grâce parle avec gaieté.

La reine Élisabeth. — Dieu lui donne la santé! Avez-vous conféré avec lui?

Buckingham. — Oui, Madame, il désire réconcilier vos frères avec le duc de Glocester, ainsi qu'avec Milord le chambellan, et il nous envoie pour les mander en sa royale présence.

La reine Élisabeth. — Plût à Dieu que tout marchât bien! mais cela ne sera jamais; je crains que notre bonheur ne soit à son zénith.

Entrent GLOCESTER, HASTINGS *et* DORSET.

Glocester. — On me fait outrage, et je ne le souffrirai pas: quels sont-ils, ceux qui se plaignent au roi que je les regarde de travers, et que je ne les aime pas? Par saint Paul, ils n'aiment que bien légèrement Sa Grâce ceux qui remplissent ses oreilles de pareilles rumeurs faites pour semer la zizanie. Parce que je ne sais pas flatter et dire de beaux mots, sourire à la face des gens, adoucir ma franchise, tromper et duper, faire des saluts à la française et des singeries de politesse, il faut qu'on me tienne pour un ennemi rancuneux? Un homme tout simple et qui ne pense pas à mal, ne peut-il donc plus vivre, sans que sa bonhomie sans détours soit calomniée par de souples et insinuants Arlequins en habits de soie?

Grey. — A qui s'adresse Votre Grâce parmi les personnes ici réunies?

Glocester. — A toi, qui n'as ni honnêteté, ni grâce. Quand donc t'ai-je fait outrage? Quand donc t'ai-je fait tort? (*s'adressant à d'autres Lords*) ou à toi? — ou à toi? — ou à n'importe qui de votre faction? La peste soit de vous tous! Sa royale Grâce — que Dieu protége mieux que vous ne le souhaitez! — ne peut respirer tranquillement une minute, sans que vous veniez l'importuner d'indignes plaintes.

La reine Élisabeth. — Vous vous méprenez, frère de Glocester : le roi, de son propre mouvement, et sans y être provoqué par aucun solliciteur, s'étant aperçu sans doute de la haine que vous nourrissez au fond du cœur contre mes enfants, mes frères et moi, haine qui se trahit par votre conduite extérieure, envoie chercher Grey, afin de se rendre compte des motifs de votre mauvais vouloir, et y mettre ainsi fin.

Glocester. — Je ne sais que penser; le monde est devenu si mauvais que les roitelets font proie là ou les aigles n'osent pas percher. Depuis que tout Pierrot est devenu un gentilhomme, il est plus d'un gentilhomme qui est devenu un Pierrot.

La reine Élisabeth. — Allons, allons, nous comprenons votre pensée, frère Glocester; vous enviez mon élévation et celle de mes parents : Dieu permette que nous n'ayons jamais besoin de vous!

Glocester. — En attendant, Dieu permet que nous, nous ayons besoin de vous : notre frère est emprisonné grâces à vos manéges; je suis moi-même disgracié, et la noblesse est tenue en mépris, tandis que chaque jour de grandes ordonnances sont rendues pour anoblir des gens qui, il y a deux jours, valaient à peine un écu noble.

La reine Élisabeth. — Par celui qui me tira du bonheur modeste dont je jouissais pour m'élever à cette hauteur environnée de soucis, je n'ai jamais irrité Sa Majesté contre le duc de Clarence, mais j'ai plaidé en sa faveur comme un ardent avocat. Milord, vous me faites une honteuse injure, en jetant sur moi de si vils soupçons.

Glocester. — Et vous nierez aussi, sans doute, que vous ayez été la cause du récent emprisonnement de Lord Hastings.

Rivers. — Elle peut le nier, Milord; car....

Glocester. — *Elle peut*, Lord Rivers! parbleu, qui

ne le sait pas? elle peut faire bien plus que nier tout cela, Monsieur : elle peut vous aider à obtenir de grandes dignités, et puis nier que sa main vous a aidé à les atteindre, et mettre ces honneurs simplement sur le compte de votre grand mérite. Que ne peut-elle pas! *elle peut, oui, pardieu, elle peut....*

RIVERS. — Qu'est-ce *qu'elle peut, pardieu?*

GLOCESTER. — *Ce qu'elle peut, pardieu*[10]! elle peut par *l'aide de Dieu* épouser un roi, un célibataire, et un beau garçon par-dessus le marché. Je pense que votre grand'-mère avait fait un pire mariage.

LA REINE ÉLISABETH. — Milord de Glocester, j'ai trop longtemps supporté vos invectives impolies et vos sarcasmes amers : par le ciel, j'informerai Sa Majesté des grossières insultes que j'ai souvent supportées. J'aimerais mieux être une servante de campagne qu'une grande reine, à la condition d'être ainsi harcelée, méprisée, insultée ; être reine d'Angleterre me donne peu de joie.

Entre par derrière LA REINE MARGUERITE.

LA REINE MARGUERITE, *à part.* — Et amoindrissez encore ce peu de joie, je vous en conjure, ô mon Dieu! Ta dignité, ta puissance, ton trône me sont dus.

GLOCESTER. — Comment! vous me menacez de parler au roi? parlez-lui et ne m'épargnez pas. Sachez bien que ce que j'ai dit, je l'avouerai en présence du roi : je me risque hardiment à me faire envoyer à la Tour. Il est temps de parler, mes services sont tout à fait mis en oubli.

LA REINE MARGUERITE, *à part.* — A bas, démon! Je ne me les rappelle que trop bien, tes services : tu as tué mon époux Henri, à la Tour, et mon pauvre fils Édouard, à Tewkesbury.

GLOCESTER. — Avant que vous fussiez reine, oui, et que votre époux aussi fût roi, j'étais un des principaux limoniers qui faisaient avancer ses grandes affaires, j'étais le sarcleur de ses orgueilleux ennemis, le libéral rémunérateur de ses amis ; pour donner à son sang la qualité royale, j'ai versé le mien propre.

La reine Marguerite, *à part*. — Oui, et un sang beaucoup meilleur que le sien ou le tien.

Glocester. — Pendant tout ce temps-là, vous et votre mari Grey, vous étiez des factieux du parti de la maison de Lancastre, et vous aussi, Rivers. Est-ce que votre époux ne fut pas tué à Saint-Albans, dans l'armée de Marguerite? Laissez-moi vous rappeler, si vous l'avez oublié, ce que vous étiez auparavant et ce que vous êtes, et en même temps ce que j'ai été et ce que je suis.

La reine Marguerite, *à part*. — Un scélérat meurtrier, et tu l'es encore.

Glocester. — Le pauvre Clarence abandonna son père Warwick; oui, et il se parjura lui-même, puisse Jésus le pardonner!...

La reine Marguerite, *à part*. — Puisse Dieu le châtier!

Glocester. — Pour combattre dans les rangs d'Édouard, afin de lui conquérir la couronne, et pour récompense, il est mis en cage, le pauvre Lord! Plût à Dieu que mon cœur fût de pierre comme celui d'Édouard, ou que le cœur d'Édouard fût doux et compatissant comme le mien : je suis trop sottement sensible pour ce monde.

La reine Marguerite, *à part*. — Fuis en enfer par pudeur, et quitte ce monde, cacodémon[11]! c'est là qu'est ton royaume.

Rivers. — Milord de Glocester, dans ces jours d'orage pendant lesquels nous étions vos ennemis, à ce que vous prétendez, nous avons suivi notre Seigneur, notre roi légitime, comme nous vous suivrions, si vous deviez être notre roi.

Glocester. — Si je devais l'être! j'aimerais mieux être un colporteur : loin de mon cœur soit la pensée d'une chose pareille!

La reine Élisabeth. — Par la supposition du peu de joie dont vous jouiriez si vous étiez roi de ce pays, vous pouvez comprendre, Milord, le peu de joie que je goûte à en être la reine.

La reine Marguerite, *à part*. — D'aussi peu de joie que vous jouit la reine véritable; car c'est moi qui suis la reine, et je suis entièrement sans joie. Je ne puis garder patience plus longtemps. (*Elle s'avance.*) Écoutez-moi, pirates en querelle, qui vous disputez dans le partage de ce que vous m'avez pillé! Lequel de vous ne tremble pas, en jetant sur moi ses yeux? si vous ne vous inclinez pas devant moi, votre reine, comme des sujets, ne tremblez-vous pas comme des rebelles devant celle que vous avez déposée? Ah, noble scélérat, ne t'en va pas!

Glocester. — Odieuse sorcière ridée, que viens-tu faire sous mes yeux?

La reine Marguerite. — Rien que te présenter l'image de tes crimes, et cette image je te la présenterai avant de te laisser partir.

Glocester. — N'as-tu pas été bannie sous peine de mort [12]?

La reine Marguerite. — Oui, mais je trouve dans le bannissement plus de souffrance que la mort ne peut m'en donner si je reste. Tu me dois toi un mari et un fils, toi un royaume, et tous vous me devez obéissance; la douleur que je possède vous appartient de droit, et tous les plaisirs que vous usurpez sont miens.

Glocester. — La malédiction que lança sur toi mon noble père, lorsque tu ceignis d'une couronne de papier son front belliqueux, que tu tiras par tes mépris des fleuves de ses yeux, et que pour les sécher tu donnas au duc un torchon trempé dans le sang innocent du gentil Rutland, cette malédiction prononcée contre toi dans l'amertume de son âme est tombée sur toi; c'est par Dieu et non par nous que ton action sanguinaire a été châtiée.

La reine Élisabeth. — C'est ainsi que Dieu est juste et fait droit à l'innocent.

Hastings. — Oh! le meurtre de cet enfant fut l'acte le

ACTE I, SCÈNE III.

plus odieux et le plus impitoyable dont on ait jamais entendu parler !

Rivers. — Les tyrans eux-mêmes pleurèrent quand on le raconta.

Dorset. — Il n'est personne qui n'ait prédit vengeance pour ce crime.

Buckingham. — Northumberland qui était présent pleura devant ce spectacle.

La reine Marguerite. — Comment! vous étiez tous à vous montrer les dents avant mon arrivée, prêts à vous sauter les uns les autres à la gorge, et voilà que maintenant vous êtes tous d'accord pour tourner votre haine contre moi? La terrible malédiction d'York a-t-elle donc été tant entendue au ciel, que la mort de Henri, celle de mon aimable Édouard, la perte de leur royaume, mon douloureux bannissement, ne soient pas une compensation suffisante pour ce chétif bambin? Les malédictions peuvent-elles percer les nuages et entrer au ciel? en ce cas, ouvrez-vous, épais nuages, devant mes vives malédictions! Que votre roi meure, par les excès, sinon par la guerre, comme le nôtre est mort par le meurtre pour lui permettre d'être roi! Puisse ton Édouard, aujourd'hui prince de Galles, en expiation de mon Édouard, qui fut prince de Galles, mourir prématurément dans sa jeunesse par le fait de la même violence! Toi qui es une reine, puisses-tu, pour me venger, moi qui fus une reine, survivre à ta gloire comme survit à la sienne ma misérable personne! Puisses-tu longtemps vivre pour gémir sur la perte de tes enfants, et en voir une autre comme je te vois, ornée de tes dignités, comme tu es maintenant investie des miennes! Que tes heureux jours expirent longtemps avant ta mort, et puisses-tu, après bien des longues heures de douleur, mourir n'étant plus ni mère, ni épouse, ni reine d'Angleterre! Rivers et Dorset, vous étiez présents, et toi aussi, Lord Hastings, lorsque mon fils fut assassiné par des poignards altérés de sang : je prie Dieu qu'aucun de vous ne vive son âge naturel, mais que vous soyez fauchés par quelque accident imprévu !

GLOCESTER. — Cesse tes conjurations, odieuse sorcière flétrie !

LA REINE MARGUERITE. — Cesser avant de t'avoir maudit ! arrête, chien, car tu m'entendras. Si le ciel garde en réserve quelque douloureux fléau, plus terrible que ceux que je puis souhaiter voir tomber sur toi, qu'il le conserve jusqu'à ce que tes crimes soient au comble, et qu'il lance alors son indignation sur ta tête, ô perturbateur de la paix de ce pauvre monde ! Que le ver de la conscience ronge pour toujours ton âme ! Prends tes amis pour des traîtres tant que tu vivras, et prends des traîtres achevés pour tes amis les plus dévoués ! Puisse le sommeil ne fermer jamais tes yeux de meurtrier, à moins que ce ne soit pendant les heures où un rêve plein de tortures t'effrayera par tout un enfer de diables hideux, être stigmatisé par les mauvais esprits, avorton, pourceau dévastateur[13] ! Toi qui à l'heure de ta naissance fus marqué comme l'esclave de la nature et le fils de l'enfer ! calomnie vivante pour le ventre de ta mère ! rejeton abhorré des reins de ton père ! loque d'honneur ! détesté....

GLOCESTER. — Marguerite.

LA REINE MARGUERITE. — Richard.

GLOCESTER. — Eh ?

LA REINE MARGUERITE. — Je ne t'appelle pas.

GLOCESTER. — Je te demande pardon alors, car je croyais que c'était moi que tu appelais de tous ces noms amers.

LA REINE MARGUERITE. — Oui, c'était bien ce que je faisais, mais je ne demandais pas de réponse. Oh ! laisse-moi compléter ma malédiction !

GLOCESTER. — Je l'ai complétée, et elle se termine par.... Marguerite.

LA REINE ÉLISABETH. — C'est ainsi que vous avez lancé vos imprécations contre vous-même.

LA REINE MARGUERITE. — Pauvre reine en peinture, vain écho de ma fortune ! pourquoi jettes-tu du sucre sur cette araignée au dos énorme dont la toile mortelle t'enveloppe ? Insensée, insensée, tu aiguises un couteau pour t'égorger. Le jour viendra où tu souhaiteras mon aide pour t'aider à maudire ce crapaud venimeux et bossu.

Hastings. —Fausse prophétesse, cesse tes malédictions frénétiques, de crainte que tu ne nous fasses sortir à ton dam de notre patience.

La reine Marguerite. — Triple honte sur vous tous! vous m'avez tous fait sortir de ma patience, à moi.

Rivers. — Si on vous servait selon vos mérites, vous apprendriez votre devoir.

La reine Marguerite. — Si on me servait selon mes mérites, vous tous vous me rendriez vos devoirs, vous m'apprendriez à être votre reine, et vous apprendriez à être mes sujets : oh! servez-moi selon mes mérites, enseignez-vous ce devoir!

Dorset. — Ne disputez pas avec elle, elle est lunatique.

La reine Marguerite. — Paix, Monsieur le marquis! vous êtes malavisé : votre monnaie de noblesse tout récemment sortie du moule est à peine en circulation. Oh! si votre noblesse encore si jeune avait assez d'expérience pour juger ce que c'est que de perdre sa noblesse et d'être misérable! Ceux qui sont au faîte sont en butte à bien des tempêtes qui les ébranlent, et s'ils tombent, ils se brisent en pièces.

Glocester. — Bon conseil, parbleu; retenez-le, retenez-le, marquis.

Dorset. — Il vous touche autant que moi, Milord.

Glocester. — Oui, et beaucoup plus encore : mais je suis né si haut, que notre aire bâtie au sommet du cèdre, se joue du vent et méprise le soleil.

La reine Marguerite. — Et jette une ombre sur le soleil; — hélas! hélas! — témoin mon soleil à moi, qui est maintenant sous l'ombre de la mort, et dont les nuages de ta colère ont enveloppé la radieuse et incomparable lumière de ténèbres éternelles. Vous avez bâti votre aire dans la nôtre : ô Dieu qui vois cela, ne le permets pas, et que ce qui fut conquis par le sang, soit perdu de même!

Buckingham. — Paix, paix, par honte, sinon par charité.

La reine Marguerite. — Ne me demande ni charité, ni honte; car vous avez agi avec moi sans charité, et vous avez honteusement massacré mes espérances. Ma charité, c'est l'outrage; vivre est ma honte; et c'est cette honte qui entretient à jamais la rage de ma douleur!

Buckingham. — Cessez, cessez.

La reine Marguerite. — O royal Buckingham! je veux baiser ta main en signe d'alliance et d'amitié avec toi. Que le bonheur vous accompagne, toi et ta noble maison! Tes vêtements ne sont pas tachés de notre sang, et tu ne rentres pas dans le cercle de ma malédiction?

Buckingham. — Non, ni personne ici; car les malédictions ne dépassent jamais les lèvres de ceux qui les exhalent.

La reine Marguerite. — Je veux croire cependant qu'elles montent au ciel, et qu'elles y réveillent la paix de Dieu doucement endormie. O Buckingham, prends garde à ce chien là-bas! vrai, il mord quand il caresse, et quand il mord, sa dent venimeuse fait des plaies mortelles : n'aie pas affaire à lui, prends garde à lui; le crime, la mort et l'enfer ont mis leur marque sur lui, et tous leurs ministres l'accompagnent.

Glocester. — Que dit-elle, Milord de Buckingham?

Buckingham. — Rien à quoi je puisse faire attention, mon gracieux Lord.

La reine Marguerite. — Quoi! me méprises-tu pour mon bon conseil, et flattes-tu le démon contre lequel je te mets en garde? Oh! rappelle-toi mes paroles, le jour où il brisera ton cœur de douleur, et dis alors : la pauvre Marguerite était une prophétesse! puisse chacun de vous vivre soumis à sa haine, lui à la vôtre, et tous à celle de Dieu! (*Elle sort.*)

Hastings. — Mes cheveux se dressaient sur ma tête en écoutant ses malédictions.

Rivers. — Et les miens aussi : je me demande pourquoi elle est en liberté.

Glocester. — Je ne puis la blâmer ; par la sainte mère de Dieu, elle a souffert trop de maux, et pour ma part, je me repens de ceux que je lui ai infligés.

La reine Élisabeth. — Je ne lui ai fait aucun mal, à ma connaissance.

Glocester. — Cependant vous profitez de tout le mal qu'elle a souffert. Je fus alors trop chaud en voulant faire du bien à quelqu'un, il est trop tard maintenant pour y penser à froid. Quant à Clarence, il est bien payé, ma foi ; on l'a mis à l'étable pour qu'il engraisse comme récompense de ses peines ; Dieu pardonne à ceux qui en sont la cause !

Rivers. — C'est une conclusion chrétienne et vertueuse que de prier pour ceux qui nous ont fait du mal.

Glocester, *à part*. — Ainsi fais-je toujours, sachant bien ce que je fais ; car si j'avais maudit tout à l'heure, je me serais maudit moi-même.

Entre CATESBY.

Catesby. — Madame, Sa Majesté vous demande, ainsi que Votre Grâce, et vous, mes nobles Lords.

La reine Élisabeth. — Nous y allons, Catesby. Lords, voulez-vous venir avec moi ?

Rivers. — Nous suivons Votre Grâce, Madame. (*Tous sortent, hormis Glocester.*)

Glocester. — C'est moi qui fais le mal, et c'est moi qui commence à crier le premier. Je mets à la charge d'autrui la responsabilité des méfaits que j'ai secrètement tramés. C'est moi-même qui ai mis Clarence à l'ombre, et je gémis sur son sort devant ces naïves dupes, c'est-à-dire Stanley, Hastings et Buckingham, et je leur dis que c'est la reine et ses alliés qui excitent le roi contre le duc mon frère. Ils le croient maintenant, et ils m'excitent à me venger sur Rivers, Vaughan et Grey ; mais alors je soupire, et je leur dis avec une citation de l'Écriture, que nous devons rendre le bien pour le mal : et c'est ainsi que je revêts la nudité de ma scélératesse de vieilles loques de phrases volées aux livres saints, et que je parais un saint, alors que je remplis davantage le personnage du diable. Mais doucement! voici venir mes exécuteurs.

Entrent DEUX MEURTRIERS.

GLOCESTER. — Eh bien! mes braves, mes robustes, mes résolus camarades, vous disposez-vous à aller dépêcher cette affaire?

PREMIER MEURTRIER. — Nous sommes prêts, Milord, et nous venons chercher le laisser-passer qui nous permettra de pénétrer là où il est.

GLOCESTER. — Bien pensé; je l'ai là sur moi. (*Il leur donne le laisser-passer.*) Lorsque vous aurez fini, rendez-vous à Crosby Place. Mais, Messieurs, soyez prompts dans l'exécution, soyez de pierre : ne l'écoutez pas vous supplier, car Clarence est éloquent, et peut-être pourra-t-il toucher vos cœurs de pitié, si vous lui prêtez attention.

PREMIER MEURTRIER. — Bah, bah! Milord, nous ne nous arrêterons pas à bavarder; les parleurs sont mauvais faiseurs : soyez bien sûr que nous partons pour nous servir de nos mains et non de nos langues.

GLOCESTER. — Vos yeux laissent tomber des pierres meulières, lorsque les yeux des sots laissent tomber des larmes : je vous aime, mes enfants; — à votre affaire, tout droit; allez, allez, dépêchez-vous.

PREMIER MEURTRIER. — Nous y allons, mon noble Lord. (*Ils sortent.*)

SCÈNE IV.

LONDRES. — Un appartement à LA TOUR.

Entrent CLARENCE *et* BRAKENBURY.

BRAKENBURY. — Pourquoi Votre Grâce paraît-elle aujourd'hui si triste?

CLARENCE. — Oh! j'ai passé une misérable nuit, si pleine de rêves effrayants, d'affreuses visions, qu'aussi vrai que je suis un fidèle chrétien, je ne voudrais pas en passer une autre pareille, quand même elle devrait m'acheter un monde d'heureux jours, tant elle a été remplie de sinistre terreur!

Brakenbury. — Quel était votre rêve? Dites-le-moi, je vous en prie, Monseigneur.

Clarence. — Il m'a semblé que je m'étais évadé de la Tour, et que je m'étais embarqué pour passer en Bourgogne, ayant en ma compagnie mon frère Glocester qui m'invitait à sortir de ma cabine pour me promener sous les écoutilles : de cet endroit nous regardâmes du côté de l'Angleterre, et nous rappelâmes mutuellement à notre mémoire mille circonstances tragiques qui nous étaient arrivées pendant les guerres d'York et de Lancastre. Comme nous nous promenions sur le périlleux plancher des écoutilles, il me sembla que Glocester trébuchait, et qu'en trébuchant, il me précipitait, moi qui avais pensé à le retenir, par-dessus bord, au milieu des vagues houleuses de la mer! O Seigneur, Seigneur! quelle souffrance il m'a semblé que c'était de se noyer! Quel terrible bruit d'eau dans mes oreilles! Quelles visions de hideuse mort sous mes yeux! Il m'a semblé que je voyais des milliers de naufrages terribles, des milliers d'hommes que rongeaient les poissons, des lingots d'or, de grandes ancres, des monceaux de perles, des pierres inestimables, des joyaux sans prix, tout cela épars au fond de la mer. Quelques-unes de ces choses se trouvaient dans des crânes de morts; dans ces orbites où habitaient autrefois les yeux, s'étaient logées, comme par mépris des yeux, des pierres à reflets brillants, qui semblaient lancer des regards amoureux au lit boueux du gouffre, et se moquer des ossements de mort épars à côté.

Brakenbury. — Comment! à ce moment de la mort, vous avez eu assez de loisir pour contempler ces secrets du gouffre?

Clarence. — Il m'a semblé que j'avais ce loisir, et j'ai souvent fait effort pour rendre le souffle; mais toujours le flot envieux arrêtait mon âme, l'empêchait d'aller trouver l'air vide, vaste et fluide, et l'étouffait dans ma poitrine haletante qui se brisait presque sous l'effort qu'elle faisait pour la vomir dans la mer.

BRAKENBURY. — Cette cruelle agonie ne vous a-t-elle pas réveillé ?

CLARENCE. — Oh ! non, mon rêve s'est prolongé jusque par delà la vie. Oh ! c'est alors que commença la tempête pour mon âme ! Il me sembla que je passais le fleuve mélancolique en compagnie de ce nocher grognon dont parlent les poëtes, et que j'abordais au royaume de l'éternelle nuit. Le premier qui souhaita en ces lieux la bienvenue à mon âme étrangère fut mon puissant beau-père, le fameux Warwick, qui cria tout haut : « Quel châtiment destiné au parjure cette noire monarchie tient-elle en réserve pour le fourbe Clarence ? » Là-dessus, il s'évanouit, et alors s'avança, en tournant autour de moi, une ombre pareille à un ange avec une chevelure brillante et souillée de sang, et elle cria tout haut : « Clarence est venu, le faux, l'inconstant, le parjure Clarence, qui m'assassina sur le champ de bataille près de Tewkesbury ; saisissez-le, furies, livrez-le à vos tourments ! » Là-dessus, il m'a semblé qu'une légion de diables épouvantables m'environnait, et qu'ils hurlaient à mes oreilles avec des cris si hideux, que le bruit a suffi pour m'éveiller tout tremblant, et que dans les instants qui ont suivi mon réveil, je ne pouvais pas me figurer que je n'étais pas réellement en enfer, si terrible avait été l'impression que m'avait laissée mon rêve.

BRAKENBURY. — Il n'est pas étonnant, Milord, que ce rêve vous ait effrayé ; il me semble que je tremble moi-même, en vous l'entendant raconter.

CLARENCE. — O Brakenbury, j'ai commis dans l'intérêt d'Édouard ces actes qui portent témoignage contre mon âme, et vois comme il m'en récompense ! O Dieu ! si mes prières parties du plus profond de mon cœur ne peuvent parvenir à t'apaiser, et si tu veux tirer vengeance de mes crimes, épuise ta colère sur moi seul : oh ! épargne ma femme innocente et mes pauvres enfants ! Je t'en prie, mon doux gardien, reste près de moi ; mon âme est appesantie, et je dormirais volontiers.

BRAKENBURY. — Je resterai, Milord : Dieu donne à Votre Grâce un bon repos ! (*Clarence s'endort.*) La douleur intervertit les divisions du temps et les heures du repos, fait de la nuit le jour, et du plein midi la nuit. Pour prix de leurs gloires, les princes n'ont que leurs titres, un honneur tout à la surface pour des fatigues morales profondes, et souvent ils ressentent pour des chimères d'imagination un monde de soucis et d'inquiétudes, si bien qu'entre leurs titres et l'obscurité du nom, il n'y a de différence qu'une renommée superficielle.

Entrent LES DEUX MEURTRIERS.

PREMIER MEURTRIER. — Holà ! y a-t-il quelqu'un ici ?

BRAKENBURY. — Que veux-tu, l'ami ? et comment es-tu venu ici ?

PREMIER MEURTRIER. — Je voudrais parler à Clarence, et je suis venu ici sur mes jambes.

BRAKENBURY. — Quoi ! si bref ?

SECOND MEURTRIER. — Cela vaut mieux que d'être ennuyeux, Monsieur. Faites-lui voir notre commission, et ne parlez pas davantage. (*Ils remettent un papier à Brakenbury.*)

BRAKENBURY. — On m'ordonne par ce papier de remettre entre vos mains le noble duc de Clarence. Je ne veux pas élever de discussion sur l'intention que cela implique, parce que je veux être innocent de son exécution. Le duc est ici endormi, voici les clefs : je vais aller trouver le roi, et signifier à Sa Grâce que je vous ai résigné ma charge.

PREMIER MEURTRIER. — Faites cela, Monsieur ; c'est une précaution sage. Portez-vous bien. (*Sort Brakenbury.*)

SECOND MEURTRIER. — Quoi ! allons-nous l'assassiner dans son sommeil ?

PREMIER MEURTRIER. — Non, il dirait que ç'a été fait lâchement, quand il se réveillerait.

SECOND MEURTRIER. — Quand il se réveillerait ! mais,

imbécile, il ne se réveillera jamais avant le grand jour du jugement.

Premier meurtrier. — Eh bien! mais il dira alors que nous l'avons assassiné endormi.

Second meurtrier. — Ce mot de jugement a fait naitre en moi une manière de remords.

Premier meurtrier. — Comment! Est-ce que tu as peur?

Second meurtrier. — Je n'ai pas peur de le tuer, puisque j'ai une commission pour cela ; mais j'ai peur d'être damné pour l'avoir tué, et contre la damnation aucune commission ne peut nous défendre.

Premier meurtrier. — Je croyais que tu étais résolu?

Second meurtrier. — Je le suis, à le laisser vivre.

Premier meurtrier. — Je vais aller retrouver le duc de Glocester et lui dire cela.

Second meurtrier. — Non, je t'en prie, attends un peu ; j'espère que mon accès de religion va se passer : ces accès-là n'ont pas l'habitude de tenir chez moi plus de temps qu'il n'en faut pour compter jusqu'à vingt.

Premier meurtrier. — Comment te trouves-tu maintenant?

Second meurtrier. — Sur ma foi, j'ai encore en moi certain reste de conscience.

Premier meurtrier. — Rappelle-toi notre récompense, lorsque l'action sera faite.

Second meurtrier. — Baste! il mourra, j'avais oublié la récompense.

Premier meurtrier. — Où est ta conscience, maintenant?

Second meurtrier. — Dans la bourse du duc de Glocester.

Premier meurtrier. — En sorte que lorsqu'il ouvre sa bourse pour nous donner notre récompense, ta conscience décampe.

Second meurtrier. — Peu importe ; qu'elle s'en aille où elle voudra ; elle ne trouvera pas grand monde, elle ne trouvera même personne pour l'héberger.

Premier meurtrier. — Mais si elle te revient?

Second meurtrier. — Je n'aurai pas affaire à elle, c'est une dangereuse chose, elle fait d'un homme un lâche. Un homme ne peut voler sans qu'elle l'accuse; un homme ne peut jurer sans qu'elle le réprimande; un homme ne peut coucher avec la femme de son voisin sans qu'elle le dévoile : c'est un esprit pudibond et rougissant qui se mutine dans le cœur d'un homme. Elle vous accable d'obstacles: elle m'a fait rendre une fois une bourse d'or que j'avais trouvée par hasard; elle réduit à la mendicité quiconque l'héberge; elle est chassée de toutes les villes et cités comme une personne dangereuse; et tout homme qui veut bien vivre, met tous ses efforts à se confier à lui-même et à vivre sans elle.

Premier meurtrier. — Mordieu! elle est tout à l'heure à mon côté qui me persuade de ne pas tuer le duc.

Second meurtrier. — Mets-moi ce diable-là sous clef dans ton âme, et ne le crois pas; il ne veut s'insinuer en toi que pour t'arracher des soupirs.

Premier meurtrier. — Je suis solidement charpenté, il ne peut me vaincre.

Second meurtrier. — Voilà qui est parlé comme un brave garçon qui respecte sa réputation. Allons, nous mettons-nous à la besogne?

Premier meurtrier. — Frappe-le sur la caboche avec la poignée de ton épée, et puis jetons-le dans le tonneau de malvoisie qui est dans la chambre voisine.

Second meurtrier. — Oh! excellente idée! et nous ferons de lui une rôtie.

Premier meurtrier. — Doucement! il s'éveille. Frapperai-je?

Second meurtrier. — Frappe!

Premier meurtrier. — Non, nous allons nous expliquer avec lui.

Clarence, *s'éveillant*. — Où es-tu, gardien? donne-moi une coupe de vin.

Premier meurtrier. — Vous aurez assez de vin tout à l'heure, Milord.

Clarence. — Au nom de Dieu, qui es-tu?

Premier meurtrier. — Un homme comme vous.

Clarence. — Mais non pas royal comme moi.

Premier meurtrier. — De même que vous n'êtes pas loyal comme nous.

Clarence. — Ta voix est comme un tonnerre, mais tes regards sont humbles.

Premier meurtrier. — C'est que ma voix est à cette heure celle du roi, tandis que mes regards sont à moi.

Clarence. — Comme tes paroles sont obscures, et comme elles sont sinistres! vos yeux me menacent : pourquoi êtes-vous pâles? qui vous a envoyés ici? dans quel but êtes-vous venus ici?

Les deux meurtriers. — Pour, pour, pour....

Clarence. — Pour m'assassiner?

Les deux meurtriers. — Oui, oui.

Clarence. — Vous avez à peine le cœur de me le dire, vous ne pouvez donc avoir le cœur de le faire. En quoi vous ai-je offensés, mes amis?

Premier meurtrier. — Ce n'est pas nous que vous avez offensés, c'est le roi.

Clarence. — Je serai réconcilié avec lui.

Second meurtrier. — Jamais, Milord; en conséquence, préparez-vous à mourir.

Clarence. — Avez-vous donc été choisis entre des milliers d'hommes pour tuer l'innocent? Quelle est mon offense? où est le témoignage qui m'accuse? quel est le jury légal qui a rendu son verdict en face du juge au front sévère? et qui donc a prononcé la cruelle sentence de mort contre le pauvre Clarence? Avant que je sois convaincu de crime par la procédure de la loi, me menacer de mort est chose très-illégale. Je vous enjoins, sur l'espérance que vous avez d'être rachetés par le sang précieux du Christ répandu pour nos péchés, de partir et de ne pas porter les mains sur moi; l'acte que vous entreprenez est damnable.

Premier meurtrier. — C'est par ordre que nous faisons ce que nous allons exécuter.

Second meurtrier. — Et celui qui l'a commandé est le roi.

Clarence. — Vassal en proie à l'erreur! le grand Roi des rois t'ordonne, dans la table de sa loi, de ne pas commettre de meurtre; veux-tu donc mépriser son édit pour exécuter celui d'un homme? Prends garde; car il tient la vengeance dans sa main, pour la lancer sur les têtes de ceux qui violent sa loi.

Second meurtrier. — Et c'est cette vengeance même qu'il lance sur toi, pour parjure et pour meurtre: tu avais prêté le serment sacré de combattre pour la cause de la maison de Lancastre.

Premier meurtrier. — Et comme un traître au nom de Dieu, tu as violé ce vœu, et de ta lame traîtresse tu as percé les entrailles du fils de ton Souverain.

Second meurtrier. — Que tu avais juré d'aimer et de défendre.

Premier meurtrier. — Comment peux-tu nous rappeler à l'observation de la redoutable loi de Dieu, alors que tu l'as violée à un tel degré?

Clarence. — Hélas! pour qui donc ai-je commis cet acte détestable? c'est pour Édouard, mon frère, c'est pour ses intérêts; ce n'est pas pour cela qu'il vous envoie m'assassiner, car il est aussi coupable que moi de ce crime. Si Dieu veut se venger de cet acte, sachez bien qu'il peut le faire ouvertement; n'enlevez pas sa vengeance à son bras puissant; il n'a pas besoin de moyens indirects et illégitimes pour détruire ceux qui l'ont offensé.

Premier meurtrier. — Qui donc t'avait pris alors pour ministre sanguinaire, lorsque le jeune et brave Plantagenet, ce prince adolescent qui grandissait avec tant de vaillance, fut frappé à mort par toi?

Clarence. — L'amour de mon frère, le diable, et ma colère.

Premier meurtrier. — L'amour de ton frère, notre obéissance, et tes crimes, nous amènent ici maintenant pour t'égorger.

Clarence. — Si vous aimez mon frère, ne me haïssez

pas; je suis son frère et je l'aime beaucoup. Si vous avez été corrompus par un salaire, retournez-vous-en, et je vous enverrai à mon frère Glocester qui vous récompensera mieux pour m'avoir laissé la vie, qu'Édouard pour recevoir de vous la nouvelle de ma mort.

Second meurtrier. — Vous vous trompez, votre frère Glocester vous hait.

Clarence. — Oh! non, il m'aime, et il me tient pour cher : allez le trouver de ma part.

Les deux meurtriers. — Oui, c'est ce que nous ferons.

Clarence. — Dites-lui que lorsque notre royal père York bénit ses trois fils de son bras victorieux, et nous commanda sur son âme de nous aimer l'un l'autre, il pensait peu à cette rupture d'amitié : dites à Glocester de s'en souvenir, et il pleurera.

Premier meurtrier. — Oui, des pierres meulières, comme il nous a recommandé de le faire.

Clarence. — Oh! ne le calomniez pas, car il est bon.

Premier meurtrier. — Oui, comme la neige envers la moisson. Allons, vous vous trompez vous-même; c'est lui qui nous envoie pour vous tuer.

Clarence. — Cela ne se peut; car il a pleuré sur mon malheur, il m'a serré entre ses bras, et il a juré avec des sanglots qu'il travaillerait de toutes ses forces à ma délivrance.

Premier meurtrier. — Pardi, c'est ce qu'il fait, quand il vous délivre de l'esclavage de cette terre pour vous donner les joies du ciel.

Second meurtrier. — Faites votre paix avec Dieu, car il vous faut mourir, Milord.

Clarence. — Quoi! vos âmes possèdent assez de religion pour me conseiller de faire ma paix avec Dieu, et vous êtes assez aveugles envers vos âmes pour entrer en guerre avec Dieu en m'assassinant! Oh! Messieurs, considérez que ceux qui vous ont poussés à commettre cet acte, vous haïront pour l'avoir commis.

Second meurtrier. — Que ferons-nous?

Clarence. — Vous vous laisserez attendrir et vous sauverez vos âmes.

Premier meurtrier. — Se laisser attendrir! c'est d'un lâche et d'une femme.

Clarence. — Mais ne pas se laisser attendrir est d'une bête, d'un sauvage et d'un diable. Lequel de vous deux, s'il était un fils de prince privé de sa liberté, comme je le suis maintenant, et si deux meurtriers comme vous, venaient le trouver, ne supplierait pas pour sa vie? Mon ami, je surprends quelque pitié dans tes regards; ô, si ton œil ne ment pas, prends mon parti et supplie pour moi, comme vous supplieriez pour vous-mêmes si vous étiez dans ma détresse : quel mendiant n'aurait pas pitié d'un prince qui mendie la pitié?

Second meurtrier. — Regardez derrière vous, Milord.

Premier meurtrier, *l'assassinant*. — Attrape cela, et cela! et si tout cela ne suffit pas, je vais te noyer dans la tonne de malvoisie qui est là dedans. (*Il sort en emportant le corps.*)

Second meurtrier. — Un acte sanguinaire et précipitamment dépêché! Je voudrais bien pouvoir me laver les mains comme Pilate de ce très-lamentable et coupable meurtre.

Rentre le premier meurtrier.

Premier meurtrier. — Eh bien! à quoi penses-tu donc, que tu ne m'aides pas? Par le ciel, le duc saura combien tu as eu peu de zèle.

Second meurtrier. — Je voudrais qu'il pût savoir que j'ai sauvé son frère! Prends la récompense pour toi, et dis-lui ce que je dis; car je suis aux regrets que le duc soit assassiné. (*Il sort.*)

Premier meurtrier. — Non pas moi; va donc, lâche que tu es. Maintenant il faut que je cache son corps dans quelque trou, jusqu'à ce que le duc donne des ordres pour ses funérailles : lorsque j'aurai ma récompense, je partirai; car le bruit de cette affaire va se répandre, et je ne dois pas rester ici[14]. (*Il sort.*)

ACTE II.

SCÈNE PREMIÈRE.

Londres. — Un appartement dans le palais.

Entrent LE ROI ÉDOUARD, *malade et soutenu*, LA REINE ÉLISABETH, DORSET, RIVERS, HASTINGS, BUCKINGHAM, GREY, *et autres.*

Le roi Édouard. — Eh bien, c'est cela : allons, j'ai bien travaillé aujourd'hui. Vous, pairs, continuez cette ligue d'union ; j'attends chaque jour que mon rédempteur m'envoie une ambassade pour me racheter d'ici ; et maintenant mon âme partira plus en paix pour le ciel, puisque j'ai mis la paix entre mes amis sur la terre. Rivers, et vous Hastings, donnez-vous la main ; ne conservez pas de haine cachée, jurez-vous affection.

Rivers. — Par le ciel, mon âme est purgée de tout levain de haine, et je scelle avec ma main la sincérité de l'affection de mon cœur.

Hastings. — Puissé-je avoir autant de bonheur, que je suis sincère en faisant le même serment !

Le roi Édouard. — Prenez garde de ne pas jouer devant votre roi, de crainte que celui qui est le suprême Roi des rois ne confonde votre fausseté cachée, et ne vous détruise l'un par l'autre.

Hastings. — Puissé-je prospérer, autant qu'est parfaite l'amitié que je jure !

Rivers. — Et moi, autant qu'il est vrai que j'aime Hastings de tout mon cœur !

Le roi Édouard. — Madame, vous n'êtes pas exemptée de cette réconciliation, ni vous, mon fils Dorset, ni vous, Buckingham; vous avez tous comploté les uns contre les autres. Femme, aimez Lord Hastings, donnez-lui votre main à baiser, et ce que vous faites, faites-le sans feinte aucune.

La reine Élisabeth. — La voici, Hastings; je ne veux plus me rappeler jamais notre ancienne haine; je le jure par mon bonheur et celui des miens!

Le roi Édouard. — Dorset, embrassez-le; Hastings, aimez le Lord marquis.

Dorset. — Je jure que de mon côté ce pacte d'amitié sera inviolable.

Hastings. — Je le jure aussi. (*Il embrasse Dorset.*)

Le roi Édouard. — Maintenant, royal Buckingham, scelle cette réconciliation en embrassant les alliés de ma femme; rendez-moi heureux par votre cordiale entente.

Buckingham, *à la reine*. — S'il arrive à Buckingham de tourner sa haine contre Votre Grâce, s'il lui arrive de ne pas aimer votre personne et celles des vôtres en toute loyale affection, que Dieu m'en punisse par la haine de ceux dont j'attendrai le plus d'amour! Lorsque j'aurai le plus besoin d'employer un ami, et quand je serai le plus assuré qu'il m'est ami, puisse-t-il se montrer faux, pervers, traître, et plein de fourberie! Voilà ce que je demande au ciel pour moi, lorsque mon amour pour vous et les vôtres se refroidira. (*Il embrasse Rivers et les autres.*)

Le roi Édouard. — Ton serment est pour mon cœur malade un agréable cordial, royal Buckingham. Il ne manque maintenant que notre frère Glocester pour achever cette bienheureuse réconciliation.

Buckingham. — Et voici le noble duc qui vient tout juste à point.

Entre GLOCESTER.

Glocester. — Bonjour à mon Souverain roi et à la reine; et vous, princes et pairs, que cette heure vous soit heureuse!

Le roi Édouard. — Heureuse comme nous l'ont été les heures précédentes de ce jour-ci, en vérité. Glocester, nous avons accompli des actes de charité; nous avons changé la guerre en paix, et la haine en loyale affection, entre ces pairs qui ne cessaient de se poursuivre d'une colère toujours croissante.

Glocester. — Un heureux travail, mon très-souverain Seigneur. Parmi cette princière assemblée, si quelqu'un, par suite de faux rapports, ou de suppositions erronées, me tient pour ennemi; si follement, ou par colère, j'ai commis quelque chose qu'ait peine à supporter tel ou tel ici présent, je désire me réconcilier et faire avec lui pacte d'amitié. C'est la mort pour moi que d'être en inimitié avec quelqu'un; je hais cela, et je désire l'affection de tous les honnêtes gens. De vous d'abord, Madame, je sollicite une paix sincère que j'achèterai par mes loyaux services; — je vous demande la paix à vous, mon noble cousin Buckingham[1], si jamais quelque mésintelligence s'est glissée entre nous deux; — je vous la demande à vous, Lord Rivers, et à vous, Dorset, qui si souvent avez jeté sur moi des regards de colère que je ne méritais pas; — je vous la demande à vous, Lord Woodville, et à vous, Lord Scales, — et à vous tous vraiment, ducs, comtes, Lords, gentilshommes. Je ne connais pas d'Anglais vivant pour lequel mon âme ait plus de haine que n'en a l'enfant né la nuit dernière : je remercie mon Dieu pour mon humilité.

La reine Élisabeth. — Ce jour-ci sera désormais pour nous tous un jour de fête dans l'avenir : ô que je voudrais que Dieu consentît à mettre fin à toutes les querelles! Mon souverain Seigneur, je supplie Votre Altesse de reprendre en faveur notre frère Clarence.

Glocester. — Comment, Madame, vous ai-je donc offert mon amitié pour être ainsi raillé en cette royale présence? Qui ne sait pas que le noble duc est mort? (*Tous tressaillent.*) Vous lui faites outrage en vous moquant de son cadavre.

Le roi Édouard. — Qui ne sait pas qu'il est mort! et qui sait donc qu'il l'est?

La reine Élisabeth. — O ciel qui vois tout, quel monde est-ce là!

Buckingham. — Est-ce que j'ai le visage aussi pâle que les autres, Lord Dorset?

Dorset. — Oui, mon bon Lord, et il n'est personne en cette assemblée dont les joues n'aient perdu leur rougeur.

Le roi Édouard. — Clarence est-il mort? l'ordre avait été révoqué.

Glocester. — Oui, mais lui, le pauvre homme, est mort de votre premier ordre, et celui-là fut porté par un Mercure ailé, tandis que le contre-ordre a été porté par quelque cul-de-jatte qui a marché trop lentement pour le voir enterrer. Dieu fasse que certains qui sont moins nobles et moins loyaux, moins proches par le sang quoique plus proches des pensées du sang, et qui échappent encore au soupçon, ne méritent pas mieux le châtiment que ne le méritait le malheureux Clarence!

Entre STANLEY.

Stanley, *s'agenouillant*. — Une faveur, mon souverain, pour prix de mes services!

Le roi Édouard. — Paix, je t'en prie, mon âme est pleine de douleur.

Stanley. — Je ne me relèverai que si Votre Altesse m'accorde cette faveur.

Le roi Édouard. — Alors dis tout de suite ce que tu demandes.

Stanley. — Grâce, mon Souverain, pour la vie d'un de mes serviteurs qui a tué aujourd'hui un gentilhomme querelleur, qui faisait récemment partie de la maison du duc de Norfolk.

Le roi Édouard. — Quoi, j'aurais une langue pour condamner mon frère à mort, et cette langue accorderait le pardon à un manant? Mon frère n'avait tué personne, sa faute était toute en pensée, et cependant sa punition a été la cruelle mort. Qui m'a supplié pour lui? Qui, lors de ma colère, s'est agenouillé à mes pieds et m'a rappelé à la réflexion? Qui m'a parlé de la fraternité du sang? Qui m'a parlé de l'amour fraternel? Qui m'a rappelé comment le pauvre être avait déserté le puissant Warwick et combattu pour moi? Qui m'a rappelé que sur le champ de bataille de Tewkesbury, alors qu'Oxford me tenait sous lui, il me délivra, et me dit : « Cher frère, vis, et sois roi »? Qui m'a rappelé que lorsque nous couchions tous deux en pleine campagne, presque gelés à mort, il m'enveloppait dans ses propres vêtements, et exposait sa personne légèrement vêtue à la nuit glaciale? La brutale colère avait arraché criminellement de mon souvenir tous ces services, et pas un seul de vous n'eut la bonne pensée de me les remettre en mémoire. Mais lorsque vos cochers ou vos valets de chambre ont commis un meurtre dans l'ivresse, et détruit la précieuse image de notre cher rédempteur, vous tombez aussitôt à genoux en criant pardon, pardon! et moi il faut que j'aie l'injustice de vous l'accorder : mais pour mon frère, personne n'a voulu parler, et moi-même, ingrat que je suis, je ne me suis pas parlé pour lui, la pauvre âme! Les plus fiers de vous tous lui ont été redevables de bienfaits durant sa vie, et cependant aucun de vous n'a voulu parler pour sa vie. Ô Dieu, je crains que ta justice ne s'appesantisse pour ce malheur sur moi et sur vous, sur les miens et les vôtres! Venez, Hastings, aidez-moi à rejoindre ma chambre. Ah! pauvre Clarence! (*Sortent le roi, la reine, Hastings, Rivers, Dorset et Grey.*)

Glocester. — Voilà le fruit de la précipitation! — N'avez-vous pas remarqué comme les coupables parents de la reine ont pâli quand ils ont entendu la nouvelle de la mort de Clarence? Oh! ils n'avaient cessé de la solliciter auprès du roi! Dieu vengera cela. Venez, Lords; voulez-vous que nous allions consoler Édouard par notre compagnie?

Buckingham. — Nous suivons Votre Grâce. (*Ils sortent.*)

SCÈNE II.

Un appartement dans le palais.

Entre LA DUCHESSE D'YORK, *avec* UN FILS *et* UNE FILLE DE CLARENCE.

LE FILS DE CLARENCE. — Bonne grand'mère, dites-nous, est-ce que notre père est mort?

LA DUCHESSE D'YORK. — Non, enfant.

LA FILLE DE CLARENCE. — Pourquoi pleurez-vous si souvent alors, et frappez-vous votre poitrine en criant : « Ô Clarence, mon malheureux fils! »

LE FILS DE CLARENCE. — Pourquoi nous regardez-vous en secouant votre tête, et nous appelez-vous orphelins, malheureux, parias, si notre noble père est vivant?

LA DUCHESSE D'YORK. — Mes gentils petits-fils, vous vous trompez beaucoup; je gémis sur la maladie du roi que je redoute de perdre, et non sur la mort de votre père; ce serait chagrin perdu que de gémir sur quelqu'un qui est perdu.

LE FILS DE CLARENCE. — Alors vous avouez qu'il est mort, ma grand'mère. Le roi, mon oncle, est à blâmer pour cela : Dieu vengera cet acte, et je l'importunerai chaque jour de mes prières toutes adressées à cette fin.

LA FILLE DE CLARENCE. — Et moi aussi.

LA DUCHESSE D'YORK. — Paix, enfants, paix! le roi vous aime bien : naïfs innocents qui ne pouvez comprendre, vous ne sauriez deviner qui a causé la mort de votre père.

LE FILS DE CLARENCE. — Nous le pouvons, grand'mère; car mon bon oncle Glocester m'a dit que le roi, poussé par la reine, avait inventé des accusations pour l'emprisonner : et en me disant cela, mon oncle a pleuré, s'est ému pour moi, et m'a tendrement baisé sur la joue; il m'a recommandé de m'appuyer sur lui comme sur mon père, et m'a dit qu'il m'aimerait aussi tendrement que son propre enfant.

La duchesse d'York. — Ah! faut-il que la fourberie se déguise sous une forme si noble, et cache la profondeur du vice sous un masque de vertu! Il est mon fils, oui, et par conséquent il est ma honte; cependant ce n'est point à mes mamelles qu'il a puisé cette fourberie.

Le fils de Clarence. — Pensez-vous que mon oncle dissimule, grand'maman?

La duchesse d'York. — Oui, enfant.

Le fils de Clarence. — Je ne puis le croire. — Écoutez! Quel est ce bruit?

Entre La reine ÉLISABETH, *en proie à l'égarement, la chevelure en désordre;* RIVERS *et* DORSET *la suivent.*

La reine Élisabeth. — Oh! qui pourrait m'empêcher de gémir et de pleurer, de gronder ma fortune, et de me torturer moi-même? Je veux me joindre au noir désespoir contre mon âme, et devenir à moi-même une ennemie.

La duchesse d'York. — Quel est le but de cette scène de violente frénésie?

La reine Élisabeth. — D'amener un acte de violence tragique. Édouard, mon Seigneur, ton fils, notre roi, est mort. Pourquoi les branches croissent-elles lorsque la racine est morte? Pourquoi les feuilles ne se flétrissent-elles pas lorsque la sève leur manque? Si vous voulez vivre, gémissons; si vous voulez mourir, mourons vite, afin que nos âmes au vol rapide puissent rattraper celle du roi, et que comme d'obéissantes sujettes, nous puissions le suivre à son nouveau royaume où la nuit ne finit jamais.

La duchesse d'York. — Ah! j'ai autant de droits à ton chagrin que j'avais de titres sur ton noble époux! J'ai gémi sur la mort d'un digne époux, et j'ai vécu en contemplant ses images : mais maintenant deux des miroirs de sa princière ressemblance ont été brisés en pièces par la malignité de la mort, et pour consolation je n'ai qu'un faux miroir qui me navre lorsque je contemple en lui ma honte. Tu es veuve; cependant tu es mère, et il te reste la consolation de tes enfants : mais la mort a arraché mon époux de mes bras et enlevé deux béquilles à mes faibles mains, Clarence et Édouard. Oh! que j'ai cause, moi dont la douleur est le double de la tienne, de dominer tes sanglots par les miens, et d'étouffer tes cris sous les miens!

Le fils de Clarence. — Ah! tante, vous n'avez pas pleuré sur la mort de notre père! comment pourrions-nous aider votre douleur par nos larmes de parents?

La fille de Clarence. — Vous n'avez pas gémi sur notre douleur d'orphelins, que votre douleur de veuve reste aussi sans être pleurée!

La reine Élisabeth. — Ne m'aidez pas à gémir, je n'ai pas à craindre d'être stérile en lamentations. Puissent toutes les sources de larmes envoyer leurs eaux à mes yeux, afin que gouvernée par une lune humide je sois capable de verser des pleurs assez abondants pour noyer le monde! Hélas! mon époux, mon cher Seigneur Édouard!

Les enfants de Clarence. — Hélas! notre père, notre cher Seigneur Clarence!

La duchesse d'York. — Hélas! mes deux, mes deux fils, Édouard et Clarence!

La reine Élisabeth. — Quel autre appui avais-je qu'Édouard? et il n'est plus.

Les enfants de Clarence. — Quel autre appui avions-nous que Clarence? et il n'est plus.

La duchesse d'York. — Quels autres appuis avais-je qu'eux deux? et ils ne sont plus.

La reine Élisabeth. — Jamais veuve fit-elle une perte si cruelle!

Les enfants de Clarence. — Jamais orphelins firent-ils une perte si cruelle!

La duchesse d'York. — Jamais mère fit-elle une perte si cruelle! Hélas! je suis la mère de tous ces gémissements! chacun d'eux n'a que sa douleur, moi je les ai toutes. Elle pleure pour un Édouard que je pleure aussi, et je pleure pour un Clarence qu'elle ne pleure pas : ces enfants pleurent pour un Clarence que je pleure aussi, et je pleure pour un Édouard qu'ils ne pleurent pas. Hélas! vous trois, versez toutes vos larmes sur moi trois fois malheureuse! je suis la nourrice de votre douleur, et je veux l'allaiter de mes lamentations.

Dorset. — Courage, ma chère mère : il ne plaît pas à Dieu que vous preniez ses actes avec ingratitude : selon les lois ordinaires du monde, c'est une chose tenue pour ingratitude que de mettre une mauvaise volonté opiniâtre à rembourser une dette qui fut prêtée obligeamment par une main généreuse; combien plus, d'être ainsi opposée au ciel, lorsqu'il requiert la dette royale qu'il vous a prêtée.

Rivers. — Madame, pensez comme une mère vigilante au jeune prince, votre fils : envoyez-le chercher immédiatement; faites-le couronner; en lui vit votre consolation : ensevelissez le désespoir de votre douleur dans la tombe de l'Édouard qui est mort, et plantez vos joies sur le trône de l'Édouard qui est vivant.

Entrent GLOCESTER, BUCKINGHAM, STANLEY, HASTINGS, RATCLIFF, *et autres.*

Glocester. — Ma sœur, prenez courage : tous tant que nous sommes, nous avons sujet de gémir sur l'extinction de notre brillante étoile; mais nul de nous ne peut réparer notre malheur en le déplorant. Madame ma mère, je vous demande pardon, je ne voyais pas Votre Grâce; humblement à genoux, j'implore votre bénédiction.

La duchesse d'York. — Dieu te bénisse, et mette dans ton cœur la douceur, l'amour, la charité, l'obéissance, et la loyauté!

Glocester. — Amen! et puisse-t-il me faire mourir vieillard et vertueux! (*A part.*) C'est là la conclusion finale de toute bénédiction maternelle : je m'étonne que Sa Grâce l'ait oubliée.

Buckingham. — Princes assombris, pairs aux cœurs déchirés de chagrin, qui portez ce mutuel et pesant fardeau de douleur, cherchez joie maintenant dans l'amour les uns des autres : quoique nous ayons perdu notre moisson royale, nous avons pour compensation la moisson de son fils. Il vous faut noblement conserver, entretenir, et caresser cette réconciliation de vos cœurs naguère gonflés de ressentiments, mais tout récemment apaisés et réunis dans un lien d'amitié. Il me semblerait bon que le jeune prince fût amené avec une faible escorte de Ludlow, ici à Londres, pour y être couronné roi[2].

Rivers. — Pourquoi avec une petite escorte, Milord de Buckingham?

Buckingham. — Parbleu, Milord, de crainte qu'en appelant une trop grande multitude, le mal tout fraîchement guéri de la haine ne vienne à se rouvrir, ce qui serait d'autant plus dangereux que le roi est plus jeune et l'État sans direction : lorsque tout cheval est maître de ses rênes et peut diriger sa course comme il lui plaît, il est bon, selon mon opinion, d'éviter le mal possible, autant que le mal évident.

Glocester. — J'ai l'espérance que le roi a fait la paix entre nous tous : pour ce qui est de moi, ma réconciliation est ferme et sincère.

Rivers. — Il en est ainsi de moi, et je le crois, de nous tous; mais comme cette réconciliation est encore toute fraîche, il ne faut l'exposer à aucune possibilité de rupture, ce qui pourrait arriver, si on appelait une trop grande compagnie; je dis donc avec le noble Buckingham, qu'il est bon que peu de personnes aillent chercher le prince.

Hastings. — Je suis du même avis.

Glocester. — Soit, alors : allons décider quels seront ceux qui partiront immédiatement pour Ludlow. Madame, et vous ma mère, voulez-vous venir pour donner vos avis en cette importante affaire?

La reine Élisabeth, *et* la duchesse d'York, *ensemble.* — De tout notre cœur. (*Tous sortent, hors Glocester et Buckingham.*)

Buckingham. — Milord, quels que soient ceux qui seront

envoyés chercher le prince, au nom de Dieu, ne restons pas ici nous deux; car en chemin, comme préface au projet dont nous parlions récemment, je trouverai une occasion de séparer du prince les orgueilleux parents de la reine.

Glocester. — Mon autre moi-même, mon conseil entier à toi tout seul, mon oracle, mon prophète! — Cher cousin, je suivrai ta direction comme un enfant. A Ludlow donc, car nous ne resterons pas en arrière. (*Ils sortent.*)

SCÈNE III.

Londres. — Une rue.

Entrent deux citoyens *en se rencontrant.*

Premier citoyen. — Bien le bonjour, voisin: où allez-vous si vite?

Second citoyen. — Je le sais à peine moi-même, je vous le déclare : avez-vous appris les nouvelles que l'on se raconte?

Premier citoyen. — Que le roi est mort, oui.

Second citoyen. — Mauvaises nouvelles, par Notre-Dame; rarement le successeur vaut celui qu'il remplace[2]. Je crains, je crains que cet événement ne nous vaille un état de choses plein d'orages.

Entre un troisième citoyen.

Troisième citoyen. — Voisins, Dieu vous assiste!

Premier citoyen. — Je vous donne le bonjour, Monsieur.

Troisième citoyen. — La nouvelle de la mort du bon roi Édouard se confirme-t-elle?

Second citoyen. — Oui, Monsieur, elle n'est que trop vraie : Dieu nous assiste en cette circonstance!

Troisième citoyen. — Alors, mes maîtres, attendons-nous à voir un temps de troubles.

Premier citoyen. — Non, non; par la bonne grâce de Dieu son fils régnera.

Troisième citoyen. — Malheur au pays qui est gouverné par un enfant!

Second citoyen. — J'espère qu'il gouvernera bien pendant sa minorité par un conseil, ensuite lorsqu'il aura atteint sa pleine majorité, par lui-même; nul doute que jusqu'alors, et alors, nous ne soyons bien gouvernés.

Premier citoyen. — Telle était la situation lorsque Henri le sixième fut couronné à Paris à l'âge de neuf mois seulement.

Troisième citoyen. — La situation était-elle la même? Non, non, mes bons amis, Dieu le sait, car alors ce pays était riche en conseillers politiques illustres et graves, et le roi avait pour protéger Sa Grâce de vertueux oncles.

Premier citoyen. — Eh bien! mais celui-ci en a aussi, à la fois par son père et par sa mère.

Troisième citoyen. — Mieux vaudrait que ces oncles fussent tous du côté de son père, ou qu'il n'en eût aucun de ce côté-là; car leur rivalité, pour savoir qui sera le plus près du trône, nous touchera tous de trop près, si Dieu n'y met bon ordre. Oh! le duc de Glocester est extrêmement dangereux, et quant aux fils et aux frères de la reine, ils sont hautains et orgueilleux : s'ils pouvaient être gouvernés au lieu de gouverner, ce pays malade pourrait vivre en santé comme autrefois.

Premier citoyen. — Allons, allons, nous voyons les choses trop en noir; tout ira bien.

Troisième citoyen. — Lorsque le ciel est nuageux, les gens sages prennent leurs manteaux; lorsque les grandes feuilles tombent, c'est que l'hiver est proche; lorsque le soleil se couche, qui ne s'attend pas à la nuit? Les tempêtes prématurées font redouter une disette. Il se peut que tout aille bien; mais si Dieu le veut ainsi, c'est plus que nous n'en méritons, ou que je n'en espère.

Second citoyen. — Il est bien vrai que tous les cœurs sont pleins de craintes : on ne peut s'entretenir avec presque aucune personne qui ne paraisse triste et remplie de terreurs.

Troisième citoyen. — C'est toujours ainsi lorsqu'un changement se prépare : les esprits des hommes pressentent par instinct de divination le danger qui s'approche, absolument comme nous voyons les vagues se gonfler avant une violente tempête. Mais laissons cela à la volonté de Dieu. — Où allez-vous ?

Second citoyen. — Eh! pardi, nous étions mandés devant les juges.

Troisième citoyen. — Et moi aussi ; je vais vous tenir compagnie. (*Ils sortent.*)

SCÈNE IV.

Un appartement dans le palais.

Entrent L'archevêque d'York, *le jeune* duc d'York, la reine Élisabeth, *et* la duchesse d'York.

L'archevêque d'York. — J'apprends qu'ils ont couché la nuit dernière à Northampton ; ils seront ce soir à Stony Stratford : demain, ou après-demain, ils seront ici.

La duchesse d'York. — J'aspire de tout mon cœur à voir le prince : j'espère qu'il a beaucoup grandi depuis la dernière fois que je l'ai vu ?

La reine Élisabeth. — Mais non, à ce qu'on m'apprend : on dit que mon fils d'York l'a presque attrapé dans sa croissance.

Le duc d'York. — Oui, mère, mais je voudrais bien que cela ne fût pas.

La duchesse d'York. — Pourquoi, mon jeune petit-fils ? il est bon de grandir.

Le duc d'York. — Grand'mère, un soir, comme nous étions à souper, mon oncle Rivers disait que je grandissais beaucoup plus vite que mon frère : « Oui, répondit mon oncle de Glocester, les petites herbes ont la grâce, les grandes herbes poussent à vue d'œil ; » et depuis ce temps, il me semble que je ne voudrais pas grandir si vite, puisque les douces fleurs poussent si lentement et que les herbes font telle diligence.

La duchesse d'York. — En bonne foi, en bonne foi, cette parole n'était guère à sa place chez celui qui te l'appliquait ; car lorsqu'il était jeune il était l'être le plus chétif qu'on pût voir, et il fut si long à grandir, il y mit tant de temps, que si c'était une loi, il devrait être gracieux.

L'archevêque d'York. — Et il est hors de doute qu'il ne le soit, gracieuse Madame.

La duchesse d'York. — J'espère qu'il l'est ; mais cependant les mères ont permission de douter.

Le duc d'York. — Maintenant, sur ma foi, si j'y avais pensé, j'aurais lancé à Sa Grâce, mon oncle, un lardon qui aurait bien mieux touché sa croissance qu'il n'avait, lui, touché la mienne.

La duchesse d'York. — Qu'est-ce, mon gentil York ? je t'en prie, apprends-le-moi.

Le duc d'York. — Pardi, on dit que mon oncle a grandi si vite, qu'il pouvait mâcher une croûte quand il n'était vieux que de deux heures : il m'a fallu deux ans, à moi, avant d'avoir une dent. Grand'mère, cela aurait été une plaisanterie mordante.

La duchesse d'York. — Qui t'a raconté cela, gentil York, je t'en prie ?

Le duc d'York. — Sa nourrice, grand'mère.

La duchesse d'York. — Sa nourrice ! Comment donc, elle était morte avant ta naissance.

Le duc d'York. — Si ce n'était pas elle, je ne puis dire qui me l'a dit.

La reine Élisabeth. — Quel enfant imprudent ! — allez, vous êtes trop malin.

L'archevêque d'York. — Bonne Madame, ne soyez pas courroucée contre l'enfant.

La reine Élisabeth. — Les murs ont des oreilles⁴.

L'archevêque d'York. — Voici venir un messager.

Entre UN MESSAGER.

L'ARCHEVÊQUE D'YORK. — Quelles nouvelles?

LE MESSAGER. — De telles nouvelles, Milord, qu'il m'en coûte de les rapporter.

LA REINE ÉLISABETH. — Comment va le prince?

LE MESSAGER. — Bien, Madame, en bonne santé.

LA DUCHESSE D'YORK. — Quelles sont tes nouvelles alors?

LE MESSAGER. — Lord Rivers et Lord Grey sont envoyés prisonniers à Pomfret, et avec eux Sir Thomas Vaughan.

LA DUCHESSE D'YORK. — Qui les a fait arrêter?

LE MESSAGER. — Les puissants ducs de Glocester et de Buckingham.

LA REINE ÉLISABETH. — Pour quelle offense?

LE MESSAGER. — Je vous ai dit absolument tout ce que je sais; comment et pourquoi ces nobles ont été arrêtés, cela m'est tout à fait inconnu, ma gracieuse Dame.

LA REINE ÉLISABETH. — Hélas! je vois la ruine de notre maison! Le tigre s'est maintenant saisi du daim timide; l'insultante tyrannie commence à ébranler le trône qu'un innocent ne peut faire respecter. Salut destruction, sang, massacre! je vois la fin de tout comme sur une carte.

LA DUCHESSE D'YORK. — Jours maudits d'inquiétudes et de querelles, combien de vous mes yeux n'ont-ils pas vus! Mon époux perdit la vie pour atteindre la couronne; mes fils ballottés du faîte à l'abîme, m'ont fait passer bien souvent des larmes aux joies, et des joies aux larmes, selon leurs chances heureuses ou malheureuses: et maintenant que tout est fini, et que les guerres civiles sont entièrement apaisées, voici que les vainqueurs se font la guerre à eux-mêmes; le frère s'élève contre le frère, le sang contre le sang, chacun contre son égal. Ô violence absurde et frénétique, cesse tes fureurs maudites, ou permets-moi de mourir, afin que je ne contemple plus la mort!

LA REINE ÉLISABETH. — Viens, viens, mon garçon, nous allons nous réfugier dans le sanctuaire. Adieu, Madame.

La duchesse d'York. — Attendez, j'irai avec vous.

La reine Élisabeth. — Vous n'avez pour cela aucun motif.

L'archevêque d'York, *à la reine*. — Allez, ma gracieuse Dame, et apportez-y votre trésor et vos effets précieux. Pour ma part, je résignerai entre les mains de Votre Grâce le sceau que je garde, et puisse la protection divine s'étendre sur moi avec autant de sollicitude que j'en aurai à prendre soin de vous et des vôtres ! Venez, je vais vous conduire au sanctuaire. (*Ils sortent.*)

ACTE III.

SCÈNE PREMIÈRE.

Londres. — Une rue.

Les trompettes sonnent. Entrent le prince de GALLES, GLOCESTER, BUCKINGHAM, CATESBY, le cardinal BOURCHIER, *et autres.*

Buckingham. — Soyez le bienvenu dans Londres, votre chambre royale, doux prince[1].

Glocester. — Soyez le bienvenu, cher neveu, souverain de mon âme : ce voyage fatigant vous a rendu mélancolique.

Le prince de Galles. — Non, mon oncle ; mais les contrariétés que nous avons éprouvées en chemin m'ont rendu ce voyage ennuyeux, fatigant, et pénible ; j'aurais besoin d'un plus grand nombre d'oncles pour me souhaiter ici la bienvenue.

Glocester. — Doux prince, la vertu sans tache de votre

jeunesse n'a pas encore plongé dans la dissimulation du monde ; tout ce que vous distinguez d'un homme, c'est son aspect extérieur, et Dieu sait que cet extérieur correspond rarement, et même ne correspond jamais au cœur. Ces oncles que vous demandez étaient dangereux ; Votre Grâce ne faisait attention qu'à leurs paroles sucrées, mais n'apercevait pas le poison de leurs cœurs : Dieu vous garde d'eux, et de tels faux amis !

Le prince de Galles. — Dieu me garde des faux amis ! mais ils ne l'étaient pas.

Glocester. — Monseigneur, le maire de Londres vient vous féliciter.

Entre LE LORD MAIRE *avec sa suite.*

Le Lord maire. — Dieu donne à Votre Grâce santé et heureux jours !

Le prince de Galles. — Je vous remercie, mon bon Lord, je vous remercie tous. (*Sortent le maire et autres.*) J'aurais cru que ma mère et mon frère York seraient venus depuis longtemps à notre rencontre sur la route : fi, quel colimaçon est Hastings, qui n'arrive pas pour nous dire s'ils viendront ou non !

Buckingham. — Et voici venir, au moment demandé, le Lord tout en sueur.

Entre HASTINGS.

Le prince de Galles. — Soyez le bienvenu, Milord. Eh bien, notre mère viendra-t-elle ?

Hastings. — La reine votre mère et votre frère York se sont retirés dans le sanctuaire : pour quel motif ? Dieu le sait, mais non pas moi. Le jeune prince aurait bien voulu venir avec moi à la rencontre de Votre Grâce, mais il en a été empêché par la défense de sa mère.

Buckingham. — Fi, quelle conduite sournoise et malveillante est celle de la reine ! Lord cardinal, Votre Grâce voudrait-elle persuader la reine d'envoyer le duc d'York, sur-le-champ, à son royal frère ? Si elle refuse.... —

allez avec lui, Lord Hastings, et arrachez de force le prince à ses bras jaloux.

Le cardinal Bourchier. — Milord de Buckingham, si ma faible éloquence peut conquérir le duc d'York sur sa mère, attendez-le bientôt : mais si elle reste sourde aux instances respectueuses, le Dieu du ciel défende que nous essayions de violer les priviléges sacrés du sanctuaire béni! Pour tout ce royaume, je ne voudrais pas me rendre coupable d'un si grand péché.

Buckingham. — Vous êtes trop déraisonnablement obstiné, Milord, trop ami du cérémonial, trop attaché à la tradition : pesez vos scrupules dans la balance plus sommaire de cette époque-ci, et vous verrez que vous ne violez pas le sanctuaire en vous emparant de lui. Le bénéfice du sanctuaire est toujours accordé à ceux dont les faits et gestes ont mérité cette place, et à ceux qui ont l'esprit de réclamer cette place : ce prince ne l'a ni méritée, ni réclamée, et en conséquence, dans mon opinion, il ne doit pas y rester : ainsi en retirant de ces lieux quelqu'un qui n'en est pas, vous ne violez ni privilége, ni charte. J'ai souvent entendu parler d'hommes réfugiés dans le sanctuaire, mais jamais jusqu'à présent d'enfants réfugiés dans le sanctuaire[2].

Le cardinal Bourchier. — Milord, vous dirigerez ma conduite pour cette fois. Allons, Lord Hastings, voulez-vous venir avec moi?

Hastings. — Je suis prêt, Milord.

Le prince de Galles. — Mes bons Lords, faites aussi grande diligence que vous pourrez. (*Sortent le cardinal et Hastings.*) Dites, oncle Glocester, si notre frère vient, où séjournerons-nous jusqu'à notre couronnement?

Glocester. — Où il plaira le mieux à votre royale personne. Si j'osais vous conseiller, Votre Majesté se reposerait un jour ou deux à la Tour : puis où il vous plaira, et à l'endroit que vous croirez le plus favorable à votre santé et à vos plaisirs.

Le prince de Galles. — De tous les édifices, la Tour

est celui que j'aime le moins. N'est-ce pas Jules César qui a bâti cet édifice, Milord?

Buckingham. — C'est lui, mon gracieux Seigneur, qui a commencé cet édifice, qui depuis a été successivement continué à différents siècles.

Le prince de Galles. — Est-ce un témoignage historique qui affirme qu'il l'a bâti, ou bien est-ce une tradition qui a passé de siècle en siècle?

Buckingham. — C'est un témoignage historique, mon gracieux Seigneur.

Le prince de Galles. — Mais, dites-moi, Milord, quand bien même elle ne serait pas écrite, il me semble que la vérité pourrait se perpétuer d'âge en âge, racontée par une génération à une autre, jusqu'au jour général du jugement.

Glocester, *à part*. — Quand les jeunes enfants sont si sages, ils ne vivent pas longtemps, dit-on.

Le prince de Galles. — Que dites-vous, mon oncle?

Glocester. — Je dis que la renommée vit longtemps sans le secours de *caractères*. (*A part*.) C'est ainsi que comme l'allégorie du vice Iniquité, je sous-entends deux pensées dans un seul mot[3].

Le prince de Galles. — Ce Jules César fut un fameux homme; en même temps que sa valeur enrichissait son esprit, son esprit s'employait à rendre sa valeur immortelle. La mort ne peut faire la conquête d'un tel conquérant; car maintenant il vit dans la gloire, s'il ne vit plus dans le monde. Je vais vous dire quelque chose, mon cousin Buckingham.

Buckingham. — Quoi, mon gracieux Seigneur?

Le prince de Galles. — Si je vis jusqu'à âge d'homme, je reconquerrai nos anciens droits sur la France, ou bien je mourrai comme un soldat après avoir vécu comme un roi.

Glocester, *à part*. — Les étés qui doivent être courts ont d'ordinaire un printemps précoce.

Buckingham. — Voici venir très à propos le duc d'York.

Entrent LE DUC D'YORK, HASTINGS, *et* LE CARDINAL BOURCHIER.

Le prince de Galles. — Richard d'York! comment se porte notre affectionné frère?

Le duc d'York. — Bien, mon redouté Seigneur; car c'est ainsi que je dois vous appeler à présent.

Le prince de Galles. — Oui, frère, à notre chagrin, comme au vôtre; il est mort trop tôt celui qui aurait dû garder ce titre qui par sa mort a perdu tant de sa majesté.

Glocester. — Comment se porte notre neveu, le noble Lord d'York?

Le duc d'York. — Je vous remercie, mon aimable oncle. Ô Milord, vous disiez que les mauvaises herbes poussent vite : le prince mon frère m'a dépassé de beaucoup.

Glocester. — C'est vrai, Milord.

Le duc d'York. — Il est donc une mauvaise herbe?

Glocester. — Oh! mon beau neveu, je ne dois pas dire cela.

Le duc d'York. — Alors il vous est beaucoup plus obligé que moi.

Glocester. — Il peut me commander comme mon Souverain; mais vous avez pouvoir sur moi comme parent.

Le duc d'York. — Je vous en prie, mon oncle, donnez-moi ce poignard.

Glocester. — Mon poignard, petit neveu, de tout mon cœur.

Le prince de Galles. — Vous mendiez, mon frère?

Le duc d'York. — Oui, auprès de mon charitable oncle, qui, je le sais, aime à donner; et comme la chose que je demande est une bagatelle, cela ne lui fera aucune peine de me la donner.

Glocester. — Je puis donner à mon neveu un plus grand cadeau que celui-là.

Le duc d'York. — Un plus grand cadeau! oh, c'est l'épée que vous voulez y joindre?

Glocester. — Oui, mon gentil neveu, si elle était assez légère.

Le duc d'York. — Oh, en ce cas, je vois que vous ne voulez faire que des cadeaux légers ; dans les choses de plus de poids, vous répondriez non au mendiant.

Glocester. — Elle est trop pesante pour que Votre Grâce puisse la porter.

Le duc d'York. — Fût-elle plus pesante, je la prendrais pour chose légère.

Glocester. — Comment, mon petit Lord, vous voudriez avoir mon arme ?

Le duc d'York. — Je la voudrais, afin que mon remercîment fut juste comme l'épithète que vous me donnez.

Glocester. — Laquelle ?

Le duc d'York. — Petit.

Le prince de Galles. — Milord d'York est toujours taquin dans ses paroles : mon oncle, Votre Grâce sait comment elle doit le supporter.

Le duc d'York. — Vous voulez dire me porter et non me supporter : oncle, mon frère se moque et de vous et de moi ; parce que je suis petit comme un singe, il pense que vous devriez me porter sur vos épaules.

Buckingham, *à part*. — Avec quel esprit mordant et retors à la fois il raisonne ! Pour mitiger les sarcasmes qu'il adresse à son oncle, il se raille lui-même finement et gentiment. Si jeune et si rusé ! cela est merveilleux.

Glocester. — Monseigneur, vous plairait-il de passer devant ? Moi, et mon bon cousin Buckingham, nous allons nous rendre auprès de votre mère, pour la prier de vous rejoindre à la Tour et de vous y souhaiter la bienvenue.

Le duc d'York. — Comment ! est-ce que vous allez à la Tour, Monseigneur ?

Le prince de Galles. — Milord protecteur insiste pour qu'il en soit ainsi.

Le duc d'York. — Je ne dormirai pas tranquille à la Tour.

Glocester. — Comment ! qu'est-ce qui vous y ferait peur ?

Le duc d'York. — Le fantôme irrité de mon oncle

Clarence, parbleu : ma grand'mère m'a dit qu'il y avait été assassiné.

Le prince de Galles. — Je ne crains pas les oncles morts.

Glocester. — Et vous n'en craignez aucun de vivant, j'espère.

Le prince de Galles. — S'ils vivent, j'espère que je n'ai pas à les craindre. Mais venez, Milord ; c'est avec un cœur pesant qu'en pensant à eux je me dirige vers la Tour. (*Fanfares. Sortent le prince de Galles, le duc d'York, Hastings, le cardinal Bourchier, et autres.*)

Buckingham. — Ne croyez-vous pas, Milord, que ce petit babillard d'York avait été excité par sa subtile mère à vous railler et à vous mépriser injurieusement comme il l'a fait.

Glocester. — Sans doute, sans doute : oh ! c'est un enfant très-fin ; il est hardi, vif, ingénieux, prompt à comprendre, intelligent ; c'est tout le portrait de sa mère, de la tête aux pieds.

Buckingham. — Bon, laissons-les pour l'instant tranquilles. — Viens ici, Catesby. Tu t'es engagé par serment à exécuter aussi scrupuleusement ce que nous aurons décidé, qu'à tenir soigneusement secret ce que nous t'aurons confié. Tu as appris pendant le voyage les raisons qui nous font agir : qu'en penses-tu ? N'est-ce pas chose aisée que de rallier William Lord Hastings à notre projet pour installer ce noble duc sur le trône royal de cette île fameuse ?

Catesby. — Il aime tant le prince par suite de l'amour qu'il portait à son père, qu'il serait impossible de l'engager à rien entreprendre contre lui.

Buckingham. — Que penses-tu, en ce cas, de Stanley ? Ne se rangera-t-il pas à notre projet ?

Catesby. — Il agira en tout comme Hastings.

Buckingham. — Bon ; en ce cas, je me borne à te recommander ceci : va, mon gentil Catesby, et sonde Lord Hastings de très-loin, pour savoir comment il prendrait notre projet que tu présenteras comme une chose possible ; convoque-le pour demain, à la Tour, afin qu'il assiste au couronnement. Si tu le trouves disposé à nous seconder, encourage-le, et dis-lui tous nos projets ; s'il est de plomb et de glace, froid, résistant, sois comme lui ; puis brise l'entretien et viens nous donner avis de ses dispositions : car demain nous tiendrons des conseils séparés où tu auras toi-même un grand rôle.

GLOCESTER. — Recommande-moi à Lord William ; dis-lui, Catesby, que l'ancienne clique de ses dangereux adversaires doit laisser demain son sang au château de Pomfret; et dis à Milord, que sur ces bonnes nouvelles, la joie lui fasse donner un doux baiser de plus à Mistress Shore.

BUCKINGHAM. — Mon bon Catesby, va, mène à fond cette affaire.

CATESBY. — Mes bons Lords, je vais l'exécuter avec toute la sagacité dont je suis capable.

GLOCESTER. — Saurons-nous de vos nouvelles avant l'heure du sommeil, Catesby ?

CATESBY. Oui, Milord.

GLOCESTER. — Tu nous trouveras tous les deux à Crosby-Place. (*Sort Catesby.*)

BUCKINGHAM. — Maintenant, Milord, que ferons-nous, si nous nous apercevons que Lord Hastings ne veut pas prendre part à nos complots?

GLOCESTER. — Nous lui couperons la tête, ami; voilà ce que nous ferons : et, lorsque je serai roi, pense à me réclamer le comté de Hereford et tous les biens meubles dont le roi mon frère détenait la possession.

BUCKINGHAM. — Je réclamerai de Votre Grâce l'exécution de cette promesse.

GLOCESTER. — Et crois bien qu'elle sera exécutée avec un affectueux empressement. En attendant, viens, allons souper, pour qu'ensuite nous puissions digérer nos complots en bonne et due forme. (*Ils sortent.*)

SCÈNE II.

Devant la maison de Lord Hastings.

Entre un messager.

Le messager. — Milord ! Milord !
Hastings, *de l'intérieur*. — Qui frappe ?
Le messager. — Quelqu'un de la part du Lord Stanley.
Hastings, *de l'intérieur*. — Quelle heure est-il ?
Le messager. — Sur le coup de quatre heures.

Entre HASTINGS.

Hastings. — Milord Stanley ne peut donc pas dormir pendant ces ennuyeuses nuits ?

Le messager. — Il y paraît par ce que j'ai à vous dire. D'abord il se recommande à votre noble personne.

Hastings. — Et puis ?

Le messager. — Et puis, il donne avis à Votre Seigneurie que cette nuit il a rêvé que le sanglier lui avait arraché son heaume, en outre, il dit qu'il doit y avoir deux conseils tenus, et que ce qui sera décidé dans l'un pourrait bien vous faire pleurer dans l'autre, vous et lui. En conséquence il m'envoie connaître le bon plaisir de Votre Seigneurie, pour savoir si vous voulez monter immédiatement à cheval avec lui et vous diriger sur le Nord en toute diligence, pour éviter le danger que son âme pressent.

Hastings. — Va, camarade, retourne auprès de ton Seigneur ; dis-lui de ne pas prendre crainte de ces conseils séparés ; Son Honneur et moi-même, faisons partie de l'un, et mon bon ami Catesby fait partie de l'autre ; il ne s'y peut donc rien passer qui nous touche, dont je ne sois sûr de recevoir avis. Dis-lui que ses craintes sont frivoles et sans cause, et quant à ses rêves, je m'étonne qu'il soit assez simple pour se fier aux fantasmagories moqueuses des sommeils agités : fuir le sanglier avant que le sanglier nous poursuive, ce serait exciter le sanglier à nous suivre et à nous donner la chasse, alors qu'il n'avait aucune intention pareille. Va, dis à ton maître de se lever et de venir me trouver ; nous nous rendrons ensemble à la Tour, où il verra que le sanglier nous traitera avec bienveillance.

Le messager. — Je pars, Milord, et je lui rapporterai ce que vous me dites. (*Il sort.*)

Entre CATESBY.

Catesby. — Mille bonjours à mon noble Lord !

Hastings. — Bonjour, Catesby ; vous êtes levé de bonne heure. Quelles nouvelles, quelles nouvelles, dans cet état trébuchant ?

Catesby. — C'est, en effet, un monde sans équilibre, Milord, et il ne se tiendra jamais droit, je le crains, jusqu'à ce que Richard porte la guirlande du royaume.

Hastings. — Comment ! jusqu'à ce qu'il porte la guirlande ! Est-ce que tu entends par là la couronne ?

Catesby. — Oui, mon bon Lord.

Hastings. — Cette couronne de ma personne tombera de mes épaules avant que je voie la couronne si odieusement mal placée. Mais supposes-tu qu'il y aspire ?

Catesby. — Oui, sur ma vie ; et il espère vous trouver ardent à prendre son parti pour l'aider dans ce projet : là-dessus, il vous envoie cette bonne nouvelle, qu'aujourd'hui même, vos ennemis, les parents de la reine, doivent mourir à Pomfret.

Hastings. — Vraiment, voilà des nouvelles qui me feront peu pleurer, car ils ont toujours été mes adversaires ; mais quant à donner ma voix à Richard pour exclure les héritiers en ligne directe de mon maître, Dieu sait que je ne le ferais pas en face de la mort.

Catesby. — Dieu garde Votre Seigneurie dans ces gracieuses dispositions !

Hastings. — Mais je rirai encore dans un an, en pensant que j'aurai vécu pour contempler la fin tragique de ceux qui m'avaient attiré la haine de mon maître. Je te l'annonce, Catesby, avant que je sois plus vieux d'une

ACTE III, SCÈNE II.

quinzaine, j'en aurai fait emballer certains qui ne s'en doutent pas encore.

Catesby. — C'est une chose odieuse que de mourir, lorsqu'on n'y est pas préparé et qu'on ne s'y attend pas, mon gracieux Lord.

Hastings. — Oh! c'est monstrueux, monstrueux! et c'est là ce qui arrive à Rivers, Vaughan et Grey; et c'est là ce qui arrivera à certains autres qui se croient autant en sécurité que toi et moi, qui comme tu le sais, sommes chers au royal Richard et à Buckingham.

Catesby. — Les deux princes tiennent grand compte de vous; (*à part*) car ils *comptent* bien que sa tête fera grande figure sur le pont.

Hastings. — Je sais qu'ils tiennent compte de moi, et je l'ai bien mérité.

Entre STANLEY.

Hastings. — Eh bien, eh bien! où est votre épieu pour la chasse au sanglier, l'ami? Vous craignez le sanglier, et vous allez ainsi sans armes.

Stanley. — Bonjour, Milord; bonjour, Catesby : — vous pouvez plaisanter, mais par le saint crucifix, je n'aime pas ces conseils séparés, moi.

Hastings. — Milord, j'ai pour ma vie autant d'amour que vous pour la vôtre, et jamais de mes jours, je le déclare, elle ne me fut aussi précieuse que maintenant. Croyez-vous que si je ne savais pas que nous sommes en sécurité, je serais aussi triomphant que je le suis?

Stanley. — Les Lords qui sont à Pomfret étaient joyeux lorsqu'ils partirent de Londres et se croyaient en sûreté, et ils n'avaient vraiment aucun sujet d'être en défiance; cependant vous voyez comme leur fortune s'est vite assombrie. Je me méfie de ce coup de poignard si soudain de la haine : plaise à Dieu, dis-je, qu'il soit démontré que j'ai été couard sans nécessité! Eh bien, allons-nous à la Tour, le jour s'avance?

Hastings. — Allons, allons, je pars avec vous. Ne savez-vous pas la nouvelle, Milord? les Lords dont vous parliez seront décapités aujourd'hui.

STANLEY. — Leur honnêteté leur méritait de conserver leurs têtes, beaucoup mieux que quelques-uns de ceux qui les ont accusés ne méritent de porter leurs chapeaux. Mais venez, Milord, partons.

Entre UN POURSUIVANT D'ARMES.

HASTINGS. — Passez devant, je veux parler à ce brave garçon. (*Sortent Stanley et Catesby.*) Eh bien, maraud, comment te trouves-tu de l'existence?

LE POURSUIVANT D'ARMES. — D'autant mieux qu'il plaît à Votre Seigneurie de me faire l'honneur de me le demander.

HASTINGS. — Je te le dis, ami, cela va beaucoup mieux aujourd'hui pour moi que cela n'allait la dernière fois que nous nous sommes rencontrés : à cette époque je me rendais prisonnier à la Tour par suite des insinuations des parents de la reine; mais voilà qu'aujourd'hui, — je te le dis, garde cela pour toi, — ces ennemis sont mis à mort, et que je suis, moi, dans une meilleure situation qu'auparavant.

LE POURSUIVANT D'ARMES. — Dieu vous y maintienne au grand contentement de Votre Honneur!

HASTINGS. — Grand merci, mon garçon : tiens, bois cela à ma santé. (*Il lui jette sa bourse.*)

LE POURSUIVANT D'ARMES. — Je remercie Votre Honneur. (*Il sort.*)

Entre UN PRÊTRE.

LE PRÊTRE. — Heureuse rencontre, Milord ; je suis heureux de voir Votre Honneur.

HASTINGS. — Je vous remercie de tout mon cœur; mon bon Messire John. Je suis votre débiteur pour votre dernier ministère ; venez ce prochain dimanche, je m'acquitterai envers vous.

Entre BUCKINGHAM.

Buckingham. — Comment! en conversation avec un prêtre, Lord chambellan? Ce sont vos amis de Pomfret qui ont besoin du prêtre; Votre Honneur n'a que faire d'un confesseur pour le moment[4].

Hastings. — Sur ma bonne foi, lorsque j'ai rencontré ce saint homme, les gens dont vous parlez me sont venus dans l'esprit. Eh bien, est-ce que vous vous rendez à la Tour, Milord?

Buckingham. — Oui, Milord; mais je ne puis y rester longtemps : j'en reviendrai avant Votre Seigneurie.

Hastings. — Certes, cela est probable, car j'y resterai pour dîner.

Buckingham, *à part*. — Et pour souper aussi, sans que tu t'en doutes. — Allons, venez-vous?

Hastings. — Je suis aux ordres de Votre Seigneurie. (*Ils sortent.*)

SCÈNE III.

Pomfret. — Devant le château.

Entre RATCLIFF *avec une garde, conduisant au supplice* RIVERS, GREY, *et* VAUGHAN.

Ratcliff. — Allons, faites avancer les prisonniers.

Rivers. — Sir Richard Ratcliff, laisse-moi te dire qu'aujourd'hui tu vas contempler un sujet mourant pour la vérité, le devoir, et la loyauté.

Grey. — Dieu protége le prince contre toute votre clique! vous êtes une bande de damnés buveurs de sang.

Vaughan. — Vous vivrez pour crier plus tard malheur sur tout ceci.

Ratcliff. — Dépêchons, vous avez atteint le terme de vos existences.

Rivers. — O Pomfret! Pomfret! Prison sanglante, fatale, et de sinistre augure pour les nobles pairs! entre la coupable enceinte de tes murailles, Richard le deuxième fut mis à mort, et pour ajouter encore plus d'horreur à ton séjour lugubre, nous te donnons à boire notre sang innocent.

Grey. — Elle est tombée sur nos têtes la malédiction que Marguerite lança sur Hastings, sur vous et sur moi. lorsqu'elle nous reprocha d'être restés passifs alors que Richard poignardait son fils.

Rivers. — Elle maudit alors Richard, puis elle maudit Buckingham, puis elle maudit Hastings : — ô Dieu, souviens-toi d'exaucer la prière qu'elle t'adressa contre eux, comme tu exauces maintenant celle qu'elle t'adressa contre nous! Et pour ce qui est de ma sœur et des princes ses fils, tiens-toi pour satisfait, bon Dieu, de notre sang loyal qui, comme tu le sais, va être injustement versé!

Ratcliff. — Allons, allons, dépêchons, l'heure de votre mort est arrivée.

Rivers. — Allons, Grey, — allons, Vaughan, — embrassons-nous tous et prenons congé les uns des autres jusqu'à notre rencontre dans le ciel. (*Ils sortent.*)

SCÈNE IV.

Londres. — Un appartement dans la Tour.

BUCKINGHAM, STANLEY, HASTINGS, L'ÉVÊQUE D'ÉLY, CATESBY, LOVEL, *et autres, sont autour d'une table; les officiers du conseil les assistent.*

Hastings. — Maintenant, nobles pairs, l'objet de notre réunion est d'arrêter les mesures pour le couronnement. Dites, au nom de Dieu, à quel jour fixez-vous cette solennité?

Buckingham. — Toutes choses sont-elles prêtes pour ce jour solennel?

Stanley. — Tout est prêt, il ne reste plus qu'à fixer le jour.

L'évêque d'Ély. — En ce cas, il me semble que demain serait un heureux jour.

ACTE III, SCÈNE IV.

Buckingham. — Qui connaît là-dessus l'opinion de Milord protecteur? Lequel d'entre vous est assez dans la confidence du noble duc pour cela?

L'évêque d'Ély. — Nous aurions cru que Votre Grâce était celui qui devait le mieux connaître son avis.

Buckingham. — Qui? moi, Milord? nous connaissons réciproquement nos visages; mais pour ce qui est de nos cœurs, il ne connaît pas plus le mien que je ne connais le vôtre, et je ne connais pas plus le sien que vous, Milord, ne connaissez le mien. Lord Hastings, vous êtes très-intimes, lui et vous.

Hastings. — Je sais qu'il m'aime bien, j'en remercie Sa Grâce; mais pour ce qui est de cette affaire du couronnement, je ne l'ai pas sondé, et il ne m'a ouvert en aucune façon ses gracieuses intentions : mais vous, mes honorables Lords, vous pouvez fixer le jour; et moi je donnerai mon vote pour le compte du duc, acte qu'il prendra en bonne part, je le présume.

L'évêque d'Ély. — Voici venir fort à propos le duc lui-même.

Entre GLOCESTER.

Glocester. — Mes nobles Lords et cousins, bonjour à vous tous. J'ai dormi bien tard; mais j'espère que mon absence n'aura fait négliger aucune des affaires d'importance qui auraient pu être conclues par ma présence.

Buckingham. — Si vous n'étiez arrivé au moment de votre tour de rôle, Milord, William Lord Hastings aurait joué votre personnage, je veux dire aurait décidé pour vous dans l'affaire du couronnement du roi.

Glocester. — Personne ne pourrait mieux oser cela que Lord Hastings; Sa Seigneurie me connaît bien et m'aime beaucoup. Milord d'Ély [5], la dernière fois que j'étais à Holborn, j'ai vu de belles fraises dans votre jardin; je vous prie d'en envoyer chercher quelques-unes.

L'évêque d'Ély. — Certes, Milord, de tout mon cœur. (*Il sort.*)

Glocester. — Cousin de Buckingham, un mot. (*Il le*

prend à part.) Catesby a sondé Hastings relativement à notre affaire, et il a trouvé le scrupuleux gentilhomme si récalcitrant, qu'il a déclaré qu'il perdrait la tête avant de consentir à laisser le fils de son maître, — c'est ainsi qu'il s'est exprimé respectueusement, — perdre le trône royal d'Angleterre.

BUCKINGHAM. — Retirez-vous un instant; je vais aller avec vous. (*Sortent Buckingham et Glocester.*)

STANLEY. — Nous n'avons pas encore fixé ce jour solennel. Demain est trop proche, à mon avis; car je n'ai pas pris aussi bien mes mesures que je les aurais prises si le jour avait été repoussé plus loin.

Rentre L'ÉVÊQUE D'ÉLY.

L'ÉVÊQUE D'ÉLY. — Où est Milord, le duc de Glocester? J'ai envoyé chercher les fraises qu'il demande.

HASTINGS. — Sa Grâce n'est ce matin que gaieté et affabilité : il a quelque pensée qui lui sourit, lorsqu'il souhaite le bonjour avec tant d'entrain. Je crois qu'il ne fut jamais dans la chrétienté homme pouvant moins cacher son amour ou sa haine; car par sa physionomie vous découvrez sur-le-champ son cœur.

STANLEY. — Et qu'apercevez-vous de son cœur sur son visage, en jugeant d'après l'humeur qu'il a montrée ce matin?

HASTINGS. — Pardi, qu'il n'en veut à personne ici; car si cela était, ses regards l'auraient montré.

STANLEY. — Bon, prions Dieu qu'il n'en veuille en effet à personne; voilà ce que je dis.

Rentrent GLOCESTER *et* BUCKINGHAM.

GLOCESTER. — Je vous en prie, vous tous, dites-moi ce qu'ils méritent ceux qui conspirent ma mort au moyen des complots diaboliques d'une damnée sorcellerie, et qui ont soumis mon corps à leurs sortiléges d'enfer?

HASTINGS. — Le tendre amour que je porte à Votre Grâce, Milord, me rend assez hardi pour oser condamner les offenseurs en votre présence princière : quels qu'ils soient, je dis, Milord, qu'ils ont mérité la mort.

Glocester. — Eh bien, que vos yeux soient témoins du mal qu'ont fait les coupables : regardez, comme je suis ensorcelé; contemplez mon bras desséché comme un arbrisseau sans sève : c'est la femme d'Édouard, cette monstrueuse sorcière, associée à cette catin, la putain Shore, qui par leurs sorcelleries m'ont ainsi marqué.

Hastings. — Si elles ont commis cet acte, mon noble Lord....

Glocester. — *Si!*... protecteur de cette maudite catin, vas-tu venir me donner des *si?* Tu es un traître! Qu'on lui tranche la tête! je jure par saint Paul que je ne dînerai pas avant qu'on ne me l'ait présentée! Lovel et Ratcliff, veillez à l'exécution de cet ordre. Que ceux d'entre les autres qui m'aiment, se lèvent et me suivent. (*Tous sortent, excepté Hastings, Lovel et Ratcliff.*)

Hastings. — Malheur, malheur à l'Angleterre! mais pour moi pas une plainte, car si je n'avais pas été si follement confiant, j'aurais évité cela. Stanley avait rêvé que le sanglier lui enlevait son heaume, et moi j'ai ri de cela et j'ai dédaigné de fuir. Trois fois aujourd'hui mon cheval d'apparat a trébuché, et il a sursauté quand il a vu la Tour, comme s'il avait eu répugnance à me conduire à cette maison de carnage. Oh! j'aurais besoin maintenant du prêtre qui me parlait tout à l'heure : je me repens maintenant, lorsque j'ai parlé au poursuivant d'armes, de m'être trop hâté de triompher de mes ennemis, en lui disant comment ils étaient aujourd'hui sanguinairement exécutés à Pomfret, tandis que moi j'étais en sécurité au sein des grâces et des faveurs. Ô Marguerite, Marguerite! maintenant ta pesante malédiction est tombée sur la malheureuse tête du pauvre Hastings.

Ratcliff. — Allons, Milord, dépêchons; le duc voudrait dîner : faites une courte confession; il lui tarde de voir votre tête.

Hastings. — Ô faveur passagère des hommes mortels que nous pourchassons pourtant plus que celle de Dieu!

celui qui bâtit son espoir sur le néant de vos sourires, vit pareil à un matelot ivre au sommet d'un mât, toujours prêt à la moindre secousse à tomber dans les fatales profondeurs du gouffre.

Lovel. — Allons, allons, dépêchons; il est inutile de récriminer.

Hastings. — Ô sanguinaire Richard ! Malheureuse Angleterre ! je te prédis les temps les plus terribles qu'ait jamais vus siècle tragique. Allons, conduisez-moi au billot; portez-lui ma tête : il en est qui sourient de moi et qui sous peu seront morts. (*Ils sortent.*)

SCÈNE V.

Londres. — Devant la Tour.

Entrent GLOCESTER *et* BUCKINGHAM, *avec des armures rouillées et dans un accoutrement d'un étonnant désordre.*

Glocester. — Voyons, cousin, es-tu capable à volonté de trembler, de changer de couleur, d'assassiner tes mots quand tu les auras prononcés à moitié, puis de reprendre parole, puis de t'arrêter encore, comme si tu étais en délire et fou de terreur?

Buckingham. — Bah ! je puis jouer en tragédien consommé; parler en regardant derrière moi, tourner les yeux de côté et d'autre, trembler et tressaillir au bruit d'une paille, sous prétexte de graves soupçons : les regards d'effroi comme les sourires affectés sont à mon service, et les uns et les autres sont prêts en tout temps à faire leur office pour aider mes stratagèmes. Mais Catesby est-il venu?

Glocester. — Il vient, et vois, il amène avec lui le maire.

Entrent le LORD MAIRE *et* CATESBY.

Buckingham. — Laissez-moi l'entretenir seul. — Lord maire....

ACTE III, SCÈNE V.

Glocester. — Regardez ici au pont-levis!

Buckingham. — La raison pour laquelle nous vous avons envoyé chercher....

Glocester. — Catesby, veillez aux remparts.

Buckingham. — Écoutez! j'entends un tambour.

Glocester. — Retourne la tête, défends-toi, ce sont des ennemis!

Buckingham. — Dieu et notre innocence nous protégent!

Glocester. — Rassure-toi, ce sont des amis, Ratcliff et Lovel.

Entrent LOVEL *et* RATCLIFF *avec la tête d'*HASTINGS.

Lovel. — Voici la tête de cet ignoble traître, de ce dangereux Hastings qu'on ne soupçonnait pas.

Glocester. — J'aimais tant cet homme, que force m'est de pleurer. Je l'avais pris pour la créature la plus naïve et la plus inoffensive qui respirât sur terre chrétienne; j'avais fait de lui le registre sur lequel mon âme écrivait l'histoire de toutes ses pensées secrètes. Si finement il savait recouvrir son vice du masque de la vertu, que, sauf sa faute connue et patente, je veux dire ses relations avec la femme de Shore, il vivait à l'abri de tout soupçon.

Buckingham. — Oui, oui, c'était bien le traître le plus hermétiquement caché qui ait jamais vécu. Auriez-vous imaginé, vous serait-il possible de croire, — si l'heureuse fortune qui nous a préservés ne nous avait pas permis de vivre pour vous le raconter,'— que ce traître subtil avait comploté de nous assassiner aujourd'hui, moi et mon bon Lord de Glocester, dans la chambre du conseil?

Le Lord maire. — Avait-il fait cela?

Glocester. — Comment! pensez-vous donc que nous sommes des Turcs ou des infidèles, et que nous aurions ainsi procédé précipitamment, contre toutes les formes de la loi, à la mort du scélérat, si l'extrême péril de la situation, la paix de l'Angleterre, et la sécurité de nos personnes, ne nous avaient forcés à cette exécution?

Le Lord maire. — Bénédiction sur vous en ce cas! il

a mérité sa mort; et vos deux bonnes Grâces ont bien fait d'agir ainsi, afin d'avertir les fourbes et les traîtres de se garder d'entreprises semblables. Je n'ai jamais attendu mieux de lui depuis le jour où il est tombé dans les filets de Mistress Shore.

Glocester. — Cependant nous ne voulions pas qu'il fût mis à mort avant que Votre Seigneurie ne fût venue pour voir sa fin, résolution que l'empressement dévoué de nos amis ici présents a prévenue un peu contre notre intention. En effet, Milord, nous aurions désiré que vous pussiez entendre le traître parler et confesser avec honte le plan et le but de ses trahisons, afin que vous eussiez le moyen de rapporter ses paroles aux citoyens qui peut-être nous jugeront mal à son sujet et gémiront sur sa mort.

Le Lord maire. — Mais, mon bon Lord, les paroles de Votre Grâce me suffiront pour cela, aussi bien que si je l'avais vu et entendu parler; et ne doutez pas, mes deux très-nobles princes, que je n'informe nos fidèles citoyens de la justice avec laquelle vous avez procédé en cette affaire.

Glocester. — C'est à cette fin que nous aurions désiré voir ici Votre Seigneurie, pour éviter les censures du monde médisant.

Buckingham. — Mais puisque vous êtes venu trop tard contre nos intentions, vous pourrez témoigner que vous avez appris quelles elles étaient, et là-dessus, mon bon Lord maire, nous vous disons adieu. (*Sort le Lord maire.*)

Glocester. — Courez, courez après lui, cousin Buckingham. Le Lord maire se dirige vers Guildhall en toute hâte; allez-y, et dès que vous trouverez une minute favorable, insinuez la bâtardise des enfants d'Édouard. Racontez-leur comment Édouard fit mettre à mort un citoyen, simplement pour avoir dit qu'il ferait son fils héritier de la couronne [6]; entendant par là sa maison, qui portant en effet l'enseigne de la couronne, était appelée de ce nom. Insistez en outre sur son odieuse luxure et le bestial appétit de sa capricieuse sensualité qui se portaient sans choix ni retenue sur leurs servantes, leurs filles, leurs femmes, partout où son œil insatiable et son cœur sauvage lui disaient de faire proie. S'il en est besoin, conduisez votre discours encore plus près de ma personne : dites-leur que lorsque ma mère était enceinte de cet effréné d'Édouard, le prince mon père, le noble York, était occupé à ses guerres de France, et que par un calcul exact du temps, il avait découvert que l'enfant n'avait pas été engendré de lui ; ce qui apparaissait bien par ses traits qui n'avaient rien de ceux du noble duc mon père : touchez cependant ce sujet avec ménagements, comme de très-loin ; car vous le savez, Milord, ma mère vit encore.

BUCKINGHAM. — N'en doutez pas, Milord, je ferai mon office d'orateur, tout comme si le riche honoraire pour lequel je plaiderai devait me revenir.

GLOCESTER. — Si vous réussissez, conduisez-le au château de Baynard [7], où vous me trouverez bien entouré de révérends Pères et de savants évêques.

BUCKINGHAM. — Je pars, et vers trois ou quatre heures, attendez les nouvelles qui vous viendront de Guildhall. (*Il sort.*)

GLOCESTER. — Va, Lovel, en toute diligence auprès du docteur Shaw ; toi (*à Catesby*), va trouver le frère Penker [8] ; donnez-leur avis à tous deux d'avoir à me rejoindre d'ici à une heure au château de Baynard. (*Sortent Lovel, Ratcliff et Catesby.*) Maintenant je vais rentrer afin de prendre quelques mesures particulières pour cacher à tous les yeux les marmots de Clarence [9], et pour avertir que nulle personne d'aucune sorte ne doit, en aucun temps, avoir accès auprès des princes. (*Il sort.*)

SCÈNE VI.

LONDRES. — Une rue.

Entre UN GREFFIER.

LE GREFFIER. — Voici l'acte d'accusation du bon Lord Hastings, copié d'une belle écriture, bien nette, afin qu'il soit lu aujourd'hui à Saint-Paul. Remarquez un peu comme tout cela est bien d'accord : j'ai mis onze heures à copier cet acte que Catesby m'a porté hier soir, il avait fallu un temps au moins aussi long pour rédiger l'original, et cependant il y a cinq heures Hastings vivait en parfaite liberté et sécurité, sans être accusé, sans subir d'interrogatoire. Voilà un bien joli monde! Parbleu, qui serait assez bête pour ne pas apercevoir en tout cela une fourberie palpable? Et qui serait assez aveugle pour dire qu'il la voit? Mauvais est le monde, et tout doit nécessairement tourner bien mal, lorsqu'il faut se contenter de voir un jeu si pervers par les yeux de la pensée. (*Il sort.*)

SCÈNE VII.

Londres. — La cour du château de Baynard

Entrent en se rencontrant GLOCESTER *et* BUCKINGHAM.

GLOCESTER. — Eh bien, eh bien, quelles nouvelles? que disent les citoyens?

BUCKINGHAM. — Ma foi, par la sainte mère de notre Seigneur, les citoyens sont muets et ne disent pas un mot.

GLOCESTER. — Avez-vous touché la bâtardise des enfants d'Édouard?

BUCKINGHAM. — Oui, ainsi que son contrat avec Lady Lucy[10], et son contrat par député en France : j'ai parlé de l'insatiable appétit de ses désirs, de ses violences sur les femmes de la cité, de sa tyrannie pour des riens, de sa propre bâtardise, démontrée par le fait qu'il avait été engendré lorsque votre père était en France, et par sa complète différence de visage d'avec le duc. Cela m'a fourni une transition pour parler de vos traits à vous, et pour avancer que pour la forme comme pour la noblesse d'esprit vous étiez la véritable image de votre père ; alors j'ai parlé amplement de vos victoires en Écosse, de votre discipline dans la guerre, de votre sagesse dans la paix, de votre générosité, de votre vertu, de votre belle humilité; enfin je n'ai en vérité laissé, sans le toucher ou sans le manier adroitement, aucun argument qui pût servir votre projet, et lorsque ma harangue a touché à sa fin, j'ai demandé à ceux qui aimaient le bien de leur pays de crier avec moi : « Dieu protége Richard, le roi souverain d'Angleterre! »

GLOCESTER. — Et ont-ils crié?

BUCKINGHAM. — Non, Dieu m'assiste, ils n'ont pas dit un mot; mais ils sont devenus pâles comme la mort et se sont regardés les uns les autres, immobiles comme des statues muettes ou des pierres inanimées. Quand j'ai vu cela, je leur en ai fait reproche, et j'ai demandé au maire ce que signifiait ce silence de mauvaise volonté : il m'a donné pour réponse que les sujets avaient habitude de n'être harangués que par le *recorder*. Alors on a pressé le *recorder* de recommencer mon récit : « Voici ce qu'a dit le duc, voici ce que le duc a insinué, » a-t-il dit, mais il n'a rien dit comme venant de lui-même. Lorsqu'il a eu fini, quelques gens à moi, à l'extrême bout de la salle, ont jeté leurs chapeaux en l'air, et une dizaine de voix ont crié : « Dieu protége le roi Richard! » Alors prenant avantage de ces quelques voix : « Merci, ai-je dit, gentils citoyens et amis, ces applaudissements unanimes, ces hourrahs joyeux témoignent de votre sagesse et de votre affection pour Richard : » là-dessus j'ai levé la séance et je suis parti.

GLOCESTER. — Quels blocs muets que ces gens-là! comment, ils n'ont pas voulu parler? Est-ce que le maire et ses confrères ne viendront pas?

BUCKINGHAM. — Le maire est ici tout proche. Faites semblant d'avoir quelques scrupules; ayez l'air de ne parler que parce que vous y êtes violemment sollicité par moi, et ayez soin d'avoir un livre de prières à la main, mon bon Lord, et de vous présenter entre deux ecclésiastiques; car sur ce thème de religion, je ferai de dévotes variations : et ne cédez pas facilement à nos instances; jouez le rôle de la pucelle, répondez toujours non, et prenez ce qu'on vous offrira.

GLOCESTER. — Je sors, et si tu sais aussi bien insister

pour me faire dire oui, que je saurai répondre non à tes instances, je ne doute pas que nous n'amenions la chose à une heureuse issue.

BUCKINGHAM. — Sortez, sortez, montez tout en haut, sous les plombs; le Lord maire frappe. (*Sort Glocester.*)

Entrent LE LORD MAIRE, LES ALDERMEN *et des citoyens.*

BUCKINGHAM. — Soyez le bienvenu, Milord : je suis là à faire pied de grue; je crois bien qu'on ne pourra pas parler au duc.

Entre CATESBY, *venant de l'intérieur du château.*

BUCKINGHAM. — Eh bien! Catesby, que répond votre maître à ma requête?

CATESBY. — Il supplie Votre Grâce, mon noble Lord, de venir le voir demain ou le jour d'après : il est là dedans avec deux très-révérends pères, enfoui dans de pieuses méditations, et il ne voudrait être troublé dans ses dévots exercices par aucune requête ayant trait aux choses de ce monde.

BUCKINGHAM. — Retourne auprès du gracieux duc, mon bon Catesby, dis-lui que moi, le maire et les aldermen, nous sommes venus pour avoir avec Sa Grâce une courte conférence sur des projets pressants, concernant une matière de grande importance, et qui n'intéresse pas moins que le bien général de la nation.

CATESBY. — Je vais sur-le-champ lui rapporter vos paroles textuelles. (*Il sort.*)

BUCKINGHAM. — Ah, ah! Milord, ce prince n'est pas un Édouard! Il n'est pas à s'étaler sur un moelleux lit de repos, mais il est à genoux, plongé dans la méditation; il n'est pas à badiner entre deux courtisanes, mais à méditer entre deux profonds théologiens; il n'est pas à dormir pour engraisser son corps paresseux, mais à prier pour enrichir son âme vigilante : heureuse serait l'Angleterre, si ce vertueux prince prenait sur sa gracieuse per-

ACTE III, SCÈNE VII.

sonne la souveraineté de ce pays! mais je le crains bien, rien ne pourra l'y décider.

Le Lord maire. — Morbleu, Dieu défende que Sa Grâce nous dise non!

Buckingham. — Je crains que ce ne soit là sa réponse. Voici Catesby qui revient.

Rentre CATESBY.

Buckingham. — Eh bien! Catesby, que dit Sa Grâce?

Catesby. — Il se demande avec étonnement à quelle fin vous avez assemblé de telles troupes de citoyens pour les mener vers lui : comme Sa Grâce n'avait pas été instruite de ce mouvement, le duc craint, Milord, que vous n'ayez aucune bonne intention à son égard.

Buckingham. — Je suis affligé que mon noble cousin me soupçonne de ne pas lui vouloir du bien : par le ciel, c'est par sincère affection que nous sommes venus le trouver; rentre une fois encore, et rapporte mes paroles à Sa Grâce. (*Sort Catesby.*) Lorsque les hommes saints et dévotement religieux sont à dire leurs chapelets, il est bien difficile de les en tirer, tant il y a de douceurs dans la contemplation pieuse.

GLOCESTER *se présente entre* deux évêques *à une galerie supérieure. Rentre* CATESBY.

Le Lord maire. — Regardez en haut Sa Grâce qui se présente entre deux ecclésiastiques!

Buckingham. — Deux béquilles de vertu pour un prince chrétien, propres à le prévenir contre les chutes de la vanité : voyez, il tient à la main un livre de prières; ce sont là les vrais insignes auxquels on reconnaît un saint homme. Illustre Plantagenet, très-gracieux prince, prête à nos requêtes une oreille favorable, et pardonne-nous d'avoir interrompu les dévotions de ton zèle très-chrétien.

Glocester. — Milord, il n'est pas besoin d'une telle apologie; c'est moi plutôt qui vous conjure de me pardonner, moi qui dans mon ardeur pour le service de Dieu, voulais différer la visite de mes amis. Mais, laissons cela ; quel est le bon plaisir de Votre Grâce ?

Buckingham. — Celui même de Dieu, j'en ai l'espérance, et celui de tous les bons citoyens dans cette île laissée sans gouvernement.

Glocester. — Je soupçonne que j'aurai commis quelque offense qui paraît choquante aux yeux de la cité, et que vous venez pour réprimander mon ignorance.

Buckingham. — Vous en avez commis une, Milord : puisse-t-il plaire à Votre Grâce d'amender votre faute sur nos instances !

Glocester. — Certes, je le ferai ; sans cela, pourquoi respirerais-je sur une terre chrétienne ?

Buckingham. — Sachez donc que votre faute c'est d'abandonner le siége suprême, le trône de majesté, les fonctions royales de vos ancêtres, la gloire traditionnelle de votre maison royale, à la corruption d'une souche bâtarde : tandis que vous sommeillez dans la douceur de vos pensées (sommeil dont nous venons vous secouer pour le bien de la patrie), cette noble île cherche ses véritables membres, contemple sa face défigurée par des cicatrices d'infamie, son trône royal greffé d'ignobles branches, et se sent presque poussée dans le gouffre dévorant du ténébreux oubli et du complet effacement. Pour la retirer de cet état, nous venons, du plus profond de notre cœur, solliciter votre gracieuse personne de prendre la charge et le gouvernement royal de notre pays, non plus à titre de protecteur, de lieutenant, de substitut, non plus à titre d'intendant secondaire pour le profit d'un autre, mais à titre d'héritier légitime du sang royal, par droit de naissance, comme votre empire et votre bien. C'est pour amener Votre Grâce à exaucer cette juste requête, que je suis venu ici, en compagnie de ces citoyens, vos très-honorables et très-affectionnés amis, et poussé par leur véhémente instigation.

Glocester. — Je ne saurais dire ce qui convient le mieux à mon rang ou à vos offres, de partir en silence, ou de répondre amèrement pour vous réprimander. Si je ne

ACTE III, SCENE VII.

réponds pas, peut-être penserez-vous que, l'ambition me nouant la langue, je consens, puisque je ne dis rien, à porter ce joug doré de la souveraineté que vous voulez follement m'imposer ici ; et d'un autre côté, si je vous réprimande pour cette requête qui part d'un sentiment si dévoué envers ma personne, j'aurai rebuté mes amis. En conséquence, je parlerai pour éviter le premier inconvénient ; et puisque je me décide à parler, afin de ne pas encourir le second reproche, voici la réponse définitive que je vous donnerai. Votre affection mérite mes remerciments ; mais ma valeur est si petite qu'elle veut échapper à vos hautes instances. Et d'abord, quand bien même tous les obstacles seraient détruits et que je pourrais marcher par un sentier tout uni vers la couronne, comme vers la propriété légitime et la succession échue de mon droit de naissance, telle est cependant ma pauvreté d'esprit, si nombreuses et si considérables sont mes imperfections, que moi, — barque incapable de soutenir la puissante mer, — j'aimerais mieux me dérober à ma grandeur, que de disparaitre enfoui sous ma grandeur et étouffé dans les vapeurs de ma gloire. Mais Dieu soit loué, il n'est pas besoin de moi, — et s'il en était besoin, je serais bien insuffisant pour vous venir en aide ; — l'arbre royal nous a laissé un fruit royal, qui mûri par le cours du temps, occupera dignement le siége de la majesté, et dont le règne, je l'espère, nous donnera le bonheur. C'est sur lui que je dépose tout ce que vous voudriez déposer sur moi, le droit et la fortune de ses heureuses étoiles, et Dieu défende que je veuille les lui enlever !

BUCKINGHAM. — Milord, cette réponse prouve beaucoup de conscience chez Votre Grâce ; mais toutes circonstances bien considérées, ces scrupules sont excessifs et frivoles. Vous dites qu'Édouard est le fils de votre frère ; nous disons de même, mais il n'est pas le fils de la femme d'Édouard : en effet son père fut d'abord fiancé à Lady Lucy, — votre mère vit pour témoigner de son engagement, — et puis il fut fiancé par substitut, à Bonne, sœur du roi de France. Ces deux fiancées mises de côté, une pauvre pétitionnaire, une mère affolée pour les intérêts de ses nombreux enfants, une veuve en détresse dont la beauté pâlissait et qui était dans l'automne même de ses beaux jours, fit conquête et proie de son œil capricieux, et le séduisit jusqu'à le faire descendre du sommet élevé de sa dignité à une basse alliance et à une bigamie abhorrée : d'elle, il eut par ce mariage illégitime cet Édouard que notre politesse appelle le prince. Je pourrais récriminer bien plus amèrement encore, si par respect pour certaines personnes vivantes, je n'étais pas tenu de mettre un frein à ma langue. Ainsi donc, mon bon Lord, acceptez pour votre propre personne royale le bénéfice de la dignité qui vous est ici offerte : si ce n'est pas pour faire notre bonheur et celui du pays, que ce soit au moins pour retirer votre noble race de la corruption engendrée par les abus du temps, et la faire rentrer dans la ligne de la légitimité et de la véritable descendance.

Le Lord maire. — Faites cela, mon bon Lord; vos concitoyens vous en supplient.

Buckingham. — Ne repoussez pas, puissant Lord, ce dévouement qui vient à vous.

Catesby. — Ô remplissez-les de joie, exaucez leur légitime requête!

Glocester. — Hélas! Pourquoi voulez-vous entasser sur moi ces soucis? Je ne suis pas fait pour la puissance et la majesté; je vous en conjure, ne prenez pas mal ma résolution, si je ne peux ni ne veux vous céder.

Buckingham. — Si vous refusez, ayant par amour et dévouement répugnance à déposer cet enfant, le fils de votre frère, — car nous connaissons bien votre tendresse de cœur, et cette bonté aimable, sensible, presque féminine, que nous avons remarquée en vous pour tous vos parents, comme pour les gens de toute condition d'ailleurs, —sachez-le bien, soit que notre requête soit acceptée de vous, soit qu'elle ne le soit pas, le fils de votre frère ne sera pourtant jamais notre roi, mais nous installerons quelque autre personne sur le trône, à la disgrâce et à la

ACTE III, SCÈNE VII.

chute de votre maison. C'est sur cette résolution que nous vous laissons; — venez, citoyens, nous ne supplierons pas davantage. (*Sortent Buckingham et les citoyens.*)

CATESBY. — Rappelez-les, mon doux prince, acceptez leur requête; si vous les refusez, tout le pays en gémira.

GLOCESTER. — Vous voulez donc me jeter de force dans un monde de soucis! Rappelez-les; je ne suis pas de pierre, mais je suis pénétrable à vos affectueuses sollicitations, bien qu'elles blessent ma conscience et mon âme. (*Sort Catesby.*)

Rentre BUCKINGHAM *avec les citoyens.*

GLOCESTER. — Cousin de Buckingham, et vous hommes sages et graves, puisque vous voulez attacher la fortune sur mes épaules, pour me faire porter son poids, que je le veuille ou non, j'aurai la patience d'endurer ce fardeau; mais si le noir scandale et le reproche à l'odieux aspect sont les conséquences de l'acte que vous m'imposez, votre contrainte suffira pour m'acquitter de toutes les taches d'impureté et de toutes les salissures qu'il entraînera; car Dieu sait, et vous pouvez en partie voir, combien je suis loin de désirer cette charge.

LE LORD MAIRE. — Dieu bénisse Votre Grâce! nous le voyons, et nous le dirons.

GLOCESTER. — En le disant, vous ne direz que la vérité.

BUCKINGHAM. — Eh bien, alors je vous salue de ce titre royal : longtemps vive le roi Richard, le digne roi de l'Angleterre!

TOUS. — Amen.

BUCKINGHAM. — Vous plairait-il d'être couronné demain?

GLOCESTER. — Quand il vous plaira, puisque telle est votre volonté.

BUCKINGHAM. — Demain donc nous ferons cortége à Votre Grâce; et maintenant nous prenons notre congé, tous remplis de joie.

GLOCESTER, *aux évêques.* — Allons, retournons à notre pieux travail. — Adieu, mon cousin; adieu, mes chers amis. (*Ils sortent.*)

ACTE IV.

SCÈNE PREMIÈRE.

Londres. — Devant la Tour.

Entrent d'un côté LA REINE ÉLISABETH, LA DUCHESSE D'YORK *et* LE MARQUIS DE DORSET; *de l'autre*, ANNE, DUCHESSE DE GLOCESTER, *conduisant* LADY MARGUERITE PLANTAGENET, *la jeune fille de* CLARENCE.

LA DUCHESSE D'YORK. — Qui vient ici à notre rencontre? Ma petite-fille Plantagenet, conduite par sa bonne tante de Glocester? Sur ma vie, elle est en train de se rendre à la Tour, par pur mouvement de cœur, pour complimenter les jeunes princes. Vous êtes la bien rencontrée, ma fille.

ANNE. — Que Dieu fasse pour vos deux Grâces ce jour tout de joie et de bonheur!

LA REINE ÉLISABETH. — Je vous en souhaite autant, ma bonne sœur. Où allez-vous?

ANNE. — Pas plus loin que la Tour, et si je ne me trompe, pour le même acte d'affection que vous, c'est-à-dire pour y féliciter les jeunes princes.

LA REINE ÉLISABETH. — Merci, ma bonne sœur : nous allons entrer toutes ensemble. Ah, voici fort à propos venir le lieutenant.

Entre BRAKENBURY.

LA REINE ÉLISABETH. — Monsieur le lieutenant, avec

votre permission, comment vont le prince et mon jeune fils d'York, je vous prie?

Brakenbury. — Très-bien, chère Madame : ayez la patience de permettre que je ne vous le laisse pas visiter; le roi l'a strictement défendu.

La reine Élisabeth. — *Le roi?* Quel est ce roi?

Brakenbury. — Je veux parler du Seigneur protecteur.

La reine Élisabeth. — *Le Seigneur le protége* contre ce titre royal! Est-ce qu'il a mis des barrières entre leur amour et moi? Je suis leur mère; qui pourrait me séparer d'eux?

La duchesse d'York. — Je suis la mère de leur père, et je veux les voir.

Anne. — Je suis leur tante par la loi, leur mère par l'affection; ainsi mène-moi près d'eux; je prends la responsabilité de ta faute, et je te dispense de ton devoir, à mes risques et périls.

Brakenbury. — Non, Madame, non, je ne puis accorder cela : je suis obligé par serment, et par conséquent pardonnez-moi. (*Il sort.*)

Entre STANLEY.

Stanley. — Si je ne vous avais rencontrées que dans une heure d'ici, Mesdames, j'aurais salué Votre Grâce d'York comme la respectable mère de deux belles reines qu'elle aurait eues en même temps sous les yeux. Venez, Madame, il faut vous rendre immédiatement à Westminster pour y être couronnée épouse royale de Richard.

La reine Élisabeth. — Oh! coupez les lacets de mon corset, afin que mon cœur qui étouffe ait liberté de battre, ou bien je vais m'évanouir sous ces nouvelles qui me tuent.

Dorset. — Courage, Madame : comment se trouve Votre Grâce?

La reine Élisabeth. — Ô Dorset, ne perds pas de temps à me parler, tire-toi d'ici; la mort et la destruction te suivent aux talons; le nom de ta mère est fatal à ses enfants : si tu veux échapper à la mort, traverse les mers, et va vivre avec Richmond, loin de l'atteinte de l'enfer. Vas, fuis, fuis loin de cette maison de meurtre, de peur d'accroître le nombre des morts; et laisse-moi mourir, esclave soumise à la malédiction de Marguerite, n'étant plus ni mère, ni épouse, ni reine reconnue d'Angleterre.

STANLEY. Votre conseil est plein de sage sollicitude, Madame. (*A Dorset.*) Profitez rapidement de l'avantage des heures, je vous donnerai des lettres pour mon fils, afin qu'il vienne vous rejoindre en route. Ne vous attardez pas à des délais sans sagesse.

LA DUCHESSE D'YORK. — Ô vent sinistre du malheur qui nous disperse ainsi! Ô mon ventre maudit, véritable berceau de mort! tu as pondu au monde un basilic dont l'œil est meurtrier pour celui qui ne peut l'éviter.

STANLEY. — Venez, Madame, venez, on m'a envoyé vous chercher en toute hâte.

ANNE. — Et moi, j'y vais en toute répugnance. Oh! plût à Dieu que le cercle de métal d'or qui doit entourer mon front fût de l'acier chauffé à blanc qui me brûlât jusqu'au cerveau[1]! Plaise à Dieu que je sois ointe avec un poison mortel, et que je meure avant que les hommes puissent crier : Dieu sauve la reine!

LA REINE ÉLISABETH. — Hélas! pauvre âme, je n'envie pas ta gloire; pour complaire à ma tristesse, je ne désire pas te voir malheureuse.

ANNE. — Non! et pourquoi pas? Quand celui qui est maintenant mon époux, m'aborda comme je suivais le cercueil de Henri, alors que ses mains étaient à peine lavées du sang de cet autre ange, mon premier époux, et de celui de ce saint dont je suivais en pleurant le convoi, voici quel fut mon souhait, en regardant Richard en face : « Sois maudit, lui dis-je, pour m'avoir faite, moi si jeune, une si vieille veuve; lorsque tu te marieras, que le chagrin hante ton lit, et que ton épouse (s'il est une femme assez folle pour t'épouser) soit aussi misérable par ta vie, que tu m'as faite misérable par la mort de mon cher Seigneur! » Las! avant que j'eusse pu répéter cette malédiction, oui, en aussi peu de temps que cela, mon cœur de femme fut grossièrement captivé par ses paroles de miel, et je tombai sous le coup de la propre malédiction de mon âme, malédiction qui depuis a refusé le repos à mes yeux ; car dans son lit, jamais la bienfaisante rosée du sommeil n'a pu tomber une heure sur moi, sans que les rêves effrayants qui le tourmentent ne m'aient réveillée. D'ailleurs, il me hait à cause de mon père Warwick, et sans doute sous peu il se débarrassera de moi

La reine Élisabeth. — Hélas ! pauvre âme ! je compatis à tes plaintes.

Anne. — Pas plus que je ne compatis aux vôtres du plus profond de mon âme.

La reine Élisabeth. — Adieu, malheureuse qui vas souhaiter la bienvenue à la gloire !

Anne. — Adieu, pauvre âme qui prends congé d'elle !

La duchesse d'York, *à Dorset*. — Rends-toi auprès de Richmond, et que la bonne fortune te conduise ! (*A Anne.*) Toi, rends-toi auprès de Richard, et que les bons anges t'accompagnent ! (*A la reine Élisabeth.*) Toi, rends-toi au sanctuaire, et que les bonnes pensées te tiennent compagnie ! Moi, je vais me rendre à ma tombe, où puissent la paix et le repos se coucher avec moi. J'ai connu quatre-vingts années d'étonnants chagrins, et j'ai vu chacune de mes heures de joie faire naufrage dans une semaine de douleurs.

La reine Élisabeth. — Arrêtez encore ; jetez avec moi un dernier regard sur la Tour. Vieilles pierres, ayez pitié de ces tendres enfantelets que l'envie a renfermés entre vos murailles ! Dur berceau pour de si petits et de si gentils êtres ! rude et brutale nourrice, toi qui pour de jeunes princes es une compagne si vieille et si morose, traite bien mes enfants ! c'est ainsi que le chagrin affolé dit adieu à tes vieilles pierres. (*Ils sortent.*)

SCÈNE II.

Londres. — Une chambre de conseil dans le palais.

Fanfares. RICHARD, *couronné*; BUCKINGHAM, CATESBY, un page *et autres*.

Le roi Richard. — Tenez-vous tous à l'écart. — Cousin de Buckingham?

Buckingham. — Mon gracieux Souverain!

Le roi Richard. — Donne-moi ta main. (*Il monte sur son trône.*) C'est à cette hauteur-ci que par ton conseil et ton assistance le roi Richard s'est assis. Mais ces dignités, est-ce pour un jour seulement que nous les porterons, ou bien devront-elles durer et nous donner joie et bonheur?

Buckingham. — Elles existent, et puissent-elles durer à jamais!

Le roi Richard. — Ah, Buckingham, maintenant je fais office de pierre de touche, pour éprouver si tu es de l'or pur. Le jeune Édouard vit; — devine maintenant ce que je voudrais dire.

Buckingham. — Dites, mon affectionné Seigneur.

Le roi Richard. — Parbleu, Buckingham, je dis que je voudrais être roi.

Buckingham. — Mais, c'est ce que vous êtes, mon trois fois illustre Souverain.

Le roi Richard. — Ah! suis-je roi? peut-être bien.... mais, Édouard vit.

Buckingham. — C'est vrai, noble prince.

Le roi Richard. — Oh! la triste conséquence qui sort de ta réponse! — Penser qu'Édouard vit encore, « *c'est vrai, noble prince!* » Cousin, tu n'avais pas coutume d'être si lourd d'intelligence : dois-je parler clairement? Je voudrais que ces bâtards fussent morts, et je voudrais que la chose fût exécutée sans délai. Que dis-tu, maintenant? parle vite, sois bref.

BUCKINGHAM. — Votre Grâce peut agir selon son bon plaisir.

LE ROI RICHARD. — Ta, ta, tu es tout de glace, ta sensibilité gèle : dis, me donnes-tu ton consentement pour qu'ils meurent?

BUCKINGHAM. — Accordez-moi quelques minutes, le temps de respirer un peu, cher Seigneur, avant que je vous donne une réponse positive : je vais vous faire connaître sans délais ma résolution. (*Il sort.*)

CATESBY, *à un autre assistant.* — Le roi est en colère; voyez, il mord sa lèvre.

LE ROI RICHARD, *descendant de son trône.* — Je vais m'adresser à des brutes à âme de bronze et à des enfants à cervelle légère; ceux qui m'examinent avec des yeux scrupuleux ne sont pas mon fait : l'audacieux Buckingham devient circonspect. Enfant!

UN PAGE. — Monseigneur?

LE ROI RICHARD. — Ne connais-tu pas quelqu'un que la corruption de l'or pourrait engager à commettre secrètement une besogne de meurtre?

LE PAGE. — Je connais un gentilhomme mécontent dont les humbles moyens ne sont pas en rapport avec son orgueil : l'or vaudrait auprès de lui vingt orateurs, et le pousserait incontestablement à entreprendre quelque chose que ce fût.

LE ROI RICHARD. — Quel est son nom?

LE PAGE. — Son nom, Monseigneur, est Tyrrel.

LE ROI RICHARD. — Je connais en partie cet homme; va, mande-le ici, enfant. (*Sort le page.*) Le sagace Buckingham aux résolutions méditées ne sera plus mon conseiller intime. Comment! il a tenu bon avec moi si longtemps sans se fatiguer, et il s'arrête maintenant pour souffler?

Entre STANLEY.

LE ROI RICHARD. — Eh bien, Lord Stanley, quelles nouvelles?

STANLEY. — Sachez, mon affectionné Seigneur, que le

marquis de Dorset, à ce que j'apprends, s'est enfui auprès de Richmond, dans le pays où ce dernier réside.

Le roi Richard. — Viens ici, Catesby. Répands la rumeur que ma femme, Anne, est très-gravement malade : je prendrai des mesures pour qu'elle reste étroitement enfermée. Cherche-moi quelque pauvre et mince gentilhomme auquel je puisse marier sans délai la fille de Clarence : quant au garçon, il est idiot, et je ne le crains pas. Eh bien, voilà que tu restes à rêver ! Je te le répète, répands le bruit qu'Anne ma femme est malade et près de sa fin : fais cela tout de suite ; car il m'importe beaucoup d'arrêter les espérances de tous ceux qui pourraient me nuire. (*Sort Catesby.*) Il faut que je sois marié à la fille de mon frère, sans cela ma royauté repose sur un verre bien fragile. Assassiner ses frères, et puis l'épouser ! moyen peu certain de succès ! mais je suis si avant dans le sang, qu'il faut que le crime pousse le crime. La pitié aux larmes faciles n'habite pas ces yeux-ci.

Rentre le page *avec* TYRREL.

Le roi Richard. — Ton nom est Tyrrel ?

Tyrrel, *s'agenouillant*. — James Tyrrel et votre très-obéissant sujet.

Le roi Richard. — Es-tu vraiment mon obéissant sujet ?

Tyrrel. — Mettez-moi à l'épreuve, mon gracieux Seigneur.

Le roi Richard. — Oserais-tu tuer un de mes amis ?

Tyrrel. — Si cela vous fait plaisir ; mais j'aimerais mieux tuer deux de vos ennemis.

Le roi Richard. — Eh bien, en ce cas, tu le peux ; ce sont deux profonds adversaires, deux ennemis de mon repos, deux perturbateurs de mon doux sommeil, dont je voudrais te voir me débarrasser : Tyrrel, je veux parler de ces bâtards qui sont à la Tour.

Tyrrel. — Fournissez-moi les moyens d'arriver auprès d'eux, et je vous aurai bientôt débarrassé de la crainte qu'ils vous inspirent.

Le roi Richard. — Tu me chantes une douce musique : écoute, viens ici, Tyrrel ; va, avec ce signe de laisser-passer. Lève-toi et prête-moi l'oreille. (*Il lui chuchote à l'oreille.*) Il n'y a que cela à faire ; viens me dire que cela est fait, et je t'aimerai, et je te pousserai.

TYRREL. — Je m'en vais dépêcher la chose sur-le-champ. (*Il sort.*)

Rentre BUCKINGHAM.

BUCKINGHAM. — Monseigneur, j'ai pesé en mon âme la dernière proposition sur laquelle vous m'avez sondé.

LE ROI RICHARD. — Bon, laissons cela dormir. Dorset s'est enfui auprès de Richmond.

BUCKINGHAM. — Je sais cette nouvelle, Monseigneur.

LE ROI RICHARD. — Stanley, Richmond est le fils de votre femme : bon, pensez-y.

BUCKINGHAM. — Monseigneur, je vous réclame ce don, mon dû par promesse, ce don pour lequel vous m'avez engagé votre honneur et votre foi ; le comté de Hereford et les biens meubles dont vous m'avez promis la possession [2].

LE ROI RICHARD. — Stanley, veillez sur votre femme ; si elle fait passer des lettres à Richmond, vous en répondrez.

BUCKINGHAM. — Que répond votre royale Altesse à ma juste requête ?

LE ROI RICHARD. — Je me rappelle que Henri le sixième prophétisa que Richmond serait roi, lorsque Richmond était un petit bambin morose. Un roi ! peut-être.... peut-être....

BUCKINGHAM. — Monseigneur....

LE ROI RICHARD. — Comment s'est-il fait que le prophète, à ce moment, ne m'ait pas annoncé à moi qui étais alors présent, que je le tuerais ?

BUCKINGHAM. — Monseigneur, votre promesse du comté....

LE ROI RICHARD. — Richmond ! la dernière fois que j'étais à Exeter, le maire par courtoisie me montra le château et l'appela Rougemont [3] : à ce nom je tressaillis, car un barde d'Irlande m'a dit autrefois que je ne vivrais longtemps après que j'aurais vu Richmond.

BUCKINGHAM. — Monseigneur....

LE ROI RICHARD. — Oui, quelle heure est-il?

BUCKINGHAM. — Je suis bien hardi d'oser rappeler ainsi à Votre Grâce ce que vous m'avez promis.

LE ROI RICHARD. — Bon; mais quelle heure est-il?

BUCKINGHAM. — Sur le coup de dix heures.

LE ROI RICHARD. — Eh bien, laisse frapper.

BUCKINGHAM. — Pourquoi me dites-vous, laisse frapper?

LE ROI RICHARD. — Parce que, comme un Jacquemart d'horloge, tu as tenu le coup en suspens entre ta demande et ma réflexion. Je ne suis pas en veine de donner aujourd'hui.

BUCKINGHAM. — Alors, dites-moi si, oui ou non, vous tiendrez votre parole?

LE ROI RICHARD. — Tu m'ennuies, je ne suis pas en veine de donner aujourd'hui. (*Sortent le roi Richard et sa suite.*)

BUCKINGHAM. — Est-ce ainsi? Paye-t-il mes grands services d'un tel mépris! Est-ce pour cela que je l'ai fait roi? Oh! souvenons-nous d'Hastings, et partons pour Brecknock pendant que ma tête qui branle tient encore sur mes épaules. (*Il sort.*)

SCÈNE III.

Un autre appartement dans le palais.

Entre TYRREL.

TYRREL. — L'acte de tyrannie et de sang est accompli, le forfait le plus noir, le plus archi-sanguinaire, le plus fait pour émouvoir la compassion dont ce pays ait été encore coupable. Dighton et Forrest que j'avais subornés pour exécuter la besogne de cette impitoyable boucherie, tout fieffés scélérats, tout chiens sanguinaires qu'ils étaient, se fondant de tendresse et de douce compassion, ont pleuré comme deux enfants en faisant le triste récit de leur mort. « Las, c'est ainsi, a dit Dighton, qu'étaient couchés les deux gentils enfants. — C'est ainsi, ainsi, a dit Forrest, qu'ils étaient enlacés dans leurs bras innocents et blancs comme albâtre. Leurs lèvres étaient comme quatre roses sur une même tige qui s'embrassaient les unes les autres dans la beauté de leur été : un livre de prières se trouvait sous leur oreiller, ce qui à un certain moment, ajoutait Forrest, m'a presque fait changer de résolution ; mais, oh, le diable.... » Ici le scélérat s'est arrêté, et alors Dighton a repris : « Nous avons étouffé le plus doux et le plus ravissant ouvrage que la nature ait jamais fait depuis sa première création. » Puis tous deux sont partis, si pleins de remords, si bourrelés par leur conscience, qu'ils ne pouvaient plus parler, et alors je les ai laissés pour venir porter ces nouvelles au roi sanguinaire. Le voici qui vient.

Entre LE ROI RICHARD.

TYRREL. — Bonne santé à mon souverain Seigneur !

LE ROI RICHARD. — Cher Tyrrel, me portes-tu des nouvelles capables de me rendre heureux?

TYRREL. — Si votre bonheur tient à l'exécution des ordres que vous m'aviez donnés, soyez heureux, car ils sont exécutés.

LE ROI RICHARD. — Mais les as-tu vus morts?

TYRREL. — Oui, Monseigneur.

LE ROI RICHARD. — Et ensevelis, gentil Tyrrel ?

TYRREL. — Le chapelain de la Tour les a fait ensevelir; mais où, et comment, je ne le sais pas, pour dire la vérité.

LE ROI RICHARD. — Viens me retrouver tout de suite après souper, Tyrrel, et alors tu me feras le récit de leur mort. En attendant, pense au service que je pourrais te rendre, et ton désir sera pleinement satisfait. Adieu, jusqu'à ce moment.

TYRREL. — Je prends humblement congé. (*Il sort.*)

LE ROI RICHARD. — J'ai mis étroitement sous clef le fils de Clarence; j'ai marié pauvrement sa fille; les fils d'Édouard sommeillent dans le sein d'Abraham, et Anne ma femme a souhaité la bonne nuit au monde. Maintenant, comme je sais que ce Richmond de Bretagne aspire à la main de la jeune Élisabeth, la fille de mon frère, et que par cette alliance il dirige orgueilleusement ses yeux vers la couronne, je vais attaquer la jeune fille en amant joyeux et sûr de réussir.

Entre CATESBY.

CATESBY. — Monseigneur !

LE ROI RICHARD. — De quelle nature sont les nouvelles que tu m'apportes pour entrer ici si brusquement : bonnes ou mauvaises ?

CATESBY. — Mauvaises, Monseigneur : Morton s'est enfui auprès de Richmond, et Buckingham, secondé par les valeureux Gallois, est en campagne, et ses forces ne cessent de s'accroître.

LE ROI RICHARD. — Ély et Richmond m'inquiètent beaucoup plus que Buckingham et ses forces témérairement levées. Allons, j'ai appris par expérience que les commentaires timides sont les lourds auxiliaires de la pesante lenteur, et que la lenteur sert de guide à l'indigence impuissante aux pas de tortue. Donc, promptitude au vol de flamme, sois mes ailes ; sois le Mercure de Jupiter et le héraut d'un roi ! Allons rassembler des hommes : c'est mon bouclier qui me servira de conseil ; nous devons nous dépêcher, puisque des traîtres viennent nous braver en armes. (*Ils sortent.*)

SCÈNE IV.

Devant le palais.

Entre LA REINE MARGUERITE.

LA REINE MARGUERITE. — Bon, maintenant leur prospérité commence à se fondre et à tomber dans l'abîme de putréfaction de la mort. Je me suis glissée furtivement dans ces parages, pour contempler la décroissance de mes ennemis. Je suis témoin d'un terrible prologue, et je m'en retournerai en France, en emportant l'espoir que les scènes qui vont suivre seront aussi cruelles, aussi sinistres, aussi tragiques. Retire-toi, misérable Marguerite; qui vient ici? (*Elle se retire à l'écart.*)

Entrent LA REINE **ÉLISABETH** *et* LA DUCHESSE D'YORK.

LA REINE ÉLISABETH. — Ô mes pauvres princes! ô mes tendres enfants! Fleurs encore en bouton! bourgeons qui venaient d'apparaître! si vos gentilles âmes volent encore dans l'air, et si vous n'êtes pas fixés dans la demeure éternelle que vous ont assignée les décrets du ciel, suspendez-vous au-dessus de moi avec vos ailes aériennes, et écoutez les lamentations de votre mère!

LA REINE MARGUERITE, *à part*. — Suspendez-vous au-dessus d'elle! dites-lui que c'est une juste loi de talion qui a couvert des ombres de la vieille nuit l'aurore de votre matin.

LA DUCHESSE D'YORK. — Tant de malheurs ont brisé ma voix, que ma bouche, fatiguée de gémir, est fermée et muette. Édouard Plantagenet, pourquoi es-tu mort?

LA REINE MARGUERITE, *à part*. — Un Plantagenet compense un Plantagenet, un Édouard paye la dette de mort d'un Édouard.

LA REINE ÉLISABETH. — As-tu bien pu, ô Dieu, retirer ta main de ces doux agneaux, et les jeter dans le ventre du loup? Quand donc as-tu sommeillé jamais, lorsqu'il s'est accompli un acte pareil?

LA REINE MARGUERITE, *à part*. — Quand il sommeillait? lorsque moururent le pieux Harry et mon doux fils.

LA DUCHESSE D'YORK. — Ô existence morte, vue aveugle, pauvre fantôme vivant d'une mortelle, spectacle de douleurs, opprobre du monde, propriété de la tombe que la vie usurpe, résumé et chronique vivante de jours lamentables, repose ta personne sans repos sur ce sol légitime de l'Angleterre, illégitimement soûlé de sang innocent! (*Elle s'assied à terre.*)

LA REINE ÉLISABETH. — Oh! si tu voulais m'ouvrir une tombe aussi promptement que tu peux m'offrir un triste siége, j'y cacherais mes os et je ne les reposerais pas ici! Oh! qui a plus de raisons de pleurer que moi? (*Elle s'assied à terre à côté de la duchesse d'York.*)

LA REINE MARGUERITE, *s'avançant*. — Si les anciennes douleurs sont les plus respectables, donnez aux miennes le bénéfice de la priorité, et laissez mes chagrins exhaler les premiers leur colère. Si la douleur admet la société, répétez vos malheurs en contemplant les miens. (*Elle s'assied à terre avec elles.*) J'eus un Édouard, jusqu'à ce qu'un Richard l'eût tué; j'eus un Henri, jusqu'à ce qu'un Richard l'eût tué: tu as eu un Édouard jusqu'à ce qu'un Richard l'ait tué; tu as eu un Richard, jusqu'à ce qu'un Richard l'ait tué.

LA DUCHESSE D'YORK. — J'avais un Richard aussi, et tu le tuas; j'avais un Rutland aussi, et tu aidas à le tuer.

LA REINE MARGUERITE. — Tu avais un Clarence aussi, avant que Richard l'eût tué. Du chenil de ton ventre s'est échappé un chien d'enfer qui nous chasse tous à mort. Ce chien qui eut des dents avant d'avoir des yeux, afin de déchirer les tendres agneaux et de laper leur jeune sang, cet odieux destructeur des œuvres de Dieu, ce parfait modèle des tyrans de la terre qui règne sur des créatures aux yeux gonflés de larmes, c'est ton ventre qui l'a lâché pour nous donner la chasse jusqu'à nos tombeaux. Ô Dieu juste, intègre, et vrai dans tes actes, comme je te remercie de me montrer ce mâtin vorace faisant proie de la postérité de sa mère, et faisant de sa mère l'égale en douleurs d'autres malheureuses!

LA DUCHESSE D'YORK. — Ô épouse de Harry, ne triomphe pas de mes malheurs! Dieu m'est témoin que j'ai pleuré sur les tiens.

LA REINE MARGUERITE. — Supportez-moi; je suis affamée de vengeance, et je m'en rassasie maintenant en contemplant vos malheurs. Il est mort ton Édouard qui poignarda mon Édouard, et ton autre Édouard est mort aussi pour compenser mon Édouard ; le jeune York est simplement par-dessus le marché, parce que les deux premiers ne peuvent à eux deux parfaire la grosse somme de ma perte. Il est mort ton Clarence qui tua mon Édouard, et les spectateurs de cette scène tragique, l'adultère Hastings, Rivers, Vaughan, Grey, ils ont été prématurément étouffés dans leurs sombres tombeaux. Richard vit encore, noir affilié de l'enfer, épargné seulement parce qu'il est son agent d'affaires pour lui acheter des âmes et les lui envoyer : mais prochaine, prochaine, s'avance sa fin lamentable et qui ne sera pas lamentée : la terre s'entr'ouvre, l'enfer brûle, les démons hurlent, les saints prient pour qu'il soit sans délai enlevé de ce monde. Abrégez la somme de ses jours, ô bon Dieu, je vous en prie, afin que je puisse vivre assez pour dire : le chien est mort !

La reine Élisabeth. — Oh ! tu me prophétisas naguère que le jour viendrait où je te souhaiterais pour m'aider à maudire cette énorme araignée, cet odieux crapaud au dos bossu.

La reine Marguerite. — Je t'appelai alors vain écho de ma fortune ; je t'appelai alors pauvre ombre, reine en peinture, la simple représentation de ce que je fus, le prologue heureux d'une tragédie sinistre, une femme élevée au faîte pour être précipitée dans l'abîme ; une mère que le ciel raillait en lui donnant deux beaux enfants ; un rêve de ce que tu étais ; un souffle, une bulle d'air, un simulacre de dignité, un drapeau en évidence fait pour être le but de tous les coups dangereux ; une reine pour rire qui n'était là que pour tenir la scène. Où est ton époux maintenant ? Où sont tes frères ? Où sont tes deux fils ? En quelle chose trouves-tu joie ? Qui te sollicite, s'agenouille et crie : *Dieu sauve la reine?* Où sont les pairs révérencieux qui te flattaient ? Où sont les multitudes attroupées qui te suivaient ? Dis adieu à tout cela, et vois ce que tu es maintenant. Au lieu d'être une heureuse épouse, tu es une veuve très-malheureuse; au lieu d'être une mère joyeuse, tu es une femme qui pleure le nom de mère; au lieu d'être une personne sollicitée, tu es une humble solliciteuse; au lieu d'être une reine, tu es une misérable esclave couronnée de douleurs: toi qui me méprisais, tu es maintenant méprisée de moi; toi qui étais redoutée de tous, tu redoutes maintenant quelqu'un; toi qui commandais à tous, tu n'es obéie de personne: voilà comment la justice a tourné sa roue et t'a livrée en proie au temps, en te laissant la pensée de ce que tu fus, pour te torturer davantage par la pensée de ce que tu es. Tu usurpas ma place, ne dois-tu pas en conséquence usurper aussi une juste part de mes douleurs? Maintenant ton cou orgueilleux porte la moitié de mon joug pesant, et moi, retirant de dessous ce joug ma tête fatiguée, je t'en laisse le fardeau à toi toute seule. Adieu, épouse d'York, adieu reine de triste aventure; ces malheurs d'Angleterre me feront sourire en France.

La reine Élisabeth. — Ô toi qui es si habile aux malédictions, arrête un peu, et enseigne-moi à maudire mes ennemis.

La reine Marguerite. — Redoute de dormir la nuit et jeûne le jour; compare ton bonheur mort avec ton malheur vivant; pense que tes enfants étaient plus beaux qu'ils n'étaient, et que celui qui les tua est plus odieux encore qu'il n'est: enchérir sur ta perte le fera paraître pire celui qui cause tes maux; en retournant tout cela dans ton cœur, tu apprendras à maudire.

La reine Élisabeth. — Mes paroles manquent de tranchant; oh! aiguise-les avec les tiennes!

La reine Marguerite. — Tes malheurs les rendront aiguës et perçantes comme les miennes. (*Elle sort.*)

La duchesse d'York. — Pourquoi le malheur abonderait-il en paroles?

La reine Élisabeth. — Oh! laissez-leur toute liberté à ces avocats faits de vent des douleurs de leur client, à ces héritières faites d'air de joies mortes sans rien léguer, à ces pauvres orateurs du malheur faits d'un vain souffle!

Les paroles soulagent le cœur, quoiqu'elles ne puissent nous donner aucune autre assistance.

LA DUCHESSE D'YORK. — S'il en est ainsi, alors ne retiens plus ta langue ; viens avec moi, et étouffons sous le souffle des paroles amères mon fils damné qui a étouffé tes deux suaves fils. (*Bruit de tambour.*) J'entends son tambour : sois abondante en imprécations.

Entrent au pas militaire LE ROI RICHARD *et sa suite.*

LE ROI RICHARD. — Qui m'arrête dans ma marche pressée ?

LA DUCHESSE D'YORK. — Celle qui en t'étranglant dans son ventre maudit, aurait dû arrêter tous les massacres que tu as commis, misérable !

LA REINE ÉLISABETH. — Oses-tu cacher sous une couronne d'or ce front où, si la justice était la justice, devrait être gravé l'assassinat du prince à qui revenait cette couronne, et la mort cruelle de mes pauvres fils et de mes frères ? Dis-moi, manant, scélérat, où sont mes enfants ?

LA DUCHESSE D'YORK. — Crapaud, crapaud ! où est ton frère Clarence, et le petit Ned Plantagenet son fils ?

LA REINE ÉLISABETH. — Où sont les braves Rivers, Vaughan et Grey ?

LA DUCHESSE D'YORK. — Où est le bon Hastings ?

LE ROI RICHARD. — Une fanfare, trompettes ! battez l'alarme, tambours ! ne permettez pas que les cieux entendent ces commères insulter l'oint du Seigneur : battez, dis-je ! (*Bruit de trompettes et de tambours.*) Soyez modérées, et parlez-moi en termes convenables, ou c'est ainsi qu'avec les voix bruyantes de la guerre je vais étouffer vos exclamations.

LA DUCHESSE D'YORK. — Es-tu mon fils ?

LE ROI RICHARD. — Oui, j'en remercie Dieu, mon père, t vous.

LA DUCHESSE D'YORK. — Alors écoute patiemment mon mpatience.

LE ROI RICHARD. — Madame, je tiens quelque peu de

votre caractère qui ne peut supporter l'accent du reproche.

La duchesse d'York. — Oh! laisse-moi parler!

Le roi Richard. — Parlez, mais je n'écouterai pas.

La duchesse d'York. — Je serai douce et modérée dans mes paroles.

Le roi Richard. — Et brève aussi, ma bonne mère, car je suis pressé.

La duchesse d'York. — Quoi! tu es si pressé? Dieu sait que moi je t'ai attendu dans la douleur, la souffrance et l'agonie.

Le roi Richard. — Et ne suis-je pas venu à la fin pour vous consoler?

La duchesse d'York. — Non, par le saint crucifix! tu sais parfaitement que tu es venu sur la terre pour faire de la terre mon enfer. Ta naissance fut pour moi une terrible souffrance; ton enfance fut hargneuse et méchante; tes années d'éducation effrayantes, sauvages, désespérées, furieuses; le printemps de ta jeunesse audacieux, effronté, aventureux; ton âge mûr, orgueilleux, subtil, perfide et sanguinaire. Pourrais-tu me nommer une heure où j'aie tiré honneur de ta compagnie?

Le roi Richard. — Ma foi, aucune, si ce n'est l'heure de l'appétit [4] qui appela Votre Grâce pour rompre son jeûne, certain jour que vous étiez avec moi. Mais si je suis si désagréable à vos yeux, laissez-moi marcher en avant, afin que je ne vous offense pas, Madame. Battez le tambour.

La duchesse d'York. — Écoute-moi parler, je t'en prie.

Le roi Richard. — Vous parlez trop amèrement.

La duchesse d'York. — Écoute un seul mot, car je ne parlerai jamais plus en ce monde.

Le roi Richard. — Allons, allons, vous êtes trop amère.

La duchesse d'York. — Ou bien tu mourras, par la juste sentence de Dieu, avant de revenir vainqueur de cette guerre; ou bien, moi, je succomberai sous la douleur et l'extrême vieillesse, et je ne verrai plus jamais ton visage. Emporte donc avec toi ma très-pesante malédiction, et puisse-t-elle, au jour de la bataille, t'accabler plus encore que l'armure complète que tu portes! Mes prières combattent du côté de tes adversaires, et là aussi les petites âmes des enfants d'Édouard stimulent de leurs chuchotements les courages de tes ennemis, et leur promettent succès et victoire. Sanguinaire tu es, et sanguinaire sera ta fin; l'opprobre est le serviteur de ta vie et il accompagnera ta mort. (*Elle sort.*)

La reine Élisabeth. — Quoique j'aie plus grande cause, j'ai moins grande force qu'elle pour maudire, et je me contente de répondre *Amen* à ses paroles. (*Elle fait un mouvement pour partir.*)

Le roi Richard. — Arrêtez, Madame; j'ai besoin de vous dire un mot.

La reine Élisabeth. — Je n'ai plus de fils du sang royal que tu puisses assassiner : quant à mes filles, Richard, ce seront des nonnes consacrées à la prière, et non des reines consacrées aux pleurs; par conséquent, dispense-toi de viser à leur vie.

Le roi Richard. — Vous avez une fille nommée Élisabeth, vertueuse et belle, royale et gracieuse.

La reine Élisabeth. — Est-ce qu'elle doit mourir pour cela? Oh! laisse-la vivre, et je corromprai ses mœurs, je tacherai sa beauté, je jetterai sur elle le voile de l'infamie, je me calomnierai moi-même en me donnant comme infidèle au lit d'Édouard : pour qu'elle puisse vivre, protégée contre le massacre sanglant, je déclarerai qu'elle ne fut pas la fille d'Édouard!

Le roi Richard. — Ne calomniez pas sa naissance, elle est de sang royal.

La reine Élisabeth. — Pour sauver sa vie, je déclarerai que non.

Le roi Richard. — C'est sa naissance qui fait surtout la grande sécurité de sa vie.

La reine Élisabeth. — Et c'est cependant grâce à cette grande sécurité, que ses frères sont morts.

Le roi Richard. — Las! à leurs naissances les bonnes étoiles étaient ennemies.

La reine Élisabeth. — Non, mais c'étaient les mauvais parents qui étaient contraires à leur vie.

Le roi Richard. — Implacable est la sentence de la destinée.

La reine Élisabeth. — C'est vrai, lorsque c'est le crime implacable qui fait la destinée. Mes enfants étaient réservés à une mort plus belle, si la grâce divine t'avait donné la bénédiction d'une vie plus belle.

Le roi Richard. — Vous parlez comme si j'avais tué mes neveux.

La reine Élisabeth. — Neveux, oui vraiment, et volés par leur oncle de leur bonheur⁵, de leur royaume, de leur famille, de leur liberté et de leur vie. Quelles que soient les mains qui ont percé leurs tendres cœurs, ce fut ta tête qui sournoisement les dirigea : incontestablement, le couteau du meurtrier était sans pointe et sans tranchant, jusqu'à ce qu'il fût aiguisé sur ton dur cœur de pierre, pour chercher sa proie dans les entrailles de mes agneaux. N'était qu'une continuelle habitude de la douleur émousse le courage de la sauvage douleur, ma langue n'aurait pas eu plus tôt nommé mes enfants à tes oreilles, que mes ongles auraient jeté l'ancre dans tes yeux, et que moi, dans cette baie de mort où je me trouve, pareille à une pauvre barque, privée de voiles et de cordages, je me serais brisée en pièces contre ton cœur de rocher.

Le roi Richard. — Madame, puissé-je réussir dans mon entreprise, et l'emporter sur les périlleux hasards des guerres sanglantes, comme il est vrai que je médite de vous faire plus de bien à vous et aux vôtres, que jamais je ne vous ai fait de mal à vous et aux vôtres!

La reine Élisabeth. — Est-il un bien que recouvre la face du ciel, qu'on puisse découvrir pour me faire du bien?

Le roi Richard. — L'élévation de vos enfants, noble Dame.

La reine Élisabeth. — Leur élévation à quelque échafaud où ils perdront leurs têtes?

Le roi Richard. — Non, mais à la dignité et au sommet de l'honneur, à l'expression suprême et royale de la gloire sur cette terre.

La reine Élisabeth. — Caresse mes chagrins, en me révélant cette chose-là; dis-moi quel pouvoir, quelle dignité, quel honneur tu peux donner à quelqu'un de mes enfants?

Le roi Richard. — Absolument tout ce que j'ai; oui, moi-même, et tout ce que j'ai, voilà ce que je puis donner à un de tes enfants; ainsi, noie dans le Léthé de ton âme courroucée le triste souvenir de ces torts que tu supposes que je t'ai faits.

La reine Élisabeth. — Sois bref, de crainte que l'expression de ta bienveillance dure plus longtemps que ta bienveillance même.

Le roi Richard. — Alors, sache que de toute mon âme j'aime ta fille.

La reine Élisabeth. — La mère de ma fille le croit de toute son âme.

Le roi Richard. — Que croyez-vous?

La reine Élisabeth. — Que tu aimes ma fille de toute ton âme; c'est avec un tel amour, que ton âme a aimé ses frères; et moi, je t'en remercie par tout l'amour de mon cœur.

Le roi Richard. — Ne te presse pas tant d'embrouiller ce que je veux dire; je veux dire que j'aime ta fille de toute mon âme, et que j'ai l'intention de la faire reine d'Angleterre.

La reine Élisabeth. — Bon; en ce cas, qui as-tu l'intention de lui donner pour roi?

Le roi Richard. — Celui-là même qui la fera reine; quel autre lui donnerais-je?

La reine Élisabeth. — Comment! toi?

Le roi Richard. — Moi, moi-même; qu'en pensez-vous, Madame?

La reine Élisabeth. — Comment pourrais-tu lui faire la cour?

Le roi Richard. — Cela, j'aurais à l'apprendre de

vous, comme de la personne qui est le mieux au fait de son caractère.

La reine Élisabeth. — Et consens-tu à apprendre cela de moi?

Le roi Richard. — De tout mon cœur, Madame.

La reine Élisabeth. — Envoie-lui, par l'homme qui tua ses frères, une paire de cœurs saignants; grave dessus *Édouard et York*; il se peut qu'en recevant ce cadeau elle pleure : alors présente-lui un mouchoir, — comme fit autrefois Marguerite pour ton père, quand elle lui présenta le mouchoir trempé dans le sang de Rutland, — en lui disant que ce mouchoir étancha la séve pourprée du corps de son doux frère, et ordonne-lui d'essuyer avec ce mouchoir ses yeux en pleurs. Si cette séduction ne suffit pas pour la décider à t'aimer, envoie-lui une lettre contenant le récit de tes nobles actes; dis-lui que c'est toi qui as tué son oncle Clarence, son oncle Rivers, et qui, pour l'amour d'elle, as fait partir en poste pour l'autre monde sa bonne tante Anne.

Le roi Richard. — Vous vous moquez de moi, Madame? ce n'est pas là le moyen de conquérir votre fille.

La reine Élisabeth. — Il n'y a pas d'autre moyen, à moins cependant que tu ne puisses revêtir une autre forme, et n'être plus le Richard qui a commis tout cela.

Le roi Richard. — Supposons que j'aie fait tout cela pour l'amour d'elle?

La reine Élisabeth. — Certes elle ne peut en ce cas manquer de te haïr pour avoir acheté l'amour par de si sanglantes dépouilles.

Le roi Richard. — Considérez que ce qui est fait ne peut maintenant être changé : quelquefois les hommes commettent avec irréflexion des actes dont les heures qui suivent leur donnent loisir de se repentir. Si j'ai pris le royaume à vos fils, pour réparer cette faute, je le donnerai à votre fille. Si j'ai tué la postérité sortie de vos entrailles, je veux, pour la ressusciter, engendrer la mienne par votre propre sang, au moyen de votre fille. Le nom de grand'mère est à peine moins doux au cœur

ACTE IV, SCÈNE IV.

que le tendre nom de mère. Les petits-fils ne sont que des fils d'un seul degré plus bas, ils sont de votre âme, de votre propre sang, ils vous causent les mêmes peines, sauf la souffrance de cette nuit de gémissements qu'endurera celle pour laquelle vous avez subi la même douleur. Vos enfants furent un tourment pour votre jeunesse, mais les miens seront une consolation pour votre vieillesse. La perte que vous avez faite n'est que celle d'un fils qui était roi, et c'est grâce à cette perte que votre fille deviendra reine. Je ne puis vous faire toutes les réparations que je voudrais, acceptez par conséquent tout ce que je puis vous offrir d'affection. Dorset, votre fils, qui, rempli de terreur, est allé fouler de ses pas mécontents le sol étranger, cette belle alliance le ramènera promptement dans la patrie pour y jouir de hauts emplois et d'une grande dignité. Le roi qui appellera femme, votre charmante fille, appellera familièrement ton Dorset, frère; vous serez encore mère d'un roi, et toutes les ruines des jours de malheur seront réparées par les doubles richesses de la satisfaction. Bah! nous avons encore bien des beaux jours à voir: les gouttes liquides de ces larmes que vous avez versées reparaîtront transformées en perles orientales, et vous seront payées avec usure par l'intérêt deux fois décuple du bonheur. Va donc, ma mère, va trouver ta fille; que votre expérience apprenne la hardiesse à ses années timides; préparez ses oreilles à entendre les propos d'un amoureux; allumez dans son tendre cœur la flamme ambitieuse de la rayonnante souveraineté; révélez à la princesse la douceur des heures silencieuses du bonheur conjugal; et lorsque mon bras aura châtié ce chétif rebelle, le stupide Buckingham, je reviendrai ceint de couronnes triomphales, et je conduirai au lit d'un conquérant, ta fille à qui je ferai hommage de ma conquête, et elle sera la seule conquérante, le César de César.

La reine Élisabeth. — Comment vaudra-t-il mieux lui dire cela? Lui dirai-je que le frère de son père voudrait être son mari? ou bien, dirai-je, son oncle? ou bien, celui qui tua ses frères et ses oncles? Par quel titre que Dieu, la loi, mon honneur, et ses sentiments puissent faire paraître agréable à ses tendres années, te désignerai-je en lui portant tes propositions?

Le roi Richard. — Faites-lui sentir que la paix de la belle Angleterre dépend de cette alliance?

La reine Élisabeth. — Une paix qu'elle achètera par une guerre éternellement grondante.

Le roi Richard. — Dites-lui que le roi qui pourrait commander implore.

La reine Élisabeth. — Implore ce que le Roi des rois lui défend à elle de donner.

Le roi Richard. — Dites-lui qu'elle sera une haute et puissante reine.

La reine Élisabeth. — Pour pleurer à cause de ce titre, comme sa mère.

Le roi Richard. — Dites-lui que je l'aimerai toujours.

La reine Élisabeth. — Mais combien de temps durera ce toujours?

Le roi Richard. — Cet amour conservera sa douce force jusqu'à la fin de sa belle existence.

La reine Élisabeth. — Mais combien de temps sera-t-il accordé beau jeu à sa douce existence.

Le roi Richard. — Aussi longtemps que la prolongeront le ciel et la nature.

La reine Élisabeth. — Aussi longtemps qu'il plaira à l'enfer et à Richard.

Le roi Richard. — Dites-lui que moi, son Souverain, je suis le sujet de son amour.

La reine Élisabeth. — Mais elle, votre sujette, abhorre une telle souveraineté.

Le roi Richard. — Soyez éloquente auprès d'elle, en plaidant pour moi.

La reine Élisabeth. — Un honnête rapport, simplement fait, est ce qui convient le mieux.

Le roi Richard. — Alors, portez-lui en termes simples mon message amoureux.

La reine Élisabeth. — Simple et déshonnête, c'est un style trop discordant.

Le roi Richard. — Madame, vos répliques sont trop superficielles et trop vives.

La reine Élisabeth. — Oh! non, mes répliques ne sont que trop profondes et trop éteintes; dans leurs tombes profondes dorment éteints mes pauvres enfants.

Le roi Richard. — Ne jouez pas sur cette corde, Madame, cela est du passé.

La reine Élisabeth. — J'y jouerai toujours, jusqu'à ce que les cordes de mon cœur se brisent.

Le roi Richard. — Maintenant par mon *Georges*, ma *Jarretière* et ma couronne....

La reine Élisabeth. — L'une de ces choses est profanée, l'autre déshonorée, et la troisième usurpée.

Le roi Richard. — Je jure....

La reine Élisabeth. — Ne jure par rien, car ce ne serait pas un serment. Ton *Georges* profané a perdu son honneur sacré; ta *Jarretière* tachée a mis en gage sa vertu chevaleresque; ta couronne usurpée a disgracié sa gloire royale. Si tu veux faire un serment auquel on puisse croire, jure par quelque chose que tu n'aies pas déshonoré.

Le roi Richard. Eh bien, par le monde....

La reine Élisabeth. — Il est plein de tes crimes odieux.

Le roi Richard. — Par la mort de mon père....

La reine Élisabeth. — Ta vie a déshonoré cette mort.

Le roi Richard. — Alors, par moi-même....

La reine Élisabeth. — Tu t'es avili toi-même.

Le roi Richard. — Eh bien alors, par Dieu....

La reine Élisabeth. — C'est Dieu que tu as le plus outragé. Si tu avais craint de violer un serment envers lui, la concorde que le roi ton frère avait établie n'aurait pas été rompue et mon frère n'aurait pas été tué. Si tu avais craint de violer un serment envers lui, la couronne qui entoure maintenant ta tête aurait orné le jeune front de mon enfant, et les deux princes, tendres compagnons d'un lit de poussière, les princes que ta foi violée a donnés en proie aux vers, respireraient en ces lieux. Par quelle chose peux-tu jurer maintenant?

Le roi Richard. — Par le temps à venir.

La reine Élisabeth. — Tu l'as outragé d'avance dans le temps passé; car j'ai moi-même bien des larmes à verser encore dans l'avenir pour les crimes dont tu as souillé le passé. Ils vivent, les enfants dont tu as tué les parents, jeunes gens laissés sans direction, et destinés à gémir dans leur vieillesse sur ce malheur : ils vivent, les parents dont tu as massacré les enfants, vieilles plantes stériles, dont la vieillesse se passe à gémir sur ce malheur. Ne jure donc pas par le temps à venir, car tu en as abusé avant d'en user, par l'abus de tes crimes passés.

Le roi Richard. — Puissé-je prospérer dans ma périlleuse entreprise contre mes ennemis en armes, autant que je désire me repentir! Puissé-je me perdre moi-même! puissent le ciel et la fortune me refuser les heures prospères! puissent le jour me refuser sa lumière, la nuit me refuser son repos, les planètes de bonne aventure être toutes opposées à mes desseins, si ce n'est pas avec l'amour d'un cœur pur, une dévotion sans tache, et de saintes pensées que j'aspire à la belle princesse, ta fille! D'elle, dépendent mon bonheur et le tien; sans elle, la mort, la désolation, la ruine, la décadence vont tomber sur moi et sur toi, sur elle, sur ce pays, et sur bien des âmes chrétiennes. Ces malheurs ne peuvent être évités que par cette alliance, ils ne seront évités que par cette alliance. Ainsi, ma bonne mère (car je dois vous donner ce nom), soyez auprès d'elle l'avocat de mon amour; que votre plaidoyer roule sur ce que je serai, non sur ce que j'ai été; sur ce que je mériterai, non sur ce que j'ai mérité; insistez sur la nécessité de la situation, et ne vous montrez pas follement opposée à de grands desseins.

La reine Élisabeth. — Serai-je ainsi tentée par le diable?

Le roi Richard. — Oui, si le diable vous tente pour votre bien.

La reine Élisabeth. — Oublierai-je ce que je suis, pour redevenir ce que j'étais?

Le roi Richard. — Oui, si le souvenir de ce que vous étiez vous blesse.

La reine Élisabeth. — Mais tu as tué mes enfants?

Le roi Richard. — Mais je leur donnerai pour sépulture le sein de votre fille, et dans ce nid de parfums, ils renaîtront d'eux-mêmes pour votre consolation.

La reine Élisabeth. — Irai-je gagner ma fille à tes désirs?

Le roi Richard. — Oui, et soyez par ce fait une heureuse mère.

La reine Élisabeth. — J'y vais. Écrivez-moi sous peu, et vous apprendrez par moi ses dispositions.

Le roi Richard. — Portez-lui le baiser de mon sincère amour, et là-dessus adieu. (*Il l'embrasse. Elle sort.*) Sotte qui se laisse fléchir! femme futile et changeante!

Entre RATCLIFF; CATESBY *le suit.*

Le roi Richard. — Eh bien, quelles nouvelles?

Ratcliff. — Mon gracieux Souverain, une flotte puissante se dirige vers la côte de l'ouest : sur le rivage, une foule d'un dévouement médiocre et de dispositions douteuses, s'attroupe sans armes, et n'a guère mine de vouloir les repousser : on croit que Richmond est l'amiral de cette flotte; ils restent là à se balancer, n'attendant que Buckingham pour venir les recevoir sur le rivage.

Le roi Richard. — Que quelque alerte ami coure en poste auprès du duc de Norfolk : — toi-même, Ratcliff, ou bien Catesby; où est-il?

Catesby. — Ici, mon bon Seigneur.

Le roi Richard. — Catesby, cours auprès du duc.

Catesby. — J'y cours, Monseigneur, avec toute la diligence possible.

Le roi Richard. — Ratcliff, approche ici; va-t'en en poste à Salisbury : lorsque tu y arriveras.... — (*à Catesby*) stupide, oublieux coquin, pourquoi restes-tu là, et ne te rends-tu pas auprès du duc?

CATESBY. — Mon puissant Suzerain, qu'il plaise d'abord à Votre Altesse de me dire ce que je lui transmettrai de la part de Votre Grâce.

LE ROI RICHARD. — Ah! c'est juste, mon bon Catesby; dis-lui de lever immédiatement les plus grandes forces qu'il pourra, et de venir sur-le-champ me rejoindre à Salisbury.

CATESBY. — J'y vais. (*Il sort.*)

RATCLIFF. — S'il vous plaît, qu'est-ce que je ferai à Salisbury?

LE ROI RICHARD. — Parbleu, que voudrais-tu y faire avant mon arrivée?

RATCLIFF. — Votre Altesse me disait que je devais la précéder en toute hâte.

Entre STANLEY.

LE ROI RICHARD. — J'ai changé d'avis. — Stanley, quelles nouvelles apportez-vous?

STANLEY. — Aucune, mon Suzerain, qui soit assez bonne pour plaire à votre oreille, ni aucune qui soit assez mauvaise pour que je ne puisse pas la rapporter.

LE ROI RICHARD. — Jour de Dieu, voilà une énigme! ni bonnes ni mauvaises! Quel besoin as-tu de prendre les choses de dix lieues, quand tu peux les dire tout directement? Une fois encore, quelles nouvelles?

STANLEY. — Richmond est sur les mers.

LE ROI RICHARD. — Qu'il s'y enfonce, et que de la sorte les mers soient sur lui! Fuyard au foie blanc! que fait-il là?

STANLEY. — Je ne le sais, puissant Souverain, que par supposition.

LE ROI RICHARD. — Eh bien, qu'est-ce que tu supposes?

STANLEY. — Qu'excité par Buckingham, Dorset, et Morton, il vient en Angleterre pour y réclamer la couronne.

LE ROI RICHARD. — Est-ce que le trône est vide? Est-ce que l'épée n'a pas de main qui la tienne? Est-ce que le roi est mort? Est-ce que le royaume est sans maître? Quel autre héritier d'York y a-t-il de vivant, que

ACTE IV, SCÈNE IV.

nous? et qui est roi d'Angleterre, si ce n'est l'héritier du grand York? en ce cas, dis-moi, que fait-il sur mer?

STANLEY. — Si ce n'est pas pour ce que j'ai dit, je ne puis le deviner, mon Suzerain.

LE ROI RICHARD. — Tu ne peux deviner pourquoi le Gallois vient ici, si ce n'est pas pour être votre Suzerain? Tu te révolteras, et tu iras le rejoindre, j'en ai peur.

STANLEY. — Non, mon puissant Suzerain; par conséquent, ne vous méfiez pas de moi.

LE ROI RICHARD. — En ce cas, où sont tes forces pour le repousser? où sont tes tenanciers et tes compagnons? Ne sont-ils pas maintenant sur la côte de l'ouest, occupés à faire débarquer en sécurité les rebelles de leurs vaisseaux?

STANLEY. — Non, mon bon Seigneur; mes amis sont dans le nord.

LE ROI RICHARD. — Voilà de froids amis pour moi : que font-ils dans le nord, lorsqu'ils devraient servir leur Souverain dans l'ouest?

STANLEY. — Ils n'ont pas reçu d'ordres, puissant roi : s'il plaît à Votre Majesté de m'en donner permission, j'irai rassembler mes amis et je rejoindrai Votre Grâce au lieu et au jour qu'il plaira à Votre Majesté de m'indiquer.

LE ROI RICHARD. — Oui, oui, tu voudrais partir pour aller te joindre à Richmond; mais je ne me fierai pas à toi.

STANLEY. — Très-puissant Souverain, vous n'avez aucune raison de tenir mon affection pour douteuse; je n'ai jamais été et je ne serai jamais déloyal.

LE ROI RICHARD. — Allez donc, et assemblez vos hommes : mais laissez derrière vous votre fils, Georges Stanley : faites en sorte que votre cœur tienne ferme, ou bien l'assurance que votre fils a de garder sa tête est faible.

STANLEY. — Agissez avec lui selon que vous me trouverez loyal avec vous. (*Il sort.*)

Entre un messager.

Le messager. — Mon gracieux Souverain, dans le Devonshire, ainsi que j'en suis bien informé par des amis, Sir Edward Courtney, et son frère aîné, le hautain prélat, l'évêque d'Exeter, sont en armes à cette heure avec beaucoup d'autres confédérés.

Entre un second messager.

Second messager. — Mon Suzerain, dans le Kent, les Guildfords sont en armes, et à chaque heure la force des rebelles s'accroît de nouveaux alliés qui viennent les rejoindre.

Entre un troisième messager.

Troisième messager. — Monseigneur, l'armée du puissant Buckingham....

Le roi Richard. — Arrière, hiboux ! rien que des chants de mort ? (*Il le frappe.*) Attrape cela toi, et garde-le, jusqu'à ce que tu m'apportes de meilleures nouvelles.

Troisième messager. — La nouvelle que j'avais à apprendre à Votre Majesté, est que par suite d'une crue subite des eaux et d'un grand déluge, l'armée de Buckingham s'est débandée et disséminée; lui-même, il s'est enfui seul, et il erre, personne ne sait où.

Le roi Richard. — Je te demande pardon : voici ma bourse pour guérir le coup que je t'ai donné. Quelque ami bien avisé a-t-il fait proclamer une récompense pour celui qui arrêterait le traître ?

Troisième messager. — Une proclamation de ce genre a été faite, Monseigneur.

Entre un quatrième messager.

Quatrième messager. — Sir Thomas Lovel et le Lord Marquis de Dorset sont, dit-on, en armes dans le Yorkshire, mon Suzerain. Mais j'apporte à Votre Altesse la consolante nouvelle que la flotte de Bretagne a été dispersée par la tempête. Richmond avait envoyé un bateau, dans le Dorsetshire, pour demander aux gens qui étaient sur la côte, s'ils étaient ou non ses auxiliaires; ils lui répondirent qu'ils venaient de la part de Buckingham pour se joindre à son parti; lui, se défiant d'eux, a levé les voiles et s'en est retourné en Bretagne.

Le roi Richard. — Marchons, marchons, puisque nous sommes sous les armes, sinon pour combattre des ennemis étrangers, au moins pour écraser ces rebelles de l'intérieur.

Rentre CATESBY.

Catesby. — Mon Suzerain, le duc de Buckingham est pris : voici les meilleures nouvelles; une plus mauvaise nouvelle, c'est que le comte de Richmond a débarqué à Milford avec une puissante armée, mais elle a besoin d'être confirmée.

Le roi Richard. — En route pour Salisbury! Pendant que nous sommes ici à parler, une royale bataille peut être gagnée et perdue; que quelqu'un prenne des mesures pour que Buckingham soit conduit à Salisbury, et que les autres marchent avec moi. (*Fanfares. Ils sortent.*)

SCÈNE V.

Un appartement dans la maison de Lord Stanley.

Entrent STANLEY *et* messire CHRISTOPHE URSWICK.[6]

Stanley. — Messire Christophe, dites ceci à Richmond de ma part : mon fils Georges Stanley[7], est retenu en otage dans la bauge de ce très-sanguinaire sanglier; si je me révolte, la tête du jeune Georges tombe, et la crainte de ce malheur m'empêche de lui porter ma présente assistance. Ainsi, pars; recommande-moi à ton maître : dis-lui en outre que la reine a donné de tout cœur son consentement pour qu'il épousât sa fille Élisabeth. Mais, dis-moi, où est maintenant le royal Richmond

Urswick. — A Pembroke, ou à Harford West, dans le pays de Galles.

Stanley. — Quels hommes de renom se groupent autour de lui ?

Urswick. — Sir Walter Herbert, un soldat renommé; Sir Gilbert Talbot, Sir William Stanley, Oxford, le redouté Pembroke, Sir James Blunt, et Rice ap Thomas[8], avec une troupe vaillante ; ainsi que beaucoup d'autres de grand nom et de grande valeur : ils dirigent leurs forces sur Londres, à moins qu'on ne leur livre bataille en route.

Stanley. — Bon, rends-toi auprès de ton maître ; je baise sa main : ma lettre l'informera de mes résolutions. Adieu. (*Ils sortent.*)

ACTE V.

SCÈNE PREMIERE.

Salisbury. — Une place publique.

Entrent le SHÉRIFF *et* des gardes, *avec* BUCKINGHAM, *conduit au supplice.*

Buckingham. — Le roi Richard ne me laissera-t-il pas lui parler ?

Le shériff. — Non, mon bon Lord ; par conséquent ayez patience

Buckingham. — Hastings, enfants d'Édouard, Grey et Rivers, saint roi Henri, ainsi que ton fils Édouard au beau visage, Vaughan, et vous tous qui êtes tombés par le fait d'une injustice odieusement perverse agissant en secret, si vos âmes moroses et chagrines contemplent l'heure présente à travers les nuages, vengez-vous en vous raillant de ma perte! C'est aujourd'hui le jour des morts, mes amis, n'est-ce pas?

Le shériff. — Oui, Milord.

Buckingham. — Eh bien, alors, le jour des morts est le jour de la condamnation de mon corps. C'est en ce même jour, qu'au temps du roi Édouard, je souhaitai que la condamnation pût tomber sur moi, lorsque je serais reconnu coupable de déloyauté envers les enfants ou les alliés de sa femme : c'est le jour où je demandai à tomber victime de la déloyauté de celui en qui j'aurais le plus de confiance; ce jour, ce jour des morts présente à mon âme épouvantée le terme assigné d'avance à mes fautes. Ce tout-puissant, avec lequel j'ai joué, a détourné sur ma tête ma prière hypocrite, et m'a donné pour tout de bon ce que je demandais par plaisanterie. C'est ainsi qu'il force les épées des scélérats à tourner leurs propres pointes contre les cœurs de leurs maîtres. A cette heure la malédiction de Marguerite tombe de tout son poids sur mon cou : « Lorsque, avait-elle dit, il brisera ton cœur de douleur, rappelle-toi que Marguerite fut une prophétesse. » Allons, Messieurs, conduisez-moi au bloc d'infamie; l'injustice ne récolte que l'injustice, l'opprobre est le payement de l'opprobre. (*Ils sortent.*)

SCÈNE II.

Une plaine près de Tamworth.

Entrent, avec tambours et drapeaux, RICHMOND, OXFORD [1], Sir JAMES BLUNT [2], Sir WALTER HERBERT [3] *et autres, et leurs troupes, en marche.*

Richmond. — Compagnons d'armes et très-affectionnés amis broyés sous le joug de la tyrannie, c'est ainsi que sans obstacle nous avons marché jusqu'au cœur du pays; et ici nous recevons de notre beau-père Stanley quelques lignes pleines de bel espoir et d'encouragement. Le sanglier usurpateur, scélérat et sanguinaire, qui a ravagé vos moissons d'été et vos vignes fertiles, qui fait son auge dans vos entrailles ouvertes et boit votre sang chaud comme de l'eau de vaisselle, cet immonde pourceau est maintenant dans le centre de cette île, près de la ville de Leicester, à ce que nous apprenons. De Tamworth à Leicester il n'y a qu'un jour de marche. Au nom du ciel, allons en avant avec joie, mes courageux amis, pour récolter la moisson de la paix perpétuelle, par cette unique sanglante épreuve de la guerre cruelle !

Oxford. — La conscience de tout homme vaut mille épées pour combattre contre ce sanglant homicide.

Herbert. — Je ne doute pas que ses amis ne se tournent de notre côté.

Blunt. — Il n'a d'autres amis que ceux que lui donne la crainte, et ceux-là, dans son plus pressant péril, s'enfuiront près de nous.

Richmond. — Tout cela est à notre avantage. Ainsi, marchons, au nom du ciel : l'espérance légitime est rapide et vole avec les ailes de l'hirondelle ; l'espérance fait des rois des dieux, et des hommes de basse sorte des rois. (*Ils sortent.*)

SCÈNE III.

Le champ de Bosworth.

Entrent le roi RICHARD *et ses forces,* le duc de NORFOLK, le comte de SURREY, *et autres.*

Le roi Richard. — Dressons nos tentes ici même, dans ce champ de Bosworth. Milord de Surrey, pourquoi avez-vous l'air si triste ?

Surrey. — Mon cœur est dix fois plus joyeux que mon visage.

Le roi Richard. — Milord de Norfolk !

Norfolk. — Me voici, très-gracieux Suzerain.

Le roi Richard. — Norfolk, nous allons avoir des coups, eh, n'est-ce pas ?

Norfolk. — Nous allons à la fois en donner et en recevoir, mon très-affectionné Seigneur.

Le roi Richard. — Allons, dressez ma tente! je dormirai ici cette nuit. (*Les soldats dressent la tente du roi.*) Mais où dormirai-je demain? Bah! peu importe! Quelqu'un a-t-il compté le nombre des traîtres?

Norfolk. — Six ou sept mille hommes composent le plus haut chiffre de leurs forces.

Le roi Richard. — Eh bien, notre armée est trois fois plus forte : en outre, le nom de roi est une tour fortifiée qui manque à la faction adverse. — Dressez ma tente ici! — Venez, nobles gentilshommes : allons reconnaître les avantages du terrain; appelez quelques hommes de solide expérience : ne négligeons aucune mesure, ne faisons aucun retard; car, demain, Milords, sera une chaude journée. (*Ils sortent.*)

Entrent de l'autre côté de la plaine, RICHMOND, sir WILLIAM BRANDON, OXFORD, *et autres* Lords. *Quelques soldats dressent la tente de* Richmond.

Richmond. — Le soleil fatigué s'est couché dans l'or, et par les traces brillantes de son char enflammé, nous donne présage d'une belle journée pour demain. Sir William Brandon, vous porterez mon étendard. — Placez sous ma tente de l'encre et du papier. Je m'en vais dresser le plan et les dispositions de notre combat, assigner sa charge à chaque chef, et diviser en justes fractions notre petite armée. Milord d'Oxford, — vous, Sir William Brandon, — et vous, Sir Walter Herbert, restez avec moi. Le comte de Pembroke est resté avec son régiment : mon bon capitaine Blunt, portez au comte mes souhaits de bonne nuit, et priez-le de venir sous ma tente à la deuxième heure du matin. Faites encore pour moi une autre chose, mon bon capitaine : où Lord Stanley a-t-il établi ses quartiers, savez-vous?

Blunt. — A moins que je ne me sois beaucoup mépris sur ses couleurs, et je suis bien sûr que je ne l'ai pas fait, son régiment se trouve à un demi-mille au moins, au sud de la puissante armée du roi.

RICHMOND. — Si cela est possible sans péril, mon aimable Blunt, trouve quelque bon moyen de lui parler, et remets-lui de ma part ce billet très-pressé.

BLUNT. — Sur ma vie, Milord, je vais essayer, et maintenant Dieu vous donne un bon repos cette nuit!

RICHMOND. — Bonne nuit, mon bon capitaine Blunt. Venez, gentilshommes; allons tenir conseil sur nos affaires de demain : entrons dans ma tente; l'air est perçant et froid. (*Ils se retirent sous la tente.*)

Entre sous sa tente LE ROI RICHARD, *avec* NORFOLK, RATCLIFF *et* CATESBY.

LE ROI RICHARD. — Quelle heure est-il ?

CATESBY. — L'heure du souper, Monseigneur; il est neuf heures.

LE ROI RICHARD. — Je ne souperai pas ce soir. Donnez-moi de l'encre et du papier. Eh bien, ma visière est-elle plus aisée à mettre qu'elle ne l'était, et toutes les pièces de mon armure sont-elles sous ma tente ?

CATESBY. — Oui, mon Suzerain, et toutes choses sont prêtes.

LE ROI RICHARD. — Mon bon Norfolk, rends-toi à ton poste; fais soigneuse garde, choisis des sentinelles sûres.

NORFOLK. — J'y vais, Monseigneur.

LE ROI RICHARD. — Sois levé demain avec l'alouette, gentil Norfolk.

NORFOLK. — Je vous le promets, Monseigneur. (*Il sort.*)

LE ROI RICHARD. — Ratcliff!

RATCLIFF. — Monseigneur?

LE ROI RICHARD. — Envoie un poursuivant d'armes au régiment de Stanley; ordonne-lui de conduire ici ses forces avant le lever du soleil, s'il ne veut pas que son fils Georges tombe dans la cave obscure de la nuit éternelle. — Remplissez-moi une coupe de vin. — Donnez-moi un sablier [4]. — Qu'on selle le cheval blanc *Surrey*, pour le combat de demain. Prenez soin que les manches de mes lances soient solides et ne soient pas trop pesants. Ratcliff....

Ratcliff. — Monseigneur?

Le roi Richard. — As-tu vu le mélancolique Lord Northumberland?

Ratcliff. — Thomas, comte de Surrey, et lui, environ vers l'heure d'entre chien et loup[5], parcouraient l'armée de régiment en régiment, en encourageant les soldats.

Le roi Richard. — Bon, je suis satisfait. Donne-moi une coupe de vin. Je ne me sens pas cette vivacité d'esprit, ni cette gaieté d'âme qui m'étaient habituelles. — Pose cela ici. — L'encre et le papier sont-ils prêts?

Ratcliff. — Oui, Monseigneur.

Le roi Richard. — Commande à ma garde de veiller soigneusement; laisse-moi. Ratcliff, viens sous ma tente vers le milieu de la nuit, pour m'aider à m'armer. Laisse-moi, dis-je. (*Sortent Ratcliff et Catesby. Le roi Richard se retire sous sa tente.*)

La tente de **RICHMOND** *s'ouvre et le montre entouré de ses officiers. Entre* **STANLEY.**

Stanley. — Que la fortune et la victoire s'abattent sur ton heaume!

Richmond. — Que tout le soulagement que peut donner la sombre nuit soit ton lot, mon noble beau-père! Dis-moi, comment se porte notre affectionnée mère?

Stanley. — Je suis chargé de tenir, pour te bénir, la place de ta mère qui prie continuellement pour le bonheur de Richmond. Mais assez là-dessus. Les heures du silence commencent à toucher à leur terme, et les ténèbres éclaircies se dissipent à l'Orient. Bref, — car c'est le conseil d'être brefs que nous donne la situation présente, — prépare ta bataille pour les premières heures du matin, et remets ta fortune à l'arbitrage des coups sanglants et de la guerre au regard mortel. Moi, aussi adroitement que je pourrai (car je ne puis faire tout ce que je veux), je prendrai les meilleures mesures en ma disposition pour faire défection et pour te venir en aide dans ce douteux choc d'armes : mais je ne dois pas montrer trop d'ardeur pour ton parti ; car si j'étais vu, j'aurais à craindre que ton frère, le tendre Georges, ne fût exécuté sous les yeux de son père. Adieu, le peu de temps que nous avons à nous et les circonstances qui nous menacent coupent court aux formules et aux souhaits de l'affection, et à l'ample échange de ces doux entretiens qu'aimeraient à prolonger des parents si longtemps séparés. Ô Dieu ! accordez-nous le loisir de nous livrer à ces rites de l'affection ! Une fois encore, adieu : sois vaillant et triomphe.

RICHMOND. — Mes bons Lords, conduisez-le à son régiment. Je vais essayer, malgré mon agitation d'esprit, de faire un somme ; de peur qu'un sommeil de plomb ne me tire en bas ce matin, au moment où je devrais m'envoler sur les ailes de la victoire. Une fois encore, bonne nuit, chers Lords et gentilshommes. (*Sortent les officiers avec Stanley.*) Ô toi, dont je me considère comme le capitaine, jette sur mes soldats le regard de ta grâce ! mets entre leurs mains les armes écrasantes de ta colère, afin que d'un coup accablant ils puissent broyer les heaumes de nos adversaires usurpateurs ! Fais de nous les ministres de ta vengeance, afin que nous puissions te louer dans ta victoire ! Je remets entre tes mains mon âme inquiète, avant de laisser tomber les rideaux de mes yeux : oh ! défends-moi toujours, soit que je dorme, soit que je veille. (*Il s'endort.*)

LE FANTÔME *du* PRINCE ÉDOUARD, *fils de* HENRI VI, *se lève entre les deux tentes.*

LE FANTÔME, *au roi Richard.* — Que demain je pèse sur ton âme ! Rappelle-toi comment tu m'as assassiné à Tewkesbury, dans le printemps de ma jeunesse : désespère donc et meurs ! — (*A Richmond.*) Sois joyeux, Richmond ; car les âmes outragées des princes assassinés combattent en ta faveur. Richmond, la postérité du roi Henri t'encourage.

Le fantôme *du* roi HENRI VI *se leve*.

Le fantôme, *au roi Richard*. — Lorsque j'étais un mortel, mon corps sacré fut par toi criblé de coups meurtriers; rappelle-toi de la Tour et de moi; désespère et meurs! Henri le sixième t'ordonne de désespérer et de mourir! — (*A Richmond*.) Sois vainqueur, toi qui es vertueux et saint! Henri qui prophétisa que tu serais roi, t'encourage au sein de ton sommeil : vis et prospère!

Le fantôme *de* CLARENCE *se lève*.

Le fantôme, *au roi Richard*. — Que je pèse demain sur ton âme! moi qui fus étouffé sous les malsaines vapeurs du vin; moi, pauvre Clarence, livré à la mort par tes trames! Pense à moi demain dans la bataille, et laisse tomber ton épée émoussée : désespère et meurs! — (*A Richmond*.) C'est pour toi, rejeton de la maison de Lancastre, que prient les héritiers outragés d'York; que les bons anges protégent ton combat! Vis et prospère!

Les fantômes *de* RIVERS, *de* GREY *et de* VAUGHAN *se lèvent*.

Le fantôme de Rivers, *au roi Richard*. — Que demain je pèse sur ton âme, moi, Rivers, qui mourus à Pomfret! Désespère et meurs!

Le fantôme de Grey, *au roi Richard*. — Pense à Grey, et que ton âme désespère!

Le fantôme de Vaughan, *au roi Richard*. — Pense à Vaughan, et dans l'effroi de tes crimes laisse tomber ta lance! désespère et meurs!

Tous trois ensemble, *à Richmond*. — Réveille-toi, et songe que le souvenir des crimes commis contre nous vit dans le cœur de Richard et le renversera! Réveille-toi, et remporte la victoire!

Le fantôme *d'*HASTINGS *se lève*.

Le fantôme, *au roi Richard*. — Sanguinaire et criminel, réveille-toi avec la pensée du crime et finis tes jours dans une bataille sanglante! Pense à Lord Hastings : désespère et meurs! — (*A Richmond.*) Ame paisible et sans remords, réveille-toi, réveille-toi! Arme-toi, combats, et triomphe pour le bonheur de la belle Angleterre!

LES FANTÔMES DES DEUX PRINCES *se lèvent.*

LES FANTÔMES, *au roi Richard.* — Pense à tes neveux étouffés dans la Tour : puissions-nous être dans ton cœur comme du plomb, Richard, et te faire tomber dans la ruine, la honte et la mort! Les âmes de tes neveux t'ordonnent de désespérer et de mourir! — (*A Richmond.*) Sommeille, Richmond, sommeille dans la paix et réveille-toi dans la joie; que les bons anges te préservent des blessures du sanglier! Vis, et engendre une heureuse race de rois! les malheureux fils d'Édouard t'invitent à prospérer!

LE FANTÔME *de* LA REINE ANNE *se lève.*

LE FANTÔME, *au roi Richard.* — Richard, ta femme, cette malheureuse Anne qui fut ta femme, et qui ne sommeilla jamais tranquillement une heure auprès de toi, remplit maintenant ton sommeil de trouble : demain, dans la bataille, pense à moi et laisse tomber ton épée émoussée : désespère et meurs! — (*A Richmond.*) Mais toi, âme paisible, sommeille d'un sommeil paisible; rêve de succès et d'heureuse victoire; l'épouse de ton adversaire prie pour toi!

LE FANTÔME *de* BUCKINGHAM *se lève.*

LE FANTÔME, *au roi Richard.* — C'est moi qui le premier t'aidai à prendre la couronne, et je fus le dernier à sentir ta tyrannie. Oh! dans la bataille, songe à Buckingham, et meurs de terreur devant la pensée de tes crimes! Rêve, rêve d'actes sanguinaires et de mort; perds courage et désespère, et rends l'âme en désespérant! — (*A Richmond.*) Je mourus pour avoir espéré en toi, avant de pouvoir te prêter mon aide; mais sois d'un cœur joyeux et ne te laisse pas aller à l'inquiétude : Dieu et les bons anges combattent du côté de Richmond, et

Richard va tomber, alors que son orgueil est au faîte!
(*Les fantômes s'évanouissent. Le roi Richard s'éveille en sursaut.*)

LE ROI RICHARD. — Donnez-moi un autre cheval! — Pansez mes blessures! — Ayez pitié, Jésus! — Doucement, je rêvais seulement. Ô lâche conscience, comme tu me tourmentes! — Les flambeaux brûlent bleus. Nous sommes maintenant au plein milieu de la nuit. De froides gouttes de sueurs, arrachées par l'effroi, perlent sur ma chair tremblante. Eh bien! est-ce que j'ai peur de moi? il n'y a personne d'autre ici que moi. Richard aime Richard, et me voici bien là, moi avec moi. Y a-t-il un meurtrier ici? Non, oui; je suis ici : alors fuyons. Fuir de moi-même? et pour quelle grande raison? De peur de me venger. Quoi! me venger de moi sur moi? hélas! je m'aime moi-même. Et pourquoi me venger? pour un peu de bien que je me suis fait à moi-même? Oh non, hélas! je me hais plutôt moi-même pour les actions odieuses commises par moi-même! Je suis un scélérat : cependant, non, je mens, je n'en suis pas un. Sot, parle bien de toi-même : — sot, ne te flatte pas. Ma conscience parle mille langues diverses, et chacune de ces langues me fait un récit différent, et chacun de ces récits me condamne comme un scélérat. Le parjure, le parjure au plus haut degré, le meurtre, le meurtre sous la forme la plus cruelle, tous les crimes différents commis sous toutes les formes, s'entassent devant le tribunal, criant tous : Coupable! coupable! Je dois désespérer : il n'y a pas une créature qui m'aime; et si je meurs, pas une âme n'aura pitié de moi: et pourquoi auraient-ils pitié, puisque moi, je ne trouve en moi-même aucune pitié pour moi-même. Il m'a semblé que les âmes de tous ceux que j'avais assassinés s'approchaient de ma tente, et que chacun lançait sur la tête de Richard la menace de sa vengeance pour demain.

Entre RATCLIFF.

RATCLIFF. — Monseigneur....
LE ROI RICHARD. — Qui est là?

RATCLIFF. — Ratcliff, Monseigneur; c'est moi. Le coq matinal du village a par deux fois envoyé son salut à l'aube; vos amis sont levés et bouclent leurs armures.

LE ROI RICHARD. — Ô Ratcliff, j'ai rêvé un terrible rêve! Qu'en penses-tu? nos amis se montreront-ils tous fidèles?

RATCLIFF. — Sans aucun doute, Monseigneur.

LE ROI RICHARD. — Ô Ratcliff, je crains, je crains...

RATCLIFF. — Voyons, mon bon Seigneur, n'ayez pas peur des ombres.

LE ROI RICHARD. — Par l'apôtre Paul, des ombres, cette nuit, ont jeté plus de terreur dans l'âme de Richard, que ne peuvent lui en faire connaître les corps vivants des dix mille soldats armés en guerre conduits par l'étourdi Richmond. Le jour est encore loin de paraître. Allons, viens avec moi; je vais sous nos tentes jouer le rôle d'écouteur aux portes, pour savoir s'il en est quelqu'un qui ait envie de me faire défection. (*Ils sortent.*)

Entrent OXFORD *et autres dans la tente de* RICHMOND.

LES LORDS. — Bonjour, Richmond!

RICHMOND, *s'éveillant.* — Je vous demande pardon, Milords et vigilants gentilshommes, de vous avoir laissé surprendre ici un dormeur paresseux.

LES LORDS. — Comment avez-vous sommeillé, Milord?

RICHMOND. — Depuis votre départ, Milords, j'ai goûté le plus doux sommeil, j'ai fait les rêves de plus heureux augure qui aient jamais traversé une tête assoupie. Il me semblait que les âmes de ceux dont Richard assassina les corps, s'approchaient de ma tente et criaient victoire. Je vous l'assure, mon cœur se sent tout en train au souvenir d'un si beau rêve. Le matin est-il bien avancé, Lords?

LES LORDS. — Il est sur le coup de quatre heures.

RICHMOND. — Eh bien, alors, il est temps de nous armer et de donner les ordres. (*Il s'avance vers ses troupes.*) Affectionnés compatriotes, le temps qui nous presse et nous éperonne me défend d'en dire plus que je ne vous en ai déjà dit : cependant, tenez ceci en mémoire : Dieu et notre bonne cause combattent de notre côté ; les prières des saints pieux et des âmes outragées s'élèvent devant nous comme de hauts remparts ; Richard excepté, ceux que nous allons combattre aimeraient que la victoire fût à nous plutôt qu'à celui qu'ils suivent. En effet, quel est celui qu'ils suivent? C'est vraiment un tyran sanguinaire et un homicide, gentilshommes ; c'est un homme élevé par le sang, affermi par le sang ; un homme qui se créa des instruments pour acquérir ce qu'il possède, et qui massacra ceux qui lui avaient servi d'instruments ; un diamant faux et de bas prix rendu précieux par la monture du trône d'Angleterre, dans lequel il est assis illégitimement ; un homme, enfin, qui a toujours été l'ennemi de Dieu. Si donc, vous combattez contre l'ennemi de Dieu, Dieu, dans sa justice, vous protégera comme ses soldats ; si vous répandez vos sueurs pour renverser un tyran, vous sommeillerez en paix, une fois le tyran tué ; si vous combattez contre les ennemis de votre pays, la grasse prospérité de votre pays vous payera le salaire de vos peines ; si vous combattez pour sauvegarder vos femmes, vos femmes souhaiteront aux vainqueurs la bienvenue à leurs foyers ; si vous affranchissez vos enfants de l'épée, les enfants de vos enfants vous en récompenseront dans votre vieillesse. Ainsi donc, au nom de Dieu et de tous les droits que j'ai nommés, avancez vos étendards et tirez vos épées d'un cœur joyeux. Pour ce qui est de moi, la seule rançon que je payerai pour mon entreprise hardie sera mon froid cadavre étendu sur la froide surface de la terre ; mais si je réussis, le moindre de vous aura sa part de mon succès. Résonnez, tambours et trompettes, crânement et joyeusement! Dieu et saint Georges! Richmond et victoire! (*Ils sortent.*)

Rentrent de l'autre côté LE ROI RICHARD *et ses troupes,* RATCLIFF, *et des gens de la suite.*

LE ROI RICHARD. — Que disait Northumberland touchant Richmond?

Ratcliff. — Qu'il n'avait jamais été élevé dans les armes.

Le roi Richard. — Il disait la vérité; et qu'a dit Surrey, alors?

Ratcliff. — Il a souri et a répondu, « tant mieux pour nos projets. »

Le roi Richard. — Il était dans le vrai; c'est l'exacte vérité, ma foi. (*L'horloge sonne.*) Comptez l'heure. — Donnez-moi un calendrier. — Qui a vu le soleil aujourd'hui?

Ratcliff. — Ce n'est pas moi, Monseigneur.

Le roi Richard. — En ce cas il dédaigne de briller, car d'après le calendrier, il aurait dû embellir l'orient depuis une heure. Ce sera un jour ténébreux pour quelqu'un. Ratcliff!

Ratcliff. — Monseigneur?

Le roi Richard. — On ne verra pas le soleil d'aujourd'hui; le ciel abaisse sur notre armée un front nuageux et courroucé. Que je voudrais que ces larmes de rosée fussent séchées! Il ne brillera pas d'aujourd'hui! Eh bien, en quoi cela me touche-t-il plus que Richmond? Est-ce que le même ciel qui me regarde avec courroux ne le regarde pas avec tristesse?

Entre NORFOLK.

Norfolk. — Aux armes, aux armes, Monseigneur : l'ennemi nous brave dans la plaine.

Le roi Richard. — Allons, alerte, alerte; — caparaçonnez mon cheval; — appelez Lord Stanley, ordonnez-lui de faire avancer ses troupes : — je vais conduire mes soldats en avant dans la plaine, et voici comment ma bataille sera ordonnée. Mon avant-garde, composée également de cavalerie et d'infanterie, se déploiera tout entière en longueur; nos archers seront placés au centre : John, duc de Norfolk, et Thomas, comte de Surrey, auront le commandement de cette infanterie et de cette cavalerie. Eux ainsi placés, nous les suivrons avec le principal corps d'armée dont la force sera appuyée sur ses ailes par notre meilleure cavalerie. Espérons dans ces mesures, et que saint Georges nous assiste! Qu'en penses-tu, Norfolk?

Norfolk. — Ce sont d'excellentes mesures, belliqueux Suzerain. Voici ce que j'ai trouvé sous ma tente ce matin. (*Il lui remet un papier.*)

Le roi Richard, *lisant*. — « Jockey de Norfolk, ne sois pas trop hardi, car Dickon ton maître est acheté et vendu. » C'est une chose imaginée par l'ennemi. — Allons, gentilshommes, que chacun soit à son poste : ne permettons pas à nos rêves babillards d'effrayer nos âmes; la conscience n'est qu'un mot dont se servent les lâches, et qui fut inventée à l'origine pour tenir les forts en respect; que nos bras puissants soient notre conscience, que nos épées soient notre loi. Marchons, engageons courageusement le combat, et jetons-nous hardiment dans la mêlée; allons ensemble, sinon au ciel, au moins en enfer, la main dans la main. Que vous dirai-je de plus que ce que je vous ai déjà dit? Rappelez-vous quels sont les gens avec lesquels vous avez à vous mesurer; — une troupe de vagabonds, de gredins, de fugitifs, l'écume de la Bretagne, vils paysans laquais, que leur contrée, pleine jusqu'à la gorge, vomit au dehors pour chercher des aventures désespérées et trouver une destruction certaine. Vous dormiez en repos, ils viennent vous porter l'inquiétude; vous avez des terres et le bonheur de posséder de belles femmes, ils veulent rogner les unes, arrondir les autres. Et qui les conduit, sinon un chétif garçon longtemps entretenu en Bretagne aux frais de notre mère, un blanc-bec qui n'a jamais dans sa vie senti même le froid de la neige au-dessus de ses souliers? Faisons repasser la mer à coups de fouet à ces aventuriers; chassons d'ici ces déguenillés outrecuidants de France, ces mendiants affamés qui sont fatigués de leur vie, et qui se seraient pendus de misère, les pauvres rats, s'ils n'avaient pas mis leur espérance dans ce fol exploit. Si nous devons être vaincus, que ce soit par des hommes, et non pas par ces bâards de Bretagne, que dans leur propre pays nos pères ont battus, nargués et rossés, et que de tradition ils ont fait héritiers de la honte. Quoi! ces hommes jouiraient de nos terres? coucheraient avec nos femmes? enlèveraient nos filles? (*Bruit de tambour dans le lointain.*) Écoutez! j'entends leurs tambours. Au combat, gentilshommes d'Angleterre! au combat, hardis *yeomen!* Tirez, archers, tirez vos flèches à la tête! Éperonnez dur vos chevaux fougueux, et chevauchez dans le sang! Épouvantez le ciel par les éclats de vos lances brisées!

Entre un messager

LE ROI RICHARD. — Que dit Lord Stanley? Va-t-il faire avancer ses troupes?

LE MESSAGER. — Monseigneur, il refuse de venir.

LE ROI RICHARD. — A bas la tête de son fils Georges!

NORFOLK. — Milord, l'ennemi a passé le marais : que Georges Stanley meure après la bataille.

LE ROI RICHARD. — Je sens dans ma poitrine mille cœurs puissants : faites avancer nos étendards! tombons sur nos ennemis! que notre ancien cri de combat, le beau saint Georges, nous inspire une ardeur de dragons enflammés! Sus à eux! la victoire s'abat sur nos heaumes.

SCÈNE IV.

Une autre partie du champ de bataille.

Alarmes; combats. Entre NORFOLK *avec ses troupes;* CATESBY *vient à lui.*

CATESBY. — A la rescousse, Milord de Norfolk! à la rescousse! à la rescousse! Le roi accomplit plus de merveilles qu'il n'appartient à un homme, et se jette hardiment au-devant de tout péril; son cheval est tué, et il combat à pied, cherchant Richmond jusque dans les dents de la mort. A la rescousse, noble Lord, ou la journée est perdue!

Alarme. Entre LE ROI RICHARD.

LE ROI RICHARD. — Un cheval! un cheval! mon royaume pour un cheval!

CATESBY. — Retirez-vous, Monseigneur, je vous trouverai un cheval.

LE ROI RICHARD. — Esclave, j'ai joué ma vie sur le hasard, je courrai la chance des dés! Je pense qu'il y a six Richmond sur le champ de bataille; j'ai tué cinq individus aujourd'hui les prenant pour lui. Un cheval! un cheval! mon royaume pour un cheval! (*Ils sortent.*)

SCÈNE V.

Une autre partie du champ de bataille.

Alarmes. Entrent de côtés opposés LE ROI RICHARD *et* RICHMOND; *ils engagent le combat et sortent en combattant. Retraite et fanfares. Puis rentrent* RICHMOND, STANLEY *portant la couronne, et divers autres* LORDS *avec des troupes.*

RICHMOND. — Dieu et vos armes soient loués, victorieux amis; la journée est à nous, le chien sanguinaire est mort!

STANLEY. — Courageux Richmond, tu t'es dignement comporté. Vois, j'ai enlevé des tempes inanimées de ce sanguinaire misérable, ce royal diadème si longtemps usurpé, pour en orner ton front. Porte-le, possède-le, et rehausse-le.

RICHMOND. — Grand Dieu du ciel, prononcez *Amen* sur tout cela! Mais dites-moi, le jeune Georges Stanley est-il vivant?

STANLEY. — Il est vivant, Monseigneur, et en sûreté dans la ville de Leicester, où, si cela vous plaît, nous pouvons maintenant nous retirer.

RICHMOND. — Quels sont les hommes de nom qui ont été tués des deux côtés?

Stanley. — John, duc de Norfolk, Walter Lord Ferrers, Sir Robert Brakenbury, et Sir William Brandon.

Richmond. — Qu'on fasse enterrer leurs corps comme il convient à leurs naissances. Proclamez le pardon pour tous les soldats en fuite qui reviendront nous faire leur soumission; et puis, ainsi que nous en avons fait le serment, nous unirons la rose blanche et la rose rouge. Puisse le ciel, qui si longtemps a regardé leur haine avec courroux, sourire à cette heureuse union ! Où est le traître qui m'entendant ne voudrait pas dire, *Amen?* L'Angleterre a été longtemps folle et s'est mutilée elle-même : le frère aveuglément a répandu le sang du frère, le père dans l'accès de sa fureur a massacré son propre fils, le fils pressé par la contrainte a été le meurtrier de son père, divisés qu'ils étaient entre eux par les divisions cruelles qui divisaient York et Lancastre. Oh ! qu'aujourd'hui Richmond et Élisabeth, héritiers légitimes des deux maisons royales, s'unissent par le consentement béni de Dieu, et que leurs héritiers (si telle est ta volonté, mon Dieu !) enrichissent les temps à venir d'une paix au doux visage, d'une souriante abondance, et de beaux jours prospères ! Gracieux Seigneur, émousse l'épée des traîtres qui voudraient ramener ces jours sanglants, et faire pleurer à la pauvre Angleterre des fleuves de sang ! Ne permets pas de vivre pour jouir de la prospérité nouvelle de ce pays, à ceux qui voudraient par la trahison blesser la paix de ce beau royaume ! Maintenant les blessures civiles ont cessé de saigner, la paix ressuscite, et que Dieu dise *Amen* pour qu'elle puisse longtemps vivre en ce pays!
(*Ils sortent.*)

COMMENTAIRE.

ACTE I.

1. Le Soleil était l'emblème d'Édouard IV.

2. Hollinshed rapporte en effet que la mésintelligence entre Clarence et Édouard IV sortit de certaines prophéties habilement répandues, selon lesquelles celui qui devait régner après Édouard portait un nom commençant par G; mais il est probable que cette mésintelligence prenait sa source de plus haut et de plus loin. Clarence avait désiré se marier avec Marie, l'héritière de Bourgogne; mais Édouard, qui désirait ce mariage pour Rivers, le frère de la reine, fit au duc une opposition extrême. Marie n'épousa ni l'un ni l'autre, et fonda une plus grande chose que celle qui eût résulté d'un de ces deux mariages, en épousant Maximilien d'Autriche. A quoi tiennent les destinées cependant? Si Marie eût épousé Clarence, jamais la maison d'Autriche ne se serait élevée au rôle prédominant qu'elle a joué pendant deux siècles, jamais l'Espagne n'eût été la terrible nation qu'elle fut pendant cent cinquante années; l'Angleterre renouait dans les Flandres le rôle ébauché par Édouard III; elle se dédommageait par un heureux hasard de la perte de la France; elle reprenait pied sur le continent; de toutes façons l'équilibre de l'Europe était changé, et l'histoire prenait une autre direction.

3. Mistress Jane Shore, femme d'un orfévre de Londres, maîtresse d'Édouard IV, qui vantait sa gaieté. Elle eut plus d'une ressemblance avec notre Dubarry; elle eut entre autres celle-ci, c'est que, comme la Dubarry, après avoir été la maîtresse du roi, elle fut celle des grands de sa cour. Elle était la maîtresse d'Hastings lors du procès intenté à ce dernier, et l'affreux Richard fit retomber sur elle une partie de la haine qu'il portait à son amant. Poursuivie de ses persécutions, elle tomba dans la plus extrême misère, et fut abandonnée de tous ceux à qui elle avait rendu service : sort ordinaire qui atteint de meilleurs qu'elle. On trouve dans le recueil des *Reliques* de Percy une ballade très-longue et très-lamentable, où sont racontés les derniers jours de la jolie femme. Cette ballade a du caractère et mérite d'être lue; il y a là surtout un per-

sonnage d'entremetteuse qui, après avoir poussé dans les voies du vice Mistress Shore encore innocente, l'accable de malédictions lorsque la fatalité l'a frappée, qui est la réalité même.

4. Le mot de Glocester est plus énergique. Nous sommes les *abjects* de la reine, dit-il, et devons obéir.

5. Clarence prend au vol le mot *patience* et répond en faisant allusion à un proverbe populaire anglais : *Patience contre force est médecine pour un chien enragé.*

6. *Poor key-cold figure*, dit le texte, pauvre forme froide comme clef. On sait que de temps immémorial on place une clef dans le dos des personnes qui saignent du nez, parce qu'on suppose que le froid du métal arrête l'effusion du sang. J'ai vu pratiquer cette petite superstition médicale dans mon enfance; aujourd'hui je la crois à peu près tombée en désuétude.

7. Une superstition très-ancienne et très-générale voulait que le cadavre d'une personne assassinée saignât au toucher ou à l'approche de l'assassin, et ce singulier témoignage était admis comme preuve par la justice éclairée de cette époque. On frémit réellement en pensant à quel point la vie humaine a tenu longtemps à des sottises, à des billevesées et à des hasards. Le roi Jacques Ier tenait ce fait pour aussi vrai que parole d'Évangile, car voici ce qu'on lit dans la *Démonologie* de ce pédant couronné : « Car, dans un meurtre secret, si le cadavre est touché en quelque temps que ce soit, dans la suite, par le meurtrier, il en jaillira du sang, comme si ce sang criait vengeance au ciel contre le meurtrier. » Aux assises d'Oxford, sous Charles Ier, le *serjeant at law*, Sir John Maynard, reçut la déposition suivante du ministre de la paroisse à propos d'un meurtre commis sur une femme : « Le corps fut tiré du tombeau trente jours après la mort de la personne assassinée, et exposé sur le gazon; les quatre défendants (les personnes soupçonnées du meurtre) s'approchèrent, et, sur la requête qui leur en fut faite, le touchèrent tour à tour; alors le front de la morte, qui était d'une couleur livide de cadavre, se mit à perler d'une rosée ou légère sueur qui alla s'accroissant par degrés jusqu'à ce qu'elle coulât en grosses gouttes sur le visage; le front prit une vive et fraîche couleur, et la morte ouvrit et ferma un de ses yeux par trois fois; elle étendit le doigt annulaire par trois fois, et le replia aussi trois fois, et le doigt jeta du sang. » (*Gentleman's Magazine, septembre* 1731. *Extrait par* M. STAUNTON.) Il paraîtrait du reste, s'il faut en croire Hollinshed, que le corps de Henri VI saigna par deux fois pendant les funérailles, la première fois à Saint-Paul, la seconde à Black Friars.

8. *Crosby place* est maintenant *Crosby square* dans *Bishopsgate street*; une partie de la maison existe encore et sert de lieu de réunion à une congrégation presbytérienne. Cette magnifique demeure fut bâtie en l'année 1466, par Sir John Crosby, épicier et marchand de laine. La tombe de Sir John Crosby se trouve dans l'église voisine de Sainte-Hélène la grande. (STEEVENS.) Le terrain sur lequel fut bâti cet hôtel avait été loué pour quatre-vingt-dix-neuf ans (le terme des baux de terrains encore

en usage en Angleterre, où l'aristocratie n'a jamais aliéné la possession du sol, mais l'afferme de manière à créer une propriété temporaire à l'expiration de laquelle elle reprend son droit sur la terre, en emportant tout ce qui y est adhérent) à Sir John Crosby par Alice Ashfield, prieure de Sainte-Hélène; quatre ans après, ayant été nommé shériff, de simple alderman qu'il était, il fut chargé en cette qualité d'aller recevoir Édouard IV à son arrivée à Londres, en 1471. Son effigie, dans l'église voisine de Sainte-Hélène, porte le collier d'York, avec les roses et les soleils, insignes de la dignité de chevalier qu'il reçut lors de cette arrivée du roi à Londres. L'attachement de ce personnage à la maison d'York explique comment Glocester avait fait de Crosby place sa demeure favorite et le laboratoire de ses travaux. Une circonstance très-curieuse, c'est qu'un des hôtes ultérieurs de cette maison préférée de Richard fut précisément Sir Thomas More, qui y écrivit cette *Histoire de Richard III* si accablante pour la mémoire de ce prince. La vieille salle de l'hôtel existe encore; elle est très-vaste et mesure cinquante pieds de long, vingt-sept de large et quarante de haut. (Extrait en partie de l'*Édition* STAUNTON.)

9. Marguerite, fille de Jean Beaufort, premier duc de Somerset, épousa en premières noces Édouard Tudor, comte de Richmond, demi-frère de Henri VI par Catherine de France; en secondes noces, Henri Stafford, oncle d'Humphroy, duc de Buckingham (le Buckingham du présent drame), et en troisièmes, Lord Stanley; en sorte que le duc de Derby, aujourd'hui chef des tories, se trouve allié par le sang aux anciennes races royales d'Angleterre et même de France.

10. Glocester équivoque sur les sens des mots *marry*, espèce d'exclamation comme notre parbleu, et *marry*, épouser, se marier.

11. *Cacodemon*, mauvais esprit. Le mot *démon*, dans la mythologie des philosophes alexandrins, désignait indifféremment les esprits bons et mauvais.

12. Et bannie en effet était alors Marguerite, car sa présence à cette scène qui se passe en 1477 est une invention dramatique du poëte. Après la bataille de Tewkesbury, 1471, elle fut enfermée à la Tour, où elle resta jusqu'en 1475, époque à laquelle René d'Anjou, son père, la racheta. Elle revint alors en France, où elle mourut en 1482.

13. Richard portait un sanglier sur son écusson; la furieuse Marguerite fait de ce sanglier un porc, dans l'énergie de ses invectives.

14. Il paraît bien qu'en effet il existait une mésintelligence directe et réelle entre Glocester et Clarence. Cette mésintelligence provenait, semble-t-il, du refus que faisait Clarence de donner à Glocester la moitié des propriétés de Warwick, que l'affreux bossu réclamait en vertu de ses droits d'époux de lady Anne Nevil, fiancée d'Édouard, prince de Galles. Un témoin oculaire, Sir John Paston, dans une lettre à son frère, raconte que, le roi ayant voulu les réconcilier, Clarence refusa toute part de l'héritage. On a mis en doute la participation de Richard à la mort de Clarence en se fondant sur le peu d'intérêt qu'il avait à cette mort; mais, outre l'intérêt de se débarrasser d'un concurrent au trône, il avait, on le voit, des motifs de haine personnelle. Quoi qu'il en soit, Clarence

ne mourut pas directement de la main de Richard, et il fut bel et bien tué par son frère Édouard, qui obtint de la Chambre des Lords une condamnation en règle, et par les parents de la reine, qui lui étaient ennemis depuis cette rivalité entre lui et Rivers pour la main de Marie de Bourgogne. Quant à la tonne de Malvoisie, dans laquelle il aurait été noyé, on croit aujourd'hui qu'elle est apocryphe; mais on n'a aucune certitude à cet égard, et la tradition populaire a encore le droit d'être crue.

ACTE II.

1. Buckingham tenait en effet de très-près à la maison royale, car il descendait par son père de Thomas Woodstock, duc de Glocester, sixième fils d'Édouard III, et par sa mère de Jean de Gand, quatrième fils du même Édouard.

2. Le prince Édouard, à la mort de son père, se trouvait à Ludlow (Shropshire), sur la lisière du pays de Galles, où il avait été envoyé sous la surveillance de son oncle Anthony Woodville, comte de Rivers, pour tâcher d'amadouer, par son jeune âge et sa gentillesse, les habitants toujours prêts à se révolter de ce pays dont il portait le titre.

3. Dicton populaire très-ancien en Angleterre, et d'accord, je crois, avec l'expérience de tous les temps.

4. *Pitchers have ears*, les cruches ont des oreilles. Nous disons, les murs ont des oreilles.

ACTE III.

1. Londres était appelée la chambre royale, *camera regia*, depuis la conquête normande, et Buckingham fait encore allusion à ce titre dans le discours qu'il adresse aux citoyens, pour les disposer à accepter le duc de Glocester comme roi.

2. Tout ce plaidoyer de Buckingham pour prouver à l'archevêque que le sanctuaire peut être violé sans crime en certaines occasions, se retrouve dans Sir Thomas More, Hall, et Hollinshed.

3. Quelle est l'équivoque dont se vante ici Glocester, et qu'il aurait commise à l'instar du personnage *Vice* des anciennes allégories et moralités dramatiques? Sur quoi porte-t-elle? Il est assez difficile de le deviner; cependant il est probable que ce sens équivoque doit être cherché dans ce mot *caractères* qui en anglais comme en français signifie caractères d'imprimerie et caractère moral. Mais, cela dit, le sens n'en devient pas plus clair.

4. Il paraît bien que ces paroles furent prononcées en effet, s'il faut en croire le continuateur de la chronique d'Harding; seulement celui qui les prononça ne fut pas Buckingham, mais Thomas Howard, le même personnage que nous voyons à la fin du drame figurer sous le nom de

comte de Surrey. Thomas Howard aurait, paraît-il, rencontré Hastings, dans Tower street, causant avec un prêtre, au moment où le conseil allait se réunir : « Que faites-vous donc là, Milord, lui dit-il, vous n'avez pas encore besoin d'un prêtre; » et là-dessus il se mit à rire, comme pour dire : vous en aurez bientôt besoin, ou, vous prenez vos précautions d'avance.

5. Cet évêque d'Ély, John Morton, plus tard archevêque de Cantorbéry, et qui mourut en 1500, est un personnage historique considérable, car ce fut lui qui conseilla le mariage d'Henri Tudor, comte de Richmond (Henri VII), avec Élisabeth, fille aînée d'Édouard IV, et qui, par ce bon conseil, mit définitivement fin à l'affreuse guerre des deux Roses. — Quant à la demande des fraises, elle est historique, et on l'a citée pour montrer avec quel enjouement Glocester avait ouvert cette séance tragique.

6. Ce citoyen qui se nommait Walker, était un riche épicier de Cheapside, à l'enseigne de *la Couronne*. Son jeu de mots sur l'héritier présomptif de sa boutique lui coûta cher. L'histoire ne nous dit pas si Édouard, quand il se fut débarrassé de cet ambitieux citoyen, continua sa légitime vengeance sur ce jeune prince de Galles qui avait surgi d'une manière si menaçante pour son pouvoir.

7. Ce château avait été bâti, à l'origine, par Baynard, un des guerriers normands venus avec Guillaume le Conquérant; plus tard il fut réédifié par Humphroy, duc de Glocester, et il avait été donné par Henri VI à Richard, duc d'York, le père du Glocester de ce drameci. Steevens nous apprend qu'au dix-huitième siècle ses fondations étaient encore visibles.

8. Shaw et Penker étaient deux prédicateurs populaires de l'époque. Le premier était frère du Lord maire de Londres, Édouard Shaw, et ce fut de lui que Richard se servit pour lancer d'abord du haut de la chaire l'insinuation de bâtardise contre les enfants d'Édouard ; le second était provincial des Augustins : tous deux aidèrent puissamment Richard à prendre la couronne. Malone, dans une de ses notes, rappelle que c'est ainsi que quelques années auparavant, le comte de Warwick avait employé son chapelain, Goddard, pour démontrer qu'Édouard était un usurpateur, et que Henri VI devait être rétabli.

9. Ces enfants de Clarence eurent une destinée terriblement malheureuse : le garçon, Édouard, comte de Warwick, hébété par l'éducation que lui donna Richard, fut envoyé à la Tour après la bataille de Bosworth par Henri VII, et exécuté seize ans après (1499) par le même Tudor, sans avoir commis d'autre crime que d'avoir donné des inquiétudes à son souverain comme héritier des droits de la Rose Blanche. La cause véritable de la mort du jeune Warwick fut que Ferdinand d'Aragon refusait de marier sa fille au prince Arthur, le fils aîné de Henri VII, tant que le dernier rejeton de la maison d'York vivrait. Lorsque plus tard Catherine fut répudiée par Henri VIII, elle se souvint du crime de son beau-père, et s'écria : « Je n'ai pas commis d'offense, mais c'est un juste jugement de Dieu, car mon premier mariage fut fait dans le sang. » Sa

fille, Marguerite, mariée à Sir Richard Pole, vécut jusqu'à l'âge de soixante-dix ans; arrivée à cet âge respectable, Henri VIII, dans une de ses colères soupçonneuses, lui fit trancher la tête. Elle fut la mère du célèbre cardinal Pole. Avec elle disparurent les espérances de la Rose Blanche, qui pendant qu'elle vécut ne cessèrent d'entretenir une sourde agitation. O comme elle est vraie cette parole de l'Écriture, et comme elle s'accomplit toujours infailliblement : « Nos pères ont mangé le verjus et nous en avons les dents agacées ; les péchés des pères seront punis dans la postérité la plus reculée. » Tous les membres de la famille des York, un seul excepté, firent des fins lamentables : Richard, comte de Cambridge, fut décapité pour crime de haute trahison ; Richard, duc d'York, décapité après la bataille de Wakefield ; Clarence mourut à la Tour où moururent les enfants d'Édouard ; nous venons de voir la fin des deux enfants de Clarence. Cette famille d'York est peut-être la plus tragique de l'histoire.

10. Ce contrat n'exista jamais et avait été une invention de la mère d'Élisabeth Lucy, à laquelle Édouard faisait une cour trop pressante. Lady Lucy fut interrogée à ce sujet et répondit qu'à la vérité le roi semblait l'avoir aimée, et qu'elle avait pendant un temps reçu ses hommages, dans l'espérance qu'un mariage s'ensuivrait, mais qu'il n'y avait jamais eu entre eux aucun contrat.

ACTE IV.

1. Une très-ancienne manière de punir les régicides était de leur placer sur le front une couronne de fer chauffée à blanc.

2. Buckingham avait reçu le comté de Hereford, qu'il réclame ici, à l'avénement de Richard ; il y a donc dans ce passage une légère erreur historique.

3. C'était, selon un vieil historien, un château nommé *Rugemont*, à cause du sol rouge sur lequel il était bâti, qui avait été, selon la tradition, construit par César, mais qui était en tout cas d'origine romaine.

4. Il paraît que *l'heure du duc Humphroy* voulait dire l'heure du dîner, ou plutôt l'heure de l'appétit. Selon toute probabilité cette expression servait à désigner l'espérance d'un dîner, pour les gueux qu'une gêne momentanée ou durable mettait à la merci de la faim. Quelqu'un qui ne savait où dîner attendait l'heure du duc Humphroy, ou le duc Humphroy lui-même, c'est-à-dire le personnage charitable amené par le hasard ou la Providence qui pourrait réaliser cette espérance. Peut-être cette expression tirait-elle son origine de l'une des ailes de la cathédrale de Saint-Paul, qui s'appelait la promenade du duc Humphroy, et où l'on prétendait que venaient rôder les affamés en quête d'un dîner.

5. Il y a ici un calembour intraduisible qui porte sur les mots *cousin*, cousin, et *cozen*, duper, *cozened*, dupé, filouté. Oui, *cousins cozened* de leur royaume par leur oncle, dit la reine Élisabeth.

6. Sir Christophe Urswick était chapelain de Marguerite, comtesse de Richmond, la femme de Stanley, et fut plus tard aumônier de Henri VII, qui le tenait en grande estime et lui offrit l'évêché de Warwick. L'ayant refusé, il se retira à Hackney, dont il fut recteur, et où il mourut en 1521; on y voit encore son tombeau. Ce fut, paraît-il, le messager ordinaire entre le jeune Henri Tudor et la comtesse de Richmond, sa mère, pendant tout le règne de Richard III.

7. Ce fils de Stanley portait le titre de Lord Strange, et fut en effet retenu en otage par Richard qui se défiait des dispositions de son père.

8. *Rice ap Thomas*, c'est-à-dire Rice, fils de Thomas, *ap* étant le mot gallois pour signifier *de, du*.

ACTE V.

1. L'Oxford de cette pièce est celui que nous avons vu, dans la troisième partie de *Henri VI*, conduire prisonnier au château de Ham, en Picardie, après la bataille de Tewkesbury. Il y resta pendant tout le second règne d'Édouard, et pendant tout le règne de Richard; mais en 1484 il réussit à s'évader et alla joindre le comte de Richmond. Le nom de famille des Oxford était de Vere. C'était un des plus célèbres de l'aristocratie normande; il ne s'est éteint qu'à la fin du dix-septième siècle.

2. Sir James Blunt avait été commandant du château de Ham et avait aidé à l'évasion du comte d'Oxford.

3. L'armée de Richmond étant presque entièrement composée de Gallois, ses compatriotes, son état-major contient plus d'un nom gallois illustre, entre autres celui-ci, Herbert, nom de famille des comtes de Pembroke.

4. *A watch*, dit le texte. C'était une chandelle divisée en sections, dont chacune mettait une heure à s'épuiser et qui était ainsi une manière de montre.

5. *Cock-shut time*, le temps des coqs attrapés. Cette expression, que je traduis par notre *entre chien et loup*, tirait son origine de la coutume qu'avaient les chasseurs de coqs de bruyère de tendre leurs filets vers le soir. Telle est l'explication des commentateurs; elle est excellente et probablement vraie; mais si par hasard cela voulait dire tout simplement le temps des coqs fermés, et correspondait à notre expression populaire *l'heure où les poules vont se coucher?*

LE
ROI HENRI VIII

IMPRIMÉ POUR LA PREMIÈRE FOIS DANS L'ÉDITION DE 1623.
DATE DE LA REPRÉSENTATION, 1601 OU 1605.

AVERTISSEMENT.

La première édition connue de ce drame imprimé sous ce titre : « *La fameuse histoire de la vie du roi Henri VIII* » est celle de 1623. Quant à la date de la représentation, les critiques les plus autorisés se partagent entre 1601 et 1605. Théobald et Malone tiennent pour 1601, c'est-à-dire pour les dernières années d'Élisabeth, et croient que le compliment trop flatteur pour Jacques Ier qui termine le discours prophétique de Cranmer à la fin de la pièce, fut ajouté après l'accession au trône du premier Stuart. Des critiques contemporains, entre autres MM. Dyce et Collier, tiennent pour 1605, et fondent leur opinion sur une mention du registre de la librairie, mention de précaution à prendre pour que l'autorisation soit accordée aussitôt que demandée, qui semblerait en effet indiquer que l'*intermède de Henri VIII*, comme s'exprime le registre, était alors dans toute sa nouveauté; mais d'autres croient que cette mention se rapporte à une pièce de Rowley intitulée « *Quand vous me voyez, vous me connaissez,* » dont les événements et les caractères sont également empruntés au règne de Henri VIII.

Il ne nous est pas parvenu de pièce antérieure au drame de Shakespeare sur ce même sujet, mais il semble bien qu'il en avait existé une, et même plusieurs, car le journal d'Henslowe en mentionne une divisée en deux parties, la première intitulée « *l'Élévation du cardinal Wolsey,* » l'autre « *le Cardinal Wolsey,* » qui aurait vu le jour en 1601 et qui aurait exigé un luxe de mise en scène inusité pour le temps. Cependant si l'on considère que le *Henri VIII* de Shakespeare est précisément ce que nous nommons une pièce à grand spectacle, que les exhibitions, les processions, les fêtes y abondent comme dans peu de nos modernes opéras, et que cette date de 1601 est la date probable du drame de Shakespeare, on est jusqu'à un certain point en droit de se demander si la mention d'Henslowe ne se rapporte pas à ce drame même.

Henri VIII semble avoir porté deux titres à l'origine: « *Henri VIII, où Tout est vrai.* » Ce dernier titre se rapportait évidemment à l'intention annoncée par l'auteur dans le prologue de ne représenter dans cette pièce que des choses strictement vraies :

> .... *The opinion that we bring*
> (*To make that only true we now intend.*)

Cette résolution de rester strictement conforme à l'histoire était imposée à l'auteur par la proximité du temps qu'il mettait en scène et par le personnage qui occupait alors le trône. De quel œil Élisabeth aurait-elle vu un drame où figuraient son père et sa mère rempli d'aventures que ses souvenirs auraient pu réfuter? N'aurait-elle pas pu s'offenser comme d'un manque de réserve même des inventions les plus heureuses et les plus bienséantes? En supposant même que la pièce ait été composée et jouée sous le premier Stuart, Shakespeare n'était guère plus libre; quoique Élisabeth fût l'auteur de la mort de Marie Stuart, le sang de Jacques était issu de celui des Tudors, et ils vivaient tous enfin, les enfants de ceux qui avaient péri par la hache du bourreau ou pris part aux graves événements de ce règne formidable.

C'est à cette réserve imposée par les convenances qu'il faut attribuer, et le choix de l'épisode qui fait le sujet de *Henri VIII*, et la stricte conformité du poëte avec l'histoire dans le récit des événements et la peinture des caractères. L'épisode choisi est le divorce de Henri d'avec Catherine d'Aragon et son mariage avec Anne Boleyn. Certes il était facile de trouver dans ce règne orageux des épisodes plus dramatiques, — la tragédie d'Anne Boleyn, la tragédie de Catherine Howard, etc.; — mais il était difficile d'en trouver aucun qui fût plus acceptable, plus sympathique, et qu'il fût possible de présenter au public contemporain, sans risquer moins de réveiller ses passions et de soulever des douleurs mal apaisées. Sur le chapitre de Catherine d'Aragon, les contemporains n'éprouvèrent pas d'autres sentiments que ceux de la postérité. Tout le monde fut d'accord pour plaindre la reine qu'une sympathie respectueuse et un peu froide suivit dans sa retraite; mais la presque unanimité du public anglais fut enclin à accepter cette injustice comme une nécessité d'état. Le divorce de Henri était resté pour la masse du public un acte de politique nationale, et comme tel était couvert d'une sorte d'indulgence. Quoi qu'on puisse penser en effet de cet acte scandaleux, il faut reconnaître qu'en détachant l'Angleterre de la grande institution de la papauté, lien moral commun des nations européennes, il inaugura réellement cette politique strictement insulaire à laquelle ce pays est resté fidèle depuis, et qui alla toujours croissant avec les années, jusqu'à ce qu'il eût isolé complétement ses intérêts de ceux du continent, et se fût séparé de fait du grand concert européen. Autant l'Angleterre fut mêlée pendant le moyen âge à la politique continentale, autant elle en a été séparée dans les siècles modernes. De quelque manière qu'on juge ce roi orgueilleux et plein de lubies, dandy jaloux dont les sombres passions encore mal expliquées reposaient probablement sur quelque chose comme une demi-impuissance physique[1], il faut bien avouer qu'il

---

[1]. C'est l'explication que m'a donnée des jalousies de Henri, un des

eut le premier le génie de reconnaître, que n'ayant plus ses possessions de France qui permettaient aux Plantagenêts de faire de leur royaume une puissance continentale prédominante, l'Angleterre avait plus à perdre qu'à gagner à se mêler aux querelles du continent, et que son avenir était dans l'isolement et la rupture des liens politiques qui l'attachaient au concert européen sans avantage solide pour elle. La Révolution d'Angleterre, considérée sous un certain rapport, ne fut autre chose que le premier acte de cette politique dont le divorce de Henri fut le prologue; car que disait cette révolution, sinon ceci : « L'Angleterre ne cherchera son originalité politique qu'en elle-même et restera fidèle à son passé. A la vérité, nous voyons bien qu'un mouvement irrésistible semble emporter tous les peuples de l'Europe vers la monarchie absolue, et que nous ferons contraste et scandale en restant fidèles aux traditions du moyen âge et au culte de la liberté individuelle. Mais puisque nous sommes séparés de fait du continent, nous resterons séparés aussi de la constitution politique générale de l'Europe. Que Richelieu et Mazarin dominent en France, leur émule Thomas Wentworth, comte de Strafford, a payé son imitation de sa tête. »

Ce qu'il faut admirer, c'est que Shakespeare ayant à mettre en scène Henri VIII, n'ait pas été plus courtisan qu'il ne l'a été, et qu'il ait eu le courage de maintenir au point où il les a maintenus les droits de la vérité et ses propres préférences morales. Il est trop évident que toutes ses sympathies sont pour Catherine d'Aragon, qui est le personnage principal de son drame, et le seul qui inspire un intérêt véritable. Au contraire il est visible qu'il n'a pour Anne Boleyn que l'estime médiocre qu'inspire cette personne au caractère tant soit peu louche, en dépit

---

hommes les plus aimables de l'aristocratie anglaise, Lord H., homme aussi remarquable par la franchise du caractère et le libéralisme des opinions que par la finesse des facultés littéraires.

des portraits où Holbein nous a présenté son joli et peu séduisant visage. Quels moyens adroits le poëte a employés pour insinuer sa pensée qu'il ne pouvait exprimer tout haut! Il ne pouvait dire ouvertement : « à mon avis, Anne Boleyn eut une conduite tortueuse; il y eut quelque chose en elle qui sentait l'intrigante et la jolie femme qui avait trop longtemps vécu à la cour de France; » mais il a placé auprès d'elle le personnage anonyme de *la vieille Dame*, et *la vieille Dame* est une compagne qui, à la cour comme ailleurs, se trouve fréquemment aux côtés d'une jolie femme. Il a témoigné encore de son peu de sympathie par le rôle insignifiant qu'il a donné à Anne Boleyn, laquelle n'apparaît que deux fois dans ce drame, et d'une manière un peu banale. Au contraire, avec quel respect est peinte la reine Catherine qui est bien évidemment la femme vertueuse dont parle l'épilogue! Catherine dans ce drame est la noblesse et la vertu même, et Shakespeare, avec un tact qui l'honore, désespérant, malgré tout son génie, de la vaincre en fierté et en élévation d'âme, n'a fait autre chose que traduire dans le langage poétique ses propres discours que l'histoire nous a conservés, et cette lettre suprême du lit de mort qui respire une si touchante dignité et une si vraie grandeur.

Après Catherine, le personnage principal est Wolsey. Dans la peinture de ce caractère, Shakespeare est resté fidèle à l'histoire; il l'a montré tel qu'il fut, somptueux, magnifique, libéral, simoniaque, secret ennemi des grands auxquels il ne pardonnait pas d'être né fils d'un boucher d'Ipswich, arrogant à rendre des points à Rodomont, et plus fier de la pourpre romaine, que si les épaules qui la portaient avaient été celles d'un Della Rovere ou d'un Médicis, vrai patriote malgré tout, quoique n'ayant pas su voir clair dans l'esprit de son temps. Wolsey manœuvra toujours comme si l'Angleterre se trouvait dans des circonstances ordinaires, comme si elle était toujours assise sur le ferme terrain de la tradition. Sa chute ne fut pas tout à fait telle que Shakespeare la rapporte. Il tomba sous l'indignation qui s'empara de l'Angleterre, lorsque toutes ses démarches eurent abouti à la citation de Henri devant la cour de Rome. Wolsey s'était toujours flatté d'amener Rome à un compromis, et rien n'est amusant comme les illusions dont il s'était leurré pendant cette longue et scabreuse affaire : au moment même où l'Angleterre allait se séparer de Rome, Wolsey voyant la France tiede, l'empereur Charles-Quint en lutte avec la papauté, avait espéré donner à son pays ce rôle de protecteur du saint-siége que semblaient abandonner les autres grandes monarchies. C'est pour cela qu'il avait prêté les mains au divorce; moyennant cette concession, pensait-il et disait-il, l'Angleterre sera l'épée du saint-siége : et c'est à ce dénoûment violent de la citation en cour romaine que venaient aboutir tant de pourparlers, de lettres et de négociations! Jamais faiseur de projets n'a été réveillé de son rêve par une plus énergique secousse. Après sa chute, Wolsey ne perdit pas non plus complétement la faveur de Henri, comme le dit Shakespeare, et quelques semaines encore avant sa mort, on put croire qu'il allait reprendre les affaires, et remplacer le ministère par trop plein d'éléments hostiles et divergents qui lui avait succédé. Les autres personnages du drame sont aussi très-exactement représentés. Thomas Cromwell, à la jeunesse aventureuse et affamée, est bien tel que l'histoire nous le présente aux débuts de sa vie politique, fidèle et reconnaissant serviteur de Wolsey, et déjà, ainsi que nous le voyons par la scène du conseil au cinquième acte, bras gauche de Henri dans l'affaire de l'Église anglicane, comme Cranmer en fut le bras droit. Cranmer, qui ne fait qu'apparaître, est aussi très-reconnaissable, à son mélange d'humilité et de fermeté, à son obséquiosité, à sa déférence légèrement servile; on voit poindre en lui toutes ces qualités de subalterne éminent qui en firent un si admirable instrument pour Henri. Un tel homme n'est pas un roi lui-même par l'âme, mais l'outil excellent d'un roi. Quant à Henri, quoiqu'il occupe une grande place dans le drame, on peut dire qu'il n'est présenté qu'épisodiquement. Les côtés sombres et passionnés de sa nature ont été prudemment laissés dans l'ombre, et de tous ses traits distinctifs Shakespeare n'a mis en relief que sa fierté et son orgueil, le plus grand dont l'histoire fasse mention.

Le docteur Samuel Johnson a émis judicieusement l'avis que le prologue et l'épilogue de cette pièce ont été écrits non par Shakespeare, mais par son célèbre rival Ben Jonson, et cette opinion corroborée par Farmer a été généralement acceptée par les critiques qui sont venus depuis. Nous irons beaucoup plus loin que le docteur Johnson. A notre avis, ce n'est pas seulement le prologue et l'épilogue qui sont dus à l'auteur de *Volpone* et de *Séjan*; toute la pièce porte de manière à ne pas s'y méprendre la marque authentique de son style, si étrange dans sa correction classique, de ce style concis, elliptique, plein d'inversions, de sous-entendus, arrivant à la bizarrerie et à l'excentricité les plus marquées à force de choix dans les mots et de désir trop absolu de propriété dans les termes. C'est le trait caractéristique de Ben Jonson de dédaigner le mot général par lequel on peut désigner une chose, et de chercher avec obstination le mot par lequel on peut indiquer l'individualité de cette chose, ce qui la sépare absolument de son genre ou de son espèce; or le style de *Henri VIII* est remarquable sous ce rapport, et n'a nullement l'allure ailée, la spontanéité, l'invention heureuse et soudaine du style de Shakespeare. D'autre part, *Henri VIII* se fait remarquer par un amour de la pompe théâtrale, des décors, des scènes à effet, des spectacles amusants pour l'œil, des défilés d'opéra, qui distingue très-particulièrement Ben Jonson, auteur de tant de *masques* célèbres, et passé maître dans cet art des exhibitions dramatiques. Je crois donc, bien qu'aucun fait ne soit à cet égard parvenu jusqu'à nous, que *Henri VIII* est dû à une collaboration de Shakespeare et de Ben Jonson.

Une circonstance assez curieuse historiquement se rattache à ce drame de *Henri VIII*. Ce fut pendant une de ses représentations que le théâtre du *Globe* fut incendié le 20 juin 1613. Cette trop grande pompe dramatique qui distingue *Henri VIII* en fut, dit-on, la cause, le toit s'étant enflammé au contact de quelques fusées, tirées probablement dans les scènes populaires si remarquables du dernier acte, où le poëte a montré le joyeux empressement de la foule au baptême d'Élisabeth, flatterie qui plus qu'aucune de celles que contient la pièce dut aller au cœur de la reine, car cette émotion du peuple anglais à sa naissance fut une réalité dont le poëte a tiré le parti le plus heureux.

PERSONNAGES DU DRAME.

Le roi HENRI VIII.
Le cardinal WOLSEY.
Le cardinal CAMPEIUS.
CAPUCIUS, ambassadeur de l'empereur Charles-Quint.
CRANMER, archevêque de Canterbury.
Le duc de NORFOLK.
Le duc de BUCKINGHAM.
Le duc de SUFFOLK.
Le comte de SURREY.
Le Lord CHAMBELLAN.
Le Lord CHANCELIER.
GARDINER, secrétaire du Roi, par la suite évêque de Winchester.
L'évêque de LINCOLN.
Lord ABERGAVENNY.
Lord SANDS.
Sir HENRI GUILDFORD.
Sir THOMAS LOVELL.
Sir ANTHONY DENNY.
Sir NICHOLAS VAUX.
Secrétaires de Wolsey.
CROMWELL, serviteur de Wolsey, par la suite secrétaire du Roi.
GRIFFITH, maître des cérémonies de la reine Catherine.
Un gentilhomme de la maison du Roi.
Un gentilhomme de la maison de la Reine.
Trois Messieurs.
Le docteur BUTTS, médecin du Roi
Le roi d'armes.
L'intendant du duc de Buckingham.
BRANDON.
Un sergent d'armes.
Le concierge de la chambre du Conseil.

UN PORTIER et SON VALET.
UN PAGE DE GARDINER.
UN CRIEUR.

LA REINE CATHERINE, femme du ROI HENRI, par la suite divorcée.
ANNE BOLEYN, sa dame d'honneur, par la suite REINE.
UNE VIEILLE DAME, amie d'ANNE BOLEYN.
PATIENCE, femme de chambre de la REINE CATHERINE.

LORDS et LADIES, figurant dans les mascarades; FEMMES de la suite de la reine; ESPRITS qui apparaissent à la reine; GREFFIERS, OFFICIERS, GARDES et *autres comparses*.

SCÈNE. — Londres et Westminster : une fois à Kimbolton.

LE ROI HENRI VIII.

PROLOGUE.

Je ne viens plus pour vous faire rire ; ce sont des choses de physionomie grave et sérieuse, tristes, élevées, pathétiques, pleines de grandeur et de douleur, ce sont de nobles scènes aptes à solliciter les yeux aux pleurs, que nous vous présentons aujourd'hui. Les spectateurs capables de compassion peuvent, s'ils en sentent l'envie, laisser ici tomber une larme ; le sujet le mérite. Ceux qui donnent leur argent dans l'espoir de voir des choses qu'ils puissent croire, pourront trouver ici la vérité. Quant à ceux qui viennent pour voir seulement une scène ou deux, et accorder là-dessus que la pièce peut passer, je m'engage à leur en donner abondamment pour leur shilling dans l'espace de deux courtes heures, s'ils veulent être tranquilles et de bon vouloir. Il n'y aura de trompés que ceux qui viennent pour écouter une pièce gaie et équivoque, un cliquetis de boucliers, ou pour voir un compère en longue robe bariolée[1], galonnée de jaune : car sachez, aimables auditeurs, qu'associer la réalité que nous avons choisie avec des scènes de bouffonnerie et de combat, serait d'abord manquer à notre propre conception, à l'intention arrêtée que nous avons de représenter seulement des choses vraies, et ensuite nous retirer la sympathie de tout homme intelligent. Ainsi donc, au nom de la bienveillance, au nom de la réputation que vous avez acquise d'être le premier et le meilleur auditoire de la ville, soyez aussi sérieux que nous le désirons : pensez que vous voyez les personnages même de notre noble histoire, tels qu'ils furent de leur vivant ; pensez que vous les voyez puissants, et suivis de la foule énorme et bouillante d'empressement de milliers d'amis ; puis, considérez comme, en un instant, cette grandeur rejoint l'infortune ! Après cela si vous avez le cœur d'être gais, je dirai qu'un homme est capable de pleurer le jour de son mariage.

ACTE I.

SCÈNE PREMIÈRE.

LONDRES. — Une antichambre dans le palais.

Entrent d'un côté LE DUC DE NORFOLK[2]; *de l'autre* LE DUC DE BUCKINGHAM *et* LE LORD ABERGAVENNY.

BUCKINGHAM. — Bonjour et heureuse rencontre. Comment vous êtes-vous porté depuis que nous nous sommes vus en France pour la dernière fois ?

NORFOLK. — Je remercie Votre Grâce, en bonne santé, et en admiration sans cesse renaissante de ce que j'ai vu en France.

BUCKINGHAM. — Une malencontreuse indisposition me retenait prisonnier dans ma chambre, lorsque ces soleils de gloire, ces deux lumières d'entre les hommes, se sont rencontrés dans la vallée d'Ardres.

Norfolk. — Entre Guynes et Ardres : j'étais alors présent, je les vis se saluer à cheval; je les vis, lorsqu'ils eurent mis pied à terre, s'étreindre dans leurs embrassements si étroitement qu'on aurait dit qu'ils ne faisaient qu'un; s'ils n'avaient fait qu'un, en effet, où sont les quatre monarques qui pris ensemble auraient pu représenter le poids d'une telle fusion royale?

Buckingham. — Pendant tout le temps, je fus prisonnier dans ma chambre.

Norfolk. — Alors vous avez perdu le spectacle de la gloire terrestre : les hommes pouvaient dire que jusqu'alors la pompe avait vécu à l'état de célibat, mais qu'elle s'était mariée ce jour-là à quelqu'un de supérieur à elle-même. Chaque jour nouveau surpassa le jour précédent, jusqu'à ce que le dernier vint dominer toutes les merveilles antérieures. Aujourd'hui les Français, tout clinquant et tout or, pareils à des Dieux païens, éclipsaient les Anglais, et le lendemain ces derniers transformaient la Grande-Bretagne en une Inde : chacun des hommes qui était présent, brillait comme une mine. Leurs petits nains de pages étaient tout dorés, comme des chérubins; les Dames, elles aussi, qui n'étaient pas habituées à travailler, suaient presque de porter les richesses qui les recouvraient, si bien que l'incarnat qui résultait de leur fatigue leur faisait comme un fard : aujourd'hui cette mascarade était déclarée incomparable, et la soirée suivante la faisait paraître chose tout à fait sotte et pauvre. Chacun des deux rois, tous deux égaux en éclat, était tantôt le plus, tantôt le moins splendide, selon qu'il était ou n'était pas présent; celui qu'on voyait, était celui qui attirait la louange; et lorsqu'ils étaient tous deux présents, les spectateurs disaient qu'ils n'en voyaient qu'un; et personne n'aurait osé décider quel était le supérieur. Lorsque ces soleils, — car c'est ainsi qu'on les nomme, — eurent par leurs hérauts provoqué aux armes les nobles courages, ceux-là accomplirent des exploits au-dessus de toute imagination ; si bien que les anciennes histoires fabuleuses devinrent tellement probables, qu'elles gagnèrent crédit au point de faire croire aux exploits de Bevis[3].

Buckingham. — Oh! vous allez loin.

Norfolk. — Aussi vrai que je tiens à la considération et que j'aime à décorer l'honneur de probité, le meilleur narrateur ferait perdre à chacun de ces épisodes quelque chose de cette vie que la réalité du spectacle pouvait seule exprimer. Tout était royal ; rien ne détruisait l'harmonie de ce spectacle ; l'ordre mettait chaque chose en relief, et chaque office remplissait sa fonction dans toute sa plénitude.

Buckingham. — Quel était l'ordonnateur? je veux dire, qui avait mis ensemble le corps et les membres de cette grande fête, selon votre supposition?

Norfolk. — Quelqu'un certes qui ne paraît pas novice dans de telles affaires.

Buckingham. — Qui ça, je vous prie, Milord?

Norfolk. — Tout cela fut ordonné par l'excellente sagacité du très-révérend cardinal d'York.

Buckingham. — Le diable l'emporte! il faut qu'il fourre ses doigts ambitieux dans le plat de tout le monde. Qu'avait-il à faire dans ces vanités d'hommes de guerre? Je m'étonne qu'une telle boule de graisse ait pouvoir d'absorber les rayons du bienfaisant soleil dans la masse de sa personne, et de l'enlever à la terre.

Norfolk. — Assurément, Milord, il y a en lui une étoffe qui le rend capable de telles choses ; car il n'est pas appuyé sur l'ancienneté de la race, dont la tradition d'honneur trace leur route aux successeurs ; il n'a pas été appelé pour de hauts services rendus à la couronne ; il n'est pas allié non plus à des auxiliaires éminents ; mais comme l'araignée, tirant sa toile de sa propre substance, il nous fait voir que c'est par la force de son mérite personnel qu'il ouvre son chemin ; il tient du ciel le don qui lui a conquis la première place après le roi.

Abergavenny. — Je ne puis dire ce que le ciel lui a donné, — je laisse à des yeux plus graves que les miens à le découvrir, — mais je puis voir son orgueil qui perce à travers toutes les parties de son individu : d'où l'a-t-il pris? si ce n'est pas de l'enfer, le diable est un avare, ou bien c'est qu'ayant tout donné déjà, il recommence dans la personne du cardinal un nouvel enfer.

BUCKINGHAM. — Pourquoi diable, dans ce voyage de France, a-t-il pris sur lui, sans consulter le roi, de désigner les personnes qui devaient accompagner le souverain? Il a dressé la liste de tous les gentilshommes chargés de cet office, gentilshommes auxquels pour la plupart il avait l'intention d'imposer une aussi lourde charge qu'un petit honneur; et il faut que sa lettre fasse marcher celui à qui elle est adressée, sans ordres aucuns de l'honorable conseil.

ABERGAVENNY. — Je connais plusieurs de mes parents, trois au moins, qui pour cette affaire ont tellement ébréché leurs fortunes qu'ils ne retrouveront jamais leur première opulence.

BUCKINGHAM. — Oh, il en est beaucoup qui se sont cassé les reins en mettant sur leurs dos des manoirs entiers pour ce grand voyage. Et qu'a produit cette vanité, sinon à fournir le sujet de conversations sur ses pauvres conséquences?

NORFOLK. — Je le pense avec regret, la paix entre nous et les Français ne vaut pas le prix auquel elle a été conclue.

BUCKINGHAM. — Il ne fut pas un homme qui n'eût une heure d'inspiration après l'horrible tempête qui suivit, pas un homme qui de lui-même, sans avoir besoin de consulter, n'émit la prophétie que cette tempête, en déchirant la robe de cette paix, présageait que la paix elle-même serait soudainement rompue.

NORFOLK. — Ce qui commence déjà à se réaliser; car la France a violé le traité et a mis sous séquestre les marchandises de nos négociants à Bordeaux.

ABERGAVENNY. — Est-ce pour cela que l'ambassadeur n'obtient pas audience?

NORFOLK. — Oui, parbleu, c'est pour cela.

Abergavenny. — Un beau titre de paix, et acheté à un taux par trop élevé !

Buckingham. — Eh bien, toute cette affaire est l'œuvre de notre révérend cardinal.

Norfolk. — Plaise à Votre-Grâce, la cour a remarqué l'antipathie particulière qui existe entre vous et le cardinal. Je vous conseille (et ce conseil sort d'un cœur qui vous souhaite abondamment honneur et sécurité) de penser à la puissance du cardinal quand vous penserez à sa malice, et de faire en outre attention qu'il trouvera dans sa puissance un ministre propre à exécuter tout ce que demandera sa vigoureuse haine. Vous connaissez sa nature, vous savez qu'il est vindicatif, et moi je sais que son épée a un tranchant aigu : elle est longue, et on peut dire qu'elle atteint loin ; et là où elle n'atteint pas, il la lance. Serrez mes conseils sous clef dans votre cœur, vous vous en trouverez bien. Tenez, voici venir ce rocher que je vous avertis d'éviter.

Entrent LE CARDINAL WOLSEY, *la bourse portée devant lui, quelques-uns de* SES GARDES, *et* DEUX SECRÉTAIRES *avec des papiers.* LE CARDINAL *en passant fixe son œil sur* BUCKINGHAM, *et celui-là lui rend son regard, tous deux avec une expression d'entier dédain.*

Wolsey. — Et l'intendant du duc de Buckingham, eh ? où est son interrogatoire ?

Premier secrétaire. — Le voici, s'il vous plaît.

Wolsey. — Est-il prêt en personne ?

Premier secrétaire. — Oui, plaise à Votre Grâce.

Wolsey. — Bon, nous en saurons davantage en ce cas, et Buckingham abaissera ce regard altier. (*Sortent Wolsey et sa suite.*)

Buckingham. — Ce chien de boucher a la bouche venimeuse[4], et moi je n'ai pas le pouvoir de le museler ; par conséquent il vaut mieux ne pas le réveiller dans son sommeil. Le bouquin d'un mendiant l'emporte sur le sang d'un noble.

Norfolk. — Comment, est-ce que vous êtes échauffé ?

Implorez de Dieu un peu de froideur: c'est le seul remède que réclame votre indisposition.

Buckingham. — J'ai lu dans ses regards un projet contre moi; son œil m'a méprisé comme l'objet dont il a horreur: en cet instant, il me joue quelque tour ; il s'est rendu auprès du roi; je vais le rejoindre et le décontenancer.

Norfolk. — Arrêtez, Milord, et permettez à votre raison de discuter avec votre colère l'action que vous allez faire : pour escalader des collines escarpées, il faut d'abord marcher à petits pas : la colère est pareille à un cheval d'une fougue extrême, qui, lorsqu'on lui laisse pleine liberté, se fatigue par sa propre ardeur. Il n'est pas un homme en Angleterre qui pût me conseiller aussi bien que vous; soyez donc pour vous-même ce que vous seriez pour votre ami.

Buckingham. — J'irai trouver le roi, et j'abattrai avec la parole d'un homme d'honneur l'insolence de ce garçon d'Ipswich, ou bien je proclamerai qu'il n'y a plus de différence entre les personnes.

Norfolk. — Laissez-vous conseiller; ne chauffez pas si fortement une fournaise pour votre ennemi qu'elle vous brûle vous-même : nous pouvons dépasser, par une rapidité violente, l'objet après lequel nous courons, et le perdre en le dépassant. Ne savez-vous pas que le feu qui fait monter le liquide jusqu'à le faire déborder, le répand au moment où il semble l'augmenter? Laissez-vous conseiller : je vous dis encore qu'il n'est pas d'âme en Angleterre plus capable de vous diriger que vous-même, si vous voulez éteindre, ou seulement modérer, le feu de la passion avec la séve de la raison.

Buckingham. — Milord, je vous suis reconnaissant, et je me conduirai d'après votre recommandation : mais j'ai la preuve, je sais de source aussi claire que sont claires les fontaines en juillet, alors que nous distinguons chaque grain de sable, que ce garçon orgueilleux comme les monts, — et si je le nomme ainsi, ce n'est pas par fiel, mais par sincère indignation, — est corrompu et traître.

Norfolk. — Ne dites pas traître.

BUCKINGHAM. — Je le dirai au roi, et je soutiendrai mon affirmation aussi ferme qu'un roc. Écoutez bien. Ce pieux renard, ou bien ce loup, ou tous les deux, — car il est aussi vorace qu'il est subtil, et aussi porté au mal que puissant pour l'accomplir, sa nature et sa charge faisant réciproquement échange d'infection, — à cette seule fin d'étaler sa pompe en France aussi bien qu'en Angleterre, a suggéré au roi notre maître, sous le prétexte de ce dernier coûteux traité, cette entrevue dans laquelle se sont engloutis tant de trésors et qui s'est brisée comme un verre quand on veut le rincer.

NORFOLK. — En vérité, c'est ce qui est arrivé.

BUCKINGHAM. — Je vous en prie, Monsieur, donnez-moi la permission de continuer. Ce rusé cardinal a rédigé les articles du traité comme il lui a plu, et ils ont été ratifiés, dès qu'il a crié : *que cela soit*, quoique cela fût aussi utile que de donner une béquille à un mort : mais notre comte cardinal a fait cela, et cela est bien, car c'est le digne Wolsey, l'homme qui ne se trompe jamais, qui a fait cela. Maintenant, voici ce qui en résulte (conséquences que je regarde comme une manière de progéniture de la vieille dame trahison) : Charles, l'empereur, sous prétexte de voir la reine sa tante[5] (car c'était là le prétexte qu'il a mis en avant, mais son but était de chuchoter avec Wolsey), est venu ici nous faire visite : il craignait que l'entrevue entre France et Angleterre, par suite du bon accord qui devait en résulter, ne lui portât quelque préjudice ; car cette alliance laissait entrevoir des dangers qui le menaçaient : il s'est donc entretenu en particulier avec le cardinal, et autant que je puis le supposer, — et j'ai bonne raison de le supposer, car j'en suis sûr, — l'empereur a payé avant promesse, en sorte que sa requête lui a été accordée avant demande ; mais lorsque la route a été ainsi ouverte par un pavage d'or, l'empereur a émis le désir qu'il modifiât la conduite du roi, et qu'il rompît la paix dont nous venons de parler. Il faut donc que le roi sache — et il le saura bientôt par moi — que le cardinal brocante son honneur comme il lui plaît et pour son propre avantage à lui, le cardinal.

Norfolk. — Je suis chagrin d'apprendre cela sur son compte, et je souhaiterais qu'il fût tant soit peu mal jugé en cette affaire.

Buckingham. — Non, pas d'une syllabe; je le peins avec la forme même sous laquelle on finira par le voir.

Entre BRANDON; un sergent d'armes *le précède avec deux ou trois hommes de la* garde.

Brandon. — A votre office, sergent; faites votre devoir.

Le sergent d'armes. — Au nom de notre très-puissant Souverain, le roi, je t'arrête comme coupable de haute trahison, Milord, duc de Buckingham, et comte de Hereford, de Stafford et de Northampton.

Buckingham. — Eh bien, Milord, le filet est tombé sur moi! Je périrai sous les stratagèmes et les machinations.

Brandon. — Je suis chagrin de vous voir privé de votre liberté, d'être témoin de cette affaire-ci; c'est le bon plaisir de Son Altesse que vous soyez conduit à la Tour.

Buckingham. — Il ne me servira à rien de plaider mon innocence, car je suis teint de telle façon, que mes parties les plus blanches paraissent noires. La volonté du ciel soit faite en cela comme en toutes choses! J'obéis. Milord Abergavenny, portez-vous bien!

Brandon. — Non, il devra vous tenir compagnie. (*A Abergavenny.*) C'est la volonté du roi que vous soyez conduit à la Tour, jusqu'à ce que vous connaissiez ses décisions ultérieures[6].

Abergavenny. — Je dis comme disait le duc, que la volonté du ciel soit faite, et que le bon plaisir du roi soit par moi obéi!

Brandon. — Voici un ordre du roi pour arrêter Lord Montacute[7], et les personnes du confesseur du duc, John de la Car, et de son chancelier, un certain Gilbert Peck....

BUCKINGHAM. — Bon, bon ; voilà les membres du complot ; — il n'y en a pas d'autres, j'espère ?

BRANDON. — Un moine des Chartreux.

BUCKINGHAM. — Oh ! Nicolas Hopkins ?

BRANDON. — Lui-même.

BUCKINGHAM. — Mon intendant est traître ; le tout-puissant Cardinal lui a montré de l'or : ma vie est déjà mesurée. Je suis l'ombre du pauvre Buckingham, et la forme de cette ombre allonge en cet instant son nuage pour obscurcir mon brillant soleil. Milord, adieu. (*Ils sortent.*)

SCÈNE II.

LONDRES. — La chambre du Conseil.

Fanfares de cors. — *Entrent* LE ROI HENRI, LE CARDINAL WOLSEY, LES LORDS DU CONSEIL, SIR THOMAS LOVELL, *des* OFFICIERS *et des* GENS *de la suite.* LE ROI *entre en s'appuyant sur l'épaule du* CARDINAL.

LE ROI HENRI. — Ma vie elle-même, et ce qu'elle a de plus cher, vous remercient pour cette grande vigilance ; j'étais sous le coup d'une conspiration prête à éclater, et je vous remercie de l'avoir étouffée. Qu'on appelle devant nous ce Monsieur appartenant à Buckingham ; je veux l'entendre en personne justifier ses aveux, et il fera de point en point un nouveau récit des trahisons de son maître.

LE ROI HENRI *s'assied sur son trône.* LES LORDS DU CONSEIL *prennent leurs siéges respectifs.* LE CARDINAL *se place à droite aux pieds du* ROI HENRI.

On entend au dehors des cris de « Place à la Reine ! » *Entre* LA REINE CATHERINE, *introduite par les* DUCS DE NORFOLK *et* DE SUFFOLK : *elle s'agenouille.* LE ROI HENRI *se lève de son trône, la fait lever, l'embrasse, et la place à côté de lui.*

LA REINE CATHERINE. — Non, nous devons rester plus longtemps agenouillée ; je suis une solliciteuse.

ACTE I, SCÈNE II.

Le roi Henri. — Levez-vous, et prenez place auprès de nous : il est inutile de nous énoncer la moitié de votre requête, puisque vous avez la moitié de notre pouvoir; l'autre moitié vous est accordée avant de la demander : énoncez votre désir et qu'il soit satisfait.

La reine Catherine. — Merci à Votre Majesté. Ma pétition a pour objet de vous inviter à vous aimer vous-même, et en vous aimant à ne pas négliger l'honneur de votre personne et la dignité de vos fonctions.

Le roi Henri. — Continuez, ma reine.

La reine Catherine. — Je suis sollicitée par des gens qui ne sont point en nombre médiocre, et qui sont de bonne condition ceux-là, de vous informer que vos sujets sont en proie à un vif mécontentement : on leur a envoyé des commissions qui ont altéré le cœur de leur fidélité, et bien que ce soit contre vous, mon bon Lord cardinal, qu'ils exhalent le plus amèrement leurs reproches, comme étant l'auteur de ces exactions, cependant le roi notre maître (dont le ciel protége l'honneur de toute souillure!), n'échappe pas à la vivacité irrévérencieuse de leur langage, langage qui dépasse les frontières de la loyauté, et qui apparaît presque comme celui de la rébellion ouverte.

Norfolk. — Il n'apparaît pas *presque*, il est tout à fait le langage de la rébellion; car dès que ces taxes eurent été imposées, tous les drapiers, ne pouvant occuper plus longtemps leurs hommes, ont congédié les fileurs, les cardeurs, les fouleurs, les tisseurs, lesquels, incapables d'un autre métier, poussés par la faim et le défaut d'autres ressources, fous de colère et affrontant en face leur situation, se sont tous soulevés, et le désespoir combat dans leurs rangs.

Le roi Henri. — *Des taxes!* pourquoi? et lesquelles? Milord Cardinal, vous qui êtes blâmé avec nous pour ces taxes, en avez-vous connaissance?

Wolsey. — Avec votre bon plaisir, Sire, je n'ai connaissance que d'une partie de toute chose qui concerne l'État; je ne suis que le premier en tête dans ce régiment, où d'autres marchent avec moi.

La reine Catherine. — Non, Milord, vous n'en savez pas plus que les autres; mais c'est vous qui ordonnez les choses qui sont connues de tout le monde, choses qui ne sont rien moins que salutaires pour ceux qui voudraient bien ne pas les connaître, et qui sont forcés cependant de faire connaissance avec elles. Ces exactions, dont mon Souverain désire être informé, sont odieuses à entendre, et le dos qui les porte doit succomber sous le fardeau. On dit qu'elles ont été imaginées par vous; si cela n'est pas, vous êtes en butte vraiment à de trop durs reproches.

Le roi Henri. — Encore *exactions!* Quelle en est la nature? de quel genre est cette exaction, dites-nous-le?

La reine Catherine. — Je suis beaucoup trop audacieuse en éprouvant ainsi votre patience; mais je suis enhardie par le pardon que vous m'avez promis. Les griefs des sujets viennent de commissions qui leur demandent sans retard la sixième partie de leur revenu; on donne pour prétexte de cette taxe vos guerres de France : voilà ce qui enhardit leurs langues. Leurs bouches crachent leurs respects, et dans leurs cœurs refroidis la fidélité se gèle; au lieu de prières, ils usent maintenant de malédictions, et il s'ensuit que leur docile obéissance est devenue une esclave aux ordres de leur irritation. Je voudrais que Votre Altesse donnât à cet état de choses une prompte considération, car il n'y a pas d'affaire plus pressante.

Le roi Henri. — Par ma vie, cela est contre notre plaisir.

Wolsey. — Pour ce qui est de moi, je ne suis dans cette affaire que pour ma seule voix, et elle n'est sortie de mes lèvres qu'après et avec approbation des juges les plus éclairés. Si je suis mal représenté par les bouches d'ignorants qui ne connaissent ni mes facultés, ni ma personne, et qui néanmoins se font les chroniqueurs de mes actes, permettez-moi de dire que c'est la destinée de mes fonctions, que ce sont les épines blessantes sur lesquelles la vertu doit marcher. Nous ne devons pas reculer devant nos actions nécessaires, dans la crainte d'avoir à nous mesurer avec des censeurs méchants, lesquels, comme des poissons de proie, suivent toujours les vaisseaux nouvellement appareillés, mais n'obtiennent d'autre bénéfice que leur vaine attente. Ce que nous faisons de mieux nous est souvent refusé comme nôtre, par des esprits malades et quelquefois faibles; et, aussi souvent, ce que nous faisons de pire, étant capable d'être saisi par des intelligences plus grossières, est acclamé comme notre meilleur acte. Si nous devions rester immobiles, de crainte que nos mouvements ne soient raillés ou censurés, il nous faudrait prendre racine là où nous sommes assis, ou siéger comme de simples statues d'hommes d'état.

Le roi Henri. — Les choses qui sont bien faites et avec prudence, se placent elles-mêmes au-dessus de la crainte; les choses qui sont faites sans précédent, sont toujours à craindre dans leurs résultats. Aviez-vous un précédent pour cette commission? aucun, je le crois. Nous ne pouvons pas priver nos sujets de nos lois pour les faire dépendre de notre simple volonté. Le sixième du revenu! c'est une terrible contribution. Nous prenons de chaque arbre, l'écorce, les branches et une partie du bois; nous avons beau lui laisser la racine, l'air boira la séve de l'arbre ainsi mutilé. Envoyez à chacun des comtés où cette commission a été contestée des lettres de notre part, contenant un libre pardon pour tous ceux qui ont nié la légitimité de cette mesure : je vous en prie, faites-y attention; je remets la chose à vos soins.

Wolsey, *à son secrétaire.* — Un mot. Écrivez à chaque comté des lettres de grâce et de pardon du roi. Les communes irritées pensent mal de moi; répandez le bruit que c'est par notre intercession qu'ont été obtenus cette révocation et ce pardon : je vous donnerai tout à l'heure de plus amples instructions pour cette affaire. (*Sort le secrétaire.*)

Entre L'INTENDANT DE BUCKINGHAM.

LA REINE CATHERINE. — Je suis fâchée que le duc de Buckingham ait encouru votre déplaisir.

LE ROI HENRI. — Beaucoup en sont affligés. Le gentilhomme est instruit, et c'est un très-rare orateur; personne n'est plus obligé que lui envers la nature, et son éducation est telle qu'il peut éclairer et instruire de grands maîtres, sans chercher de secours ailleurs qu'en lui-même. Voyez cependant : lorsque ces si nobles avantages viennent à mal tourner par suite de la corruption de l'âme, ils se présentent sous des formes vicieuses mille fois plus hideuses qu'ils ne furent jamais beaux. Cet homme si accompli, qu'on rangeait parmi les merveilles, cet homme que nous écoutions parler avec un tel ravissement, que lorsqu'il avait parlé une heure, nous pensions que cette heure avait été une minute, — cet homme, Madame, a transformé en habitudes monstrueuses les grâces qui étaient siennes autrefois, si bien qu'il est maintenant aussi noir que s'il avait été teint de suie en enfer. Restez ici auprès de nous; vous entendrez de la bouche de cet homme (c'était son homme de confiance) des choses à rendre triste tout homme d'honneur. Ordonnez-lui de répéter les intrigues dont il a déjà fait le récit, intrigues que nous ne saurions assez ressentir, que nous ne saurions trop entendre.

WOLSEY. — Avancez, et rapportez courageusement tout ce que comme un sujet vigilant, vous avez recueilli sur le compte du duc de Buckingham.

LE ROI HENRI. — Parlez en toute liberté.

L'INTENDANT. — En premier lieu, c'était chez lui une habitude qui revenait chaque jour comme une maladie, de dire en conversation, que si le roi mourait sans postérité, il s'arrangerait pour que le sceptre lui appartînt : ces paroles, je les lui ai entendu dire à son gendre, Lord Abergavenny, devant lequel il a juré avec menaces de se venger du cardinal.

WOLSEY. — Qu'il plaise à Votre Altesse de remarquer

ses dangereux sentiments sur ce point. Parce que ses désirs ne sont pas satisfaits, c'est à Votre Altesse que son ressentiment s'en prend surtout, et il va par-dessus votre tête, atteindre vos amis.

La reine Catherine. — Mon savant Lord cardinal, interprétez les choses avec charité.

Le roi Henri. — Continue : sur quels fondements faisait-il reposer ses titres à la couronne dans le cas où nous mourrions sans postérité ? Lui as-tu jamais entendu dire quelque chose sur ce point ?

L'intendant. — Il avait été conduit à cette pensée par une vaine prophétie de Nicolas Hopkins.

Le roi Henri. — Quel était cet Hopkins ?

L'intendant. — Sire, un moine chartreux, son confesseur, qui le nourrissait à chaque minute de rêves de souveraineté.

Le roi Henri. — Comment sais-tu cela ?

L'intendant. — Peu de temps avant le départ de Votre Altesse pour la France, le duc étant à la Rose[8] dans la paroisse de Saint-Laurent Poultney, me demanda ce qui se disait parmi les habitants de Londres, touchant le voyage de France : je lui répondis qu'on craignait que les Français ne se montrassent perfides, pour le malheur du roi. Immédiatement, le duc me répliqua que cette crainte existait en effet, et qu'il redoutait que cela ne prouvât la vérité de certaines paroles, exprimées par un saint moine : « souvent, me dit-il, il m'a envoyé demander permission d'entretenir, à une heure dont on conviendrait, mon chapelain, John de la Car, pour lui révéler des choses de certaine importance ; et après que mon chapelain eut juré solennellement sous le sceau de la confession de ne révéler à d'autre personne vivante que moi ce qu'il avait appris, voici ce qui me fut transmis avec la grave assurance d'un homme sûr de son fait : « Dites au duc que ni le roi, ni les héritiers du roi ne prospéreront : invitez-le à se gagner l'affection de l'opinion : le duc gouvernera l'Angleterre. »

La reine Catherine. — Si je vous connais bien, vous

étiez l'intendant du duc, et vous avez perdu votre charge sur la plainte des tenanciers; prenez bien garde de ne pas accuser par rancune une noble personne, et de damner ainsi votre âme qui est de substance plus noble encore! je vous le dis, prenez garde; oui, je vous y engage cordialement.

Le roi Henri. — Ne l'interrompez pas. Continue.

L'intendant. — Sur mon âme, je ne dirai que la vérité. Je répondis au duc, mon maître, que le moine pouvait être trompé par les illusions du diable, et qu'il était dangereux pour lui, le duc, de ruminer de telles pensées avec une insistance d'où finirait par sortir quelque projet qu'il croirait possible, et qu'il voudrait alors exécuter; il me répondit : « Bah! il ne peut m'en arriver aucun mal; » et il ajouta en outre que si le roi était mort dans sa dernière maladie, les têtes du cardinal et de Sir Thomas Lovell seraient tombées.

Le roi Henri. — Ah vraiment! il est aussi rancunier que cela? Ah! ah! il y a de la malice dans cet homme. Ne peux-tu pas en dire plus long?

L'intendant. — Je le puis, mon Suzerain.

Le roi Henri. — Poursuis.

L'intendant. — Étant à Greenwich, après que Votre Altesse eut blâmé le duc à propos de Sir William Blomer....

Le roi Henri. — Je me rappelle de ce jour-là; Blomer était engagé à mon service, et le duc le retint au sien. Mais continue; que s'ensuivit-il?

L'intendant. — « Si, me dit-il, j'avais été mis à la Tour pour cette affaire, comme j'ai cru que j'allais y être mis, j'aurais exécuté ce que mon père médita d'exécuter contre l'usurpateur Richard : lorsque ce dernier était à Salisbury, mon père lui fit demander d'être admis en sa présence, et si sa demande lui avait été accordée, au moment où il aurait fait semblant de lui rendre ses devoirs, il lui aurait enfoncé son poignard dans le corps. »

Le roi Henri. — Quel traître gigantesque!

Wolsey. — Eh bien, Madame, Son Altesse peut-elle vivre en liberté, si cet homme vit hors de prison?

La reine Catherine. — Dieu porte remède à tout cela!

Le roi Henri. — Tu as encore quelque chose à dire? qu'est-ce que c'est?

L'intendant. — Après qu'il eut parlé du duc son père et du poignard, il ouvrit les bras, et une main sur sa dague, l'autre étendue sur sa poitrine, levant les yeux au ciel, il lâcha un terrible serment dont le sens était que s'il était maltraité, il dépasserait son père, autant qu'un acte exécuté dépasse un acte irrésolu.

Le roi Henri. — Désormais son projet de nous enfoncer son poignard dans le corps a pris fin. Il est accusé, qu'on lui fasse immédiatement son procès; si la loi peut lui faire grâce, qu'il l'obtienne; sinon, qu'il n'en attende aucune de nous : il est traître de la tête aux pieds, depuis le moment où il se lève jusqu'à celui où il se couche!
(*Ils sortent.*)

SCÈNE III.

Londres. — Un appartement dans le palais.

Entrent le LORD CHAMBELLAN *et* Lord SANDS.

Le Lord Chambellan. — Est-il possible que les modes de France fassent faire par leurs sortiléges de telles extravagances aux gens?

Sands. — Les modes nouvelles peuvent être aussi ridicules que possible, aussi indignes de l'homme que possible, elles n'en seront pas moins suivies.

Le Lord Chambellan. — Autant que je puisse voir, tout le profit que nos Anglais ont retiré de ce dernier voyage, consiste dans une grimace ou deux; mais ce sont de bien belles grimaces; lorsqu'ils les font, vous jureriez sans sourciller que leurs nez ont été conseillers de Pépin ou de Clotaire, tant ils les portent avec majesté.

Sands. — Ils ont tous de nouvelles jambes, et des

jambes boiteuses ; celui qui ne les aurait jamais vus marcher auparavant, jurerait que les éparvins et le tremblement des jarrets sévissent parmi eux.

Le Lord Chambellan. — Mordieu ! Milord, leurs habits sont taillés sur un patron si païen, qu'il faut qu'ils aient usé leur patron chrétien.

Entre Sir THOMAS LOVELL.

Le Lord Chambellan. — Eh bien, comment allez-vous ? quelles nouvelles, Sir Thomas Lovell ?

Lovell. — Ma foi, Monseigneur, je n'en connais d'autre que la nouvelle proclamation qui est affichée sur la porte de la cour.

Le Lord Chambellan. — De quoi parle-t-elle ?

Lovell. — De réformer nos galants cosmopolites qui remplissent la cour de querelles, de bavardages et de tailleurs.

Le Lord Chambellan. — J'en suis heureux : je prierais maintenant volontiers nos *Messieurs* de vouloir bien croire qu'un courtisan anglais peut être avisé, et n'avoir pourtant jamais vu le Louvre.

Lovell. — Il leur est enjoint (car tels sont les termes de l'ordonnance) ou bien de laisser ces restes de plumets de fou qu'ils ont pris en France, avec toutes sortes d'autres honorables absurdités, telles que les combats et les feux d'artifice, — inventions étrangères par lesquelles ils insultent des gens qui valent mieux qu'eux, — d'abjurer absolument la religion qu'ils ont dans le jeu de paume, les grands bas, les culottes courtes et bouffantes, et autres modes de voyageurs, et de se présenter comme d'honnêtes gens, ou bien de retourner dans la compagnie de leurs anciens camarades de divertissements : là, ils pourront, je pense, *cum privilegio*, brûler le dernier bout de leur sottise et se faire moquer d'eux.

Sands. — Il est temps de leur donner médecine, leurs maladies sont devenues si contagieuses !

Le Lord Chambellan. — Comme nos Dames vont ressentir la perte de ces jolies frivolités !

Lovell. — Oui, parbleu, il y aura vraiment des regrets, Milords : les rusés putassiers ont inventé des moyens infaillibles pour renverser les Dames ; une chanson de France et un violon sont sans pareils.

Sands. — Le diable les conduise au son du violon ! je suis heureux qu'ils partent, car à coup sûr, il n'y a pas espoir de les convertir : maintenant, un honnête Lord campagnard, tel que moi, depuis longtemps exclu de la scène, pourra entonner sa chanson et se faire écouter une heure, et par notre Dame, chanter en mesure, encore.

Le Lord Chambellan. — Bien dit, Lord Sands ; votre dent d'étalon n'est pas encore tombée.

Sands. — Non, Milord, et elle ne tombera pas tant qu'il me restera un chicot.

Le Lord Chambellan. — Où alliez-vous, Sir Thomas ?

Lovell. — Chez le cardinal : Votre Seigneurie est aussi un de ses hôtes ?

Le Lord Chambellan. — Oh, c'est vrai : cette nuit, il donne un souper, un grand souper, à une nombreuse réunion de Lords et de Ladies ; là se trouvera la fleur du royaume, je vous l'assure.

Lovell. — Cet ecclésiastique porte vraiment en lui une âme généreuse ; sa main est aussi fertile que la terre qui nous nourrit ; ses rosées tombent en tous lieux.

Le Lord Chambellan. — Incontestablement il est noble ; celui qui a parlé autrement de lui, avait vraiment une bouche de calomniateur.

Sands. — Il peut faire ce qu'il fait, Milord, il est fourni pour cela ; l'économie serait en lui chose pire que l'hérésie : les hommes de sa position devraient toujours être très-généreux ; ils sont placés là pour donner l'exemple.

Le Lord Chambellan. — C'est vrai, c'est pour cela qu'ils sont placés ; mais aujourd'hui, il en est peu qui fassent d'aussi grandes largesses. Ma barque m'attend ; Votre Seigneurie viendra avec moi[9]. Venez, mon bon Sir Thomas, sinon nous allons être en retard, ce que je ne voudrais pas, car on a parlé de me faire ce soir commissaire de la fête avec Sir Henri Guildford.

SANDS. — Je suis aux ordres de Votre Seigneurie. (*Ils sortent.*)

SCÈNE IV.

La chambre de la présence à YORK-PLACE.

Hautbois. Une petite table sous un dais pour LE CARDINAL; *une grande table pour les convives. Entrent d'un côté* ANNE BOLEYN *et divers Lords, Ladies et gentilshommes; de l'autre,* SIR HENRI GUILDFORD.

GUILDFORD. — Mesdames, un salut général de Sa Grace vous souhaite à toutes la bienvenue : il consacre cette nuit aux aimables plaisirs et à vos personnes; il espère que nulle de vous, dans ce noble essaim, n'apporte avec elle un souci; il voudrait que toutes, vous fussiez aussi joyeuses que la bonne compagnie, le bon vin, et la bonne réception, peuvent rendre joyeuses d'honnêtes personnes

Entrent LE LORD CHAMBELLAN, LORD SANDS, *et* SIR THOMAS LOVELL.

GUILDFORD. — Oh, Milord, vous êtes en retard; pour moi, la seule pensée de cette belle réunion m'a mis des ailes aux épaules.

LE LORD CHAMBELLAN. — Vous êtes jeune, Sir Harry Guildford.

SANDS. — Sir Thomas Lovell, si le cardinal avait seulement la moitié de mes pensées laïques, quelques-unes de ces Dames trouveraient avant d'aller dormir une surprise de dessert qui leur plairait mieux que tout le reste : sur ma vie, c'est une charmante réunion de belles personnes.

LOVELL. — Oh pourquoi Votre Seigneurie n'est-elle pas le confesseur d'une ou de deux de ces Dames!

SANDS. — Je voudrais l'être; elles trouveraient auprès de moi des pénitences aisées à supporter.

LOVELL. — Aisées, comment cela?

Sands. — Aussi aisées que pourrait les permettre un lit de plumes.

Le Lord Chambellan. — Charmantes Dames, vous plairait-il de vous asseoir? Sir Harry, donnez les places de ce côté-ci; je me charge de celui-là: Sa Grâce va venir. — Voyons, nous ne devons pas geler; deux Dames à côté l'une de l'autre font une froide température : Milord Sands, vous êtes homme à les tenir éveillées; je vous en prie, asseyez-vous entre ces dames.

Sands. — Sur ma foi, je remercie Votre Seigneurie. Avec votre permission, charmantes Dames. (*Il s'assied entre Anne Boleyn et une autre Dame.*) S'il m'arrive de parler sur un ton tant soit peu déluré, pardonnez-moi; je tiens cela de mon père.

Anne Boleyn. — Est-ce qu'il était fou, Monsieur?

Sands. — Oh très-fou, extrêmement fou, surtout en amour: mais il n'aurait mordu personne; juste comme je le fais maintenant, il vous aurait donné vingt baisers sans reprendre haleine. (*Il l'embrasse.*)

Le Lord Chambellan. — Bien dit, Milord. — Ah, maintenant vous voilà tous bien placés. — Messieurs, ce sera votre faute, si ces belles Dames s'en vont la mine mécontente.

Sands. — Pour ce qui est de moi, comptez que j'ai un petit remède pour prévenir ce fâcheux accident.

Hautbois. Entre le cardinal WOLSEY *avec sa suite. Il s'assied sous le dais.*

Wolsey. — Vous êtes les bienvenus, mes aimables hôtes: celle de ces nobles Dames, ou celui de ces Messieurs, qui ne sera pas gai sans contrainte, ne m'est pas une personne amie. Pour vous confirmer ma bienvenue, je bois à votre santé à tous. (*Il boit.*)

Sands. — Votre Grâce est fort noble; qu'on me donne une coupe de taille à contenir mes remercîments et qui m'épargne la peine de trop parler.

Wolsey. — Milord Sands, je vous suis très-obligé;

amusez vos voisines. Mesdames, vous n'êtes pas gaies; — Messieurs, à qui en est la faute?

Sands. — Il faut d'abord que le vin rouge circule dans leurs belles joues, Milord; alors nous allons les voir parler à nous empêcher de placer un mot.

Anne. — Vous êtes un joueur de bonne humeur, Milord Sands.

Sands. — Oui, si je trouve à faire ma partie. Je bois à votre grâce de femme, et je vous prie de me faire raison, Madame, car c'est pour une telle chose....

Anne Boleyn. — Que vous ne pouvez pas me la montrer.

Sands. — Quand je disais à Votre Grâce qu'elles ne tarderaient pas à parler. (*Tambours et trompettes. Détonations d'armes à feu à l'extérieur.*)

Wolsey. — Qu'est-ce qu'il y a?

Le Lord Chambellan. — Que quelques-uns de vous aillent un peu voir dehors ce qui se passe. (*Sort un valet.*)

Wolsey. — Qu'est-ce que ces fanfares guerrières, et quel est leur but? Allons, Mesdames, ne craignez rien : vous êtes protégées par toutes les lois de la guerre.

Rentre le valet.

Le Lord Chambellan. — Eh bien, qu'est-ce? qu'y a-t-il?

Le valet. — Une noble troupe d'étrangers, — c'est ce dont ils ont l'air, — ont quitté leur barque et viennent de descendre à terre; et ils se rendent ici, comme puissants ambassadeurs de princes étrangers.

Wolsey. — Mon bon Lord Chambellan, allez leur souhaiter la bienvenue; vous pouvez parler le français; et je vous en prie, recevez-les noblement, et conduisez-les en notre présence, où ce paradis plein de beautés brilera à leurs yeux de tout son éclat. — Que quelques-uns d'entre vous l'accompagnent. (*Sort le Lord Chambellan, avec une suite. Tous se lèvent et on emporte les tables*). Voilà que votre banquet est interrompu, mais

ACTE I, SCÉNE IV.

nous réparerons cela. Bonne digestion à vous tous, et une fois encore je verse sur vous une pluie de bienvenues ; soyez tous les bienvenus !

Hautbois. Entrent LE ROI HENRI ET AUTRES, *en habits de bergers, conduits par* LE LORD CHAMBELLAN. *Ils passent directement devant* LE CARDINAL, *et le saluent gracieusement.*

WOLSEY. — Une noble compagnie ! Quel est leur bon plaisir ?

LE LORD CHAMBELLAN. — Comme ils ne parlent pas anglais, ils nous ont prié de dire à Votre Grâce, que la rumeur leur ayant appris quelle noble et belle assemblée est ici réunie ce soir, ils n'ont pu faire autrement, par suite du grand respect qu'ils ont pour la beauté, que de laisser leurs troupeaux ; ils sollicitent la permission de contempler ces dames, et sous votre aimable direction de passer avec elles une heure de bon temps.

WOLSEY. — Dites-leur, Milord Chambellan, qu'ils ont fait à ma pauvre maison un honneur pour lequel je leur rends mille remercîments, et que je les prie de prendre leurs plaisirs.

Les gentilshommes choisissent les Dames pour la danse.
LE ROI HENRI *choisit* ANNE BOLEYN.

LE ROI HENRI. — C'est là plus belle main que j'aie jamais touchée ! O beauté, jusqu'à ce jour je ne t'avais jamais connue ! (*Musique. Danse.*)

WOLSEY. — Milord !

LE LORD CHAMBELLAN. — Votre Grâce ?

WOLSEY. — Je vous prie, dites-leur de ma part, qu'il doit y en avoir parmi eux un dont la personne est plus digne de ce siége que moi-même ; si je connaissais celui-là, je serais prêt à lui céder ce siége en lui présentant toutes mes affections et tous mes devoirs.

LE LORD CHAMBELLAND. — Je vais le leur dire, Milord. (*Il chuchotte avec les masques, puis revient.*)

WOLSEY. — Que disent-ils?

LE LORD CHAMBELLAN. — Ils confessent tous qu'il en est un pareil à celui dont vous parlez; ils voudraient que Votre Grâce le découvrît, et alors il prendra ce siége.

WOLSEY. — Voyons, alors. (*Il descend de son siége.*) Avec votre indulgente permission, Messieurs; — voilà celui que mon choix désigne comme roi.

LE ROI HENRI, *se démasquant*. — Vous l'avez découvert, cardinal. Vous tenez ici une belle assemblée; vous faites bien les choses, Milord. Vous êtes ecclésiastique; sans cela, je vous dirai, cardinal, que je vous jugerais méchamment.

WOLSEY. — Je suis joyeux que Votre Grâce soit devenue de si plaisante humeur.

LE ROI HENRI. — Milord Chambellan, avance ici, je t'en prie. Quelle est cette belle dame qui est là?

LE LORD CHAMBELLAN. — Plaise à Votre Grâce, c'est la fille de Sir Thomas Boleyn, le vicomte de Rochford, une des Dames de Son Altesse la reine.

LE ROI HENRI. — Par le ciel, c'est une créature délicieuse. — Mon cher cœur, j'ai été bien impoli en vous quittant sans vous embrasser[10]. — Une santé, Messieurs! allons, à la ronde.

WOLSEY. — Sir Thomas Lovell, le banquet est-il prêt dans la chambre privée?

LOVELL. — Oui, Milord.

WOLSEY. — Votre Grâce s'est un peu échauffée en dansant, je le crains.

LE ROI HENRI. — Beaucoup trop, je le crains.

WOLSEY. — Dans l'appartement voisin, il y a un air plus frais, Monseigneur.

LE ROI HENRI. — Que chacun de vous conduise sa Dame. Mon aimable compagne, je ne dois pas vous quitter encore. Allons, soyons gais: mon bon Lord cardinal, j'ai une demi-douzaine de santés à porter à ces belles Dames, et un tour de danse à faire avec elles, puis nous rêverons à qui est le plus favorisé. Allons, que la musique donne le signal[11]. (*Fanfares de trompettes. Ils sortent.*)

ACTE II.

SCENE PREMIÈRE.

Londres. — Une rue.

Entrent, en se rencontrant, DEUX MESSIEURS.

PREMIER MONSIEUR. — Où allez-vous si vite?

SECOND MONSIEUR. — Oh! Dieu vous garde! J'allais de ce pas à l'hôtel de ville pour apprendre ce qui va advenir du grand duc de Buckingham.

PREMIER MONSIEUR. — Je vais vous épargner cette peine, Monsieur. Tout est fini, sauf la cérémonie de reconduire le prisonnier.

SECOND MONSIEUR. — Vous étiez là?

PREMIER MONSIEUR. — Oui vraiment, j'y étais.

SECOND MONSIEUR. — Dites-moi, je vous prie, ce qui est arrivé.

PREMIER MONSIEUR. — Vous pouvez le deviner aisément.

SECOND MONSIEUR. — A-t-il été reconnu coupable?

PREMIER MONSIEUR. — Oui, vraiment, il l'est, et condamné en conséquence.

SECOND MONSIEUR. — Je suis fâché de cela.

PREMIER MONSIEUR. — Bien d'autres le sont.

SECOND MONSIEUR. — Mais, je vous en prie, comment cela s'est-il passé?

PREMIER MONSIEUR. — Je vais vous le dire en substance. Le puissant duc est venu à la barre, et là il a plaidé sa non culpabilité en face de l'accusation, et a produit des argu-ments très-solides, afin de se mettre à l'abri de la loi-

L'avocat du roi, au contraire, a insisté sur les interrogatoires, les preuves, les confessions des divers témoins que le duc a désiré voir interroger *vivâ voce*, en face. Là-dessus, ont comparu contre lui son intendant, Sir Gilbert Peck son chancelier, et John Car son confesseur, avec ce moine diabolique, Hopkins, qui a fait tout le mal.

Second monsieur. — Celui qui le nourrissait de ces prophéties?

Premier monsieur. — Lui-même. Tous l'ont fortement accusé; il a bien fait tous ses efforts pour se débarrasser de leurs témoignages, mais cela ne lui a pas été possible; sur cette évidence, ses pairs l'ont déclaré coupable de haute trahison. Il a parlé beaucoup, et avec talent, pour sauver sa vie; mais tout ce qu'il disait était écouté avec compassion, ou aussi vite oublié que prononcé.

Second monsieur. — Après tout cela, comment s'est-il comporté?

Premier monsieur. — Lorsqu'il a été ramené devant la barre pour entendre son glas, c'est-à-dire entendre prononcer son jugement, il a été saisi d'une telle angoisse, qu'il suait extrêmement, et il prononça quelques mots en colère, mal et rapidement; mais il est bientôt revenu à lui-même, et pendant tout le reste du temps il s'est modéré et a montré une très-noble patience.

Second monsieur. — Je ne pense pas qu'il craigne la mort.

Premier monsieur. — A coup sûr, il ne la craint pas; il ne fut jamais si pusillanime que cela : mais il peut bien un peu gémir sur la cause de sa mort.

Second monsieur. — Certainement, le cardinal est au fond de tout cela.

Premier monsieur. — C'est probable, selon toutes conjectures; d'abord il y a la révocation de Kildare, qui était député du roi en Irlande; une fois destitué, le comte de Surrey a été envoyé en toute hâte en Irlande, de peur qu'il n'assistât son père[1].

Second monsieur. — Ce tour de politique a été d'une malice profonde.

Premier monsieur. — A son retour, il n'est pas douteux qu'il ne le fasse payer. On a remarqué comme un fait général, que dès que le roi favorise quelqu'un, le cardinal trouve immédiatement un emploi à ce quelqu'un, et cela à bonne distance de la cour.

Second monsieur. — Tous les gens des communes le haïssent à mort, et, sur ma conscience, le souhaitent à dix pieds sous terre : ils aiment le duc, et en raffolent autant qu'ils haïssent le cardinal; ils l'appellent le généreux Buckingham, le miroir de toute courtoisie.

Premier monsieur. — Restez ici, Monsieur, et voyez le noble infortuné dont vous parlez.

Entre BUCKINGHAM, *revenant de son procès, précédé par des huissiers à verges; la hache est tournée vers lui du côté du tranchant; des hallebardiers à chacun de ses côtés : avec lui entrent* Sir THOMAS LOVELL, Sir NICHOLAS VAUX, Sir WILLIAM SANDS, *avec des gens du commun peuple.*

Second monsieur. — Approchons-nous, et contemplons-le.

Buckingham. — O vous tous, bonnes gens, vous qui êtes venus jusqu'ici par compassion pour moi, écoutez mes paroles, puis retournez-vous-en chez vous et oubliez-moi. J'ai reçu aujourd'hui le jugement d'un traître, et c'est sous ce nom que je dois mourir; cependant, le ciel m'en soit témoin, si je suis déloyal, que ma conscience, si j'en ai une, m'entraîne dans la damnation au moment même où la hache tombera ! Je n'ai point de colère contre la loi à cause de ma mort; elle n'a prononcé que justice, étant données les charges alléguées; seulement je souhaiterais que ceux qui ont cherché ma mort fussent plus chrétiens : mais qu'ils soient ce qu'ils voudront, je leur pardonne de tout cœur. Cependant qu'ils prennent garde de ne pas se glorifier dans le mal, et de ne pas élever leur fortune criminelle sur les tombes des hommes puissants; car alors mon sang innocent pourrait crier contre eux. Je n'espère plus vivre jamais dans ce monde, et je ne solliciterai pas, quoique le roi ait pouvoir d'accorder plus de pardons que je n'aurais pu oser commettre de fautes. Et vous, rares amis qui m'aimiez et qui êtes assez hardis pour pleurer sur Buckingham, vous ses nobles amis et ses compagnons, vous quitter est pour lui bien amer, et cela seulement est la mort; venez avec moi comme de bons anges assister à ma fin, et lorsque l'acier tombant sur moi accomplira le long divorce qui doit me séparer de vous, unissez vos prières en une douce vapeur de sacrifice, et enlevez mon âme au ciel. — Conduisez-moi, au nom de Dieu.

Lovell. — Je supplie Votre Grâce, par charité, si jamais votre cœur a caché quelque animosité contre moi, de me pardonner à cette heure franchement.

Buckingham. — Sir Thomas Lovell, je vous pardonne aussi franchement que je voudrais être pardonné : je pardonne à tout le monde. Quel que soit le nombre des offenses commises contre moi, il ne peut être assez grand pour que je ne puisse me mettre en paix avec elles : nul noir ressentiment ne s'inscrira sur mon tombeau. Recommandez-moi à Sa Grâce : s'il parle de Buckingham, dites-lui que vous l'avez rencontré à demi dans le ciel déjà. Mes vœux et mes prières sont encore au roi, et tant que mon âme ne m'aura pas abandonnée, elle criera bénédiction sur lui : puisse-t-il vivre plus longtemps que je n'ai de temps pour compter le nombre des années que je lui souhaite! Puisse son gouvernement être toujours aimé et dirigé vers le bien de ses sujets, et lorsque la vieillesse le conduira à sa fin, que la vertu et lui remplissent un même monument!

Lovell. — Je dois conduire Votre Grâce au bord du fleuve; puis je remettrai ma charge à Sir Nicholas Vaux, qui doit vous mener à votre fin.

Vaux. — Préparez tout ici, voici le duc qui vient : tenez la barque prête, et décorée de tout l'appareil qui convient à la grandeur de sa personne.

Buckingham. — Oh, Sir Nicholas, ne vous inquiétez pas de cela; ma condition n'est maintenant pour moi qu'une dérision. Lorsque je vins ici, j'étais Lord grand connétable et duc de Buckingham ; maintenant, je ne suis que le pauvre Édouard Bohun² : cependant je suis plus riche que mes vils accusateurs qui ne surent jamais ce que signifiait la vérité ; je la scelle maintenant de mon sang, et ce sang les fera gémir un jour. Mon noble père, Henri de Buckingham, qui le premier leva la tête contre l'usurpateur Richard, dans sa détresse ayant cherché asile auprès de son serviteur Bannister, fut trahi par ce misérable et périt sans jugement : la paix de Dieu soit avec lui ! Henri le Septième, succédant à la couronne, fut touché d'une pitié sincère pour le malheur de mon père ; alors, comme un très-royal prince, il me rétablit dans mes honneurs, et le relevant de ses ruines, fit noble encore une fois mon nom. Aujourd'hui, son fils, Henri le Huitième, d'un seul coup m'a enlevé pour jamais du monde avec tout ce qui me rendait heureux, vie, honneur, nom et tout. J'ai eu mon jugement, et il faut que je le dise noblement rendu, ce qui me fait un peu plus heureux que mon infortuné père ; cependant nos mauvaises fortunes ont eu cela de commun, que tous deux nous sommes tombés par nos serviteurs, par les hommes que nous aimions le plus ; domesticité bien dénaturée et bien infidèle ! Le ciel a un but en toutes choses : cependant vous qui m'écoutez, recevez ceci comme certain de la bouche d'un mourant ; lorsque vous serez prodigue de votre affection et de vos confidences, tâchez de les bien placer, car lorsque ceux que vous faites vos amis et à qui vous donnez vos cœurs, aperçoivent le moindre ébranlement dans votre fortune, ils se retirent de vous comme l'eau, et vous ne les retrouvez jamais que là où ils ont le pouvoir de vous noyer. O vous tous, bonnes gens, priez pour moi ! Il faut maintenant que je vous quitte ; la dernière heure de ma longue vie pénible est arrivée. Adieu, et lorsque vous voudrez raconter quelque chose de triste, dites comment j'ai péri. J'ai terminé, et que Dieu me pardonne ! (*Sortent Buckingham et sa suite.*)

Premier monsieur. — Oh, c'est un spectacle qui arrache la pitié! Monsieur, je le crains, un tel fait appellera de trop nombreuses malédictions sur les têtes de ses auteurs.

Second monsieur. — Si le duc est innocent, cela sera fertile en désastres ; et cependant, je puis vous donner avis d'un malheur menaçant qui, s'il arrive, sera plus grand que celui-là.

Premier monsieur. — Les bons anges l'éloignent de nous ! Quel peut être ce malheur ? vous ne doutez pas de ma loyauté, Monsieur?

Second monsieur. — Ce secret est si important, qu'il demande une loyauté robuste pour le tenir caché.

Premier monsieur. — Confiez-le-moi ; je ne suis pas grand parleur.

Second monsieur. — J'ai confiance ; vous le saurez donc, Monsieur. N'avez-vous pas entendu dans ces derniers jours courir le murmure d'une séparation entre le roi et Catherine?

Premier monsieur. — Oui, mais ce bruit n'a pas persisté ; car lorsque le roi l'eut appris, tout en colère, il envoya commander au Lord maire d'arrêter cette rumeur et de faire taire les langues qui avaient osé la répandre.

Second monsieur. — Mais cette calomnie, Monsieur, se trouve maintenant une vérité ; car voilà qu'elle reparaît plus grande, et tenez pour certain que le roi tentera la chose. Soit le cardinal, soit quelqu'un de son entourage, a, par malice contre la bonne reine, fait naître dans l'esprit du roi un scrupule qui la perdra : comme confirmation, je vous dirai en outre que le cardinal Campeius est arrivé tout récemment, et tous le croient, pour cette affaire.

Premier monsieur. — C'est le fait du cardinal ; et il a lancé cette affaire tout simplement pour se venger de l'empereur, qui n'a pas voulu lui accorder sur sa demande l'archevêché de Tolède.

Second monsieur. — Je crois que vous avez touché juste : mais n'est-il pas cruel qu'elle doive pâtir pour cela?

Le cardinal veut que sa volonté soit faite, et elle devra tomber.

Premier monsieur. — C'est lamentable. Nous sommes ici trop en public pour discourir de cela ; allons y penser plus en particulier. (*Ils sortent.*)

SCÈNE II.

Londres. — Une antichambre dans le palais.

Entre le LORD CHAMBELLAN, *lisant une lettre.*

Le Lord Chambellan, *lisant*. — « Milord, j'avais, avec tout le soin possible, veillé à ce que les chevaux qu'avait fait demander Votre Seigneurie, fussent bien choisis, bien équipés et bien montés. Ils étaient jeunes, bien faits et de la meilleure race du Nord. Au moment où ils étaient prêts à partir pour Londres, un homme de Milord le cardinal, muni d'une commission et d'un plein pouvoir, me les a enlevés, en me donnant cette raison, que si son maître ne devait pas être servi avant le roi, il devait être servi avant un sujet, ce qui nous a fermé la bouche, Milord. » Je crains que ce ne soit en effet ce qu'il veut ; bon, qu'il les prenne : il prendra tout, je crois.

Entrent les ducs de NORFOLK *et* de SUFFOLK[3].

Norfolk. — Heureusement rencontré, Milord chambellan.

Le Lord Chambellan. — Bonjour à vos deux Grâces.

Suffolk. — Que fait le roi ?

Le Lord Chambellan. — Je l'ai laissé seul, plein de troubles et de tristes pensées.

Norfolk. — Quelle en est la cause ?

Le Lord Chambellan. — Il semble que son mariage avec la femme de son frère a hanté de trop près sa conscience.

Suffolk. — Non, c'est sa conscience qui a hanté de trop près une autre Dame.

Norfolk. — C'est cela même ; c'est le fait du cardinal, du cardinal roi : ce prêtre aveugle, pareil au fils aîné de la Fortune, tourne la roue des choses comme il lui plaît. Le roi le connaîtra un jour.

Suffolk. — Prions Dieu qu'il le connaisse ! sans cela, lui-même ne se connaîtra jamais.

Norfolk. — Comme il agit pieusement dans toutes ses affaires ! et avec quel zèle ! Voilà que maintenant il a rompu l'alliance entre nous et l'empereur, le grand neveu de la reine ; il fouille dans l'âme du roi, et il en tire doutes, alarmes, tortures de conscience, craintes, désespoirs, et tout cela au sujet de son mariage : et puis pour rendre le roi à la sérénité, il conseille un divorce ; il lui conseille l'abandon de celle qui a été pendue vingt ans à son cou comme un joyau, et qui cependant n'a jamais perdu son lustre, de celle qui l'aime avec cette affection parfaite que les anges ont pour les hommes vertueux, de celle qui bénira encore le roi, lorsque le coup le plus dur de la fortune tombera sur elle : n'est-ce pas là une conduite pieuse ?

Le Lord Chambellan. — Le ciel me garde d'un pareil conseiller ! Ce n'est que trop vrai ; ces nouvelles sont répandues partout ; toute bouche les raconte, et tout cœur loyal en gémit : tous ceux qui osent regarder dans ces affaires, en voient le vrai but, la sœur du roi de France[4]. Le ciel ouvrira un jour les yeux du roi qui sont si longtemps restés fermés à l'endroit de cet effronté méchant homme.

Suffolk. — Et il nous délivrera de notre esclavage.

Norfolk. — Nous avons grandement besoin de prier de tout cœur pour notre délivrance, ou bien cet homme impérieux nous réduira tous de la condition de princes à celle de pages : toutes nos dignités à tous sont là en tas devant lui, et ce tas il peut le faire monter aussi haut qu'il lui plaît.

Suffolk. — Pour moi, Milords, je ne l'aime, ni ne le crains ; voilà mon *credo*. Comme j'ai été fait sans lui, je me tiendrai debout, s'il plaît au roi ; ses bénédictions et ses malédictions me touchent également, ce sont des souffles de vent auquel je ne crois pas. Je sais ce qu'il était autrefois, et je sais ce qu'il est maintenant; aussi, je le laisse à celui qui lui a donné cet orgueil, le pape.

Norfolk. — Entrons, et au moyen de quelque autre affaire, tirons le roi de ces tristes pensées qui pèsent trop sur lui : Milord, voulez-vous nous tenir compagnie ?

Le Lord Chambellan. — Excusez-moi; le roi m'a envoyé autre part: en outre, vous verrez que c'est un moment mal choisi pour l'interrompre. Bonne santé à Vos Seigneuries.

Norfolk. — Merci, mon bon Lord chambellan.

Sort LE LORD CHAMBELLAN. NORFOLK *ouvre une portière, et on aperçoit* LE ROI *assis et lisant d'un air pensif.*

Suffolk. — Comme il a l'air triste ! à coup sûr il est très-affligé.

Le roi Henri. — Qui est là, eh ?

Norfolk. — Prions Dieu qu'il ne soit pas en colère.

Le roi Henri. — Qui est là, dis-je ? Comment osez-vous vous jeter au travers de mes méditations particulières ? Qui suis-je donc, par hasard ?

Norfolk. — Un gracieux roi qui pardonne toutes les offenses commises sans mauvaise intention : l'infraction que nous avons faite à notre respect a pour cause les affaires de l'État, affaires qui nous amènent pour connaître votre royal plaisir.

Le roi Henri. — Vous êtes trop hardis : allez, je vous apprendrai à mieux connaître votre temps : est-ce l'heure des affaires temporelles, hein ?

Entrent WOLSEY *et* CAMPEIUS.

Le roi Henri. — Qui est là ? mon bon Lord Cardinal ? Ô mon Wolsey, toi qui apaises ma conscience blessée, tu es un médecin vraiment digne d'un roi. (*A Campeius.*) Vous êtes le bienvenu dans notre royaume, très-révérend et très-érudit Messire : disposez de lui et de nous. (*A Wolsey.*) Mon bon Lord, ayez grand soin que je ne passe pas pour un bavard.

WOLSEY. — Sire, cela ne se peut. Je désirerais que Votre Grâce consentît à nous entretenir en particulier, seulement une heure.

LE ROI HENRI, *à Norfolk et à Suffolk*. — Nous sommes occupés; allez.

NORFOLK, *à part à Suffolk*. — Ce prêtre n'a pas du tout d'orgueil!

SUFFOLK, *à part à Norfolk*. — Ce n'est pas la peine d'en parler. Je ne voudrais pas en avoir autant pour la place qu'il occupe : mais cela ne peut continuer.

NORFOLK, *à part à Suffolk*. — Si cela continue, je me déciderai à lui porter une botte.

SUFFOLK, *à part à Norfolk*. — Et moi une autre. (*Sortent Norfolk et Suffolk.*)

WOLSEY. — Votre Grâce a donné un exemple de sagesse, au-dessus de tous ceux qui ont été donnés par les princes, en remettant volontairement vos scrupules à la décision de la chrétienté. Qui maintenant pourrait être irrité? quelle calomnie pourrait vous atteindre? L'Espagnol, qui est lié à la reine par le sang et l'affection, doit avouer aujourd'hui, s'il a quelque franchise, que le débat est loyal et noble. Tous les clercs — les clercs instruits, j'entends, — dans les royaumes chrétiens, sont appelés à donner librement leurs avis ; Rome, l'éducatrice de l'opinion, invitée par votre noble personne, nous a envoyé un interprète universel, cet homme vertueux, ce prêtre juste et instruit, le cardinal Campeius, que je présente une fois encore à Votre Altesse.

LE ROI HENRI. — Et une fois encore, je lui souhaite la bienvenue dans mes bras, et je remercie le saint conclave pour son affection; il m'a député précisément l'homme que j'aurais souhaité.

CAMPEIUS. — Votre Grâce doit nécessairement conquérir tous les cœurs des étrangers; elle est si noble! Je remets ma commission entre les mains de Votre Altesse; — et en vertu de cette commission (ainsi l'ordonne la cour de Rome), vous Milord cardinal d'York, vous m'êtes adjoint à moi le serviteur de cette cour, pour le jugement impartial de cette affaire.

Le roi Henri. — Deux hommes égaux en mérite. La reine sera informée sur-le-champ du sujet qui vous conduit ici. Où est Gardiner?

Wolsey. — Je sais que Votre Majesté l'a toujours aimée d'un si tendre cœur qu'elle ne lui refusera pas ce qu'une femme de moindre condition pourrait demander au nom de la loi, c'est-à-dire des clercs qui puissent librement plaider pour elle.

Le roi Henri. — Oui, et elle aura les meilleurs de tous, et ma faveur ira à celui qui s'acquittera le mieux de sa tâche; Dieu défende qu'il en soit autrement. Cardinal, appelle, je t'en prie, Gardiner, mon nouveau secrétaire; j'ai trouvé en lui un garçon capable. (*Sort Wolsey.*)

WOLSEY *rentre bientôt avec* GARDINER.

Wolsey, *à part à Gardiner*. — Donnez-moi votre main : je vous souhaite grande joie et grande faveur; vous êtes au roi maintenant.

Gardiner, *à part à Wolsey*. — Mais pour être commandé à jamais par Votre Grâce dont la main m'a élevé.

Le roi Henri. — Venez ici, Gardiner. (*Ils conversent à part.*)

Campeius. — Milord d'York, n'était-ce pas un certain docteur Pace qui occupait auparavant la place de cet homme?

Wolsey. — Oui, c'était lui.

Campeius. — N'était-il pas regardé comme un homme instruit?

Wolsey. — Oui, assurément.

Campeius. — Croyez-moi, il court à son sujet une fâcheuse opinion qui vous atteint vous-même, Lord Cardinal.

Wolsey. — Comment, moi-même?

Campeius. — On ne se gêne pas pour dire que vous lui

portiez envie, et que craignant qu'il ne s'élevât, à cause de ses grandes vertus, vous le teniez perpétuellement à l'étranger, ce qui lui causa un tel chagrin qu'il en devint fou et mourut[5].

Wolsey. — La paix du ciel soit avec lui! ce vœu suffit aux devoirs d'un chrétien; quant aux vivants qui murmurent, il y a pour eux des lieux de correction. C'était un sot, car il voulait être vertueux à toute force; ce bon garçon-ci, quand je lui commande, exécute mes ordres : je n'en veux pas d'une autre espèce si près de moi. Apprenez ceci, frère ; nous ne sommes pas faits pour être contrecarrés par des gens de basse sorte.

Le roi Henri. — Remettez ceci avec respect à la reine. (*Sort Gardiner.*) Le lieu le plus convenable que je puisse trouver pour un tel concours de savants est Black-Friars; c'est là que vous vous assemblerez pour cette grave affaire. Mon Wolsey, ayez soin que la salle soit préparée. Oh, Monseigneur, cela n'est-il pas fait pour affliger un homme sensible, d'être obligé de quitter une si douce compagne? Mais la conscience, la conscience! oh, quelle faculté susceptible! aussi faut-il que je quitte la reine. (*Ils sortent.*)

SCÈNE III.

Londres. — Une antichambre dans les appartements de la reine.

Entrent ANNE BOLEYN *et* une vieille dame.

Anne Boleyn. — Ce n'est pas pour cela non plus, mais voici ce qui va au cœur : — dire que Son Altesse a vécu si longtemps avec elle; dire qu'elle est une si bonne Dame que jamais aucune langue n'a pu proférer sur elle une médisance, — sur ma vie, elle n'a jamais su ce que c'était que faire le mal, — dire qu'il y a tant de voyages solaires qu'elle est sur le trône, toujours grandissante en majesté et en pompe, sur le trône qu'il est mille fois plus amer de quitter qu'il n'est doux d'abord d'y monter, — et maintenant, après tant d'années, lui donner congé!

oh! c'est une pitié qui serait capable d'émouvoir un monstre.

La vieille dame. — Les cœurs de la trempe la plus dure se fondent et gémissent sur son sort.

Anne Boleyn. — Ô volonté de Dieu! il vaudrait mieux qu'elle n'eût jamais connu la pompe ; quoique la pompe soit passagère, si cette mégère, la Fortune[6], vient à la séparer de celui qui en est revêtu, c'est une souffrance comparable à celle qui sépare l'âme du corps.

La vieille dame. — Hélas! pauvre Dame! la voilà redevenue étrangère.

Anne Boleyn. — Elle n'en doit inspirer que plus de pitié. Vraiment, il vaut mieux, je le jure, être bassement né, et vivre content parmi d'humbles humains, qu'être perché sur des cimes si brillantes et si douloureuses, et porter un chagrin doré.

La vieille dame. — Notre contentement est notre meilleur bien.

Anne Boleyn. — Sur ma foi et ma virginité, je ne voudrais pas être reine.

La vieille dame. — Mordieu, moi je voudrais l'être, et j'aventurerais mon pucelage pour cela ; et ainsi feriez-vous, malgré vos airs d'hypocrisie : vous qui avez tant des plus beaux dons de la femme, vous avez aussi un cœur de femme, et un cœur de femme a toujours chéri l'éminence, la richesse, la souveraineté, qui, pour dire la vérité, sont des biens ; et quoique vous fassiez la petite bouche, la douce peau de chevreau de votre conscience, s'il vous plaisait de l'élargir un peu, les accepterait parfaitement.

Anne Boleyn. — Non, sur ma bonne foi....

La vieille dame. — Si, sur ma bonne foi, et ma bonne foi. — Vous ne voudriez pas être reine?

Anne Boleyn. — Non, pour toutes les richesses qui sont sous le ciel.

La vieille dame. — C'est étrange ; une pièce de trois pence bosselée serait suffisante pour acheter mon consentement à être reine, toute vieille que je suis : mais dites-moi, je vous en prie, que penseriez-vous d'être duchesse? Avez-vous des épaules à porter le fardeau de ce titre?

Anne Boleyn. — Non, en vérité.

La vieille dame. — Alors vous êtes de tempérament faible. Retranchons-en un peu : je ne voudrais pas être un jeune comte et me trouver sur votre chemin, pour plus que je n'oserais dire : si vos reins ne peuvent accepter ce fardeau-ci, ils sont incapables d'engendrer jamais un enfant.

Anne Boleyn. — Comme vous bavardez ! Je vous jure encore que je ne voudrais pas être reine pour le monde entier.

La vieille dame. — Sur ma foi, pour la petite Angleterre, vous risqueriez la balle, et moi-même je la risquerais pour le simple comté de Carnarvon, quand ce serait la seule dépendance de la couronne. Là, qui vient ici?

Entre le LORD CHAMBELLAN.

Le Lord Chambellan. — Bonjour, Mesdames. Qu'en coûterait-il pour savoir le secret de votre conférence?

Anne Boleyn. — Pas même la peine de le demander, mon bon Lord ; notre secret ne vaut pas votre question. Nous étions à nous apitoyer sur les chagrins de notre maîtresse.

Le Lord Chambellan. — C'était une honnête occupation, et digne de femmes vertueuses : il y a lieu d'espérer que tout tournera bien.

Anne Boleyn. — *Amen !* c'est la prière que j'adresse à Dieu.

Le Lord Chambellan. — Vous portez un noble cœur, aussi les bénédictions du ciel tombent-elles sur les créatures comme vous. Pour que vous sachiez bien, belle Dame, que je parle sincèrement et qu'on a pris note en haut lieu de vos nombreuses vertus, Sa Majesté le roi vous fait transmettre par moi la bonne opinion qu'il a de vous, et prétend vous honorer par un titre qui n'est pas moindre que celui de marquise de Pembroke; à ce titre il ajoute de sa libéralité un revenu annuel de mille livres[7].

ACTE II, SCÈNE III.

Anne Boleyn. — Je ne sais quel genre d'obéissance je puis montrer; tout ce que j'ai et plus encore n'est rien : mes prières ne sont que des paroles auxquelles manque l'autorité de la piété, et mes vœux n'équivalent qu'à de vains souffles d'air, et cependant, vœux et prières, sont tout ce que je puis rendre. J'en conjure Votre Seigneurie, veuillez transmettre à Son Altesse les remercîments et l'obéissance de sa servante confuse, et lui dire que je prie pour sa santé et sa couronne.

Le Lord Chambellan. — Madame, je ne manquerai pas de confirmer la bonne opinion que le roi a de vous. (*A part.*) Je l'ai bien observée; la beauté et l'honneur sont en elle mêlés de telle sorte que ces dons ont pris le roi : et qui sait maintenant si de cette Dame il ne doit pas sortir une perle qui revêtira de splendeur toute cette île? — Je vais aller trouver le roi, et je lui dirai que je vous ai parlé.

Anne Boleyn. — Mon honoré Lord! (*Sort le Lord Chambellan.*)

La vieille dame. — Eh bien, voilà ce que c'est : voyez, voyez un peu! j'ai passé seize ans à mendier dans cette cour, je suis encore une mendiante de cour, et je n'ai jamais pu trouver le joint entre trop tôt et trop tard, pour obtenir n'importe quelle somme; tandis que vous, — voyez la destinée! — qui êtes ici un poisson tout fraîchement arrivé, — oh, fi, fi, fi, de cette fortune qui tombe sur vous malgré vous! — on vous remplit la bouche avant que vous l'ayez ouverte.

Anne Boleyn. — Cela me paraît étrange.

La vieille dame. — Quel goût cela a-t-il? est-ce amer? je parie quarante *pence* que non. Il y avait une fois une Dame (c'est une vieille histoire) qui n'aurait pas voulu être reine pour tout le limon de l'Égypte : avez-vous entendu cette histoire?

Anne Boleyn. — Allons, vous plaisantez.

La vieille dame. — Avec votre aventure; je pourrais monter plus haut que l'alouette. Marquise de Pembroke! mille livres par an par pure estime! pas d'autre obligation! Sur ma vie, cela promet beaucoup d'autres mille; l'escorte de l'honneur est plus nombreuse que ses avant-coureurs. Maintenant, je sais que votre dos peut porter un titre de duchesse; dites, ne vous sentez-vous pas plus forte qu'auparavant?

ANNE BOLEYN. — Ma bonne Dame, veuillez vous égayer avec vos propres fantaisies, et me laisser tranquille sur ce sujet-ci. Je veux bien ne pas exister, si cette faveur me réjouit le moins du monde; je tressaille en pensant à ce qui va suivre. La reine est dans la désolation, et nous sommes oublieuses avec notre longue absence. Je vous en prie, ne lui révélez pas ce que vous avez entendu ici.

LA VIEILLE DAME. — Pour qui me prenez-vous? (*Elles sortent.*)

SCÈNE IV.

Une salle dans BLACK-FRIARS.

Fanfares de trompettes et de cors. Entrent DEUX HUISSIERS A VERGE *avec de courtes baguettes d'argent; après eux* DEUX SCRIBES *en habits de docteurs; puis,* L'ARCHEVÊQUE DE CANTERBURY *seul; après lui,* LES ÉVÊQUES DE LINCOLN, D'ÉLY, DE ROCHESTER *et de* SAINT-ASAPH; *après eux, à courte distance, marche* UN GENTILHOMME *portant la bourse, avec le grand sceau et un chapeau de cardinal; puis,* DEUX PRÊTRES *portant chacun une croix d'argent; puis,* UN GENTILHOMME HUISSIER, *tête nue, accompagné par* UN SERGENT D'ARMES *portant une masse en argent; puis,* DEUX GENTILSHOMMES *portant les grandes colonnes en argent*[8]; *après eux, côte à côte, entrent les* DEUX CARDINAUX, WOLSEY *et* CAMPEIUS; *puis* DEUX NOBLES *avec l'épée et la masse. Puis, entrent* LE ROI, LA REINE, *et leurs suites.* LE ROI *prend place sous le dais royal;* LES DEUX CARDINAUX *s'asseyent au-dessous de lui comme juges.* LA REINE *prend place à quelque distance du* ROI. LES ÉVÊQUES *se rangent de chaque côté de la cour en forme de consistoire:* LES SCRIBES *se placent entre eux.* LES LORDS *s'assoient près des* ÉVÊQUES.

ACTE II, SCENE IV.

L'HUISSIER CRIEUR *et les autres assistants se rangent sur le théâtre conformément à leur condition.*

WOLSEY. — Qu'on ordonne le silence pendant la lecture de notre commission de Rome.

LE ROI HENRI. — Quel besoin en est-il ? elle a déjà été lue publiquement, et de tous côtés son autorité a été reconnue ; vous pouvez donc nous épargner ce temps.

WOLSEY. — Qu'il en soit ainsi ! — Passez outre.

UN SCRIBE. — Dites, « Henri, roi d'Angleterre, avancez dans la cour. »

L'HUISSIER CRIEUR. — Henri, roi d'Angleterre, avancez dans la cour.

LE ROI HENRI. — Présent !

LE SCRIBE. — Dites, « Catherine, reine d'Angleterre, avancez dans la cour. »

L'HUISSIER CRIEUR. — Catherine, reine d'Angleterre, avancez dans la cour.

LA REINE *ne fait pas de réponse, se lève de son siége, traverse la cour, vient au* ROI *et s'agenouille à ses pieds ; puis elle parle.*

LA REINE CATHERINE. — Sire, je désire que vous me fassiez droit et justice, et que vous m'accordiez votre pitié, car je suis une très-pauvre femme, et une étrangère née hors de vos domaines ; je n'ai ici aucun juge impartial, ni aucune assurance d'amitié et de justice. Hélas, Sire ! en quoi vous ai-je offensé ? quelle cause de déplaisir vous a donnée ma conduite pour me mettre ainsi de côté et me retirer votre bonne grâce ? Le ciel m'est témoin que j'ai toujours été pour vous une loyale et humble épouse, que je me suis en tous temps conformée à votre volonté, que j'ai toujours été dans la crainte d'allumer votre déplaisir, et que j'ai réglé mon humeur sur votre physionomie selon que je la voyais joyeuse ou triste. Y a-t-il eu une heure où j'aie contredit votre désir et où je n'en aie pas fait le mien ? Où est celui de vos amis que je ne me sois pas efforcée d'aimer, même quand je savais qu'il était mon ennemi ? Auquel de mes amis ai-je continué ma faveur, lorsque je savais qu'il s'était attiré votre courroux ? auquel, dans ce cas, n'ai-je pas notifié que je lui retirais mon affection ? Sire, rappelez-vous que j'ai été pour vous une femme, humblement obéissante, depuis plus de vingt ans, que j'ai été bénie par vous de nombreux enfants : si, pendant le cours et les péripéties de ce laps de temps, vous pouvez alléguer et prouver quelque chose contre mon honneur, ma fidélité conjugale, mon affection et mon respect pour votre personne sacrée, congédiez-moi, au nom de Dieu, et que le mépris le plus infamant me ferme la porte et me livre au genre de justice le plus sévère. Qu'il vous plaise de vous rappeler, Sire, que le roi, votre père, était réputé un prince très-prudent, d'un excellent esprit et d'un jugement incomparable : Ferdinand, roi d'Espagne, mon père, était tenu pour un des plus sages princes qui y eût régné depuis bien des années : il n'est pas douteux qu'ils assemblèrent dans chacun de leurs royaumes un sage conseil, qui, après avoir débattu cette affaire, considéra notre mariage comme légitime : c'est pourquoi je vous conjure humblement de m'épargner, Sire, jusqu'à ce que je puisse être conseillée par mes amis d'Espagne, dont j'implore les avis ; sinon, au nom de Dieu, que votre bon plaisir soit accompli[9] !

Wolsey. — Vous avez ici, Madame, — et appelés par votre choix, — ces révérends personnages, hommes d'une intégrité et d'une science singulières, la fleur même du royaume ; ils sont assemblés pour plaider votre cause : il est donc sans profit, autant pour votre propre repos que pour l'apaisement de la conscience du roi, que vous demandiez à la cour de différer son jugement.

Campeius. — Sa Grâce a bien et justement parlé : par conséquent, Madame, il est bon que cette session royale procède, et que sans délai ses membres produisent et fassent entendre leurs arguments.

La reine Catherine. — Lord Cardinal, — c'est à vous que je parle.

Wolsey. — Quel est votre bon plaisir, Madame ?

La reine Catherine. — Messire, les larmes me suffoquent, mais comme je me rappelle que je suis une reine, ou que j'ai rêvé que je l'étais, et que je suis certainement la fille d'un roi, je changerai en étincelles de feu les gouttes de mes pleurs.

Wolsey. — Soyez patiente.

La reine Catherine. — Je serai patiente lorsque vous serez humble; mais non, je le serai plus tôt, sans cela Dieu me punirait. Je crois, sur la foi de puissantes circonstances, que vous êtes mon ennemi, et je vous récuse pour mon juge, car c'est vous qui avez soufflé, entre mon Seigneur et moi, ce charbon que puisse éteindre la rosée de Dieu! C'est pourquoi, je le répète, je vous abhorre absolument, et je vous refuse de toute mon âme pour mon juge, vous que je tiens (je vous le dis encore) pour mon très-malicieux ennemi, et que je ne crois pas le moins du monde un ami de la vérité.

Wolsey. — Je déclare que vous ne parlez pas comme vous-même, vous qui, jusqu'à ce jour, avez appuyé votre jugement sur la charité, et montré dans vos actes les effets d'un noble caractère et d'une sagesse supérieure aux facultés de la femme. Madame, vous me faites injure, je n'ai pas de mauvais vouloir contre vous, je ne médite d'injustice ni contre vous, ni contre personne; toutes les mesures que j'ai prises jusqu'ici, toutes celles que je prendrai encore, sont autorisées par une commission du consistoire, oui, du consistoire entier de Rome. Vous m'accusez d'avoir soufflé ce charbon; je le nie : le roi est présent; s'il lui est connu que je donne un démenti à ma conduite, avec quelle facilité et quelle justice ne peut-il pas frapper ma fausseté! oui, il le peut aussi facilement que vous avez frappé ma véracité. S'il sait que je suis exempt de ce dont vous m'accusez, il sait que je ne suis pas exempt du tort que vous pouvez me faire. C'est donc en lui qu'est le remède à la blessure que vous me faites, et ce remède consiste à vous délivrer de telles pensées, et avant que Son Altesse ouvre la bouche pour m'administrer ce remède, je vous conjure, gracieuse Madame, de changer votre opinion et de ne plus parler ainsi.

La reine Catherine. — Milord, Milord, je suis une simple femme, beaucoup trop faible pour lutter avec votre habileté. Vous êtes de bouche humble et doux; vous signez votre place et votre profession par l'apparence parfaite de la douceur et de l'humilité; mais votre cœur est bourré d'arrogance, d'orgueil et de malice. Grâce à la fortune et aux faveurs de Son Altesse, vous avez légèrement franchi les degrés inférieurs de l'échelle, et maintenant vous êtes monté à une hauteur où les pouvoirs politiques sont vos serviteurs : les ordres que vous donnez, domestiques dociles, exécutent votre volonté exactement de la manière qu'il vous plaît. Je dois vous le dire, vous avez plus d'égard à l'éclat de votre personne qu'à votre haute profession spirituelle; c'est pourquoi, je le répète encore, je vous refuse pour mon juge, et j'en appelle au pape, ici, devant tous, afin de porter ma cause entière devant Sa Sainteté et d'être jugée par lui. (*Elle s'incline devant le roi et se dispose à partir.*)

Campeius. — La reine est obstinée, rebelle à la justice, prompte à l'accuser, et dédaigne d'être jugée par elle : ce n'est pas bien. La voici qui part.

Le roi Henri. — Rappelez-la.

L'huissier crieur. — Catherine, reine d'Angleterre, avancez dans la cour.

Griffith. — Madame, on vous rappelle.

La reine Catherine. — Qu'avez-vous besoin d'y faire attention? Je vous en prie, suivez votre chemin, et lorsque ce sera vous qu'on rappellera, revenez. Dieu m'assiste! ils me font sortir des bornes de la patience, vraiment! Je vous en prie, marchons : je ne veux pas rester plus longtemps, ni faire jamais plus pour cette affaire acte de présence dans aucune de leurs cours. (*Sortent la reine, Griffith, et les autres personnes de sa suite.*)

Le roi Henri. — Va, Catherine, s'il est un homme au monde qui déclare posséder une meilleure épouse, qu'il ne soit cru en rien pour avoir menti à ce point. Tu es, toi, toi seule, la reine des reines terrestres, comme le proclameraient, si elles pouvaient parler, tes rares qualités, ton aimable noblesse, ta douceur de sainte, ta rectitude conjugale, ton obéissance fière, et tes vertus pieuses et souveraines. Elle est noblement née et s'est comportée envers moi comme il convient à sa vraie noblesse.

Wolsey. — Très-gracieux Sire, j'en supplie Votre Altesse de la plus humble manière, qu'il vous plaise de déclarer, en face de tous ces auditeurs, (car là où j'ai été attaqué et lié, là je dois être délié, quoique ce ne soit pas le lieu et l'heure où je puisse obtenir pleine réparation), si jamais j'ai pris envers Votre Altesse l'initiative de cette affaire, si j'ai jamais fait naître dans votre esprit quelque scrupule qui pût vous amener à vous interroger sur ce sujet, et si j'ai jamais, autrement que pour remercier Dieu d'une telle reine, prononcé le plus petit mot qui pût porter préjudice à sa présente condition ou faire tort à sa vertueuse personne?

Le roi Henri. — Milord Cardinal, je vous excuse; oui, sur mon honneur, je vous absous pleinement de ce reproche. Je n'ai pas à vous apprendre que vous avez beaucoup d'ennemis, lesquels ne savent pas pourquoi ils le sont, mais qui, semblables aux chiens de village, aboient lorsque leurs camarades aboient : c'est par quelques-uns de ces gens-là que la reine est excitée à la colère. Vous êtes excusé : mais voulez-vous être plus pleinement justifié? Eh bien, vous avez toujours souhaité que cette affaire sommeillât; vous n'avez jamais désiré qu'elle fût soulevée : au contraire, vous avez souvent, très-souvent, mis obstacle aux pas qu'elle faisait : sur mon honneur, je porte témoignage sur ce point à mon bon Lord Cardinal, et je le justifie pleinement. Maintenant, pour ce qui me décida à cette affaire, je vais vous le déclarer franchement, en réclamant un peu de temps et votre attention : ainsi suivez bien l'enchaînement. Voici comment cela naquit : — faites attention : — ma conscience s'émut pour la première fois, sentit pour la première fois un aiguillon de scrupule, en écoutant certains discours tenus par l'évêque de Bayonne, alors ambassadeur de France, qui avait été envoyé ici pour discuter un projet de mariage entre le duc d'Orléans et notre fille Marie : dans le cours de cette affaire, avant de prendre une décision, il (l'évêque j'entends) demanda un répit afin de conseiller au roi son maître de bien s'assurer si notre fille pouvait être tenue pour légitime, étant issue de notre mariage avec la reine douairière, précédemment femme de notre frère. Ce répit ébranla ma conscience jusque dans ses fondements, me pénétra avec une force à me briser, et fit trembler la région de mon cœur ; ce qui ouvrit à ce scrupule une route si large qu'une multitude d'autres considérations de diverse nature y passèrent avec lui. En premier lieu, il me sembla que le ciel ne me souriait pas, car il paraissait commander à la nature que le ventre de mon épouse, si elle concevait un enfant mâle, ne fît pas plus pour lui office de vie que le tombeau ne fait pour les morts ; en effet, sa postérité mâle, ou mourait aussitôt après conception, ou peu de temps après qu'elle avait vu la lumière : alors j'en vins à penser que cela était une condamnation qui pesait sur moi, et que mon royaume, digne du plus bel héritier du monde, n'obtiendrait pas par moi une telle joie. Il s'ensuivit que je pesai les dangers qui menaçaient mon royaume par cette absence de postérité, et cela me causa bien des angoisses gémissantes. Ainsi ballotté sur cette mer orageuse de ma conscience, je fis voiles vers ce remède pour lequel nous sommes présentement assemblés ; c'est-à-dire que je pris la résolution de purger ma conscience que je sentais alors fort malade, et que je ne trouve pas encore suffisamment guérie par l'avis de tous les révérends pères et de tous les savants docteurs du royaume. C'est avec vous que je commençai d'abord en particulier, Milord de Lincoln ; vous vous rappelez sous quelle oppression je suffoquais, lorsque je m'ouvris à vous pour la première fois.

L'évêque de Lincoln. — Fort bien, mon Suzerain.

Le roi Henri. — J'ai parlé longuement ; qu'il vous plaise de raconter vous-même la direction que vous me conseillâtes.

L'évêque de Lincoln. — Plaise à Votre Altesse, cette question me troubla tellement à cause de son extrême importance et de ses redoutables conséquences, que je mis en doute la valeur du conseil le plus hardi que j'aurais pu donner, et que j'engageai Votre Altesse à prendre la résolution qu'elle est en voie de suivre.

Le roi Henri. — Je m'ouvris alors à vous, Milord de Canterbury, et je vous demandai la permission de convoquer la présente assemblée ; je n'ai omis de consulter aucun révérend personnage de cette cour, mais j'ai procédé par le consentement particulier de chacun de vous, signé et scellé par vous. Ainsi, procédons, car ce n'est aucun déplaisir contre la personne de ma bonne reine, mais la pointe aiguë et tranchante des raisons déclarées par moi qui me pousse à cette conduite. Prouvez seulement que notre mariage est légitime, et sur ma vie et ma dignité royale, nous serons heureux de continuer le cours de notre vie mortelle avec notre reine Catherine, avec celle qui doit prendre le pas sur la créature la plus parfaite qui soit tenue pour une merveille de ce monde.

Campeius. — Plaise à Votre Altesse, la reine étant absente, il est de toute convenance que nous ajournions la cour jusqu'à un jour prochain : dans cet intervalle, il sera bon d'insister vivement auprès de la reine, pour qu'elle renonce à l'appel qu'elle projette auprès de Sa Sainteté. (*Ils se lèvent pour partir.*)

Le roi Henri, *à part*. — Je m'aperçois que ces cardinaux plaisantent avec moi : j'abhorre ces lenteurs dilatoires et ces ruses de Rome. Cranmer, mon serviteur savant et bien-aimé, reviens, je t'en prie ! avec toi je sais que reviendra mon appui. (*Haut.*) Congédiez l'assemblée : retirez-vous, je vous le permets. (*Ils sortent dans l'ordre où ils sont entrés.*)

ACTE III.

SCÈNE PREMIÈRE.

LONDRES. — Le palais de BRIDEWELL. Une chambre dans les appartements de la reine.

LA REINE CATHERINE *et quelques-unes de ses femmes sont occupées à travailler.*

LA REINE CATHERINE. — Prends ton luth, ma fille, mon âme devient triste à force de trouble : chante et disperse ces troubles, si tu peux ; laisse là ton ouvrage.

CHANT.

Avec son luth, Orphée, quand il chantait,
    Faisait s'incliner les arbres
Et les sommets glacés des montagnes ;
Aux accords de sa musique, plantes et fleurs
Naissaient sans cesse, comme si le soleil et les ondées
    Avaient créé un éternel printemps.
    Toutes les choses qui l'entendaient jouer,
    Toutes, jusqu'aux vagues de la mer,
Penchaient la tête et restaient en silence.
Dans la douce musique est un tel pouvoir,
Que le souci meurtrier et les chagrins du cœur,
    En l'entendant, s'endorment, ou meurent.

Entre UN GENTILHOMME.

LA REINE CATHERINE. — Qu'y a-t-il ?

ACTE III, SCÈNE I.

Le gentilhomme. — Plaise à Votre Grâce, les deux grands cardinaux attendent dans la salle des audiences.

La reine Catherine. — Veulent-ils me parler?

Le gentilhomme. — C'est ce qu'ils m'ont prié de vous dire, Madame.

La reine Catherine. — Priez Leurs Grâces de venir. (*Sort le gentilhomme.*) Quelle affaire peuvent-ils avoir avec moi, pauvre femme déchue de la faveur. Je n'aime pas leur visite, maintenant que j'y réfléchis. Ils devraient être des hommes vertueux, et leurs affaires pieuses comme leurs fonctions; mais tous les capuchons ne font pas les moines.

Entrent WOLSEY *et* CAMPEIUS.

Wolsey. — Paix à Votre Altesse!

La reine Catherine. — Vos Grâces me surprennent ici presque à l'état de ménagère; je voudrais l'être tout à fait, au risque de ce qui peut m'arriver de pire. Quels sont vos bons plaisirs, Révérends Seigneurs?

Wolsey. — S'il vous plaît, noble Madame, de vous retirer dans vos appartements particuliers, nous vous expliquerons pleinement la cause de notre visite.

La reine Catherine. — Expliquez-la ici; sur ma conscience, je n'ai rien fait encore qui demande le secret : plût à Dieu que toutes les autres femmes pussent faire cette déclaration avec une âme aussi libre que la mienne! Messeigneurs, je n'ai point souci (et en cela je suis plus heureuse que d'autres) que mes actions soient jugées par toute langue, vues par tout œil, attaquées par l'envie et la basse opinion, tant je suis sûre de la rectitude de ma vie. Si votre affaire consiste à me scruter et à examiner ma conduite d'épouse, procédez hardiment; la vérité aime qu'on agisse ouvertement.

Wolsey. — *Tanta est ergà te mentis integritas, regina serenissima*[1].

La reine Catherine. — Oh! mon bon Lord, pas de latin; je ne suis pas assez paresseuse pour n'avoir pas appris, depuis que je suis venue, la langue du pays dans lequel j'ai vécu : une langue étrangère donne à ma cause une couleur plus étrange, une teinte de soupçon. Je vous en prie, parlez en anglais : il y a ici quelques personnes qui, si vous dites la vérité, vous remercieront pour l'amour de leur pauvre maîtresse ; croyez-moi, elle a été bien outragée : Lord cardinal, le péché le plus volontaire que j'aie jamais commis peut recevoir l'absolution en anglais.

Wolsey. — Noble Dame, je suis chagrin de ce que mon intégrité et mon ardeur à servir Sa Majesté et vous, fassent naître de si graves soupçons, alors que la bonne foi seule agit. Nous ne venons pas en accusateurs tacher cet honneur que toute bouche bénit, ni vous apporter aucun chagrin, — vous n'en avez que trop, bonne Dame : — nous venons pour savoir à quelles dispositions s'est arrêtée votre âme dans ce grave différend qui s'est élevé entre vous et le roi, et pour vous faire connaître, comme des hommes francs et honnêtes, nos opinions exactes et ce qui peut porter secours à votre cause.

Campeius. — Très-honorée Madame, Milord d'York, par un libre mouvement de sa noble nature, mouvement né du zèle et de l'obéissance qu'il a toujours portés à Votre Grâce, oubliant, comme un homme de bien, votre récente et trop excessive censure contre sa personne et sa sincérité, vous offre, ainsi que moi, en signe de paix, ses services et ses conseils.

La reine Catherine, *à part*. — Pour me trahir. (*Haut.*) — Messeigneurs, je vous remercie tous deux pour vos bons vouloirs. Vous parlez comme d'honnêtes gens, et je prie Dieu que vous vous montriez tels : mais, en vérité, je ne sais pas comment, avec mon faible esprit, je puis donner à deux hommes de votre gravité et de votre science, une réponse immédiate sur un point de cette importance qui touche de si près à mon honneur, et de plus près encore à ma vie, je le crains. J'étais à travailler avec mes femmes, et Dieu le sait, peu préparée à recevoir des hommes tels que vous et à entendre de telles affaires. Au nom de la royauté que j'ai possédée, car je sens le dernier tressaillement de ma grandeur, je supplie vos deux Grâces de laisser à ma cause temps et conseil. Hélas! je suis une femme, sans amis, sans espérances!

Wolsey. — Madame, vous méconnaissez l'amour du roi par ces craintes; vos amis et vos motifs d'espérer sont en nombre infini.

La reine Catherine. — Avec peu de profit pour moi en Angleterre. Pouvez-vous penser, Messeigneurs, qu'il y ait un Anglais qui osât me donner conseil? Pensez-vous qu'en supposant qu'il en fût un assez imprudent pour être honnête, celui-là pourrait être ouvertement mon ami malgré le bon plaisir du roi, et continuer à vivre son sujet? Non, non, en bonne foi, mes vrais amis, ceux qui peuvent peser équitablement mes afflictions, ceux auxquels ma confiance peut s'attacher, ne vivent pas ici; ils sont, comme toutes mes autres consolations, loin d'ici, dans ma patrie natale, Messeigneurs.

Campeius. — Je désirerais que Votre Grâce oubliât ses chagrins et acceptât mes conseils.

La reine Catherine. — Voyons, Messire.

Campeius. — Placez votre cause sous la protection du roi; il vous aime et il est plein de générosité : c'est le parti qui vaudra le mieux pour vous et votre cause; car si l'arrêt de la loi vous donne tort, vous vous séparerez de lui disgrâciée.

Wolsey. — Il vous donne un vrai conseil.

La reine Catherine. — Vous me conseillez ce que vous me souhaitez tous deux, ma ruine. Est-ce là votre conseil chrétien? hont sur vous. Le ciel est encore au-dessus de tous, et là siége un juge qu'aucun roi ne peut corrompre.

Campeius. — Votre colère vous trompe à notre égard.

La reine Catherine. — Votre honte n'en est que plus grande. Je vous croyais deux hommes saints, sur mon âme, deux révérendes vertus cardinales, mais je crains que vous ne soyez deux péchés cardinaux, deux cœurs creux : amendez-les, par pudeur, Messeigneurs! Est-ce là la consolation, le cordial que vous apportiez à une malheureuse Dame, à une femme sans appui au milieu de vous, méprisée, montrée au doigt? Je ne vous souhaiterai pas la moitié de mes misères; j'ai plus de charité que cela : mais dites au moins que je vous ai avertis, et prenez garde au nom du ciel, prenez garde qu'un jour le fardeau entier de mes chagrins ne tombe sur vous.

Wolsey. — Madame, ces paroles sont pur égarement; vous tournez en mal ce que nous vous proposons pour le bien.

La reine Catherine. — Et vous, vous me tournez en rien : malheur à vous et à tous les hypocrites qui vous ressemblent! Si vous aviez quelque justice, quelque pitié, si vous étiez ecclésiastiques autrement que d'habit, me proposeriez-vous de remettre ma cause si malade entre les mains de celui qui me hait? Hélas! il m'a déjà bannie de son lit, et de son amour il m'en a bannie, il y a trop longtemps! Je suis vieille, Messeigneurs, et tous les rapports intimes que j'entretiens maintenant avec lui consistent dans ma seule obéissance. Que peut-il m'arriver qui dépasse cette misère? toutes vos intrigues peuvent-elles me faire une malédiction qui dépasse celle-là?

Campeius. — Vos craintes voient trop les choses en pire.

La reine Catherine. — Ai-je donc vécu si longtemps (laissez-moi parler pour moi-même, puisque la vertu ne trouve pas d'amis) son épouse, une épouse loyale, une femme qui ne fut jamais (j'ose le dire sans vaine gloire) entachée d'aucun soupçon; ai-je donc toujours concentré sur le roi la plénitude de mes affections, l'ai-je donc le plus aimé après le ciel, lui ai-je obéi, l'ai-je adoré avec une superstitieuse tendresse, pour être ainsi récompensée? Ce n'est pas bien, Messeigneurs. Amenez-moi une femme constante à son mari, une femme qui n'ait jamais rêvé une joie au delà de son plaisir, et à cette femme, lorsqu'elle aura montré toute la vertu possible, j'ajouterai encore un mérite, une grande patience.

Wolsey. — Madame, vous vous éloignez du bien que nous cherchions à atteindre.

La reine Catherine. — Milord, je n'ose pas me rendre assez coupable pour céder volontairement ce noble titre que votre maître me donna en m'épousant : rien que la mort ne me divorcera jamais de mes dignités.

Wolsey. — Je vous en prie, écoutez-moi.

La reine Catherine. — Plût à Dieu que je n'eusse jamais foulé ce sol anglais, ni goûté aux flatteries qui y croissent? Vous avez des faces d'anges[2], mais le ciel connaît vos cœurs. Qu'adviendra-t-il maintenant de moi, malheureuse Dame! Je suis la plus malheureuse femme vivante. (*A ses femmes.*) Hélas! pauvres filles, où sont maintenant vos fortunes! me voilà naufragée dans un royaume où je ne trouve ni pitié, ni amis, ni espérance, où nul parent ne pleure sur moi, où un tombeau m'est à peine accordé : comme le lis qui était autrefois souverain de la prairie et y fleurissait, je vais laisser tomber ma tête et mourir.

Wolsey. — Si Votre Grâce pouvait être amenée à comprendre que notre but est honnête, vous vous sentiriez plus rassurée. Pour quelle cause, bonne Dame, voudrions-nous vous faire tort? Hélas! mais nos situations, la nature de notre profession s'opposent à pareille chose : nous sommes faits pour chercher à guérir de tels chagrins, non pour les semer. Au nom de la vertu, considérez ce que vous faites, considérez à quel point vous pouvez vous blesser par cette conduite, considérez qu'elle peut vous aliéner complétement le roi. Les cœurs des princes baisent l'obéissance, tant ils l'aiment; mais devant les âmes opiniâtres, ils se gonflent et deviennent aussi terribles que les tempêtes. Je sais que vous avez un noble et beau caractère, une âme aussi unie qu'une mer calme; croyez-nous, je vous prie, quand nous nous déclarons partisans de la paix, vos amis et vos serviteurs.

Campeius. — Madame, vous découvrirez qu'il en est ainsi. Vous faites outrage à vos vertus par ces craintes dignes de femmes pusillanimes; un noble esprit, comme celui qui a été mis en vous, rejette toujours hors de lui, comme de la fausse monnaie, de tels doutes. Le roi vous aime; prenez garde de ne pas vous l'aliéner; quant à nous, s'il vous plaît de vous confier à nous dans votre affaire, nous sommes prêts à employer pour votre service nos soins les plus diligents.

La reine Catherine. — Faites ce que vous voudrez, Messeigneurs, et pardonnez-moi, je vous en prie, si je me suis conduite impoliment; vous savez que je suis une femme qui manque d'esprit pour faire une réponse convenable à des personnes telles que vous. Je vous prie, servez-moi auprès de Sa Majesté : il a encore mon cœur et aura mes prières tant que je vivrai. Allons, mes révérends pères, accordez-moi vos conseils; elle supplie maintenant, celle qui pensait peu, lorsqu'elle posa le pied ici, qu'il lui faudrait acheter ses dignités si cher.[3]. (*Ils sortent.*)

SCÈNE II.

Londres. — Une antichambre des appartements du roi dans le palais.

Entrent le duc de NORFOLK, le duc de SUFFOLK, le comte de SURREY *et* le LORD CHAMBELLAN.

Norfolk. — Si vous voulez maintenant unir vos griefs et les pousser avec constance, le cardinal ne pourra résister à leur choc; si vous négligez l'occasion que vous offre ce moment-ci, je ne puis vous promettre que de nouvelles disgrâces ne viendront pas ajouter leur poids à celles que vous portez déjà.

Surrey. — Je suis joyeux de la plus petite occasion qui m'est offerte de me rappeler du duc, mon beau-père, afin de me venger du Cardinal.

Suffolk. — Quel est celui des pairs qui ait eu la chance d'échapper à son mépris, ou qui n'ait pas eu au moins à souffrir singulièrement de son indifférence? Quand a-t-il respecté dans une autre personne que lui-même la marque de la noblesse[4]?

Le Lord Chambellan. — Milords, vous parlez bien à vos aises : ce qu'il mérite de votre part et de la mienne, je le sais; mais quant à ce que nous pouvons faire contre lui, quoique le moment actuel nous soit propice, je le redoute beaucoup. Si vous ne pouvez lui fermer l'accès auprès du roi, ne tentez jamais rien contre lui, car sa langue a sur le roi une puissance de sortilége.

Norfolk. — Oh! n'ayez pas peur de lui; sous ce rapport, son sortilége est désormais sans force : le roi a découvert contre lui des faits qui gâtent à jamais le miel de son langage. Non, il est noyé sous son déplaisir, de manière à ne surnager jamais.

Surrey. — Milord, entendre des nouvelles semblables une fois par heure, ferait mon bonheur.

Norfolk. — Croyez-moi, cela est vrai. Ses menées en sens contraires dans l'affaire du divorce ont toutes été mises au grand jour, en sorte qu'il apparaît aujourd'hui comme je souhaiterais qu'apparût mon ennemi.

Surrey. — Comment ses menées ont-elles été mises en lumière?

Suffolk. — D'une manière fort étrange.

Surrey. — Oh! comment, comment?

Suffolk. — Les lettres du cardinal au pape se sont trompées de route, et elles sont tombées sous les yeux du roi : dans ces lettres, on a lu les prières que le cardinal adressait à Sa Sainteté pour suspendre le jugement du divorce, car « si le divorce avait lieu, je m'aperçois, disait le cardinal, que le roi s'est épris d'affection pour une créature de la reine, Lady Anne Boleyn. »

Surrey. — Le roi a lu cela?

Suffolk. — Vous pouvez m'en croire.

Surrey. — Cela aura-t-il des résultats?

Le Lord Chambellan. — Par ce fait le roi a vu combien il le suit de près et fait étroit son chemin. Mais sur ce point toutes ses manigances coulent bas, car il apporte le remède après la mort du patient; le roi a déjà épousé la belle Dame.

Surrey. — Plût à Dieu que cela fût!

Suffolk. — Alors soyez heureux par le souhait que vous formez, Milord! car je vous le déclare, il est exaucé.

Surrey. — Puisse toute ma joie accompagner la conjonction de ces deux astres!

Suffolk. — Je joins mon *Amen* à ce vœu.

Norfolk. — Et tout le monde en fait autant.

Suffolk. — Il y a des ordres donnés pour son couronnement; mais, parbleu, cet événement est encore bien jeune, et il est bon qu'il ne soit pas raconté à toutes les oreilles. Mais, Milord, c'est une noble créature, accomplie comme esprit et beauté : je me figure que d'elle sortira pour ce pays quelque bénédiction dont il conservera la mémoire.

Surrey. — Mais le roi digérera-t-il cette lettre du cardinal? Le Seigneur veuille que non!

Norfolk. — *Amen*, mordieu!

Suffolk. — Non, non, il y a d'autres guêpes qui bourdonnent autour de son nez qui lui feront sentir plus vite cet aiguillon-ci. Le cardinal Campeius s'est évadé pour Rome; il n'a pas pris de congé, il a laissé l'affaire du roi en suspens, et il est parti en poste, comme agent de notre cardinal, pour seconder tout son complot. Je vous assure que le roi a crié *ah!* en apprenant la chose.

Le Lord Chambellan. — Dieu veuille l'irriter davantage, et lui faire crier *ah!* encore plus fort!

Norfolk. — Mais, Milord, quand Cranmer revient-il?

Suffolk. — Il est revenu, et toujours dans les mêmes opinions, qui, jointes à celles de tous les fameux colléges de la chrétienté presque entière, ont tranquillisé le roi à l'endroit de son divorce. Sous peu, je le crois, son second mariage sera rendu public, et le couronnement se fera. Catherine ne sera plus appelée reine, mais princesse douairière et veuve du prince Arthur.

Norfolk. — Ce Cranmer est un digne garçon, et il a pris beaucoup de peine dans l'affaire du roi.

Suffolk. — Oui, et en récompense nous le verrons archevêque.

Norfolk. — C'est ce qu'on me dit.

Suffolk. — C'est la vérité même. Le cardinal! (*Ils se tiennent à l'écart.*)

Entrent WOLSEY *et* CROMWELL.

Norfolk. — Observez, observez, il est rêveur.
Wolsey. — Le paquet, Cromwell, l'avez-vous remis au roi?
Cromwell. — En mains propres, dans sa chambre à coucher.
Wolsey. — A-t-il regardé le contenu de ces papiers?
Cromwell. — Il les a décachetés immédiatement : le premier sur lequel il a jeté les yeux, il l'a lu avec une sérieuse attention ; il y avait de la préoccupation sur sa physionomie. Il vous fait ordonner de l'attendre ici ce matin.
Wolsey. — Tardera-t-il à sortir?
Cromwell. — Je crois qu'il ne tardera pas.
Wolsey. — Laissez-moi un instant. (*Sort Cromwell.*) Ce sera la duchesse d'Alençon, sœur du roi de France : c'est elle qu'il épousera. Anne Boleyn! Non, je ne veux pas d'une Anne Boleyn pour lui : il s'agit de quelque chose de plus que d'un beau visage. Boleyn! non, nous ne voulons pas de Boleyn. J'espère recevoir bientôt des nouvelles de Rome. — Marquise de Pembroke!
Norfolk. — Il est mécontent.
Suffolk. — Peut-être sait-il que le roi aiguise sa colère contre lui.
Surrey. — Et fais qu'elle soit tranchante, ô mon Dieu, pour accomplir ta justice!
Wolsey. — Une des femmes de la récente reine, la fille d'un chevalier, devenir la maîtresse de sa maîtresse! la reine de la reine! Voilà une chandelle qui éclaire mal[5]; aussi vais-je la moucher, et ce faisant l'éteindre. Elle est vertueuse et bien méritante, je le sais; mais qu'est-ce que cela me fait? Je la connais en outre pour une luthérienne effrénée, et il ne serait pas salutaire à notre cause qu'elle reposât sur le sein du roi, déjà si difficile à gouverner. En outre, il a surgi un hérétique, un archi-hérétique, Cranmer, qui s'est faufilé dans la faveur du roi et qui est son oracle. (*Il reste à l'écart à méditer.*)

NORFOLK. — Quelque chose le tracasse.

SURREY. — Je voudrais que ce fût quelque chose qui brisât la corde, la maîtresse corde de son cœur !

SUFFOLK. — Le roi ! le roi !

Entrent LE ROI, *lisant un papier, et* LOVELL.

LE ROI HENRI. — Quels amas de richesses il a accumulés pour son lot ! et quelles dépenses semblent s'écouler à chaque heure de ses mains ! Comment, au nom du lucre, est-il arrivé à entasser tout cela ? — Eh bien, Milords, avez-vous vu le cardinal ?

NORFOLK, *s'avançant*. — Monseigneur, nous étions ici à l'observer : son cerveau semble avoir reçu quelque étrange commotion : il mord sa lèvre et tressaille, s'arrête soudainement, regarde à terre, puis pose son doigt sur sa tempe ; puis subitement il se met à marcher à grands pas, s'arrête encore, frappe sa poitrine avec force, et puis tourne ses yeux vers la lune : nous l'avons observé prenant les plus étranges attitudes.

LE ROI HENRI. — Cela peut bien être ; il y a dans son cerveau une rébellion. Ce matin, il m'a envoyé à lire certains papiers d'État que je lui avais demandés, et que croyez-vous que j'aie trouvé dans le paquet, mis là par mégarde, sur ma conscience ? Un inventaire, s'il vous plaît, un inventaire des diverses pièces de son argenterie, de son trésor, de ses riches étoffes, des ornements de sa maison, inventaire qui s'élève, d'après mon calcul, à un chiffre si haut qu'il dépasse la fortune d'un sujet.

NORFOLK. — C'est la volonté du ciel : quelque esprit aura placé ce papier dans le paquet pour permettre à vos yeux de le connaître.

LE ROI HENRI. — Si nous pensions que sa contemplation fût dirigée plus haut que la terre, et fixée sur les choses spirituelles, nous le laisserions plongé dans ses rêveries ; mais je crains que ses pensées ne s'adressent aux choses sublunaires, et ne vaillent pas la peine de ses sérieuses méditations. (*Il prend son siége et chuchote à l'oreille de Lovell qui se dirige alors vers Wolsey.*)

Wolsey. — Le ciel me pardonne ! — Que Dieu bénisse à jamais Votre Altesse !

Le roi Henri. — Mon bon Lord, vous êtes plein de richesse céleste et vous portez dans votre âme l'inventaire de vos meilleurs trésors ; vous étiez tout à l'heure en train d'en faire le compte : c'est à peine si vous avez le temps de dérober quelques minutes à vos occupations spirituelles pour donner audience à vos intérêts terrestres : assurément, je vous crois, sur ce point, un mauvais économe, et je suis heureux de vous avoir en cela pour compagnon.

Wolsey. — Sire, j'ai temps pour mes fonctions sacrées, temps pour penser à la part des affaires que je porte dans l'État ; puis la nature réclame ses heures de repos, et moi, son fils débile, comme tous mes autres frères mortels, je suis forcé de lui obéir.

Le roi Henri. — C'est bien dit.

Wolsey. — Et puisse Votre Majesté, comme je m'efforcerai de lui en donner cause, accoupler toujours ensemble mon bien faire avec mon bien dire !

Le roi Henri. — C'est bien dit encore : bien dire est une manière de bien faire ; et cependant les paroles ne sont pas des actes. Mon père vous aimait ; il le disait, et par ses actes en votre faveur il couronna ses paroles. Depuis mon avénement, je vous ai tenu tout près de mon cœur ; non-seulement je vous ai employé dans les affaires qui pouvaient vous rapporter de grands profits, mais j'ai épargné sur mes biens actuels, pour étendre sur vous ma libéralité.

Wolsey, *à part*. — Qu'est-ce que cela peut signifier ?

Surrey, *à part, aux autres Lords*. — Dieu fasse grandir cette querelle !

Le roi Henri. — Ne vous ai-je pas fait le premier personnage de l'État ? Dites-moi, je vous prie, si vous n'avez pas trouvé par expérience que ce que je vous dis maintenant est vrai : et si vous êtes contraint d'avouer qu'il en est ainsi, dites-nous encore, si vous nous êtes obligé, oui ou non. Que répondez-vous ?

Wolsey. — Mon Souverain, je confesse que les grâces que chaque jour vous avez fait pleuvoir sur moi, ont été au delà de ce que je pouvais vous rendre en efforts assidus; cela aurait dépassé la force humaine. Mes efforts sont toujours restés au-dessous de mes désirs, mais au moins toutes mes facultés se sont employées à combler la distance. Je n'ai jamais eu de but personnel qui ne tendit au bien de votre personne très-sacrée et au profit de l'État. Pour les grandes faveurs que vous avez entassées sur moi, indigne que je suis, je ne puis que vous rendre les remercîments d'un respectueux sujet, les prières que j'adresse au ciel pour vous, et ma fidélité qui fut toujours grandissante, et ne cessera de grandir jusqu'à ce que la mort, cet hiver de la vie, y mette fin.

Le roi Henri. — Bien répondu. C'est en cela que se montre un sujet loyal et obéissant; l'honneur d'un tel sentiment en est la récompense, comme l'ignominie du sentiment contraire en est la punition. Il me semble que si ma main s'est ouverte pour laisser tomber sur vous ses largesses, que si mon cœur a laissé découler son affection, et ma puissance fait pleuvoir les honneurs sur vous plus que sur tout autre sujet, votre main, votre cœur, votre cerveau, et chacune des facultés de votre personne, devraient, en dehors de votre obligation de fidélité, m'appartenir, à moi, votre ami, plus qu'à tout autre, par le fait d'un amour tout particulier.

Wolsey. — Je déclare que j'ai toujours travaillé pour le bien de Votre Altesse plus que pour le mien propre ; c'est là ce que j'ai été, ce que je suis, et ce que je serai, quand bien même tous vos sujets vous refuseraient leur obéissance, et chasseraient de leur âme ce sentiment ; oui, quand bien même les périls abonderaient aussi nombreux que la pensée peut l'imaginer, et apparaîtraient sous des formes plus horribles encore qu'elle ne peut l'imaginer, mon obéissance, pareille à un roc battu du flot grondant, briserait les assauts de cette marée furieuse et vous resterait inébranlable.

Le roi Henri. — C'est noblement parlé. Soyez avertis, Lords, qu'il a un cœur loyal, car vous le lui avez vu ouvrir. — Lisez ce papier (*il lui remet des papiers*), et puis celui-là ; et ensuite allez déjeuner avec ce que vous aurez d'appétit. (Le Roi *sort en fronçant le sourcil devant* le cardinal Wolsey ; les nobles *le suivent en souriant et en chuchotant*.)

Wolsey. — Qu'est-ce que cela peut signifier ? quelle est cette colère subite ? comment me la suis-je attirée ? Il m'a quitté en fronçant le sourcil, comme si la ruine jaillissait de ses yeux : c'est ainsi que le lion irrité regarde le chasseur audacieux qui l'a outragé, et part, sans lui rien faire d'autre. Lisons ce papier, qui, je le crains, contient l'explication de sa colère. C'est bien cela ; ce papier m'a perdu : c'est le compte de la masse des richesses que j'avais amassées pour mes fins particulières ; c'est-à-dire pour gagner la papauté et payer mes amis à Rome. Oh ! négligence dans laquelle un sot seul aurait dû tomber ! quel diable pervers m'a fait mettre ce gros secret dans le paquet que j'envoyais au roi ? N'y a-t-il pas moyen de réparer cela ? N'ai-je pas quelque expédient nouveau pour lui retirer cela de la cervelle ? Je sais que cela l'agitera profondément ; cependant je connais un moyen qui, s'il prend bien, me fera revenir sur l'eau en dépit de la fortune. Qu'est-ce que cela maintenant : « *Au pape!* » Sur ma vie, c'est la lettre que j'ai écrite à Sa Sainteté, avec tout l'exposé de l'affaire. Ah ! bien, alors, bonsoir ! j'ai touché le point extrême de ma grandeur, et de ce plein midi de ma gloire, je cours en toute hâte vers mon coucher : je m'évanouirai comme un resplendissant jet de lumière s'évanouit au soir, et personne ne me verra plus.

Rentrent les ducs de NORFOLK *et* de SUFFOLK, le comte de SURREY *et* le LORD CHAMBELLAN.

Norfolk. — Apprenez le bon plaisir du roi, cardinal : il vous ordonne de remettre immédiatement le grand sceau entre nos mains, et de vous renfermer à Asherhouse, dans les domaines de Milord de Winchester[6], jusqu'à ce que vous receviez les nouveaux ordres de Son Altesse.

Wolsey. — Arrêtez, où est votre commission, Lords? de simples paroles ne peuvent avoir une si grande autorité.

Suffolk. — Qui donc ose contredire nos paroles alors qu'elles sont l'expression même du vouloir du roi?

Wolsey. — Jusqu'à ce qu'on me montre autre chose qu'un vouloir et des paroles pour l'exécuter, — j'entends par ce vouloir votre volonté de nuire, — sachez, Lords officieux, que j'ose et que je dois me refuser à obéir. Maintenant je comprends de quel grossier métal vous êtes faits, c'est l'envie. Avec quelle ardeur vous guettez mes disgrâces, comme si elles devaient vous engraisser! Comme vous vous montrez complaisants et charmés devant tout ce qui peut amener ma ruine! Poursuivez vos envieux projets, hommes de malice; c'est un chrétien qui vous y autorise, et sans aucun doute, ils trouveront en temps utile leur juste récompense. Ce sceau que vous réclamez avec tant de violence, c'est le roi, mon maître et le vôtre, qui me le donna de sa propre main : il m'ordonna de le posséder ma vie durant, avec la place et les honneurs y appartenant, et pour confirmer sa bonté, il me le remit par lettres patentes[7] : qui le prendra maintenant?

Surrey. — Le roi, qui le donna.

Wolsey. — Il faut alors que ce soit lui en personne.

Surrey. — Prêtre, tu es un traître orgueilleux.

Wolsey. — Lord orgueilleux, tu mens! il n'y a pas deux fois vingt-quatre heures que Surrey aurait mieux aimé se brûler la langue que de parler ainsi.

Surrey. — Ton ambition, péché en robe écarlate, déroba à ce pays qui en gémissait, mon beau-père, le noble Buckingham : les têtes de tous tes frères les cardinaux, toi y compris avec tous tes meilleurs talents, ne valaient pas un cheveu de la sienne. Maudite soit votre politique! Vous m'envoyâtes comme lieutenant en Irlande, loin de celui auquel je ne pouvais plus porter secours, loin du roi, loin de tous ceux qui auraient pu obtenir grâce pour la faute dont tu le gratifias, tandis que votre grande bonté, par pitié sainte, lui donnait l'absolution avec une hache.

Wolsey. — Je réponds que cela est très-faux, ainsi que tout ce que peut m'imputer d'autre ce Lord babillard. Le duc obtint de la loi ce qu'il méritait : à quel point je fus innocent de toute malice personnelle dans le fait de sa mort, son noble jury et son odieux procès peuvent en témoigner. Si j'aimais à beaucoup parler, je vous dirais, Lords, que vous avez aussi peu d'honnêteté que d'honneur, vous qui, sous prétexte de loyauté et de fidélité envers le roi, mon toujours souverain maître, osez faire échec à un homme plus sûr que ne peuvent l'être Surrey et tous ceux qui aiment ses folies.

Surrey. — Sur mon âme, votre longue robe vous protége, prêtre; sans cela tu sentirais dans ta chair entrer mon épée. Milords, est-ce que vous pouvez entendre patiemment cette arrogance? et de la part d'un tel individu? Si nous sommes capables d'être assez soumis pour nous laisser mettre le mors par un mannequin écarlate, adieu la noblesse! Que Sa Grâce marche devant et nous effraye de sa robe rouge comme des alouettes, alors[8] !

Wolsey. — Toute vertu est poison pour ton estomac.

Surrey. — Oui, cardinal, cette vertu qui vous a fait réunir en bloc par extorsion toute la richesse du royaume entre vos mains, la vertu contenue dans les lettres interceptées que vous avez écrites au pape contre le roi : votre vertu, puisque vous m'y provoquez, va être mise dans tout son jour. — Milord de Norfolk, vous qui êtes vraiment noble, vous qui respectez le bien commun de tous, la condition de notre noblesse méprisée, les intérêts de nos enfants, qui, si cet homme vit, seront à peine gentilshommes, produisez le grand total de ses péchés, le recueil des articles de toute sa vie. — Je vais vous faire tressaillir, plus que ne vous fait tressaillir la cloche de l'ordination[9], lorsque la brune fillette repose caressante entre vos bras, Lord cardinal.

Wolsey. — A quel point il me semble que je pourrais verser le mépris sur cet homme, si la charité ne me le défendait pas!

Norfolk. — Ces articles, Milord, sont entre les mains du roi; mais nous en savons assez pour dire qu'ils sont odieux.

Wolsey. — D'autant plus belle et plus sans tache paraîtra mon innocence, lorsque le roi connaîtra ma sincérité.

Surrey. — Cela ne peut vous sauver : j'en remercie ma mémoire, je me rappelle encore quelques-uns de ces articles, et ils seront produits. Maintenant si vous pouvez rougir et vous déclarer coupable, cardinal, vous montrerez un peu d'honnêteté.

Wolsey. — Parlez, Monsieur; j'affronte vos pires accusations : si je rougis, c'est de voir un noble manquer de politesse.

Surrey. — J'aime mieux manquer de politesse, que si ma tête me manquait. Et maintenant, tenez-vous bien! D'abord, à l'insu du roi, et sans son consentement, vous avez travaillé à vous faire nommer légat, et par ce pouvoir, vous avez mutilé la juridiction de tous les évêques.

Norfolk. — Puis dans toutes les lettres que vous écriviez à Rome ou aux princes étrangers, vous placiez toujours cette formule : *Ego et Rex meus*, formule par laquelle vous représentiez le roi comme votre serviteur.

Suffolk. — Puis à l'insu et du roi, et du conseil, lorsque vous êtes allé en ambassade auprès de l'empereur, vous avez osé emporter le grand sceau dans les Flandres.

Surrey. — *Item*, sans la volonté du roi et la permission de l'État, vous avez envoyé à Grégoire de Cassalis pleine commission pour conclure une ligue entre Son Altesse et Ferrare.

Suffolk. — Puis, par pure ambition, vous avez fait frapper sur la monnaie du roi l'image de votre chapeau de cardinal.

Surrey. — Puis, vous avez envoyé des sommes innombrables (acquises comment, je laisse à votre conscience le soin de le savoir) pour soudoyer Rome et préparer les voies à l'obtention de vos dignités, et cela simplement à la ruine du royaume entier. Il y a bien d'autres choses, mais comme elles viennent de vous et qu'elles sont odieuses, je n'en salirai pas ma bouche.

Le Lord Chambellan. — Oh, Milord, ne poussez pas trop fort un homme qui tombe! c'est vertu : ses fautes tombent sous le coup des lois ; qu'il en soit puni par les lois et non par vous. Mon cœur saigne de le voir si petit, lui qui était si grand.

Surrey. — Je lui pardonne.

Suffolk. — Lord cardinal, voici les volontés ultérieures du roi : comme tous les actes que vous avez faits récemment dans ce royaume, en vertu de votre pouvoir de légat, tombent sous le coup de l'ordonnance de *præmunire*[10], que par conséquent cette ordonnance peut être invoquée contre vous, j'ai charge de vous annoncer que tous vos biens, terres, châteaux et autres possessions sont confisqués, et que vous êtes hors de la protection du roi.

Norfolk. — Et là-dessus, nous vous laissons à vos méditations sur la manière de mener à l'avenir une vie meilleure. Quant à votre refus obstiné de nous rendre le grand sceau, le roi le connaîtra, et vous en remerciera sans nul doute. Ainsi portez-vous bien, mon bon petit Lord cardinal. (*Tous sortent, excepté Wolsey.*)

Wolsey. — Adieu aussi au petit bien que vous me portez[11]. Et adieu, long adieu à toute ma grandeur! Telle est la condition de l'homme : aujourd'hui, il pousse les tendres feuilles de ses espérances; demain il fleurit et porte en épaisses grappes ses honneurs éblouissants; le troisième jour vient une gelée, une gelée meurtrière, et au moment où le riche honnête homme croit le plus sûrement que sa grandeur va mûrir, cette gelée dessèche ses racines, et alors il tombe comme je le fais. Pareil aux petits garçons étourdis qui nagent au moyen de vessies, je me suis aventuré depuis bien de nombreuses années sur une mer de gloire, mais je suis allé plus loin que là où je pouvais tenir pied; mon orgueil trop gonflé a éclaté sous moi à la fin et me laisse maintenant, vieux et fatigué du service, à la merci d'un courant brutal qui doit pour toujours m'engloutir. Vaine pompe, gloire de ce monde, je vous hais! je sens que mon cœur vient de s'ouvrir nouvellement à la vérité. Oh! combien misérable est le pauvre homme qui s'attache aux faveurs des princes! Entre ce sourire auquel nous aspirons, entre ce doux regard des princes et leur disgrâce, il y a plus de souffrances et de craintes que n'en donnent les guerres et les femmes; et lorsqu'un tel homme tombe, il tombe comme Lucifer, pour ne plus espérer jamais.

Entre CROMWELL, *tout égaré.*

WOLSEY. — Eh bien! qu'y a-t-il, Cromwell?

CROMWELL. — Je n'ai pas la force de parler, Milord.

WOLSEY. — Quoi, te voilà surpris de ma mauvaise fortune? Est-ce que ton intelligence peut s'étonner qu'un homme puissant connaisse le déclin? Ah! si tu pleures, c'est que je suis bien tombé vraiment.

CROMWELL. — Comment se trouve Votre Grâce?

WOLSEY. — Bien, vraiment; je n'ai jamais été aussi réellement heureux, mon bon Cromwell. Je me connais maintenant moi-même, et je sens au dedans de moi une paix supérieure à toutes les dignités de la terre, une tranquille et calme conscience. Le roi m'a guéri, j'en remercie humblement Sa Grâce. De mes épaules, ces colonnes ruinées, il a par pitié enlevé un poids qui suffirait à enfoncer un navire, le poids de trop grands honneurs. O Cromwell, c'est là un fardeau, c'est là un fardeau trop lourd pour un homme qui aspire au ciel!

CROMWELL. — Je suis heureux que Votre Grâce ait su tirer de son malheur ce légitime profit.

WOLSEY. — J'espère que j'ai su l'en tirer : je suis capable maintenant, me semble-t-il, tant je me sens de force d'âme, d'endurer plus de misères et de plus grandes que mes ennemis au faible cœur ne peuvent oser m'en infliger. Quelles nouvelles circulent?

Cromwell. — La plus importante et la pire est votre déplaisir avec le roi.

Wolsey. — Dieu le bénisse!

Cromwell. — La suivante est que Sir Thomas More est choisi pour Lord chancelier à votre place.

Wolsey. — C'est une élévation un peu soudaine; mais c'est un homme instruit. Puisse-t-il longtemps jouir de la faveur de Son Altesse, et rendre la justice par amour de la vérité et pour le bien de sa conscience, afin que lorsqu'il aura terminé sa course et qu'il s'endormira dans les félicités, ses os puissent reposer dans une tombe que les orphelins arroseront de leurs larmes! Quoi encore?

Cromwell. — Que Cranmer est de retour le très-bienvenu, et qu'il est installé Lord archevêque de Cantorbéry.

Wolsey. — C'est une nouvelle en effet.

Cromwell. — La dernière, c'est que Lady Anne, que le roi a depuis longtemps épousée en secret, a été vue aujourd'hui allant ouvertement à la chapelle comme reine; et tout ce dont on parle maintenant, c'est de son prochain couronnement.

Wolsey. — C'est le poids qui m'a renversé. Ô Cromwell, le roi m'a tourné les talons; toute ma gloire est pour toujours perdue par le fait de cette seule femme : nul soleil n'annoncera plus mes dignités et ne dorera plus de ses rayons les nobles groupes qui attendaient mes sourires. Va, retire-toi de moi, Cromwell; je suis un pauvre homme tombé, indigne maintenant d'être ton seigneur et maître : rapproche-toi du roi (ce soleil-là puisse-t-il ne se coucher jamais!); je lui ai dit qui tu es, et quelle est ta fidélité : il te fera avancer. Quelque léger souvenir de moi l'empêchera (je connais sa noble nature) de laisser périr en même temps que moi les espérances de ton service : mon bon Cromwell, ne le néglige pas, sers tes intérêts auprès de lui, et pourvois à ta propre sûreté pour l'avenir.

Cromwell. — Ô Milord, dois-je donc vous laisser? me faut-il donc absolument abandonner un maître si bon, si noble et si loyal? Soyez témoins, vous tous qui n'avez pas des cœurs de fer, du chagrin qu'éprouve Cromwell en quittant son Seigneur. Mes services seront au roi, mais toujours et toujours, mes prières seront à vous.

Wolsey. — Cromwell, en recevant les coups de tous mes malheurs, je n'ai pas songé à verser une larme; mais ton honnête véracité vient de me forcer à jouer le rôle d'une femme. Séchons nos yeux, et écoute-moi bien, Cromwell; et lorsque je serai oublié, — comme je le serai, — et que je dormirai sous un marbre sourd et froid, et qu'il ne sera plus fait mention de moi, dis que je t'enseignai, — dis que ce Wolsey qui marcha jadis dans un chemin de gloire et qui sonda toutes les profondeurs et tous les hauts fonds de la dignité, te découvrit, au sein même de son naufrage, une voie par où tu t'élevas, un chemin droit et sûr, quoique ce chemin ton maître l'eût perdu. Médite bien ma chute et la cause de ma ruine. Cromwell, je t'en conjure, rejette l'ambition : c'est par ce péché que tombèrent les anges; comment, alors, l'homme qui est l'image de son créateur peut-il espérer vaincre par ce péché? Aime-toi en dernière ligne, chéris les cœurs qui te haïssent; les gains de la corruption ne dépassent pas ceux de l'honnêteté. Porte toujours dans ta main droite la douce paix, afin d'imposer silence aux langues envieuses. Sois juste et ne redoute rien : que tous les desseins que tu te proposeras aient pour fin le bien de ton pays, Dieu et la vérité; alors, ô Cromwell, si tu tombes, tu tomberas martyr béni! Sers le roi; et maintenant je t'en prie, conduis-moi dans mes appartements : là, tu feras l'inventaire de tout ce que je possède jusqu'au dernier *penny*; tout cela est au roi; ma robe et ma foi sincère envers le ciel sont tout ce que j'ose à présent dire à moi. Ô Cromwell, Cromwell! si j'avais seulement servi mon Dieu avec la moitié du zèle que j'ai mis à servir mon roi, il ne m'aurait pas dans ma vieillesse exposé tout nu à la rage de mes ennemis.

CROMWELL. — Mon bon Seigneur, prenez patience.
WOLSEY. — C'est aussi ce que je fais. Adieu à mes espérances de la cour! mes espérances habitent le ciel.
(*Ils sortent.*)

ACTE IV.

SCÈNE PREMIÈRE.

Une rue dans WESTMINSTER.

Entrent en se rencontrant DEUX MESSIEURS.

PREMIER MONSIEUR. — Vous êtes le bien rencontré encore une fois.

SECOND MONSIEUR. — Et vous aussi.

PREMIER MONSIEUR. — Vous venez vous poster ici pour voir Lady Anne revenir de son couronnement?

SECOND MONSIEUR. — C'est justement mon intention. La dernière fois que nous nous sommes rencontrés, le duc de Buckingham revenait de son jugement.

PREMIER MONSIEUR. — C'est très-vrai : mais ce jour-là était un jour de deuil; celui-ci est un jour de joie générale.

SECOND MONSIEUR. — Parfaitement : les citoyens, j'en suis sûr, ont manifesté amplement leurs sentiments monarchiques : que leurs droits soient respectés, et ils sont toujours empressés de célébrer des jours comme celui-ci par des spectacles, des fêtes et autres marques de respect.

PREMIER MONSIEUR. — Jamais on ne vit de démonstrations plus grandes, et jamais, je vous l'assure, on n'en vit de mieux reçues, Monsieur.

Second monsieur. — Puis-je être assez hardi pour vous demander ce que contient ce papier que vous tenez à la main?

Premier monsieur. — Oui; c'est la liste de ceux qui réclament aujourd'hui leurs offices au couronnement par le droit de la coutume. Le duc de Suffolk est le premier et réclame le droit d'être grand maître de la maison du roi; puis le comte de Norfolk réclame le droit d'être comte-maréchal; vous pouvez lire les noms des autres.

Second monsieur. — Je vous remercie, Monsieur; si je n'avais pas connu ces coutumes, je serais très-redevable à votre papier. Mais, je vous en prie, qu'est-il advenu de Catherine, la princesse douairière? comment va son affaire?

Premier monsieur. — Cela, je puis vous l'apprendre encore. L'archevêque de Canterbury, accompagné d'autres savants et révérends personnages de son ordre, a récemment tenu une cour à Dunstable, à six milles d'Ampthill, où se trouvait la princesse; à cette cour elle fut souvent citée par eux, mais ne comparut pas : pour être bref, s'autorisant de ce refus de comparaître et des scrupules récents du roi, ces hommes savants ont d'une voix unanime prononcé le divorce, et déclaré de nul effet l'ancien mariage; depuis lors elle s'est retirée à Kimbolton, où elle est maintenant malade.

Second monsieur. — Hélas! la bonne Dame! (*Fanfares de trompettes.*) Les trompettes sonnent : rangeons-nous, la reine arrive.

ORDRE DU CORTÉGE.

Vives fanfares de trompettes; après quoi, entrent
1° Deux juges.

2° Le Lord chancelier, *précédé de la bourse et de la masse.*

3° Des choristes, *chantant. Musique.*

4° LE MAIRE DE LONDRES, *portant la masse. Puis* LE ROI D'ARMES DE LA JARRETIÈRE, *dans sa cotte d'armes, portant sur sa tête une couronne de cuivre doré.*

5° LE MARQUIS DE DORSET, *portant un sceptre d'or et sur sa tête une demi-couronne d'or. Avec lui le* COMTE DE SURREY, *une couronne de comte sur la tête, portant la verge d'argent avec la colombe. Colliers aux anneaux en forme d'*S.

6° LE DUC DE SUFFOLK, *dans sa robe d'état, sa couronne en tête, et portant une longue verge blanche comme grand maître de la maison du roi. Avec lui le* DUC DE NORFOLK, *couronne en tête, portant la verge de maréchal. Colliers aux anneaux en forme d'*S.

7° *Un dais porté par* QUATRE BARONS DES CINQ PORTS; *sous ce dais,* LA REINE, *en grand costume royal, la chevelure richement ornée de perles, le front ceint de la couronne. A chacun de ses côtés,* LES ÉVÊQUES DE LONDRES *et de* WINCHESTER.

8° *La vieille* DUCHESSE DE NORFOLK, *avec une couronne d'or mêlée de fleurs, portant la queue de* LA REINE.

9° *Un certain nombre de* DAMES *ou de* COMTESSES, *avec de simples cercles d'or sans fleurs.*

SECOND MONSIEUR. — Un cortége royal, je vous en réponds. Ceux-là, je les connais; — quel est celui qui porte le sceptre?

PREMIER MONSIEUR. — Le marquis de Dorset, et celui-là avec la verge, c'est le comte de Surrey.

SECOND MONSIEUR. — Un brave et courageux gentilhomme. Celui-ci doit être le duc de Suffolk?

PREMIER MONSIEUR. — C'est lui-même, le grand maître de la maison du roi.

SECOND MONSIEUR. — Et celui-là, Milord de Norfolk?

PREMIER MONSIEUR. — Oui.

SECOND MONSIEUR, *regardant la reine.* — Le ciel te bénisse! tu as la plus belle figure que j'aie jamais vue. Monsieur, c'est un ange, aussi vrai que j'ai une âme : notre roi possède dans ses bras toutes les Indes; oui, il possède des Indes plus riches et plus belles que les autres, lorsqu'il embrasse cette Dame : je ne puis blâmer sa conscience.

Premier monsieur. — Ceux qui portent le dais d'honneur au-dessus de sa tête, sont quatre barons des cinq ports[1].

Second monsieur. — Ces hommes sont heureux, et ainsi sont tous ceux qui peuvent l'approcher. Je suppose que celle qui porte la queue est cette vieille noble Dame, la duchesse de Norfolk.

Premier monsieur. — C'est elle, et toutes les autres sont des comtesses.

Second monsieur. — Leurs couronnes le disent. Ce sont des étoiles en vérité, et quelquefois des étoiles filantes.

Premier monsieur. — Oh chut! ne parlons pas de cela. (*Sort la procession avec une grande fanfare de trompettes.*)

Entre un troisième monsieur.

Premier monsieur. — Dieu soit avec vous, Monsieur! Où étiez-vous fourré?

Troisième monsieur. — Dans l'abbaye, parmi la foule qui était si pressée, qu'on n'aurait pas pu y faire entrer un doigt : je suis suffoqué, rien que de la chaleur de leur joie.

Second monsieur. — Vous avez vu la cérémonie?

Troisième monsieur. — Oui.

Premier monsieur. — Comment était-ce?

Troisième monsieur. — Bien digne d'être vu.

Second monsieur. — Mon bon Monsieur, racontez-nous la chose.

Troisième monsieur. — Je vais vous la raconter de mon mieux. Le noble flot des Lords et des Dames, ayant amené la reine à une place préparée dans le chœur, s'est reculé à quelque distance d'elle; alors Sa Grâce s'est assise sur un riche trône, où elle est restée quelque temps, une demi-heure ou approchant, exposant la beauté de sa personne aux regards du peuple. Croyez-moi, Monsieur, c'est la plus belle femme qui ait jamais partagé la couche d'un homme; lorsque le peuple l'a eu pleinement vue, il s'est élevé un bruit pareil à celui que font sur mer les voiles pendant une rude tempête, un bruit aussi fort et composé de sons aussi divers : chapeaux, manteaux, et pourpoints aussi, je crois, ont volé en l'air, et si leurs visages avaient pu se détacher, ils les auraient perdus aujourd'hui. Je n'ai jamais vu une telle joie. Des femmes enceintes, qui n'avaient pas à attendre leur délivrance plus d'une demi-semaine, comme les béliers dans les guerres du vieux temps, fendaient la foule et faisaient reculer tout le monde devant elles. Personne n'aurait pu dire *c'est ma femme*, dans cette foule, tant tous étaient singulièrement collés en un seul tas.

SECOND MONSIEUR. — Mais qu'est-ce qui s'est passé ensuite ?

TROISIÈME MONSIEUR. — A la fin Sa Grâce s'est levée, et d'un pas modeste elle s'est dirigée vers l'autel ; là, elle s'est agenouillée, et comme une sainte, levant ses beaux yeux au ciel, elle a prié dévotement. Puis elle s'est levée et s'est inclinée devant le peuple ; alors, par les soins de l'archevêque de Canterbury, toutes les choses qui servent à faire une reine lui ont été données, telles que le saint chrême, la couronne d'Édouard le Confesseur, la verge, la colombe de paix [2] ; tout cela, et autres emblèmes pareils ont été déposés noblement sur elle : cela fait, le chœur avec la musique la plus choisie du royaume, a entonné le *Te Deum*. Là-dessus elle est partie, et s'en est retournée avec le même pompeux cortége, à York-place, où la fête se tient.

PREMIER MONSIEUR. — Monsieur, on ne doit plus appeler ce lieu York-place, c'est un nom supprimé depuis la chute du cardinal. Ce palais appartient maintenant au roi, et s'appelle Whitehall.

TROISIÈME MONSIEUR. — Je le sais, mais le changement est de si fraîche date que le vieux nom tient encore dans ma mémoire.

SECOND MONSIEUR. — Quels étaient les deux révérends évêques qui se tenaient aux deux côtés de la reine ?

TROISIÈME MONSIEUR. — Stokesly et Gardiner ; l'un évêque de Winchester, récemment tiré de la place de secrétaire du roi pour être élevé à ce poste, l'autre évêque de Londres.

Second monsieur. — On dit que celui de Winchester n'est pas un bien grand ami de l'archevêque, le vertueux Cranmer.

Troisième monsieur. — Tout le pays sait cela : toutefois la division n'est pas bien grande encore, et lorsqu'elle se déclarera, Cranmer trouvera un ami qui ne l'abandonnera pas.

Second monsieur. — Qui est cet ami, je vous prie ?

Troisième monsieur. — Thomas Cromwell, un homme très-estimé du roi, et vraiment un digne ami. Le roi l'a déjà fait maître des joyaux de la couronne, et membre du conseil privé.

Second monsieur. — Il ira plus loin.

Troisième monsieur. — Oui, sans aucun doute. Allons, Messieurs, vous allez venir avec moi à la cour où je me rends, et là vous serez mes hôtes ; j'y ai quelque influence. En route, je vous en dirai davantage.

Les deux messieurs. — Vous pouvez nous commander, Monsieur. (*Ils sortent.*)

SCÈNE II.

Kimbolton.

Entre la reine douairière CATHERINE, *malade ; elle est conduite par* GRIFFITH *et* PATIENCE, *une de ses femmes.*

Griffith. — Comment va Votre Grâce ?

La reine Catherine. — O Griffith, malade à la mort ! mes jambes, comme des branches surchargées, ploient vers la terre, désireuses de déposer leur fardeau. Avancez un fauteuil : là, maintenant je ressens, me semble-t-il, un peu de soulagement. Ne m'as-tu pas dit,

Griffith, pendant que tu me conduisais, que ce célèbre fils de la Fortune, le cardinal Wolsey, était mort ?

Griffith. — Oui, Madame; mais je crois que Votre Grâce, par suite des souffrances qu'elle endurait, n'y a pas prêté attention.

La reine Catherine. — Raconte-moi, je t'en prie, mon bon Griffith, comment il est mort. S'il est bien mort, il m'a précédée heureusement pour me servir d'exemple.

Griffith. — Le bruit public affirme qu'il a fait une bonne fin, Madame. Lorsque le puissant comte de Northumberland l'eut arrêté à York et voulut l'emmener pour être interrogé sur les graves accusations qui l'avaient atteint, il tomba soudainement malade, et devint si faible, qu'il ne pouvait pas se tenir sur sa mule.

La reine Catherine. — Hélas! le pauvre homme!

Griffith. — A la fin, il arriva à Leicester en voyageant à petites journées, et logea à l'abbaye, où le révérend abbé avec tout son couvent lui fit une réception honorable, et il lui dit ces mots : « O père abbé, un vieillard brisé par les tempêtes politiques est venu reposer parmi vous ses os fatigués; donnez-lui un peu de terre par charité! » Puis il se mit au lit, où la maladie continua à le miner avec acharnement, et trois jours après, vers huit heures du soir, heure qu'il avait désignée lui-même comme devant être la dernière de sa vie, plein de repentir, après des méditations, des larmes et des lamentations continuelles, il rendit au monde ses dignités, au ciel la partie spirituelle de lui-même, et s'endormit en paix.

La reine Catherine. — Et puisse-t-il reposer au sein de cette paix! Puissent ses fautes peser doucement sur lui! Cependant, Griffith, permets-moi d'en dire librement ce que j'en pense, sans manquer toutefois aux devoirs de la charité. C'était un homme d'une avidité sans bornes, se rangeant toujours sur la même ligne que les princes; par les mesures qu'il a suggérées il a mis des liens à tout le royaume : la simonie était franc jeu pour lui; sa propre opinion était sa loi : il vous mentait en face, et il fut toujours double dans ses paroles et dans ses actes : il ne se montra jamais compatissant que là où il méditait la ruine : ses promesses étaient, ce qu'il était alors, très-grandes, mais leur exécution était ce qu'il est maintenant, néant. Ses mœurs furent mauvaises, et il donna au clergé un mauvais exemple.

Griffith. — Noble Madame, nous écrivons sur le bronze les vices des hommes, et sur l'eau leurs vertus. Votre Altesse me permettra-t-elle maintenant de lui dire ce qu'il eut de bon?

La reine Catherine. — Certes, mon bon Griffith, autrement ce serait injustice de ma part.

Griffith. — Quoique d'une humble souche, il est incontestable que dès le berceau, la nature destina ce cardinal à de grands honneurs. C'était un lettré, et un lettré sérieux et accompli; il était d'une extrême prudence, éloquent et persuasif; aigre et hautain pour qui ne l'aimait pas, il était pour ceux qui recherchaient sa faveur doux comme les beaux jours, et quoiqu'il fût insatiable pour recevoir (ce qui était un péché), il était cependant, Madame, vraiment princier pour accorder. Soyez à jamais ses témoins, vous temples jumeaux de la science élevés par lui, Ipswich et Oxford! Un des deux est tombé avec lui, ne voulant pas survivre au bienfaiteur qui l'avait élevé[3]; l'autre, quoique inachevé, est si fameux déjà cependant, si excellent dans les arts, et d'un progrès si continu que la chrétienté parlera toujours de son mérite. Sa chute lui fut une occasion de grand bonheur, car alors, et seulement alors, il se connut lui-même, et comprit le bonheur d'être petit : et enfin, plus grand honneur pour sa vieillesse que tous ceux que l'homme pouvait lui donner, il est mort en craignant Dieu.

La reine Catherine. — Après ma mort, je ne souhaite d'autre héraut, d'autre historien des actions de ma vie, pour préserver mon honneur de la corruption, qu'un aussi honnête chroniqueur que Griffith. Avec ta véracité et ton impartialité religieuses, tu m'as fait honorer dans ses cendres, celui que j'ai haï le plus lorsqu'il vivait. La; paix soit avec lui! Patience, reste encore auprès de moi place-moi plus bas; je n'ai plus bien longtemps à t'importuner. Mon bon Griffith, prie les musiciens de me chanter cette mélodie triste, que je nommais mon glas, tandis que je méditerai sur cette harmonie du ciel que je vais aller bientôt entendre. (*Musique triste et solennelle.*)

Griffith. — Elle est endormie : ma bonne fille, ne faisons pas de bruit de crainte de l'éveiller : doucement, ma gentille Patience.

LA VISION. *Entrent solennellement, à la file l'un de l'autre, six personnages vêtus de robes blanches, portant sur leurs têtes des couronnes de laurier, sur leurs visages des masques d'or, et dans leurs mains des branches de laurier ou des palmes. D'abord ils saluent* LA REINE, *puis ils dansent : à certaines figures de la danse, les deux premiers élèvent une guirlande au-dessus de sa tête, pendant que les quatre autres font des révérences respectueuses; puis les deux qui tenaient la guirlande la remettent aux deux suivants, qui répètent les mêmes figures en tenant la guirlande au-dessus de sa tête : cela fait, ils passent la guirlande aux deux derniers qui observent le même ordre; alors, comme si c'était par inspiration,* LA REINE *donne dans son sommeil des signes de joie et lève ses mains au ciel : et ainsi toujours dansant, ils s'évanouissent, emportant la guirlande. La musique continue.*

La reine Catherine. — Esprits de paix, où êtes-vous? Êtes-vous tous partis, et m'abandonnez-vous à ma misère?

Griffith. — Nous sommes là, Madame.

La reine Catherine. — Ce n'est pas vous que j'appelle : n'avez-vous vu personne entrer, depuis que je me suis endormie?

Griffith. — Personne, Madame.

La reine Catherine. — Non? vous n'avez pas vu à l'instant même une troupe d'êtres bienheureux dont les visages brillants jetaient mille rayons sur moi, comme le soleil, m'inviter à un banquet? Ils m'ont promis un bonheur éternel, et m'ont apporté des couronnes que je ne me sens pas encore digne de porter, Griffith : mais j'en deviendrai digne assurément.

Griffith. — Je suis très-joyeux, Madame, que de tels heureux rêves remplissent votre imagination.

La reine Catherine. — Ordonne à la musique de cesser; elle me fatigue et me devient déplaisante. (*La musique cesse.*)

Patience, *à part à Griffith.* — Remarquez-vous l'altération qu'a tout à coup subie Sa Grâce? comme ses traits se sont allongés? comme elle est pâle, et comme le froid de la terre l'a saisie? Voyez ses yeux!

Griffith, *à part à Patience.* — Elle s'en va, ma fille : prions, prions.

Patience, *à part à Griffith.* — Le ciel la console!

Entre un messager.

Le messager. — Plaise à Votre Grâce....

La reine Catherine. — Vous êtes un gars impertinent : n'avons-nous donc plus droit au respect?

Griffith. — Vous êtes à blâmer, sachant qu'elle ne veut pas renoncer à l'étiquette accoutumée, de vous conduire avec ce sans façon-là. Allons, agenouillez-vous.

Le messager. — J'implore humblement le pardon de Votre Altesse; c'est l'empressement où je suis qui m'a fait manquer au respect. Il y a ici un gentilhomme, envoyé par le roi, qui veut vous voir.

La reine Catherine. — Introduisez-le, Griffith : mais quant à ce garçon, qu'il ne se présente plus jamais devant mes yeux[1]. (*Sortent Griffith et le messager.*)

Rentre GRIFFITH *avec* CAPUCIUS.

La reine Catherine. — Si je ne me trompe, vous êtes le seigneur ambassadeur de mon royal neveu l'empereur, et votre nom est Capucius.

Capucius. — Précisément, Madame, — votre serviteur.

La reine Catherine. — Oh! Monseigneur, les temps et les titres ont singulièrement changé pour moi depuis que vous m'avez vue pour la première fois. Mais, je vous en prie, que me voulez-vous ?

Capucius. — Noble Dame, je viens d'abord présenter mes devoirs à Votre Grâce, puis je viens vous rendre cette visite de la part du roi, qui s'afflige beaucoup de votre état de faiblesse, vous envoie par moi ses compliments royaux, et vous supplie de tout cœur d'avoir bon courage.

La reine Catherine. — Oh, mon bon Seigneur, cette consolation vient trop tard; c'est comme un pardon après l'exécution. Ce noble remède administré à temps m'eût guérie, mais maintenant aucune consolation ne peut plus rien pour moi, sauf les prières. Comment va Son Altesse?

Capucius. — Le roi est en bonne santé, Madame.

La reine Catherine. — Le ciel l'y maintienne toujours! et puisse-t-il toujours prospérer, lorsque j'habiterai avec les vers, et que mon pauvre nom sera banni du royaume! Patience, cette lettre que je vous ai fait écrire, a-t-elle été déjà envoyée?

Patience. — Non, Madame. (*Elle lui remet la lettre.*)

La reine Catherine. — Seigneur, je vous supplie très-humblement de remettre cette lettre à Monseigneur le roi.

Capucius. — Très-volontiers, Madame.

La reine Catherine. — Dans cette lettre, j'ai recommandé à ses bontés, cette image de nos chastes amours, sa jeune fille [5] ; — puissent les bénédictions du ciel tomber sur elle en rosées abondantes ! Je le conjure de lui donner une vertueuse éducation, — elle est jeune, d'une nature noble et modeste, et j'espère qu'elle grandira en mérites, — et de l'aimer un peu en considération de sa mère qui l'aima lui, le ciel sait avec quelle tendresse. Ma suivante prière est que sa noble Grâce prenne quelque pitié de mes malheureuses femmes qui si longtemps m'ont suivie fidèlement dans la bonne comme dans la mauvaise fortune : il n'en est aucune, j'ose le déclarer (et à cette heure je ne voudrais pas mentir), qui pour la vertu et la vraie beauté de l'âme, pour l'honnêteté et la décence de la conduite, ne mérite un excellent époux, voire un noble, et à coup sûr ils seront heureux, ceux qui les posséderont. Ma dernière prière concerne mes serviteurs; ils sont les plus pauvres, mais leur pauvreté n'a jamais pu les éloigner de moi; — qu'on leur paye dûment leurs gages, et quelque chose en plus pour qu'ils se souviennent de moi : s'il eût plu au ciel de me donner une plus longue vie et des ressources plus grandes, nous ne nous serions pas ainsi séparés. C'est là tout le contenu de la lettre, et, mon bon Seigneur, je vous en prie, par l'amour que vous portez à ce qui vous est le plus cher au monde, si vous souhaitez la paix chrétienne aux âmes qui ont fui cette terre, soyez l'ami de ces pauvres gens, et insistez auprès du roi pour qu'il me fasse cette dernière justice.

CAPUCIUS. — Par le ciel, je le ferai, ou puissé-je perdre la forme d'un homme!

LA REINE CATHERINE. — Je vous remercie, honnête Seigneur. Rappelez-moi à Son Altesse en toute humilité : dites lui que celle qui l'a si longtemps importuné est maintenant en train de passer hors de ce monde; dites-lui que je l'ai béni dans la mort, car je vais mourir. Mes yeux s'obscurcissent. Adieu, Monseigneur. — Adieu, Griffith. — Patience, vous ne devez pas me quitter encore : il faut que je me mette au lit; appelez d'autres femmes. — Lorsque je serai morte, ma bonne fille, veille à ce que je sois traitée avec honneur; parsème mon corps de fleurs virginales, afin que le monde sache que je fus jusqu'au tombeau une chaste épouse : fais-moi embaumer, puis dépose-moi dans mon cercueil; et quoique j'aie perdu le titre de reine, fais-moi enterrer comme une reine, et la fille d'un roi. Je n'en peux plus [6].

(*Ils sortent soutenant Catherine.*)

ACTE V.

SCÈNE PREMIÈRE.

LONDRES. — Une galerie dans le palais.

Entre GARDINER, ÉVÊQUE DE WINCHESTER; UN PAGE, *portant une torche, le précède.*

GARDINER. — Il est une heure, n'est-ce pas, mon enfant?

LE PAGE. — Elle a sonné.

GARDINER. — Ces heures devraient être employées pour les exigences de notre vie, et non pour nos plaisirs; c'est un temps fait pour réparer notre nature par un sommeil fortifiant, et il ne nous conviendrait pas de gaspiller ces heures.

Entre SIR THOMAS LOVELL.

GARDINER. — Bonne nuit, Sir Thomas! où allez-vous si tard?

LOVELL. — Venez-vous d'auprès du roi, Milord?

GARDINER. — Oui, Sir Thomas, et je l'ai laissé à jouer à *primero*[1] avec le duc de Suffolk.

LOVELL. — Il faut que j'aille aussi le trouver avant d'aller au lit. Je vais prendre mon congé.

GARDINER. — Pas encore, Sir Thomas Lovell. Qu'y a-t-il donc? Vous semblez singulièrement pressé : si la chose peut se dire sans grand inconvénient, découvrez à votre ami un coin de l'affaire qui vous occupe si tard :

les affaires qui rôdent à minuit, comme on dit que le font les esprits, sont de nature plus singulière que celles qui veulent être dépêchées en plein jour.

Lovell. — Milord, je vous aime, et j'oserais confier à votre oreille un secret beaucoup plus délicat que l'affaire qui m'occupe en ce moment-ci. La reine est en travail d'enfant, et dit-on en grand péril; on craint qu'elle ne meure en accouchant.

Gardiner. — Quant au fruit qu'elle est en train de mettre au monde, je prie de tout mon cœur pour qu'il obtienne bon temps et longue vie; mais quant à l'arbre, Sir Thomas, plût au ciel qu'il fût déjà tombé.

Lovell. — Il me semble que je pourrais crier *Amen*, et cependant ma conscience me dit qu'elle est une bonne créature, l'aimable Dame, et qu'elle mérite nos meilleurs souhaits.

Gardiner. — Mais, Monsieur, Monsieur.... Écoutez-moi, Sir Thomas : vous êtes un gentilhomme du parti auquel j'appartiens ; je vous connais pour sage, religieux; permettez-moi de vous le dire, cela n'ira jamais bien, cela n'ira jamais bien, Sir Thomas, soyez-en sûr, jusqu'à ce que Cranmer, Cromwell, ses deux mains, et elle-même, sommeillent dans leurs tombeaux.

Lovell. — Vous parlez là, Messire, des deux hommes les plus en vue du royaume. Pour ce qui est de Cromwell, outre sa charge de maître des joyaux, il vient d'être fait maître des rôles et secrétaire du roi; en outre, Messire, il est sur la voie d'autres bénéfices encore qui ne demandent qu'à se laisser saisir par lui et dont avec le temps il héritera : quant à l'archevêque, il est la main et la langue du roi, et qui oserait dire une syllabe contre lui?

Gardiner. — Pardon, pardon, Sir Thomas, il en est qui ont cette audace, et je me suis moi-même hasardé à exprimer mon opinion sur son compte : et aujourd'hui même vraiment, — Monsieur, je puis vous dire ce que je pense, — j'ai averti les Lords du conseil qu'il est (et je sais qu'il est ce que j'ai dit, et ils le savent aussi), un archi-hérétique, une peste qui infecte le pays : émus de mes paroles, ils s'en sont ouverts au roi, qui a écouté nos plaintes si favorablement, par un effet de sa grâce souveraine et de sa loyale sollicitude, et par prévoyance des cruels malheurs que nos raisons lui ont fait entrevoir, qu'il a décidé que l'archevêque serait mandé demain matin au conseil. C'est une mauvaise herbe, Sir Thomas, et il nous faut la déraciner. Mais je vous détourne trop longtemps de vos affaires : bonne nuit, Sir Thomas.

Lovell. — Mille fois bonne nuit, Milord; je reste votre serviteur. (*Sortent Gardiner et le page.*)

Comme LOVELL *allait sortir, entrent* le ROI *et* le duc de SUFFOLK.

Le roi Henri. — Charles, je ne veux plus jouer de cette nuit; je ne suis pas du tout au jeu, vous êtes un adversaire trop dur pour moi.

Suffolk. — Sire, je ne vous avais jamais gagné avant ce soir.

Le roi Henri. — Rarement en effet, Charles, et vous ne me gagnerez jamais quand j'aurai mon esprit au jeu. — Eh bien, Lovell, quelles nouvelles de la reine?

Lovell. — Je n'ai pu énoncer personnellement ce dont vous m'aviez chargé, mais j'ai fait transmettre le message par sa femme de chambre, et elle m'a fait rapporter avec ses très-humbles remercîments l'expression du désir que Votre Altesse prie de tout cœur pour elle.

Le roi Henri. — Que dis-tu, eh? prier pour elle? Comment, est-elle en douleur d'enfantement?

Lovell. — C'est ce que m'a dit sa femme de chambre, en ajoutant que sa souffrance était telle, que chacune de ses douleurs était une mort.

Le roi Henri. — Hélas! la bonne Dame!

Suffolk. — Dieu la délivre de son fardeau, et rende ses couches faciles en donnant à Votre Altesse la joie d'un héritier!

Le roi Henri. — Il est minuit, Charles; va te mettre au lit, je t'en prie, et dans tes prières, rappelle-toi la situation de ma pauvre reine. Laisse-moi seul, car j'ai besoin de penser à des choses qui ne supporteraient pas la compagnie.

SUFFOLK. — Je souhaite à Votre Altesse une nuit paisible, et je me rappellerai ma bonne maîtresse dans mes prières.

LE ROI HENRI. — Charles, bonne nuit. (*Sort Suffolk.*)

Entre SIR ANTHONY DENNY.

LE ROI HENRI. — Eh bien, Monsieur, qu'y a-t-il encore?

DENNY. — Sire, je vous ai amené Milord l'Archevêque, comme vous me l'aviez ordonné.

LE ROI HENRI — Ah! Canterbury?

DENNY. — Oui, mon bon Seigneur.

LE ROI HENRI. — C'est vrai : où est-il, Denny?

DENNY. — Il attend le bon plaisir de Votre Altesse.

LE ROI HENRI. — Amenez-nous-le. (*Sort Denny.*)

LOVELL, *à part.* — C'est l'affaire dont parlait l'évêque ; je suis venu ici au bon moment.

Rentre DENNY *avec* CRANMER.

LE ROI HENRI. — Videz la galerie. (*Lovell fait mine de rester.*) Ah! — J'ai dit. — Partez. — Eh bien! (*Sortent Lovell et Denny.*)

CRANMER, *à part.* — J'ai peur : pourquoi fronce-t-il ainsi le sourcil? C'est sa physionomie des jours terribles. Tout ne va pas bien.

LE ROI HENRI. — Eh bien, Milord, vous désirez savoir pourquoi je vous ai envoyé chercher?

CRANMER, *s'agenouillant.* — C'est mon devoir d'attendre le bon plaisir de Votre Altesse.

LE ROI HENRI. — Levez-vous, je vous en prie, mon bon et gracieux Lord de Canterbury. Venez, nous allons vous et moi faire quelques tours ensemble ; j'ai des nouvelles à vous dire : venez, venez, donnez-moi votre main. Ah, mon bon Seigneur, je gémis de ce que je vais dire, et je suis triste d'avoir à répéter ce qui va suivre : j'ai récemment, à mon très-grand déplaisir, entendu de nombreuses et graves plaintes contre vous, — graves, c'est bien ce que je dis, Milord, et ces plaintes étant pesées, nous ont fait décider nous et notre conseil que vous comparaîtriez ce matin devant nous; or comme je sais que vous ne pourrez pas assez complétement vous disculper, vous devrez vous armer de patience et vous résigner à faire résidence dans notre Tour jusqu'à plus ample jugement de ces charges auxquelles vous devrez répondre. Comme vous êtes un de nos membres du conseil, il est nécessaire que nous procédions ainsi, sans cela pas un témoin ne voudrait comparaître contre vous.

CRANMER. — Je remercie humblement Votre Altesse, et je suis très-heureux de cette bonne occasion qui permettra de vanner à fond ma personne, et de séparer mon bon grain de ma paille : car je sais que personne n'est plus en butte aux langues calomniatrices que moi, pauvre homme.

LE ROI HENRI. — Relève-toi, mon bon Canterbury : la conviction de ta loyauté et de ton intégrité est profondément enracinée dans notre cœur, à nous ton ami. Donne-moi ta main ; relève-toi. Marchons un peu, je t'en prie. Par notre Dame ! quelle espèce d'homme êtes-vous donc ? Je croyais que vous m'auriez supplié de prendre quelques peines pour vous confronter avec vos accusateurs, et pour vous entendre en vous épargnant l'emprisonnement.

CRANMER. — Très-redouté Suzerain, le terrain solide sur lequel je m'appuie, est ma sincérité et mon honnêteté; si ce terrain se trouve faux, je triompherai de moi-même avec mes ennemis, car je n'ai plus souci de ma personne, si je découvre que ces vertus manquent en moi. Je ne crains rien de ce qui peut être dit contre moi.

LE ROI HENRI. — Ne savez-vous pas dans quelle position vous vous trouvez dans le monde, contre le monde entier? Vos ennemis sont nombreux et ne sont pas de petits personnages ; leurs manœuvres doivent être redoutables en proportion de leur puissance, et le verdict d'une cause n'est pas toujours rendu conformément à la justice et à la vérité de cette cause. Avec quelle facilité, des âmes corrompues ne peuvent-elles pas se procurer des drôles aussi corrompus que leurs patrons, pour témoigner contre vous? ces choses-là se sont vues. Vous avez des adversaires puissants, et d'une malice égale à leur puissance. Vous figurez-vous que sur ce point des faux témoins, vous aurez meilleure chance que ne l'eut pendant qu'il vivait sur cette misérable terre, votre Maître, celui dont vous êtes le ministre? Allez, allez; vous prenez un précipice pour un trou qu'on peut sauter sans danger, et vous caressez votre propre ruine.

CRANMER. — Que Dieu et Votre Majesté protégent mon innocence, ou je vais tomber dans la trappe qui est préparée pour moi!

LE ROI HENRI. — Ayez bon courage; ils ne prévaudront pas plus que nous ne céderons. Gardez votre fermeté, et ce matin ayez soin de vous présenter devant eux : s'il leur arrive, après vous avoir accusé, de vous faire arrêter, ne manquez pas de leur résister par les meilleures raisons et avec toute la véhémence que la circonstance pourra vous inspirer : si les prières ne peuvent vous sauver, remettez-leur cet anneau, et en leur présence même faites appel à notre personne. Voyez! l'excellent homme pleure! il est honnête, sur mon honneur! Sainte mère de Dieu! je jure qu'il est honnête, et qu'il n'est pas dans mon royaume une meilleure âme. Partez, et faites comme je vous ai dit. (*Sort Cranmer*). Ses larmes ont étranglé ses paroles.

Entre UNE VIEILLE DAME.

UN GENTILHOMME, *de l'extérieur*. — Revenez; à quoi pensez-vous donc?

LA VIEILLE DAME. — Je n'ai pas à revenir; mon audace est respect, vu les nouvelles que j'apporte. — Que les bons anges descendent sur ta tête royale, et ombragent ta personne sous leurs ailes bénies!

LE ROI HENRI. — Je devine ton message dans tes yeux. La reine a-t-elle accouché? dis oui, et que c'est d'un garçon.

La vieille dame. — Oui, oui, mon Suzerain, et d'un gentil garçon : le Dieu du ciel la protége maintenant et à jamais ! c'est une fille qui promet des garçons pour plus tard. Sire, votre reine désire que vous alliez la voir, et que vous fassiez connaissance avec cette nouvelle venue : elle vous ressemble comme une cerise à une cerise.

Le roi Henri. — Lovell !

Rentre LOVELL.

Lovell. — Sire ?

Le roi Henri. — Donnez-lui cent marcs. Je vais aller voir la reine. (*Il sort.*)

La vieille dame. — Cent marcs ! par cette lumière, j'en veux davantage. C'est une gratification bonne pour un valet ordinaire. J'en aurai davantage, ou je lui en ferai honte. Est-ce pour si peu que je lui ai dit que la petite lui ressemblait ? J'en aurai davantage, ou je démentirai mes paroles, et je vais tâcher d'enlever la chose pendant que le fer est chaud. (*Ils sortent.*)

SCÈNE II.

Un vestibule devant la chambre du Conseil.

Entre CRANMER ; *des* valets *et* le gardien de la porte *sont à leur service.*

Cranmer. — J'espère que je ne suis pas en retard, et cependant le gentilhomme qui m'a été envoyé par le conseil m'a prié de faire grande hâte. Tout fermé ! que signifie cela ? — Holà ! qui est de service ici ? — Vous me connaissez, certainement ?

Le gardien de la porte. — Oui, Milord, mais cependant je ne puis vous laisser entrer.

Cranmer. — Pourquoi ?

Le gardien de la porte. — Votre Grâce doit attendre jusqu'à ce qu'on l'appelle.

Entre LE DOCTEUR BUTTS.

CRANMER. — C'est bien.

BUTTS, *à part*. — C'est quelque méchant tour. Je suis heureux d'être venu par ici si opportunément. Le roi va savoir la chose immédiatement. (*Il sort.*)

CRANMER, *à part*. — C'est Butts, le médecin du roi; de quel air sérieux il m'a regardé, quand il a passé! plaise au ciel que ce regard ne prophétise pas ma disgrâce! A coup sûr, c'est une chose arrangée par quelques personnes qui me haïssent, — Dieu change leurs cœurs! je n'ai jamais mérité leur malice — pour avilir mon honneur : sans cela ils auraient honte de me faire attendre à la porte, parmi les gens de service, les valets et les laquais, moi un de leurs confrères du conseil. Mais que leur volonté soit faite! j'attendrai avec patience.

LE ROI HENRI *et* BUTTS *apparaissent à une fenêtre au-dessus de la scène.*

BUTTS. — Je vais montrer à Votre Altesse le plus étrange spectacle....

LE ROI HENRI. Quel spectacle, Butts?

BUTTS. — Je pense que Votre Altesse a vu ce spectacle fort souvent.

LE ROI HENRI. — Corbleu, où est donc ce spectacle?

BUTTS. — Ici, Monseigneur : voyez la haute promotion de sa grâce de Canterbury qui tient son rang à la porte parmi des huissiers, des pages et des valets de pied.

LE ROI HENRI. — Ah! mais c'est lui vraiment: est-ce là le respect qu'ils se rendent mutuellement? il est bon qu'il y en ait encore un au-dessus d'eux. J'aurais pensé qu'ils auraient eu entre eux assez de déférence, de bonnes manières tout au moins, pour ne pas souffrir qu'un homme de sa situation, qui est si près dans notre faveur, fît le pied de grue en attendant le bon plaisir de leurs seigneuries, et cela à la porte encore, comme un courrier de poste avec des paquets. Par sainte Marie, Butts, c'est une polissonnerie : laissons-les faire et tirons le rideau ; nous en saurons davantage tout à l'heure. (*Ils sortent.*)

LA CHAMBRE DU CONSEIL.

Entrent LE LORD CHANCELIER, LE DUC DE SUFFOLK, LE DUC DE NORFOLK, LE COMTE DE SURREY, LE LORD CHAMBELLAN, GARDINER *et* CROMWELL. LE CHANCELIER *se place au haut bout de la table, à main gauche; un siége est laissé vide au-dessus de lui comme pour* L'ARCHEVÊQUE DE CANTERBURY. *Les autres prennent place selon leur rang sur chacun des côtés.* CROMWELL *est au bas bout de la table comme secrétaire.*

LE LORD CHANCELIER. — Énoncez l'affaire qui doit nous occuper, Monsieur le secrétaire : pourquoi sommes-nous réunis en conseil?

CROMWELL. — Plaise à Vos Honneurs, la principale affaire concerne Sa Grâce de Canterbury.

GARDINER. — En a-t-il été informé?

CROMWELL. — Oui.

NORFOLK. — Qui est ici?

LE GARDIEN DE LA PORTE. — Là dehors, mes nobles Lords?

GARDINER. — Oui.

LE GARDIEN DE LA PORTE. — Milord l'archevêque, et il attend depuis une demi-heure pour connaître vos bons plaisirs.

LE LORD CHANCELIER. — Introduisez-le.

LE GARDIEN DE LA PORTE. — Votre Grâce peut entrer maintenant.

CRANMER *s'approche de la table du conseil.*

LE LORD CHAMBELLAN. — Mon bon Lord archevêque, je suis vraiment affligé de présider ici à cette heure, et de voir que ce siége est vide : mais nous sommes tous des hommes, fragiles par nature et faibles par la chair; peu d'entre nous sont des anges : par suite de cette fragilité et de cette courte sagesse, vous qui seriez le mieux fait pour nous enseigner, vous avez erré vous-même, et beaucoup, contre le roi d'abord, et contre ses lois ensuite, en remplissant par vos enseignements et vos chapelains le royaume entier (car telles sont les informations qu'on nous donne) de nouvelles opinions hétérodoxes et dangereuses qui sont des hérésies, et qui peuvent faire grand mal si elles ne sont pas réformées.

GARDINER. — Et cette réformation doit être exécutée sans délai, mes nobles Lords; car ceux qui domptent les chevaux sauvages, ne les mènent pas à la bride pour les rendre dociles, mais serrent énergiquement leurs bouches avec des mors, et les éperonnent jusqu'à ce qu'ils obéissent au manége. Si nous souffrons, — par mollesse et puérile pitié pour l'honneur d'un seul homme, — que cette maladie contagieuse s'étende, adieu à tout remède. Et puis que s'ensuivra-t-il? commotions, tumultes, corruption générale de l'État tout entier, comme tout récemment nos voisins de la haute Allemagne en ont fait chèrement l'expérience, spectacle lamentable dont le souvenir est encore tout frais dans nos mémoires.

CRANMER. — Mes bons Lords, jusqu'à présent, dans tout le cours de ma vie et de mes fonctions, je me suis donné pour tâche, — et cette tâche je l'ai poursuivie avec une attention peu médiocre, — de diriger mes enseignements et mon autorité dans une route unique et vers un but sûr : mon dessein fut toujours de bien faire, et il n'existe à cette heure personne — je parle, Milords, avec le cœur le plus sincère — qui déteste plus que moi, au fond de sa conscience personnelle, qui combatte plus que moi, dans l'administration propre à sa charge, les perturbateurs de la paix publique. Plaise au ciel que le roi ne trouve jamais un cœur plus désobéissant sous ce rapport! Les hommes qui se nourrissent d'envie et de perverse malice osent mordre les meilleurs. Je conjure Vos Seigneuries, dans ce cas de justice, de mettre en face de moi mes accusateurs quels qu'ils soient, et de leur permettre d'articuler librement leurs accusations contre ma personne.

Suffolk. — Vraiment, Milord, cela ne se peut : vous êtes un des membres du conseil, et grâce à cette qualité personne n'oserait vous accuser.

Gardiner. — Milord, comme nous avons des affaires de plus grande importance, nous serons brefs avec vous. C'est le bon plaisir de Son Altesse, et c'est notre consentement, que pour meilleur jugement, vous soyez enfermé à la Tour en sortant d'ici : alors, comme vous serez redevenu un simple particulier, vous verrez combien oseront vous accuser hardiment ; il s'en trouvera plus, je le crains, que vous n'en pourrez réfuter.

Cranmer. — Ah, mon bon Lord de Winchester, je vous remercie ! Vous êtes toujours mon bon ami ; si votre volonté s'exécute, je trouverai à la fois en vous un juge et un témoin, vous êtes si miséricordieux. Je vois votre but, vous cherchez ma ruine : Milord, l'amour et la douceur conviennent mieux que l'ambition à un homme d'église ; ramenez les âmes qui s'égarent par la modération, et n'en repoussez aucune. Que je parviendrai à me justifier, quelle que soit la charge que vous imposiez à ma patience, j'en fais aussi peu de doute que vous vous faites peu de conscience de commettre chaque jour l'injustice. Je pourrais en dire davantage, mais le respect que j'ai pour vos fonctions me commande la modération.

Gardiner. — Milord, Milord, vous êtes un sectaire, voilà la pure vérité ; vos belles couleurs découvrent aux gens qui savent vous comprendre, de vains mots et de la faiblesse.

Cromwell. — Milord de Winchester, avec votre permission, vous êtes un peu trop dur : des hommes aussi nobles, quelques fautes qu'ils aient commises, devraient trouver respect en considération de ce qu'ils ont été : c'est une cruauté d'écraser un homme qui tombe.

Gardiner. — Mon bon Monsieur le secrétaire, j'en demande bien pardon à Votre Honneur ; de tous les membres de ce conseil, c'est à vous qu'il convient le moins de parler ainsi.

Cromwell. — Pourquoi, Milord?

Gardiner. — Est-ce que je ne vous connais pas pour un protecteur de cette nouvelle secte? Vous n'êtes pas sûr.

Cromwell. — Je ne suis pas sûr?

Gardiner. — Vous n'êtes pas sûr, vous dis-je.

Cromwell. — Plût au ciel que vous eussiez la moitié de mon honnêteté! Vous vous attireriez alors les prières des hommes et non leurs craintes.

Gardiner. — Je me rappellerai ce langage effronté.

Cromwell. — Faites, et rappelez-vous en même temps votre vie effrontée.

Le Lord chancelier. — C'en est trop; cessez, par pudeur, Milords.

Gardiner. — J'ai fini.

Cromwell. — Et moi aussi.

Le Lord chancelier. — Revenons à vous, Milord; il est, je crois, arrêté à votre égard, d'une voix unanime, que vous devez être conduit à la Tour, pour y rester jusqu'à ce que le bon plaisir ultérieur du roi nous soit connu. Êtes-vous tous de cet avis, Milords?

Tous. — Oui.

Cranmer. — Il n'y a pas d'autre moyen plus charitable? Faut-il que je sois nécessairement conduit à la Tour, Milords?

Gardiner. — Que pouvez-vous attendre d'autre? vous êtes étonnamment importun. Que quelques personnes de la garde avancent ici.

Entrent des gardes.

Cranmer. — Est-ce pour moi? dois-je sortir comme un traître?

Gardiner. — Emparez-vous de lui, et voyez à l'enfermer sûrement à la Tour.

Cranmer. — Arrêtez, mes bons Lords; j'ai encore quelques mots à vous dire. Regardez, Milords; par la vertu de cet anneau, je retire ma cause des griffes d'hommes cruels, et je la remets à un très-noble juge, au roi mon maître.

Le Lord chancelier. — C'est l'anneau du roi.

Surrey. — Ce n'est pas une contrefaçon.

Suffolk. — C'est le véritable anneau, par le ciel ! je vous avais dit à tous, lorsque nous avons commencé à rouler cette dangereuse pierre, qu'elle tomberait sur nous-mêmes.

Norfolk. — Pensez-vous, Milords, que le roi pourrait souffrir que le petit doigt seulement de cet homme fût blessé ?

Le Lord chancelier. — C'est maintenant trop certain : de quel prix ne lui est pas sa vie ! Je voudrais bien être hors de cette affaire en tout honneur.

Cromwell. — Mon âme me disait qu'en cherchant des rapports et des informations contre cet homme, dont le diable seul et ses disciples envient l'honnêteté, vous souffliez le feu qui vous brûlerait ; maintenant tirez-vous-en !

Entre le roi HENRI. *Il regarde les membres du conseil en fronçant le sourcil, puis prend son siége.*

Gardiner. — Souverain redouté, combien ne devons-nous pas remercier chaque jour le ciel qui nous a donné un tel prince ; un prince non-seulement bon et sage, mais très-religieux ; un prince qui en toute obéissance fait de l'Église le principal soin de sa gloire, et qui, pour donner plus de force à ce devoir sacré, vient, par l'effet d'un rare respect, porter son jugement royal dans la cause qui s'est élevée entre l'Église et ce grand offenseur.

Le roi Henri. — Vous excellâtes toujours dans les compliments improvisés, évêque de Winchester. Mais sachez que je ne viens pas ici pour recevoir en face de telles flatteries : elles sont trop minces et d'étoffe trop faible pour cacher des offenses. Moi, vous ne pouvez m'atteindre, et alors vous jouez l'épagneul et vous croyez me séduire en agitant votre langue ; mais pour quelque homme que vous me preniez, je suis sûr, moi, que tu as une cruelle et sanguinaire nature. (*A Cranmer*.) Homme vertueux, assieds-toi. Maintenant que le plus hautain, que le plus audacieux dirige seulement son doigt sur toi : par tout ce qui est saint, il vaudrait mieux pour lui crever de faim, que penser seulement que cette place ne te convient pas.

Surrey. — Plaise à Votre Grâce....

Le roi Henri. — Non, Monsieur, il ne me plaît pas. J'aurais cru que j'avais dans mon conseil des hommes de quelque jugement et de quelque sagesse ; mais je n'en découvre aucun de tel. Était-il décent, Milords, de laisser cet homme, cet homme vertueux (peu d'entre vous méritent ce titre), cet honnête homme, attendre comme un valet de pied pouilleux à la porte de la chambre ? un homme aussi grand que vous l'êtes vous-mêmes ? Fi ! quelle honte cela était ! Est-ce que ma commission vous autorisait à vous oublier à ce point ? Je vous avais donné pouvoir de le juger comme un membre du conseil, et non comme un laquais ; il y a quelques-uns de vous, je le vois, qui plus par malice que par intégrité, ne demanderaient pas mieux que de le juger avec la dernière rigueur s'ils en avaient le pouvoir ; mais ce pouvoir vous ne l'aurez jamais, tant que je vivrai.

Le Lord chancelier. — Mon très-redouté Souverain, s'il plaît à Votre Grâce, je vous demande la permission de nous excuser tous par la raison que voici. La décision prise relativement à son emprisonnement avait plutôt pour principe — s'il y a de la bonne foi parmi les hommes — les nécessités de son jugement et le désir de lui donner le moyen de se justifier devant le monde, que le mauvais vouloir. J'en suis sûr pour ce qui est de moi.

Le roi Henri. — Bon, bon, Milords, respectez-le. Rouvrez-lui vos rangs et traitez-le bien, il en est digne. Pour ce qui me concerne à son égard, j'oserai m'avancer jusqu'à dire que si un prince peut être redevable à un sujet, je lui suis redevable pour son affection et ses services. Ne me causez plus d'ennuis, et embrassez-le tous : soyez-lui amis, par pudeur, Milords ! Milord de Canterbury, j'ai à vous adresser une demande que vous ne pouvez me refuser ; je viens d'avoir une belle petite fille qui attend encore le baptême ; il faut que vous soyez son parrain et que vous répondiez pour elle.

Cranmer. — Le plus grand monarque actuellement vivant pourrait se glorifier d'un tel honneur : comment puis-je le mériter, moi qui ne suis qu'un de vos humbles et pauvres sujets ?

Le roi Henri. — Allons, allons, Milord, vous voudriez épargner votre cadeau de cuillers[2]. Vous aurez deux nobles compagnes en cette occasion ; la vieille duchesse de Norfolk, et Lady marquise de Dorset : ces compagnes vous plaisent-elles ? Encore un fois, Milord de Winchester, je vous y engage, embrassez et aimez cet homme.

Gardiner. — Je le fais très-sincèrement et avec une affection fraternelle.

Cranmer. — Et que le ciel me soit témoin à quel point cette assurance m'est chère.

Le roi Henri. — Homme vertueux, ces larmes de joie montrent la sincérité de ton cœur. Je vois qu'elle est vraie l'opinion qui dit de toi : « Faites un mauvais tour à Milord de Canterbury et il sera votre ami pour toujours. » Allons, Milords, nous perdons le temps : il me tarde que cette jeune enfant soit faite chrétienne. Restez unis, Milords, comme je viens de vous rendre unis ; j'y gagnerai plus de force et vous y gagnerez plus d'honneur. (*Ils sortent.*)

SCÈNE III.

La cour du palais.

Bruit et tumulte en dehors de la scène. Entrent
LE PORTIER *et* SON VALET.

Le portier. — Vous allez finir votre tapage tout à l'heure, eh ! polissons, prenez-vous la cour du palais pour le Jardin de Paris[3] ? grossiers manants, cessez vos beuglements.

Une voix, *de l'extérieur.* — Mon bon Monsieur le portier, j'appartiens aux cuisines.

Le portier. — Appartenez aux potences et allez vous faire pendre, coquin! Est-ce que c'est un lieu où il soit convenable de beugler? — Allez me chercher une douzaine de gourdins de pommier sauvage, et de solides encore; ceux-ci ne sont pour eux que des verges. Je vais vous caresser vos têtes, moi. Vous voulez voir des baptêmes, eh? Est-ce que vous vous attendez à des gâteaux et à de l'ale ici, grossiers polissons?

Le valet. — Je vous en prie, Monsieur, soyez patient; à moins de les balayer hors de la porte avec des canons, il est tout aussi impossible de les disperser, qu'il le serait de les forcer à dormir un matin du premier Mai, ce qui au grand jamais ne se pourra : il vaudrait autant pour nous essayer d'ébranler Saint-Paul que de les faire bouger.

Le portier. — Eh, va te faire pendre! comment sont-ils entrés?

Le valet. — Hélas, je ne sais pas; comment la marée monte-t-elle? J'ai frappé aussi solidement qu'un solide gourdin de quatre pieds peut frapper, et vous en voyez les pauvres restes qui vous disent que je n'ai pas été avare dans la distribution des coups.

Le portier. — Vous n'avez rien fait, Monsieur.

Le valet. — Je ne suis pas Samson, ni Sir Guy, ni Colbrandt[4], pour les faucher devant moi : mais si j'en ai épargné un seul ayant une tête qu'on pût frapper, jeune ou vieux, homme ou femme, cocu ou faiseur de cocu, je veux bien ne plus voir une tranche de bœuf de ma vie, et je ne voudrais pas être privé de bœuf pour une vache, Dieu la bénisse[5]!

Une voix, *de l'extérieur.* — Entendez-vous, Monsieur le portier?

Le portier. — Je suis à vous à la minute, mon bon maître pantin. — Tenez la porte bien close, maraud.

Le valet. — Comment voulez-vous que je fasse?

Le portier. Comment je veux que vous fassiez? les assommer par douzaines. Est-ce que c'est ici Moorfields[6] pour qu'on s'y attroupe? ou bien est-il venu à la cour quelque Indien au membre gigantesque pour que les femmes nous assiégent ainsi? Bénédiction, quel grouillement de fornication nous avons à la porte! sur ma conscience de chrétien, ce baptême en produira mille; père, parrain et tout ensemble, se trouveront ici.

Le valet. — Les cuillers n'en seront que plus grosses, Monsieur. Voici un camarade qui est presque contre la porte; à en juger par sa figure, il devrait être un brasier, car sur ma conscience, vingt des jours caniculaires règnent dans son nez; tous ceux qui sont au-dessous de lui sont sous la ligne, ils n'ont pas besoin d'autre punition : j'ai trois fois frappé sur la tête cet obus enflammé, et trois fois son nez a éclaté contre moi; il se tient là comme un canon à mortier pour nous foudroyer. Il y avait auprès de lui la femme d'un mercier, qui a peu d'esprit, et qui s'est moquée de moi, jusqu'à ce que son bonnet à écuelle lui soit tombé de la tête pour la punir d'allumer une telle combustion dans l'état. J'ai manqué une fois le susdit météore, et j'ai atteint la femme qui s'est mise à crier *aux bâtons!* Sur quoi j'ai pu voir de loin quarante porteurs de gourdins, la fine fleur du Strand où elle a ses quartiers, qui volaient à son secours. Ils sont tombés sur moi, j'ai tenu bon solidement; puis ils en sont tous venus aux coups de manches à balai avec moi; je résistais encore, lorsque soudainement par derrière une bande de garçons a fait invasion et a lancé une telle grêle de pierres, que je n'ai pas été fâché de retirer mon honneur en dedans et de les laisser maîtres du terrain : je crois que le diable était parmi eux, pour sûr.

Le portier. — Ce sont ces gamins qui mugissent au théâtre et qui se battent pour des trognons de pommes, si bien qu'il n'y a pas d'auditoire, — sauf s'il est composé des gens de la Tribulation de Tower Hill, ou des habitants des limbes de Lime House [7], leurs chers frères, — qui soit capable de supporter leur vacarme. J'en ai déjà envoyé quelques-uns *in limbo patrum* [8], et ils pourront à leur aise danser pendant ces trois jours, outre le déjeuner au pied levé qui leur sera servi par les deux fouetteurs de la prison[9].

Entre LE **LORD CHAMBELLAN.**

LE LORD CHAMBELLAN. — Merci de moi, quelle multitude il y a ici ! et ils continuent à affluer ; ils viennent de tous les quartiers, comme si nous tenions ici une foire ! Où sont donc ces portiers, ces drôles négligents ? — Vous avez fait une belle affaire, camarades. Voilà une jolie canaille qui s'est introduite ici : est-ce que ces gens sont vos bons amis des faubourgs ? Nous aurons, ma foi, grand espace pour laisser passer les Dames, lorsqu'elles reviendront du baptême.

LE PORTIER. — Plaise à Votre Honneur, nous ne sommes que des hommes, et nous avons fait tout ce que des hommes en même nombre que nous peuvent faire sans être mis en pièces. Une armée ne pourrait pas les maîtriser.

LE LORD CHAMBELLAN. — Sur ma vie, si le roi me blâme pour cela, je le ferai payer à vos talons à tous tant que vous êtes, et je vous imposerai de rondes amendes sur vos têtes pour votre négligence : vous êtes des drôles indolents, et vous êtes là à vider des bouteilles, lorsque vous devriez faire votre service. Écoutez ! les trompettes sonnent ; ils reviennent déjà du baptême : allez, fendez la presse, et ouvrez un chemin pour laisser passer librement le cortége, ou bien je vous trouverai une prison où vous irez vous divertir les deux prochains mois.

LE PORTIER. — Faites place pour la princesse.

LE VALET. — Vous là-bas, grand compère, reculez-vous, ou je vous casse la tête.

LE PORTIER. — Vous l'homme à l'habit de camelot, sautez hors de la barrière, ou je vais vous flanquer par-dessus la palissade. (*Ils sortent.*)

SCÈNE IV.

Le palais [10].

Entrent les trompettes en sonnant leurs fanfares; puis LES DEUX ALDERMEN, LE LORD MAIRE, LE HÉRAUT DE LA JARRETIÈRE, CRANMER, LE DUC DE NORFOLK *avec son bâton de maréchal,* LE DUC DE SUFFOLK, DEUX NOBLES *portant de grandes coupes à pied pour recevoir les cadeaux du baptême; puis* QUATRE NOBLES *portant un dais sous lequel est placée* LA DUCHESSE DE NORFOLK, *marraine, portant l'enfant habillée d'un riche manteau,* UNE DAME *tenant la queue de la robe de* LA DUCHESSE; *puis* LA MARQUISE DE DORSET, *la seconde marraine, et des* DAMES. *Le cortége fait le tour du théâtre, et* LE HÉRAUT DE LA JARRETIÈRE *parle ainsi :*

LE HÉRAUT DE LA JARRETIÈRE. — Ciel, du sein de ton infinie bonté, envoie une vie prospère, longue, et toujours heureuse, à la haute et puissante princesse d'Angleterre, Élisabeth!

Fanfares. Entrent LE ROI HENRI *et sa suite.*

CRANMER, *s'agenouillant.* — Mes nobles compagnes et moi-même, nous faisons cette prière pour votre Royale Grâce et pour la bonne reine : puissent par le fait de cette très-gracieuse princesse, pleuvoir sur vous, à chaque heure, toutes les consolations, toutes les joies que le ciel accorda jamais à des parents heureux!

LE ROI HENRI. — Je vous remercie, mon bon Lord archevêque : quel est son nom?

CRANMER. — Élisabeth.

LE ROI HENRI. — Relevez-vous, Milord. (*Le roi embrasse l'enfant.*) Reçois ma bénédiction avec ce baiser : que Dieu, entre les mains de qui je remets ta vie, te protége!

CRANMER. — *Amen.*

Le roi Henri. — Mes nobles commères, vous avez été trop prodigues : je vous remercie de tout mon cœur, et ainsi fera cette Dame-ci, quand elle saura assez d'anglais pour cela.

Cranmer. — Permettez-moi de parler, Sire, car le ciel m'ordonne de le faire à cette heure, et que nul ne prenne pour des flatteries les paroles que je vais dire, car on verra plus tard qu'elles sont l'expression de la vérité. Cette royale enfant, — puisse le ciel étendre toujours sur elle sa protection! — quoique dans son berceau, promet cependant dès cette heure à ce royaume mille et mille bénédictions que le temps amènera à maturité. Elle sera (mais peu de ceux qui vivent aujourd'hui pourront contempler cette excellence) un modèle pour tous les princes de son époque et pour tous ceux qui viendront après elle : la reine de Saba ne fut jamais plus désireuse de sagesse et de belle vertu que ne le sera cette âme pure : toutes les grâces princières qui façonnent une créature d'aussi haut rang que celle-là, en même temps que toutes les vertus qui sont l'apanage des bons, seront encore doublées en elle : la vérité sera sa nourrice, les saintes et divines pensées, ses perpétuelles conseillères : elle sera aimée et redoutée : les siens la béniront; ses ennemis trembleront comme un champ de blé foulé, et baisseront leurs têtes de douleurs. Le bien de tous croîtra avec elle : sous son règne, chaque homme assis sous sa propre vigne mangera en sûreté ce qu'il plantera, et chantera à tous ses voisins les joyeuses chansons de la paix. Dieu sera véritablement connu; ceux qui entoureront cette reine apprendront d'elle les vraies voies qui mènent aux dignités, et réclameront leurs grandeurs au nom de ces voies et non au titre de leur sang. Et cette paix ne s'endormira pas avec elle dans le tombeau : mais de même que lorsque meurt cet oiseau merveilleux, le virginal phénix, un nouvel héritier aussi grand et aussi admirable que lui-même se recrée de ses cendres; ainsi, lorsque le ciel la rappellera de cette terre de ténèbres, elle laissera sa bénédiction à un prince qui, des cendres sacrées de sa majesté, se lèvera comme une étoile aussi grande en renommée qu'elle-même, et brillera du même éclat fixe. La paix, l'abondance, l'amour, la vérité, la terreur, qui étaient les serviteurs de cette enfant privilégiée, deviendront alors ceux de son successeur qu'ils enlaceront comme une vigne : partout où brillera le radieux soleil du ciel, brilleront aussi son honneur et la grandeur de son nom, créant de nouvelles nations [11] : il fleurira, et comme un cèdre des montagnes, étendra ses branches sur toutes les plaines autour de lui : les enfants de nos enfants verront cela et béniront le ciel [12].

Le roi Henri. — Tu racontes des merveilles.

Cranmer. — Elle deviendra, pour le bonheur de l'Angleterre, une princesse âgée ; elle verra bien des jours, mais pas un de ses jours ne se passera sans être couronné par quelque action. Plût au ciel que je n'en pusse prévoir davantage ! mais il faudra qu'elle meure, qu'elle meure, — c'est la volonté des saints, — vierge encore ! Elle descendra dans la terre comme un lis immaculé, et le monde entier pleurera sur elle.

Le roi Henri. — O Lord archevêque, tu viens de faire de moi un nouvel homme ! Jamais, avant cette heureuse enfant, je n'ai rien possédé : ton oracle consolateur m'a tellement plu que lorsque je serai dans le ciel, je désirerai contempler ce que fait cette enfant, et louer pour elle mon créateur. — Je vous remercie tous. — Je vous suis fort redevable, mon bon Lord maire, ainsi qu'à vos bons confrères : votre présence m'a fait beaucoup d'honneur, et je vous en témoignerai ma reconnaissance. Ouvrez la marche, Lords : nous devons tous aller voir la reine, afin qu'elle vous remercie ; elle serait malade sans cela. Qu'aujourd'hui personne ne pense qu'il a affaire dans sa maison ; car tous resteront : cette petite créature fera de ce jour un jour de fête. (*Ils sortent.*)

ÉPILOGUE.

Il y a dix à parier contre un que ce drame n'aura pu plaire à tous ceux qui sont ici : quelques-uns viennent pour prendre leurs aises, et dormir un acte ou deux ; mais ceux-ci, nous le craignons, auront été effrayés par nos trompettes, aussi est-il clair qu'ils diront que ce drame n'est rien du tout. D'autres viennent pour entendre malmener autant que possible la ville entière, et crier : *cela est mordant!* c'est ce que nous n'avons pas fait non plus ; en sorte, je le crains, que tout le bien que nous pouvons espérer entendre dire aujourd'hui de cette pièce, viendra seulement de l'interprétation indulgente des femmes vertueuses ; car nous leur en avons présenté une qui fut telle : si elles sourient, et disent que cela peut passer, je sais qu'en un instant les meilleurs des hommes seront pour nous ; car ce serait une bien mauvaise chance, s'ils résistaient lorsque leurs Dames leur ordonnent d'applaudir.

COMMENTAIRE.

ACTE I.

1. Nous avons vu dans les *comédies* que le costume invariable du bouffon était un habit de deux couleurs.

2. Se rappeler que les Norfolk n'étaient plus les Mowbray, mais bien les Howard. C'est de cette famille des Howard qu'allait sortir la troisième femme de Henri, Catherine Howard, destinée à la même fortune et au même malheur qu'Anne Boleyn, qui était elle-même alliée aux Howard.

3. Héros fabuleux des légendes populaires d'Angleterre, dont les exploits sont racontés dans le *Roman de Sir Bevis de Hampton*, imprimé en 1838, pour le Maitland-Clud. Quoique ses exploits fussent pris comme type de ce qui dépasse l'imagination, ils ne sont pas plus incroyables que ceux de beaucoup d'autres héros très-réels de la féodalité. Ses aventures ressemblent fort aux luttes et aux combats que soutint plus d'un chevalier durant ces périodes d'anarchie guerrière. Ses grands coups d'épée rappellent ceux des héros de Pulci et de l'Arioste; mais le merveilleux ne l'environne pas comme les héros du divin Ludovico; Sir Bevis de Hampton est un héros purement humain, c'est un des champions de la lutte saxonne contre la conquête normande. Son épée s'appelait Morglay, et son cheval, bête intelligente dont les ruades débarrassaient son maître de ses ennemis de derrière tandis que Morglay les débarrassait des ennemis de devant, s'appelait Arundel.

4. Lorsque Buckingham fut mis à mort, l'empereur Charles-Quint fit une sorte de calembour fort difficile à rendre en français. « Voici un chien de boucher (*Butcher's dog*) qui a donné une chasse à mort au premier daim (*Buck*) d'Angleterre. »

5. Charles-Quint était le fils de Jeanne la folle, seconde fille d'Isabelle et de Ferdinand; il était donc le neveu de Catherine, dernière fille des monarques espagnols.

6. Lord Abergavenny était gendre du duc de Buckingham.

7. Ce Lord Montacute était Henri Polle, petit-fils par sa mère Marguerite Plantagenêt, de Georges duc de Clarence, frère d'Édouard IV et de

Richard III, et frère du célèbre cardinal Pole. Il était le gendre de Lord Abergavenny. Il échappa à l'accusation qui pesait sur lui, mais il n'en fut pas moins décapité sous ce règne. Dans ce procès de Buckingham, les noms et les qualités des personnages suffiraient pour indiquer qu'il y eut là en jeu une tentative de résurrection de la vieille guerre des deux Roses. Les débris de la maison d'York n'avaient pas en effet abdiqué toute prétention, et le feu couva sous les cendres pendant tous les règnes de Henri VII et de Henri VIII, monarques peu tendres qui l'éteignirent dans des flots de sang cruellement versé.

8. Une des résidences du duc de Buckingham. Elle fut achetée vers 1561 par Richard Hill, maître de la corporation des marchands tailleurs, et elle devint plus tard l'école des marchands tailleurs dans Suffolk-Lane. (WHALLEY.)

9. Ces premières scènes se passent à Bridewell, résidence du roi, et les gentilshommes prennent la barque pour aller de l'autre côté du fleuve à York place, aujourd'hui Whitehall, résidence du cardinal Wolsey.

10. Selon l'antique usage, un baiser était le salaire qui récompensait le danseur de ses égards et de sa courtoisie à la fin de la danse.

11. Tous les détails de cette scène sont parfaitement historiques, et le lecteur curieux les rencontrera dans *La vie du cardinal Wolsey* par Cavendish.

ACTE II.

1. Surrey, fils du duc de Norfolk, avait épousé une des filles de Buckingham.

2. Le nom de famille de Buckingham était Stafford, mais il prenait le nom de Bohun par suite de l'héritage des comtes de Hereford, acquis par son père sous Richard III. Le récit de la mort de Buckingham, tel qu'il est donné par Hollinshed, s'accorde dans tous ses détails avec cette scène de Shakespeare.

3. Le lecteur devra se rappeler que le nom de famille des Suffolk n'est plus comme dans les drames précédents de la Poole, mais Brandon. Le présent duc, Charles Brandon, était l'époux de la princesse Marie Tudor, la plus jeune sœur de Henri VIII et la veuve de notre Louis XII. La princesse avait pour Brandon une passion ardente qui avait précédé le mariage, et lorsqu'elle fut veuve, et que Henri VIII voulut la marier royalement pour la seconde fois, elle refusa, disant qu'elle avait conclu le premier mariage pour faire plaisir à son frère, mais qu'elle voulait conclure le second pour se faire plaisir à elle-même. Charles Brandon fut un des gentilshommes les plus accomplis d'Angleterre.

4. La sœur du roi de France, c'est-à-dire Marguerite, duchesse d'Alençon, si célèbre comme reine de Navarre.

5. Tel est en effet le récit que fait Hollinshed de la mort du docteur Pace.

6. *If that quarrel, fortune*, dit le texte. Cette expression a soulevé

assez justement quelques difficultés. *Quarrel* était le nom d'une flèche à tête carrée. Shakespeare a-t-il voulu dire que les coups de la fortune étaient soudains et rapides comme ceux de la flèche? Cette explication n'a pas paru suffisante à Hanmer, qui a substitué à ce mot celui de *quareller*. M. Staunton insinue que le mot écrit par Shakespeare pourrait bien être *squirrel* (écureuil), qui à cette époque servait à désigner une femme de mauvaise vie, comme le mot *biche* de nos jours, par exemple. Nous nous en tenons à l'hypothèse d'Hanmer, bien qu'elle soit loin d'être satisfaisante.

7. Lady Anne Boleyn reçut en effet le même jour de Henri VIII le titre de marquise de Pembroke, et les lettres patentes qui lui conféraient le solide honneur de 1000 livres sterling de rente, « pour l'excellence de sa naissance et de ses vertus, et autres marques de nobles dispositions, » disait l'ordonnance royale. « Ce fut, dit un contemporain (Sir Roger Twisden, dans une note manuscrite citée par M. Staunton), la première femme à qui, à ma connaissance, on ait conféré directement un honneur pouvant passer à ses héritiers mâles. »

8. Les piliers d'argent étaient les insignes qu'on portait devant les légats *a latere*, et Campeius était légat *a latere*. Mais il paraît que le cardinal Wolsey avait l'habitude de se faire précéder de cette pompe, ce qui excitait dans le public une grande désapprobation. Dans un vieux poëme satirique dirigé contre Wolsey, un poëte nommé Roi s'exprime ainsi :

> Avec une pompe mondaine incroyable,
> Devant lui chevauchent deux prêtres robustes,
> Et ils portent des croix d'une longueur démesurée,
> En bâillant au visage de tous les gens :
> Après eux viennent deux séculiers,
> Et chacun d'eux tient un pilier
> Dans ses mains en place de masse.

9. Tout ce discours de la reine est la traduction poétique parfaitement exacte du discours prononcé par Catherine devant Henri VIII, selon Hollinshed et Cavendish.

ACTE III.

1. *Tanta est erga te mentis integritas, regina serenissima.* Si grand est notre désir d'être intègre envers toi, reine sérénissime.

2. Allusion à une parole passée en proverbe qu'on prétendait avoir été prononcée par le pape saint Grégoire, un jour qu'on lui présentait de jeunes captifs saxons d'une grande beauté : « Ce ne sont pas des *Angles*, mais des *Anges*, aurait dit le pape, « *non Angli sed Angeli*. »

3. Toute cette scène est exactement conforme au récit que Cavendish fait de la visite des deux cardinaux à la reine. Il y ajoute seulement ce petit détail familier : lorsque les cardinaux entrèrent, la reine avait un

écheveau de soie rouge autour du cou et était occupée à travailler avec ses femmes.

4. Cette arrogance de Wolsey envers tous ceux qui l'approchaient est attestée par les historiens même les mieux disposés en sa faveur, Cavendish par exemple. Un vieux poëme satirique intitulé « *Pourquoi ne venez-vous pas à la cour ?* » décrit cette arrogance en termes plaisants et énergiques. Voici entre autres la description qu'il fait de la frayeur que ce fils de boucher inspirait aux plus grands seigneurs d'Angleterre. « Le comte de Northumberland — n'ose toucher à rien — nos barons sont si hardis — qu'ils se fourreraient dans un trou de souris, — et qu'ils courent se mettre à l'abri comme un troupeau de moutons ; — ils n'osent pas regarder à la porte — de crainte que ce bouledogue — de crainte que ce chien de boucher, — ne les houspille comme un cochon. » (*Édition* STAUNTON.)

5. *This candle burns not clear ;* plusieurs commentateurs voient dans ces paroles une sorte de calembour faisant allusion au nom de *Bullen*, qui, dans le vieux langage des provinces, signifiait chandelle.

6. *Asher House*, dans le comté de Surrey, était la résidence des évêques de Winchester, et par conséquent une des demeures de Wolsey qui était revêtu de cette dignité.

7. Les *lettres patentes* étaient ainsi nommées parce qu'elles étaient ouvertes, ne portaient pas de sceau, et étaient adressées ordinairement à tous les sujets en général.

8. Allusion au chapeau rouge du cardinal, et à la coutume qu'on avait de chasser aux alouettes avec de petits miroirs attachés à du drap écarlate.

9. *The sacring bell*, cloche de la consécration. C'est la cloche qu'on agite dans les processions pour annoncer l'approche de l'hostie, ou qui sonne en précédant le prêtre portant le viatique.

10. Un acte de *præmunire*, c'est-à-dire un acte défendant et punissant toute faveur donnée à l'influence d'un pouvoir étranger en Angleterre.

11. Il y a là un calembour sur le mot *little*, petit, que Norfolk vient d'appliquer avec mépris à Wolsey. « Et adieu au peu de bien, *to the little good*, que vous me portez, » ajoute le cardinal.

ACTE IV

1. Les cinq ports ici désignés étaient ceux de Douvres, d'Hastings, de Hythe, de Romney et de Sandwich : on y ajouta plus tard ceux de Rye et de Winchelsea.

2. La verge et l'oiseau de paix. Il s'agit d'une verge d'ivoire surmontée d'une colombe en argent qui figurait dans les cérémonies du couronnement.

3. Ipswich ne survécut pas à son fondateur. — La pierre de ce col-

lége fut découverte assez récemment et elle est placée maintenant dans *Chapter-House* au collége du Christ, à Oxford. (*Anecdotes de* SEWARD.)

4. Après le divorce, la Reine reçut le titre de princesse douairière. Mais elle resta jusqu'au bout Espagnole et fille de Ferdinand, et ne voulut jamais souffrir que ses femmes lui donnassent d'autre titre que celui de Reine.

5. Cette fille que Catherine recommande à Henri, c'est Marie Tudor, si célèbre sous le nom de *bloody Mary*, Marie la Sanglante.

6. Toute cette scène, y compris le récit de la mort de Wolsey et la substance de la lettre de la reine à Henri, est conforme à l'histoire. Les lecteurs curieux trouveront dans l'excellente histoire de M. Froude, cette lettre suprême de Catherine à Henri. Shakespeare n'a fait autre chose que mettre en vers la prose de Catherine.

ACTE V.

1. Le jeu de *primero* fut, dit-on, le premier en usage en Angleterre. Étymologie, le mot français *prime* italianisé. A en juger par les détails que donne Nares, d'après les anciens auteurs, dans son *Glossaire*, ce jeu ressemblait assez à notre jeu de la bouillotte. Celui qui avait une suite de cartes atteignant un nombre déterminé, vingt-un par exemple, était gagnant; mais il perdait si ce chiffre de vingt-un était fait par des cartes de différentes couleurs, et qu'un autre joueur eût le même chiffre par une suite de cartes de même couleur. Voici tout ce que je suis parvenu à comprendre des détails donnés par Nares sur ce sujet, d'ailleurs peu important. Il est bon de dire que Nares lui-même n'est pas bien sûr d'avoir compris en quoi consistait essentiellement ce jeu.

2. C'était la coutume, longtemps avant le temps de Shakespeare, que les parrains offrissent des cuillers d'argent à leurs filleuls après le baptême. On les appelait *cuillers d'apôtres*, parce que les figures des apôtres étaient gravées sur les manches. Ceux qui étaient opulents et généreux donnaient les douze apôtres, c'est-à-dire douze cuillers; ceux qui étaient moins riches et de moindre libéralité s'en tiraient avec les quatre évangélistes, et il y avait même des parrains assez chiches pour n'offrir à leur filleul qu'une seule cuiller, sur le manche de laquelle était gravée la figure du saint dont on avait donné le nom à l'enfant.

3. C'était le jardin aux ours, nommé jardin de Paris, parce que Robert de Paris avait eu en cet endroit un hôtel et un jardin au temps de Richard II. Le théâtre du *Globe* était contigu à ce lieu de récréations populaires. Les combats d'ours, ainsi que nous l'avons vu plusieurs fois déjà, étaient fort populaires au temps de Shakespeare, si populaires, qu'à l'avénement d'Élisabeth, après un festin splendide donné aux ambassadeurs de France, la reine offrit à ses hôtes le divertissement d'un combat d'ours et de taureaux. Lesdits ambassadeurs semblent avoir pris à ce spectacle autant de plaisir qu'Alipius, l'ami de saint Augustin, aux com-

bats de gladiateurs, car le lendemain ils se rendirent au jardin de Paris pour voir un autre de ces combats.

4. Nous avons vu dans une note du *Roi Jean* que Colbrandt était le nom du géant danois vaincu par Sir Guy de Warwick, dans les légendes populaires.

5. *Ma jument, Dieu la bénisse! ma truie, ma vache, Dieu les bénisse!* expression populaire du temps, sorte de queue de phrase que le peuple donnait pour appendice à toutes ses paroles, que cet appendice s'y rapportât ou non. Shakespeare a eu soin de donner ici une manière de sens à cette locution qui devait fréquemment n'en avoir aucune.

6. Moorfields, lieu populaire de promenade au temps de Shakespeare.

7. Johnson avance que cette *tribulation de Tower Hill* et ces *limbes de Lime-House* étaient des lieux de meeting puritains. D'autres commentateurs probablement plus près de la vérité croient que c'étaient des cabarets ou autres lieux de réunions fréquentés par des sociétés de jeunes vauriens du temps, des manières de sociétés des *badouillards* ou des *chevaliers du doigt dans l'œil* des temps passés.

8. *In limbo patrum*, dans les limbes des pères, terme d'argot pour désigner la prison ou une salle de police quelconque.

9. *Running banquet*, dit le texte. Cette expression s'accorde assez bien avec la pantomime naturelle d'un prisonnier fouetté, qui sous les coups, devait nécessairement imiter le dindon dansant sur des plaques rouges. Nous dirions aussi en français, servir un petit régal en courant, et cela rendrait assez bien le trait d'esprit de l'aimable concierge du palais.

10. Ce palais était celui de Greenwich où se rendit le cortége en revenant de l'église des *frères* où s'était fait le baptême.

11. Allusion aux colonies naissantes d'Amérique et surtout à la Virginie ainsi nommée en l'honneur d'Élisabeth, qui aimait, comme on sait, à s'entendre appeler la Reine-Vierge.

12. Tout ce passage a été visiblement ajouté au texte primitif par Shakespeare, après l'avénement de Jacques Ier.

FIN DU SIXIÈME VOLUME.

TABLE.

LE ROI HENRI VI...	1
Avertissement..	3
Le roi Henri VI (*troisième Partie*).....................	9
Commentaire..	113
LE ROI RICHARD III...	119
Avertissement..	121
Le roi Richard III...	135
Commentaire..	261
LE ROI HENRI VIII...	269
Avertissement..	271
Le roi Henri VIII..	281
Commentaire..	383

FIN DE LA TABLE.

Librairie de L. HACHETTE et Cie, boulevard Saint-Germain, n° 77, à Paris.

BIBLIOTHÈQUE VARIÉE

FORMAT IN-18 JÉSUS

1re SÉRIE, A 3 FR. 50 CENT. LE VOLUME.

About (Edm.). Causeries, 2 vol. — La Grèce contemporaine, 1 vol. — Le Progrès. 1 vol. — Le Turco, 1 vol. — Madelon. 1 vol. — Salon de 1864. 1 vol. — Salon de 1866. 1 vol. — Théâtre impossible. 1 vol.
Achard (Amédée). Album de voyages. 2 vol.
Ackermann. Contes et poésies. 1 vol.
Arnould (Edm.). Sonnets et poèmes. 1 vol.
Barrau. Histoire de la Révolution française. 1 vol.
Bautain (l'abbé). La belle saison à la campagne. 1 v. — La chrétienne de nos jours. 2 vol. — Le chrétien de nos jours. 2 vol. — La religion et la liberté 1 v. — Manuel de philosophie morale. 1 vol. — Méditations sur les épîtres et les évangiles des dimanches et des fêtes. 1 vol. — Méditations sur les épîtres et les évangiles du carême. 1 vol — Idées et plans pour la méditation et la prédication. 1 vol.
Bayard (J.F.). Théâtre. 12 vol.
Bellemare (A.). Abd-el-Kader. 1 vol
Belloy (de). Le chevalier d'Aï. 1 vol. — Légendes fleuries. 1 vol.
Belot (Ad.). L'Habitude et le Souvenir. 1 vol.
Bersot. Mesmer ou le magnétisme animal. 1 vol.
Beulé. Phidias, drame antique. 1 vol.
Calemard de la Fayette (Ch.). Le poème des champs. 1 vol.
Caro Études morales. 1 vol. — L'idée de Dieu. 1 v.
Carraud (Mme). Le Livre des jeunes filles. 1 vol.
Castellane (de). Souvenirs de la vie militaire. 1 volume.
Charpentier. Les écrivains latins de l'empire. 1 volume.
Cherbuliez (Victor). Le comte Costia. 1 vol. — Paul Méré. 1 vol. — Le Roman d'une honnête femme. 1 vol. — Le Grand-Œuvre. 1 vol.
Chevalier (M.). Le Mexique ancien et moderne. 1 v.
Chodzko. Contes slaves. 1 vol.
Crépet (E.). Le trésor épistolaire de la France. 2 v.
Dargaud (J.). Marie Stuart. 1 vol. — Voyage aux Alpes 1 vol. — Voyage en Danemark. 1 vol.
Daumas (E.). Mœurs et coutumes de l'Algérie. 1 v.
Deschanel (Em.). Physiologie des écrivains. 1 vol. — Études sur Aristophane. 1 vol.
Devinck (F.) La pratique commerciale. 1 vol
Duruy (V.). Causeries de voyage: De Paris à Vienne. 1 vol.
Ferry (Gabr.). Le coureur des bois. 2 vol. — Costal l'Indien. 1 vol.
Figuier (Louis). Histoire du merveilleux 4 vol. — L'alchimie et les alchimistes. 1 vol — L'année scientifique, 12 années (1856 1868). 12 vol.
Franckliu (Benjamin). Œuvres traduites de l'anglais et annotées par M. Ed. Laboulaye. 5 vol.
Fromentin (Eug.). Dominique. 1 vol.
Garnier (Ad.). Traité des facultés de l'âme. 3 v.
Gerusez (E.). Mélanges et pensées. 1 vol.
Guizot (F.). Un projet de mariage royal. 1 vol.
Hœfer. La chimie enseignée par la biographie de ses fondateurs. 1 vol. — Les Saisons 1 vol.
Houssaye (A.). Histoire du 41e fauteuil. 1 vol. — Le violon de Franjolé. 1 vol. — Voyages humoristiques. 1 vol.
Hugo (Victor). Œuvres. 20 vol.
Jouffroy. Cours de droit naturel 2 vol. — Cours d'esthétique. 1 vol. — Mélanges philosophiques. 1 v. — Nouveaux mélanges philosophiques. 1 vol.
Jurien de la Gravière (l'amiral). Souvenirs d'un amiral. 2 vol. — Voyage en Chine. 2 volumes. — La marine d'autrefois 1 vol.
La Landelle (G. de). Le tableau de la mer. 4 v.
Lamartine (A. de). Œuvres. 8 vol. — Lectures pour tous. 1 vol.
Lanoye (F. de). L'Inde contemporaine. 1 vol. — Le Niger. 1 vol.
Laugel. Études scientifiques. 1 vol.

Marmier. En Alsace: L'avare et son trésor. 1 vol. — En Amérique et en Europe. 1 v. — Gazida 1 v. — Hélène et Susanne. 1 vol. — Histoire d'un pauvre musicien (1770-1793). 1 vol. — Le roman d'un héritier. 1 vol. — Lettres sur le Nord. 1 vol. — Mémoires d'un orphelin. 1 vol. — Sous les sapins. 1 vol. — Un été au bord de la Baltique et de la mer du nord. 1 vol — De l'Ouest à l'Est 1 vol.
Martha. Les moralistes sous l'Empire romain. 1 v.
Mézières (L.) Les Charades et les homonymes. 1 v.
Michelet. La femme. 1 vol. — La mer. 1 vol. — L'amour 1 v. — L'insecte. 1 v. — L'oiseau. 1 v.
Michelet (Mme J.). Mémoires d'un enfant. 1 vol.
Monnier. L'Italie est-elle la terre des morts? 1 v.
Mortemart (baron de). La vie élégante. 1 vol.
Mouy (Ch. de). Les jeunes ombres, 1 vol.
Nisard (Désiré). Études de mœurs et de critique sur les poètes latins de la décadence 2 vol.
Nisard (Ch. Curiosités de l'étymologie française. 1 v.
Patin. Études sur les tragiques grecs 4 vol.
Perrens (F. T.). Jérôme Savonarole. 1 vol.
Perrot (Georges). L'Ile de Crète. 1 vol.
Pfeiffer (Mme Ida). Voyage d'une femme autour du monde. 1 vol. — Mon second voyage autour du monde. 1 vol. — Voyage à Madagascar. 1 vol.
Ponson du Terrail. Les contes du drapeau. 2 v.
Poussielgue (Achille). Voyage en Chine et en Mongolie, de M. de Bourboulon. 1 vol.
Prevost-Paradol. Études sur les moralistes français. 1 vol — Histoire universelle. 2 vol.
Quatrefages (de). Unité de l'espèce humaine. 1 v.
Raymond (X.). Les marines de la France et de l'Angleterre. 1 vol
Rendu V.). L'intelligence des bêtes. 1 vol.
Roussin (A.). Une campagne au Japon. 1 vol.
Sainte-Beuve. Port-Royal 6 vol.
Saintine (X.-B.). Le chemin des écoliers. 1 vol. — Piccolа 1 vol. — Seul! 1 vol.
Sand (George). Jean de la Roche. 1 vol.
Simon (Jules). La liberté politique. 1 vol. — La liberté civile. 1 vol — La liberté de conscience. 1 vol. — La religion naturelle. 1 vol. — Le devoir. 1 vol. — L'ouvrière. 1 vol.
Taine (H.) Essai sur Tite Live. 1 vol. — Essais de critique et d'histoire. 1 vol. — Histoire de la littérature anglaise. 4 vol. — Nouveaux essais de critique et d'histoire 1 vol. — La Fontaine et ses fables. 1 vol. — Les philosophes français au XIXe siècle 1 vol. — Voyage aux Pyrénées 1 vol. — Notes sur Paris: Vie et opinions de M Graindorge. 1 vol.
Théry. Conseils aux mères sur les moyens de diriger et d'instruire leurs filles. 2 vol
Thiercelin le Dr). Journal d'un baleinier, voyage en Océanie. 2 vol.
Töpffer (Rod.). Nouvelles genevoises. 1 vol — Rosa et Gertrude. 1 vol. — Le presbytère. 1 vol. — Réflexions et menus propos d'un peintre genevois. 1 vol.
Troplong. De l'influence du christianisme sur le droit civil des Romains. 1 vol.
Ulliac-Trémadeure (Mlle) La maîtresse de maison. 1 vol
Vapereau (Gust.). L'année littéraire, 11 années.
Viennet. Fables complètes. 1 vol.
Vigneaux. Souvenirs d'un prisonnier de guerre au Mexique. 1 vol.
Vivien de St-Martin. L'année géographique. 7 années (1862-1868). 4 vol.
Walton. Vie de N.-S. Jésus-Christ, 1 volume. — La sainte Bible. 2 vol.
Wey (Francis). Dick Moon en France. 1 volume. — La haute Savoie. 1 vol.
Widal. Études sur Homère. 1re partie: Iliade. 1 vol.

Imprimerie générale de Ch. Lahure, rue de Fleurus, 9, à Paris

www.ingramcontent.com/pod-product-compliance
Lightning Source LLC
Chambersburg PA
CBHW071857230426
43671CB00010B/1376